KB014930

SIZE

사이즈, 세상은 크기로 만들어졌다

1판 1쇄 인쇄 2024. 7. 22.
1판 1쇄 발행 2024. 7. 29.

지은이 바츨라프 스밀
옮긴이 이한음

발행인 박강휘
편집 이한경 **디자인** 윤석진 **마케팅** 정성준 **홍보** 강원모
발행처 김영사
등록 1979년 5월 17일(제406-2003-036호)
주소 경기도 파주시 문발로 197(문발동) 우편번호 10881
전화 마케팅부 031)955-3100, 편집부 031)955-3200 | **팩스** 031)955-3111

이 책의 한국어판 저작권은 (주)이와이에이를 통한 저작권사와의 독점 계약으로 김영사에 있습니다.
저작권법에 의해 한국 내에서 보호를 받는 저작물이므로 무단전재와 무단복제를 금합니다.

값은 뒤표지에 있습니다.
ISBN 978-89-349-1082-4 03300

홈페이지 www.gimmyoung.com　　**블로그** blog.naver.com/gybook
인스타그램 instagram.com/gimmyoung　**이메일** bestbook@gimmyoung.com

좋은 독자가 좋은 책을 만듭니다.
김영사는 독자 여러분의 의견에 항상 귀 기울이고 있습니다.

SIZE

사이즈

세상은 크기로 만들어졌다

바츨라프 스밀

이한음 옮김

김영사

차례

서문   7

1장   크기, 만물의 척도

'크다'와 '작다' 사이   22

더욱 큰 것에 집착하는 현대 세계   35

극단과 그것을 알아낸 방법   46

2장   지각, 착시, 측정

예상과 놀람: 선호하는 시점과 거대한 화면   61

크기의 망상과 없는 것 보기   74

측정: 큰 키의 장점   85

3장   비례, 대칭, 비대칭

비례: 몸, 건물, 그림   106

대칭: 어디에나 있을까   123

황금비: 흔할까, 아니면 상상일까   137

4장   크기 설계: 좋은 것, 나쁜 것, 이상한 것

인간 척도: 인체측정학과 항공기 좌석   157

크기 변화: 소득, 기계, 허영   169

크기의 한계, 어떤 기록은 왜 깨지지 않을까   177

5장   크기와 스케일링

스위프트의 오류, 갈릴레이의 설명   198

상대 성장의 짧은 역사: 피부와 게 집게발   212

장기의 스케일링: 뇌, 심장, 뼈   220

6장   대사 스케일링

대사 스케일링: 우리를 살아 있게 만드는 것   238

대사 이론, 예외 사례, 불확실성   248

인공물의 스케일링: 기계의 대사   258

7장   평균 중심의 대칭

정상은 어떻게 정규가 되었을까   275

정규분포, 거대한 나무, IQ, 농구   284

정규곡선: 사슴뿔에서 품질관리까지   297

8장 대칭이 지배할 때

크기 분포의 이중성 312

역거듭제곱 법칙: 희소와 풍요 사이 318

질서 정연한 비대칭일까, 바라는 마음이 빚어낸 착각일까 330

9장 전자 시대에 걸맞은 요약 341

감사의 말 352

옮긴이의 말 353

참고 문헌과 주 356

찾아보기 420

서문

에너지든 경제든 환경이든 미술의 역사든 인구 성장이든 세계적 유행병이든 큰 주제를 다루는 책을 쓴다는 것은 언제나 예외 없이 무모한 일이다.

그 도전 과제(그리고 해결책!)는 호르헤 루이스 보르헤스Jorge Luis Borges가 1946년 《부에노스아이레스 연대기》에 발표한 단편소설 〈과학의 정밀성에 대하여On Exactitude in Science〉에 가장 잘 나와 있다. 어느 이름 없는 제국에서 완벽함을 달성하고자 애쓰는 지도 제작자들의 이야기다. 그들은 한 주州의 완벽한 지도를 만드는 일에 나선다. 완성된 지도는 한 도시 전체를 덮을 정도였다. 이어서 제국을 그린 지도는 크기가 한 주州만 했다. 그러나 여전히 미흡했다. 그들은 더욱 노력한 끝에 마침내 제국의 모든 지점을 완벽하게 표시한 최종 지도를 만들어냈다. 그 지도는 크기가 제국 자체와 같았다. 당연히 "후세대는 이 방대한 지도가 쓸모없음을 깨닫고, 불손하게 그것을 태양과 겨울의 혹독함에 내맡겨버렸다".

큰 주제를 다루는 책을 쓸 때면 끊임없이 흘러드는 정보의 홍수에 대처해야 한다. 대대로 이어진 전통적인 학술 연구를 통해 쌓인 인쇄물과 분석 자료에다가 새로운 전자 문헌, 데이터베이스, 지도, 이미지도 추가된다. 게다가 이 모든 것은 거의 다 빠르게 늘어나고 있다. 오랜 세월 헌신적으로 애쓴 이들조차 이런 정보의 바다에 잠겨 중요하다고 여길 만한 모든 것을 잘 안다고 장담할 수 없으며, 불완전하나마 이해한 내용이라도 적절한 분량의 책 한 권에 담으려면 거기에서 이것저것 뺄 수밖에 없다. 이 공통적인 문제는 단순히 큰 주제가 아니라 성장, 규모, 크기 같은 포괄적인 주제를 다룰 때 더욱더 뚜렷이 드러난다.

이 책은 보르헤스 소설에 나오는 어리석은 시도의 정반대편에 있다. 너무나 많은 내용을 너무나 적은 지면에 담으려고 시도했다. 그렇지만 적어도 완벽한 지도보다는 쓸모 있게 만들어야 했다! 그러니 크기에 관한 이 책을 쓰기에 앞서 나는 (책 부피를 적당한 수준으로 맞추기 위해) 범위와 깊이를 어느 정도 조절해야 했다. 미리 변명을 늘어놓는 게 아니라, 현실을 인정하는 것일 뿐이다.

음악에 비유하면 도움이 될지 모르겠다. 이 책은 안단테(느리게)로 시작해 대체로 끝까지 죽 그렇게 이어진다. 여기저기 틈틈이 좀 색다르거나 깜짝 놀랄 만한 화음도 집어넣지만, 언제나 조화로운 방식으로 주제에서 벗어나지 않으며 나아간다. 아연실색하게 만들 난입 같은 것은 전혀 없다. 1장은 자연과 인간사에서 크기가 어떤 역할을 하는지 이해하는 일부터 시작해 작음과 큼 사이의 긴장, 으레 더욱 큰 것을 선호하는 사람들의 성향, 크기의 극단적 사례를 이야기한다. 2장은 우리의 크기 지각, 즉 우리가 무엇을 보는지 그리고 무엇을 보고 있다고 생각하는지(착시는 의외로 쉽게 일어난다)에 초점을 맞추며, 우리 삶의 많은 측면에 놀라울 정도로 영향을 미치는 사람의 키가 어떤 결과를 빚어내는지 자세히 살펴본다. 3장에서는 크기들 사이의 관계, 즉 비례, 대칭, 비율의 이야기를 살펴본 다음, 대중문화에서 자주 언급하는 탓에 독자 여러분도 아마 어디에나 존재한다고 믿고 있을 이른바 황금비를 자세히 들여다볼 것이다.

4장은 크기의 설계를 다룬다. 인체공학(사용 편의성과 안전을 고려하는 설계의 과학)으로 시작해 쉼 없이 움직이는 우리 사회에 가장 큰 영향을 미치는 응용 제품 중 하나를 살펴본다. 바로 항공기 좌석의 설계다. 너무나 많은 필수적인 인공물(발전소에서 풍력 터빈에 이르기까지, 자동차에서 항공기에 이르기까지)을 더욱더 크게 설계해 제품으로 내놓는 것이 현대의 뚜렷한 추세임을 고려할 때, 이런 크기들이 시간이 흐르면서 어떻게 성장하는지, 더 큰 팽창을 가로막고 있는 제한 요인은 무엇인지 살펴보는 일도 가치 있을 것이다. 생물과 마찬가지로 인공물도 그 나름의 성장 제한 요인을 지닌다.

5장에서는 스케일링scaling을 살펴본다. 특정한 크기가 다른 크기로 변화할 때 어떤 일이 벌어지는지 살펴보는 것이다. 여러분은 이런 문제를 생각해본 적이 없을지 모르지만, 이미 답을 알고 있는 것들도 있다. 예컨대 당신의 체중이 60킬로그램이라면, 자신보다 2배 더 무거운 사람이라고 해서 머리둘레가 2배 더 크지는 않다는 걸 안다. 그런데 그 사람의 심장은 어떨지 생각해보았는지? 심장의 크기는 당신의 것과 똑같을까? 같지 않다면 얼마나 더 클 거라고 생각하는가? 또 사람, 다른 포유류, 그 밖의 동물이 지닌 대사代謝의 스케일링(체중에 따라 에너지 요구량이 어떻게 달라지는지)도 아주 중요하다. 6장에서는 이런 문제를 다룬다.

그다음으로 크기에 관해 할 말이 또 뭐가 있을까? 더 통계적인 사고를 하는 독자라면 지금까지 내가 크기 분포를 전혀 이야기하지 않았음을 지적할지도 모르겠다. 여러분은 지구의 특징(산의 높이든 호수의 넓이든)과 생물(미생물이든 거대한 생물이든), 무수한 인공물(가장 단순한 도구부터 가장 복잡한 기계에 이르기까지)의 크기가 아주 다양하다는 것을 안다. 그런데 이런 크기들은 어떤 분포를 보일까? 그래프로 나타내면 대칭일까, 심한 비대칭일까? 마지막 두 장에서는 이런 질문에 답할 것이다.

나는 안단테로 시작했지만, 끝맺는 장은 프레스토(매우 빠르게)까지는 아니라고 해도 최소한 알레그로(빠르게)로 진행할 것이다. 2020년대의 요약이라고 할 만한 것을 제시할 테니 말이다. 경쾌하게 나아가면서 짧고 간결하게 항목들을 나열할 것이다. 경탄할 만한 지혜를 압축해서 제시함으로써 장엄하게 끝맺겠거니 기대하는 독자라면 무척 실망할 것이다. 그 어떤 정점도 팡파르도 없다. 측정, 지각, 특성, 변화, 스케일링, 분포 등 제멋대로이고 복잡한 크기의 실상을 다루는 책을 요약하는 그런 피날레가 있다면, 그걸 작곡할 또 다른 (더 대담하면서 더 통찰력 있는) 융복합학자를 기다려야 할 것이다. 나로서는 여기까지가 최선이다.

1장

크기,
만물의 척도

SIZE: How It Explains the World

1

그리스 최초의 (그리고 아마도 가장 위대한) 소피스트 철학자 프로타고라스Protagoras는 진리를 다룬 책을 이런 유명한 구절로 시작했다. "인간은 만물의 척도다ϖάντων χρημάτων μέτρον ἐστὶν ἄνθρωποσ(pánton chrimáton métron estín ánthropos)." 이 말이 불러일으킨 논증, 설명, 부정은 잦아들 기미가 전혀 없이 무한히 이어지고 있다.[1] 나는 이 철학 논쟁에 끼어들 자격도 무모한 욕구도 갖고 있지 않다. 그저 그것이 명백하다는 점을 강조하고자 할 뿐이다. 프로타고라스의 이 첫 문장을 분석하는 철학자들은 그가 '인간ánthropos'이라는 단어를 골랐다는 데 초점을 맞춘다. 그런데 그 선언에서 마찬가지로 핵심을 이루는 '척도métron'라는 단어를 골랐다는 데는 주목하지 않는다. 여기서 인간은 관찰자도 주체도, 목격자도 판정자도 아니다. 그저 만물의 척도다. 그리고 측정은 실제 물리적 단위를 써서 명시적으로 하든, 누군가 또는 무언가를 어떤 기준이나 마음속 이미지와 비교함으로써 암묵적으로 하든, 어쩔 수 없이 크기를 재는 것이다.

크기 지각은 모양 지각과 떼려야 뗄 수 없이 얽혀 있다. 모양은 어떤 대상의 식별할 수 있는 특징, 공간적 형태, 겉모습이다. 존 로크John Locke는 《인간 오성론Essay Concerning Human Understanding》에서 유기체(식물과 동물)를 놓고 이런 주장까지 펼쳤다. "모양은 우리에게 종을 판별하는 주된 특질, 가장 특징적인 부분이다. ……일부에서 이성적 동물이라는 정의를 매우 중시하는 것처럼 보일지라도, 언어와 이성을 갖췄지만 인간의 통상적 모습을 지니지 않은 생물이 발견된다면, 나는 그 생물이 제아무리 이성적 동물이라고 한들 인간으로 받아들이기는 어려우리라 믿는다."[2]

조너선 스위프트Jonathan Swift가 레뮤얼 걸리버Lemuel Gulliver를 고상한 후이늠Houyhnhnm(지적인 말)과 사람 모습을 한 역겨운 야후Yahoo가 사는 땅으로 마지막 상상의 여행을 보냈을 때 일어난 일이야말로, 우리가 불가피하게 모양을 통해 판별한다는 이 결론을 가장 잘 보여주는 사례다. 걸리버는 이 현명하고 친절한 말들과 이성적으로 대화를 나눌 수 있었지만, 그들의 눈에 비친 모습 때문에 그 자신은 '점잖은 야후'에 불과한 존재로 받아들여질 수밖에 없었다.[3]

흥미롭게도 언어는 크기라는 개념을 두 가지 다른 방식으로 정의한다. 정의와 설명의 언어인 고대 그리스어에서 크기를 가리키는 단어는 메게토스μέγεθος(mégethos: 범위, 넓음, 커다람)인데, 라틴어의 마그니투도magnitudo와 거의 비슷하게 우리 마음이 크기 스펙트럼의 위쪽 끝을 향한다는 걸 보여준다('크다'의 그리스어와 라틴어는 mégas와 magnus). 고대 그리스어와 달리 라틴어에는 디멘시오dimensio라는 중립적인 단어도 있었지만, 현대 유럽어에서 이러한 구분은 어군(로망스어, 게르만어, 슬라브어)과 일치하지 않는다. 영어의 '크기size'와 비슷하게 슬라브어군에서 가장 많이 쓰는 세 언어(러시아어, 우크라이나어, 폴란드어)는 중립적인 단어(razmer, razmir, rozmiar: 척도)를 쓰는데, 체코어와 슬로베니아어는 큰 크기 쪽으로 치우쳐 있으며(양쪽 다 velikost), 크로아티아어(veličina)와 게르만어군에서 가장 많이 쓰는 세 언어, 즉 독일어(die Grösse), 스위스어(storlek), 네덜란드어(grootte), 그리고 이탈리아어(grandezza)도 마찬가지다.

그런데 이탈리아인은 타글리아taglia라는 단어도 쓴다. 라틴어 탈레아talea(자르기)에서 나온 말인데, 프랑스어 타유taille(원래는 길고 가느다란 모양을 가리키는 말)도 여기에서 나왔다. 일본어에는 세 가지 단어가 있다. 가장 최근에 생긴 단어는 영어에서 온 수만 개의 어휘 중 하나로 일본어 표기법에 맞추어 적은 사이즈サイズ다. 다른 두 단어 중 하나는 중국어에서 온 것으로 중립적인 슨포寸法(치수, 척도)다. 하지만 가장 훌륭한 단어는 유서 깊은 중국어 다시아오大小를 떠올리게 하는 것으로, '크다'와 '작다'를 가리키는 두 단어를 그냥 조합한 다이쇼大小다.

여러 나라의 말을 할 줄 아는 독자는 크기 지각에 관한 이런 뿌리 깊은 차이점 중 상당수를 알아보겠지만, 흥미롭긴 해도 크기 개념이 중립적인지 여부는 중요한 문제가 아니다. 물리학적으로 볼 때 크기는 그저 스칼라양scalar量을 정할 때 필요한 값일 뿐이다. 스칼라양은 힘이나 속도와 달리 방향 없이 정해지는 양이다. 길이(폭, 높이, 둘레), 면적, 부피, 질량, 에너지가 그렇다. 대상을 재는 정확한 도구가 있고(키를 재는 줄자, 건축 현장에서 쓰는 레이저 거리 측정기 등), 측정 정확도를 어느 수준으로 할지 합의가 이루어지면(키는 가장 가까운 센티미터 눈금값으로 잰다) 크기는 으레 되풀이해서 믿을 만하게 재확인할 수 있다.[4]

물론 측정 기준에 따라 답이 크게 달라지는 물리적 변수도 있는데, 이 문제는 1950년대 초에 루이스 프라이 리처드슨Lewis Fry Richardson이 처음 제기했고, 1967년 브누아 망델브로Benoit Mandelbrot가 〈사이언스〉에 발표한 〈영국의 해안은 얼마나 길까?〉라는 널리 인용된 논문에서 상세히 다뤘다.[5] 두 고정점 사이의 직선거리를 재는 것과 달리, 이 문제에는 명확한 답이 없다. 사용한 지도의 축척에 따라서 결과가 달라진다. 축척이 1:10,000,000(1센티미터가 100킬로미터에 해당)인 지도는 축척이 1:100,000(1센티미터가 겨우 1킬로미터)인 관광 지도보다 훨씬 덜 세밀할 테고, 그에 따라 해안선 길이가 더 짧게 나올 것이다.

우리가 양쪽 발을 앞뒤로 맞대고 걸어서 그걸로 실제 해안의 구불구불하고 불규칙한 길이를 모조리 다 재려 한다면, 해안선은 훨씬 더 길어질 것이다. 또 밀리미터 단위로, 즉 모래알과 흙 알갱이 크기 수준에서 재려고 하면 더욱더 길어질 텐데, 이는 사실상 측량이 불가능하다는 얘기다. 더 큰 규모에서는 구글 어스Google Earth가 이런 일을 쉽게 할 수 있도록 해준다. 화면 오른쪽 아래에 있는 '+'를 누르기만 하면 해당 지역이 점점 더 상세히 드러난다. 해발 2만 2,252킬로미터 고도에서 보기 시작해 1미터 미만의 특징까지(일부 사례) 구별할 수 있는 수준으로 나아간다. 지구의 물리적 특징을 볼 때는 명확한 크기(하나의 불변 값)라는 개념이 분명히 적용되지 않는다. 해안선의 길이나 국경은 하나의 고정된 양이 아니다. 프랙털 차원, 즉 측정하는 데 쓴 축척에 따라서 세부 사항이 어떻게 바뀌는지를 나타내는 비율ratio을 갖는다.[6] 그러나 현실 세계에서 크기를 재고자 할 때는 모호해 보이는 해안선 길이보다 훨씬 더 중요한 난제들이 드러난다.

아마도 가장 눈에 띄는 것은 몸의 크기나 국내총생산GDP과 국내총소득GDI 같은 중요한 사회·경제적 변수(개인 수준에서 진행 양상을 판단하거나 합리적인 정책 결정을 내리는 데 필요한 정보)를 측정하는 일이 정확성과 호환성 측면에서 많은 문제를 일으킨다는 점일 것이다.[7] 철저한 봉급 체계가 자리 잡은 서구 도시 사회에서 나라의 연간 GDP나 GDI를 계산하는 문제는 그저 모든 경제활동이나 모든 임금을 더하기만 하면 되는 것처럼 보일 수도 있다. 그러나 가장 풍요로운 나라에서도 지하(그림자) 경제, 현금만 오가는 뒷돈, 수지맞는 마약과 성 거래 등을 통해 나오는 많은 수익은 이 통계에 빠져 있다.[8] 어디를 살피든 우리는 아프리카와 아시아의 자급농과 물물교환하는 가구를 어떻게 집어넣어야 할지 규칙을 마련해야 한다.[9] 그렇게 한 다음에는 각국의 화폐를 비교할 방법도 찾아야 한다. 때로 심하게 조작되곤 하는 공식 환율을 그냥 적용할까, 아니면 구매력을 평가하는 복잡한 전환 공식을 써야 할까?[10]

완벽하게 측정하든 명확히 잴 수 없든 크기는 일상생활에서 온갖 방식으로 중요하다. 일상생활은 적절한, 때로 세심하게 표준화한 크기의 옷·주방용품·도구·장비·건축자재를 접하고 사용하는 일에 의존한다. 우리는 어떤 평균(또는 최소 치수)을 기대하고 거기에 따른다. 평균 크기를 모사하고, 그것에 맞추고, 그것을 반복해서 접할 거라고 예상한다. 대상이 어떤 범위를 벗어날 때에야 비로소 우리는 무의식적으로 평균 크기를 예상하고 있었음을 떠올린다. 해외 여행지에서 구입하려는 옷이 맞지 않을 때, 인체공학적이지 않은 도구를 사용하려고 애쓸 때, 무거운 가구를 들고 올라가는데 갑자기 계단 높이가 어긋날 때 그렇다. 좋든 싫든 우리는 크기를 기준으로 촘촘하게 정해진 세계에서 살아간다.

현대사회는 크기를 표준화함으로써 이런 문제가 일어나지 않도록 억제하려 노력해왔다. 사람들은 대개 정확한 수치는 알지 못하지만 일상생활의 경험을 통해서 많은 표준을 인식하고 있으며, 해외로 나가면 나라마다 그 표준에 차이가 있음을 알아차린다.[11] 우리는 집과 공공장소의 계단을 오르내릴 때 신경 쓸 일이 거의 없다. 높이와 너비가 국가 또는 국제 기준을 준수하기 때문이다. 예를 들어, 국제건축규정International Building Code은 계단의 높이를 178밀리미터 이하로 요구하며, 이와 비슷하게 미국 산업안전보건청은 152.4~190.5밀리미터로 정한다.[12] 미국에서 가장 널리 쓰이는 건축용 목재를 흔히 투-바이-포two-by-four라고 하는데, 실제로는 2×4인치가 아니다. 예전에는 그랬는데 지금은 추가 가공이 이루어지면서 사실상 1.5×3.5인치(38×89밀리미터)가 되었다.[13] 미국인은 유럽의 인쇄용지 표준 규격(A4)이 미국의 레터letter 용지 규격과 약간 다르다는 사실을 금방 알아차린다. 좀

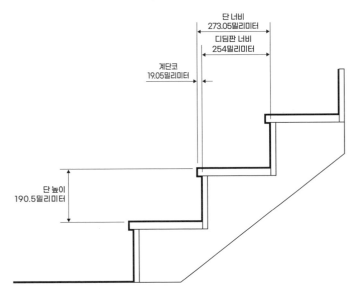

단 너비
273.05밀리미터

디딤판 너비
254밀리미터

계단코
19.05밀리미터

단 높이
190.5밀리미터

계단의 높이와 폭이 제멋대로 달라지면 우리는 금방 알아차릴 것이다. 이 그림은 미국의 표준 시방서에 나와 있는 계단의 폭과 높이이다.

더 좁으면서 더 길다(210×297밀리미터 대 216×280밀리미터).[14]

인구밀도가 높고 광역 교통망이 깔린 현대의 도시 위주 사회는 우리에게 기본적 편의와 안전을 제공하기 위해 수십 가지 표준 치수를 정해놓고 있다. 공동주택은 방의 최소 높이를 준수해야 한다. 미국은 약 2.4미터로, 석고보드의 높이도 같은 규격이다. 그리고 많은 나라에서 오래전부터 1인당 최소 바닥 면적을 정해두었는데, 이는 풍요로운 국가들도 저마다 다르다. 예를 들어, 프랑스가 1950년대까지만 해도 비교적 가난한 나라에 속했다는 사실을 알고 있는 사람은 거의 없는데, 당시 프랑스의 공공임대주택에 적용된 기준은 1922년과 1950년대 초에 똑같이 방

2개인 아파트가 최소 35제곱미터였으며, 반세기 뒤에야 45제곱미터로 늘었다. 일본은 1인당 최소 면적이 25제곱미터에 불과한 반면, 미국에서는 신축 단독주택의 1인당 평균 면적이 거의 70제곱미터에 달한다(2021년의 211제곱미터를 평균 가구원 수 3.13명으로 나누었을 때).[15]

우리는 이런 기준과 흔히 접하는 크기에 금방 익숙해지며 그런 크기들이 반복해서 나타난다고 예상하지만, 필요하다면 다른 규정을 적용한 환경에 대처하는 법도 배운다. 7장에서 설명하겠지만, 이는 생물의 크기와 그 속성(신생아의 키, 앨버트로스의 날개폭, 세쿼이아 줄기의 둘레, 이탈리아 연금 생활자의 체중 등)이 정규 분포를 보인다는 사실 때문이다. 즉, 크기가 평균을 중심으로 (때로는 아주 빽빽하게) 몰려 있다는 뜻이며, 출현 빈도를 그래프로 나타내면 대칭적인 종 모양의 곡선이 나온다.

사람들은 대개 널리 퍼져 있는 이런 실상을 알아차리지 못한다. 그리고 이 통계 분포 곡선을 그리는 꽤 복잡한 방정식을 종이에 적을 수 있는 사람은 거의 없다. 그러나 반복적인 경험을 통해서 그 분포는 사람들의 잠재의식에 새겨지며, 따라서 예상한 평균에서 상당히 벗어나는 크기를 접하면 금방 알아차리고서 즉시 특이한 사례라고 받아들인다. 즉, 우리는 예상외로 크거나 놀라우리만치 작은 걸 보면 언제든 알아차릴 것이다. 이런 무의식적 범주화는 더 멀리까지 나아간다. 우리는 크기의 극단적 사례를 미니어처(아주 작은, 극소한, 미세한) 같은 범주나 자이언트(거대한 것, 괴물) 범주에 할당하기도 한다. 이런 분류는 분명 우리가 표준을 인식하고 있을 때만 작동한다. 키에 아주 민감한(다음 장에서 설명할 텐데, 키는 기업의 '리더십'을 드러내는 명확한 표지다) 맨해튼의 사업가들은 어디에나 있는 비둘기와 센트럴파크의 오리나 거위를 접한 경험을 토대로 레이산앨버트로스가 날개폭(평균 약 2미터)이 가장 긴 새라고 분류할 것이다. 그들 중에서 조류 애호가만이 날개폭이 더 긴 앨버트로스도 있다는 걸 알 것이다(나그네앨버트로스는 날개폭이 최대 3.5미터에 달한다).[16]

'크다'와
'작다' 사이

우리는 고도로 사회적인 종이다. 가장 기본적인 생존 차원에서, 키가 적어도 평균이고 지능이 정규분포의 하위 사분위 범위에 속하지 않는다면 비교적 환경에 잘 대처하며 적응할 수 있을 것이다. 더 큰 크기는 복잡성의 매우 중요한 전제조건이다. 요컨대 작고 고립된 선사시대 수렵·채집인 집단(유아기를 지나면 누구나 식량을 구하는 일에 나서야 했다)은 정교한 계층화와 수천 가지 직업의 분화가 이루어진 복잡한 사회로 발전하거나 대규모 도시 사회의 기술 수준에 결코 도달할 수 없었을 것이다.

아프리카의 발굽동물 무리든 현대의 제조업체와 전자 미디어 회사든, 큰 크기는 여러 가지 경쟁 우위를 제공한다. 세렝게티의 누 무리와 구글은 그 일을 잘하고 있다. 약 150만 마리에 이르는 세렝게티의 엄청난 누 떼는 해마다 먼 거리를 이주하는 세계 최대 규모의 초식동물 집단이다. 그리고 구글이 검색엔진 시장에서 차지하는 비율(세계의 약 93퍼센트)은 이 회사의 시가총액이 엄청난 주된 이유다. 2022년 초에 2조 달러에 근접했는데, 러시아나 브라질의 연간 GDP보다 많다.[17]

우리는 마음속으로 '크다'와 '작다' 사이를 오가며 살아가지만, 두 범주가 일으키는 반응은 서로 다르다. 진화 과정에서 우리가 압도적이면서 치명적이기도 한 대규모의 경험을 한 사례는 적은데, 오로지 자연현상(폭풍우, 화재, 홍수, 지진)만이 그런 경험을 안겨주었다.[18] 우리가 계속 소집단 형태로 식량을 채집하기만 했다면, 그리고 도구가 가장 단순한 석기뿐이었다면, 우리는 그 어떤 대규모 구조물도, 오래가는 물품도 남기지 못했을 것이다. 그러나 수만 년 전 아프리카와 유라시아를 떠돌아다녔던 이 선사시대 수렵·채집인이 우리와 아주 비슷한 뇌를 지니고 있었다는 점을 생각할 때, 그들이 크고 무시무시한 규모의 생물과 사건을 상상했으며, 거기에 살을 붙여 꾸며낸 허구의 이야기들이 대대로 전해지다가 약 5,500년 전 메소포타미아 점토판에 쐐기문자로 처음 기록되었다고 확신할 수 있다.[19]

이 상상력 풍부한 허구의 세계는 최초로 기록된 이야기에서 현대의 스토리텔링에 이르기까지, 고대 전설 속 괴물에서 컴퓨터로 생성한 영화 속 고질라와 킹콩의 전투 장면에 이르기까지 이어진다.[20] 무시무시한 괴물과의 만남은 인간의 상상력을 담은 가장 오래된 두 이야기에도 등장한다. 수메르 왕 길가메시의 시련과 트로이에서 돌아오는 오디세우스와 그 동료들의 모험이 그렇다. 길가메시는 모험을 하다가 거인 괴물 훔바바Humbaba와 맞닥뜨린다. 수메르의 주신主神 엔릴Enlil이 삼나무 숲을 지키며 인간에게 공포를 심어주라는 임무를 맡긴 거인이다. "그가 고함을 지를 때면 폭풍이 이는 것 같고, 내쉬는 숨은 불 같으며, 턱은 죽음 자체다." 길가메시는 훔바바를 죽인 뒤 다른 괴물과 마주친다. 그 괴물은 "음침한 얼굴의 조인man-bird …… 흡혈귀의 얼굴과

사자의 발에 독수리의 갈고리발톱이 달린 손을 지녔다".[21]

오디세우스는 기나긴 귀향길에 마주친 외눈 거인 폴리페모스Polyphemos를 물리쳐야 했다. 오디세우스는 불타는 막대기로 거인의 눈을 찔러 앞을 못 보게 한 뒤 배를 타고 탈출하면서 조롱했다. 그러자 폴리페모스는 "높이 솟은 바위산의 봉우리를 뜯어내서 힘차게 던졌다. 바위는 우리의 검은 뱃머리 바로 앞에 떨어졌고 …… 망망대해에 거대한 물결이 일어났다".[22] 우리의 상상력을 자극하는 엄청난 규모의 무시무시한 장면이 아닐 수 없다. 《성경》에 나오는 가장 유명한 거인은 다윗의 돌팔매질에 맞아 죽은 골리앗이다. 골리앗의 존재는 집안의 유전 질환으로 설명할 수도 있다.[23]

초자연적 능력(엄청난 힘을 드러내는 것부터 불을 뿜는 것에 이르기까지)을 지닌 괴물 크기의 생물들(히드라처럼 머리가 여러 개 달린 거인과 드래곤 등)은 전설과 설화에 으레 등장한다. 그림 형제(빌헬름과 야코프)가 독일의 전설과 설화를 수집해서 1812년과 1815년에 두 권의 《그림 동화》를 펴냈을 때, 그 안에는 거인의 자취뿐 아니라 아주 작은 생물의 이야기도 담겨 있었다.[24] 거인들은 산꼭대기에 앉아 있고, 양과 소를 구워 먹고, 약탈을 하고, 살육을 하고, 사람에게 피해를 입힌다. 반면 겁 많은 거인, 사람을 멀리 옮겨주는 친절한 거인도 등장한다. 엄지손가락만 한 아기에게 젖을 물려서 거인으로 자라게 하는 거인도 있고, 용감한 기사들에게 살해되는 거인도 있다. 〈어부와 그의 아내〉에는 이런 허구적인 존재들의 극단적 크기까지 정확히 나와 있다. 보초병들이 두 줄로 서 있는데, "키가 3.2킬로미터인 가장 큰 거인부터 내 새끼손가락만 한 가장 작은 난쟁이까지, 각각의 병사는 앞에 선 병사보다 작았다".

온갖 민담 외에 아마 영어로 된 문헌 중에서 극단적 크기와 상상력 가득한 크기 변형을 다룬 가장 유명한 사례를 둘 고른다면, 앞서 말한 조너선 스위프트의 《걸리버 여행기》와 루이스 캐럴Lewis Carroll의 《이상한 나라의 앨리스》일 것이다.[25] 이 책 5장과 6장에서 몸집과 대사의 스케일링을 자세히 살펴볼 때, 걸리버가 만난 소인국 릴리퍼트Lilliput 사람과 거인국 브로딩낵Brobdingnag 사람을 사례로 들 것이다. 또 스위프트가 소인과 거인의 모습을 일관되게 표현하고자 애쓰면서 고안한 주요 크기의 가정과 계산 중 맞는 것이 무엇인지 설명하고, 잘못된 점도 지적하련다.

스위프트의 고전이 크기의 현실과 대사 스케일링의 복잡성을 드러내는 매우 흥미로운 서문 역할을 하는 반면, 캐럴의 이야기에 나오는 앨리스의 변신은 이야기를 진행시키려는 단순한 방식이긴 하지만 착시라는 너무나도 현실적인 세계로 들어가는 흥미로운 입구를 제공한다. 앨리스는 '커다란' 토끼굴로 들어가는 순간, 어떻게든 몸이 줄어들어야 한다(커다란 토끼굴이라고 해도 여자아이가 들어갈 정도로 크지는 않다). 앨리스는 어떻든 몸이 줄어들어 이윽고 바닥에 떨어진다. 그리고 말쑥한 차림의 흰토끼를 따라간다. 그런 뒤 일련의 의도적인 크기 변화를 시작한다. 먼저 자그마한 문을 통해 마법의 정원으로 들어가기 위해 몸이 작아진다고 표시된 병에 든 음료를 마신다. 하지만 탁자에 놓인 열쇠를 미리 챙기지 않은 바람에, 그 열쇠를 집기 위해 건포도로 "나를 먹어"라고 쓰여 있는 작은 케이크를 먹어야 한다. 그런데 너무 많이 먹은 탓에 몸이 천장에 부딪칠 만큼 엄청나게 커지고 만다. 그런 다음 버섯의 한쪽을 먹으면 키가 커지고 다른 쪽을 먹으면 작아질 것이라는 애벌레의 있을 법하지 않은 조언을 받아들여 그 버섯을 뜯어 먹는다. 처음에는 너무 작아졌다 너무 커졌다 하다가 결국은 알맞은 크기를 찾아낸다.

놀랍게도 현실은 예술을 모방하며, 의학 문헌은 크기 지각의 기이한 변화 사례에 '이상한 나라의 앨리스 증후군'이라는 이름을 붙인다. 몸집이 크다는 착각은 1913년 헤르만 오펜하임Hermann Oppenheim이 처음으로 짧게 기술했고, 1952년 카로 리프먼Caro Lippman이 상세히 다루었으며, 1955년에 영국 정신의학자 존 토드John Todd가 그 이름을 붙였다.[26] 리프먼의 환자는 이렇게 말했다. "천장에 닿지 않게 머리를 늘 숙이고 있으려니 너무 피곤해요. 머리가 열기구처럼 느껴져요. 목이 죽 늘어나서 머리가 천장에 닿을 것 같아요. 그래서 밤새도록 머리를 꽉 누르고 있어요." 이 증후군을 앓는 이들은 키뿐만 아니라 모양도 착각한다(변형시증變形視症). 이를테면 신체 부위를 더 길거나 더 짧게 인식하고 사물의 크기와 움직임도 다르게 지각한다. 편두통, 부분 뇌졸중, 감염, 중독 환자들에게서도 드물게 이런 환각이 나타나곤 한다.

현실 세계에서 설령 우리의 능력이 근육과 레버와 경사로(무거운 물체를 올리기 쉽게 만든 경사판) 같은 단순한 기계장치의 제약을 받는다 해도, 우리가 커진다는 것에 매료되었다는 점은 분명하다. 우리는 아주 창의적으로 이런 기계장치를 사용해, 몸과 근력으로 움직이는 도구 및 기구가 허용하는 한 최대로 큰 것들을 만들었다. 선사시대에 인간적 규모를 넘어서려는 우리의 보편적 성향은 거대한 돌을 캐서 멀리 운반해 세운 인상적인 거석 기념물로 표출되었다. 스톤헨지Stonehenge의 가장 큰 거석(약 45세기 전의 것)은 무게가 약 30톤이다. 더 작은 약 2톤짜리 청석bluestone들은 220킬로미터가량 떨어진 웨일스의 프레셀리 힐스Preseli Hills에서 가져온 것들이다. 프랑스 브르타뉴 지방에는 훨씬 더 오래된 그랑 메니르 브리제Grand Menhir Brisé가 있다. 약 6,700년 전에 세워진 것으로 무게가 340톤에 달한다.[27]

우리는 그런 돌들을 어떻게 운반했는지 그저 추측만 할 수 있을 뿐이다. 역사에는 이런 탄복할 만한 업적이 훨씬 더 많다. 이른바 고대 세계의 7대 불가사의는 유달리 크다는 점 때문에 그 목록에 올랐으며, 그중 가장 오래된 기자Giza의 쿠푸Khufu 대피라미드는 높이가 139미터로 1311년까지만 해도 가장 높이 솟은 건축물이었는데, 링컨 대성당의 첨탑이 완공되면서 그 지위를 잃었다.[28] 아메리카의 유명한 거대 구조물에는 약 1,000년 전 흙과 돌로 지은 메소아메리카의 피라미드들이 포함된다. 올란타이탐보Ollantaytambo와 사크사이우아만Sacsayhuamán의 거대한 석조 구조물은 15세기에 지어졌다. 페루와 칠레 사막에는 거대한 지상화geoglyph들이 있다.[29]

고대의 것이든(아테네 아크로폴리스의 파르테논 신전, 거대한 돔을

지닌 로마의 판테온, 으스스한 역사를 간직한 콜로세움), 중세의 것이든
(뾰족한 첨탑을 갖춘 대성당과 거대한 성), 르네상스 시대의 것이든
(필리포 브루넬레스키Filippo Brunelleschi가 설계하고 비계 없이 건축한 거대
한 돔을 얹은 피렌체의 산타마리아 델 피오레 대성당, 로마의 성 베드로 대
성당), 19세기의 것이든(파리에서 가장 눈에 띄는 두 이정표, 곧 시크
레쾨르 대성당과 에펠탑), 가장 유명하고 가장 감탄을 자아내며 가
장 많은 사람이 방문하는 구조물은 거의 다 거대하다는 점에서
두드러진다.**30** 그런 곳들은 엄청나게 많은 사람이 방문하는 반
면, (고대 이집트와 동시대에 존재했던) 북수단의 쿠시Kush 왕국이 세
운 작고 뾰족한 피라미드를 방문하거나, 로마의 가파른 자니콜
로Gianicolo 언덕을 걸어 올라가서 몬토리오Montorio의 성 베드로
성당 경내에 있는 (도나토 브라만테Donato Bramante가 1502년에 세운) 템
피에토Tempietto, 즉 이탈리아 르네상스 시대의 완벽한 비례를 중
시한 양식을 보여주는 걸작인 작은 순교 기념 예배당을 찾는 이
들은 거의 없다.**31**

분명히 '크다'라는 말은 사람들의 상상 속에서 언제나 중요함
과 장엄함을 가리키는 별칭이 되어왔다. '크다'는 우리에게 깊
은 인상을 심어주고, 경외심을 일으키고, 두려움을 불러일으킨
다. 그리고 인공물에 관한 한 더 나아가 새로운 한계를 설정하고
더 큰 구조물(더 높은 고층 건물)과 더 큰 운송 기구(제트기든 크루즈
선이든)와 더 큰 정치적·경제적 제국을 설계하도록 자극한다. 우
리는 훨씬 더 환영받는 기록(단위 비용을 더 낮춤으로써 한층 저렴한
소비재를 생산하는 더욱 큰 규모의 산업 시설)을 경신할 뿐 아니라 (결

필리포 브루넬레스키가 건축한 피렌체의 산타마리아 델 피오레 대성당의 돔(위, 내부 지름 43미터)과 도나토 브라만테가 건축한 로마의 템피에토(아래, 내부 지름 겨우 4.5미터).

국은 포기하고 만 온갖 지나치게 큰 사업들을 포함해) 많은 미심쩍은 성취도 추구한다. 이 주제는 다음 절에서 상세히 살펴볼 것이다.

큰 크기를 선호하는 성향은 생애 초기부터 뚜렷이 나타나며, 어른인 우리는 온갖 크기를 평가하고 더 큰 것을 추구하는 경향을 드러낸다. 유아가 첫 번째로 그리는 대상은 대개 사람인데, 때로 지면을 꽉 채울 정도로 크게 그린다. 모든 연령의 아동은 좋아하지 않는 사람(짜증 내는 친척)보다 좋아하는 사람(사랑하는 엄마나 아빠)을 더 크게 그린다.[32] 자라는 아이의 키를 문틀에 연필로 표시하는 것부터 봉급 비교, 집 면적 자랑에 이르기까지 우리는 계속해서 온갖 크기를 평가한다. 농민은 시골을 떠나 도시로 향하고, 지구촌 세계에서 가족은 소득 크기를 늘리기 위해 먼 나라로 향한다. 그리고 그런 이주의 의도치 않은 효과로서 아이들의 키도 더 커진다.

더 나은 생활 조건(영양, 보건 의료, 주택)이 놀라울 만큼 빠른 효과를 일으킨다는 걸 보여준 연구가 두 건 있다. 2005년 이탈리아 연구진은 볼로냐의 중국인 이민자 부모에게서 태어난 아이들이 중국에서 태어나고 자란 아이들보다 키가 더 크고, 생후 첫해 동안뿐 아니라 그 뒤로도 상대적으로 체중과 키가 더 나간다는 것을 보여주었다.[33] 영국에서도 비슷한 연구 결과가 보고되었다. 성인의 키를 비교하면, 영국으로 이주한 인도인이 인도에 사는 이들보다 6~7센티미터 더 크다. 그래도 영국인 평균보다는 작지만, 이러한 차이가 그들의 자녀에게서는 나타나지 않는다. 영국으로 이주한 인도인의 2~4세 자녀는 인도에 사는 또래보다 6~8퍼센트 더 크다. 이는 따라잡기가 놀라울 만큼 빠르게 일어난다는 걸 의미한다. 인도에서 이주한 부모의 아이들이 태어날 때의 체중이 영국인 아이들보다 더 적다(평균 약 400그램)는 사실을 감안하면 더욱더 그렇다.[34]

그리고 개인에서 기업으로 넘어가면, '크다' '더 크다' 그리고 더 선호할 만한 단어인 '가장 크다'는 성공으로 나아가는 궤적을 가리키는 매우 바람직한 수식어로 쓰여왔다. 일부 한정판 사치품의 공급자를 제외하고는 생산량을 철저히 억제하고 평범한 규모를 유지함으로써 세계 일류로 성장한 기업은 전혀 없다.[35] 그리고 규모를 더욱 키우려는 이러한 추세가 결코 새로운 일은 아니다. 생물의 진화가 많은 선례를 제공하기 때문이다. 새로운 점이라면 현대에는 크기를 키우려는 시도가 만연해 있고 그 속도도 더 빠르다는 것이다. 이런 가속화 추세는 19세기 후반에 시작되었고, 산업화로 추진력을 얻었으며, 20세기 내내 기록적인 규모와 수준의 현대 세계를 창조했다.

현대의 더욱 큰 크기 추구를 더 자세히 살펴보기 전에, 작은 크기에 관한 기본적인 사례를 몇 가지 관찰해볼 필요가 있다. 작은 크기도 분명히 나름의 함의와 반응을 수반하며, 과거(게다가 현대 과학의 놀라운 발전 덕분에 지금은 더욱더) 헌신적인 예술가와 장인은 탁월한 솜씨와 인내심을 발휘해 경탄을 자아내는 매우 작은 규모의 물건을 생산할 수 있었다. 그럼 여기에 해당하는 물품을 몇 가지 골라보자. 상아 하나를 구슬 안에 구슬이 들어 있는 모양으로 깎은, 거의 불가능해 보이는 중국 공예품이나, 병 안에

공들여서 조립해 넣은, 나무로 만든 배 모형, 도시 전체를 축소해서 모형으로 만든 테마파크(헤이그의 마두로담Madurodam이 가장 잘 알려진 곳인데, 네덜란드의 유명한 풍경을 1:25로 축소했다), 많은 수집가를 감탄시키는, 수십 가지 일본 요리와 음료를 정교하게 축소한 음식 모형, 전자공학자들이 실리콘칩에 집적시키는 부품을 점점 더 축소함으로써 가능해진, 휴대전화에서 작은 곤충의 등에 붙일 만큼 미세한 추적 장치에 이르기까지 온갖 전자 기기의 소형화 등이 있겠다.[36]

그러나 축소판 규모에서 이룬 성취는 인간의 크기와 그보다 훨씬 더 큰 규모에서 달성한 것과 동일한 감정 반응을 불러일으키지 않는다. 책만 한 크기의 꽃 정물화를 볼 때의 느낌은 한 명이나 여러 명의 초상화, 신화 속 장면이나 역사적 사건을 묘사한 작품, 야외에서 접하는 것과 비슷한 경치를 묘사한 풍경화 등 훨씬 더 큰 작품을 볼 때의 정서적 충격에 미치지 못한다. 해마다 루브르 박물관이나 프라도 미술관을 방문하는 수백만 명은 소형 예술품과 보석을 보기 위해서가 아니라 디에고 벨라스케스와 프란시스코 고야의 실물 크기 초상화에 빠져들기 위해서 박물관과 미술관에 간다.[37] 《기네스북》에는 온갖 유용하면서 기이한 사실들이 실리지만, 2021년 그 웹사이트에서 가장 많이 찾아본 18가지 기록 중 아주 작은 것과 관련된 내용은 하나뿐이었다(세계에서 가장 키가 작은 여성). 나머지는 모두 최대 크기였다. 가장 길고, 가장 높고, 가장 크고, 가장 낮고, 가장 빠르고, 가장 넓고, 가장 오래된 것들이었다.[38]

작은 것들도 인상적이고 흥미로울 수 있다. 그러나 우리에게 경외감을 불러일으키지는 못한다. 그 강력한 감정은 큰 크기에서만 나온다. 더운 여름날 오후 하늘에 몇 시간 사이 시꺼먼 쌘비구름이 몰려들다 갑자기 폭우가 쏟아지는 광경과 작은 것을 어떻게 비교할 수 있을까?[39] 작은 조각품이 컨테이너 수천 개를 10층 높이로 싣고 막 태평양을 건너 로스앤젤레스 항구에 (육중한 예인선에 끌려) 들어온 거대한 컨테이너선과 비교가 될까?[40]

'점점 더 작게'는 '점점 더 크게'가 불러일으키는 것과 전혀 다른 감정을 낳는다. 게다가 아무튼 맨눈으로는 시력의 한계 때문에 작아지는 쪽으론 곧 한계에 직면한다. 자신의 시야에서 가장 자주 눈에 띄는 신체 부위인 손을 보라. 평균적인 성인은 새끼손가락의 폭이 약 1센티미터(즉 10밀리미터)이며, 우리가 맨눈으로 구별할 수 있는 폭의 한계는 머리카락처럼 가느다란 약 0.04밀리미터다.[41] 이 두 폭의 비율(0.04/10)은 0.004인데, 이는 새끼손가락의 1/250(0.4퍼센트)보다 작은 것은 전혀 식별할 수 없다는 뜻이다. 반면 점점 더 커지는 쪽으로 나아가면 우리는 아주 작은 빗방울(1밀리미터), 빗방울이 떨어지는 거리의 연석(높이 10센티미터), (물이 1미터쯤 차 있는) 얕은 둑, 커다란 바위(높이 10미터)에서 떨어지는 계곡물, 베네수엘라의 (높이 1킬로미터에서 겨우 21미터 못 미치는) 앙헬 폭포, 하부 성층권인 고도 10킬로미터까지 솟아오르는 거대한 수직 쌘비구름까지 볼 수 있다. 이 양쪽 극단의 비율은 밀리미터로 10,000,000/1이다. 요컨대 거대한 쌘비구름은 작은 빗방울보다 1,000만 배 더 크다.[42]

'점점 더 작게'(마이크로프로세서의 부품 수 증가)는 1965년 이후 전자공학의 성장을 견인했다(이 추세는 4장에서 크기 설계를 다룰 때 살펴볼 예정이다). 이는 지난 두 세대에 걸친 세계 경제성장의 핵심 기여 요인이었고, 역설적이게도 '점점 더 크게'에 기여한 핵심 요인이기도 하다. 화면, 차량, 선박, 항공기, 터빈, 건물, 도시 등 더욱 큰 인공물의 추구가 고체(트랜지스터, 집적회로, 마이크로프로세서) 전자공학의 축소화 덕분에 훨씬 쉬워졌기 때문이다.

더욱 큰 것에 집착하는
현대 세계

사람들은 사는 동안 이 크기 추세의 명백한 사례를 많이 목격했을 것이다. 자동차는 지구에서 가장 무거우면서 많은 이동 수단이다. 현재 세계에 거의 15억 대가 있으며, 크기는 점점 더 커져왔다. 오늘날 아주 잘나가는 픽업트럭과 SUV는 1950년대 초 유럽 시장을 지배했던 폭스바겐의 케퍼, 피아트의 토폴리노, 시트로엥의 되슈보 같은 승용차보다 무게가 2배, 심지어 3배에 달한다.

주택, 냉장고, TV의 크기도 같은 추세를 따랐다. 기술 발전뿐 아니라 성장을 찬미하는 경제학자들이 애지중지하는 각국의 GDP가 제2차 세계대전 이후 역사적으로 유례없을 만큼 증가하면서 이런 물품을 구매할 여력이 생겼기 때문이기도 하다. 인플레이션을 감안한 고정 화폐로 표현해도 미국 GDP는 1945년 이래 10배 증가했다. 그리고 전후 베이비붐이 일어났음에도 1인당 GDP 역시 4배 증가했다.[43] 이러한 풍요가 부추긴 성장은 가장 큰 건물의 높이에서 가장 큰 항공기나 다층多層 크루즈선의 용적에 이르기까지, 대학의 크기에서 경기장의 크기에 이르기까지 수많은 사례를 통해서도 잘 알 수 있다. 이 모든 게 그저 점점 더 큰 것을 향한 일반적 진화 추세의 예상된, 필연적인 재현에 불과할까?

우리는 생명이 아주 작은 것에서 비롯되었으며(약 40억 년 전 출현한 고세균古細菌과 세균이라는 미시 수준에서), 5억여 년 전 시작된 캄브리아기에 동물들이 다양해지면서 점점 더 큰 크기로 나아가는 진화의 획기적 전환이 일어났다는 것을 안다. 큰 크기(체중 증가)는 포식자에 맞서는 능력(누와 미어캣을 비교해보라)과 더 다양한 생물량을 소화할 수 있는 능력의 증대 같은 확실한 경쟁 이점을 제공한다. 이는 새끼를 더 적게 낳고, 임신 기간이 더 길고(성숙하는 데 걸리는 기간도 길다), 먹이와 물을 더 많이 먹어야 하는 단점을 극복하고도 남는다.[44] 또 큰 동물은 작은 동물보다 더 오래 산다(생쥐와 고양이, 개와 침팬지를 비교해보라. 물론 예외도 있다. 몇몇 앵무새는 50년 넘게 산다!). 그러나 극단적 사례로 가면, 수명과 체중은 그다지 밀접한 관계에 있지 않다. 코끼리와 대왕고래가 수명이 가장 긴 동물은 아니다. 그 목록의 맨 위에는 그린란드상어(250년 이상), 북극고래(200년), 갈라파고스땅거북(100년 이상)이 있다.

사실 생명의 진화는 단세포 미생물에서 거대한 파충류와 현생 아프리카 거대 동물들(코끼리, 코뿔소, 기린)에 이르기까지 크기 증가의 이야기다. 현재 생물의 몸길이는 200나노미터(미코플라스마 게니탈리움Mycoplasma genitalium)에서 31미터(대왕고래Balaenoptera musculus)에 이르기까지 8차수에 걸쳐 있으며, 이 양쪽 극단에 놓인 두 종의 생물 부피biovolume는 8×10^{-12}세제곱밀리미터에서 1.9×10^{11}세제곱밀리미터까지 22차수 차이가 난다.[45]

크기 증가 쪽으로 진화가 일어났다는 사실은 가장 오래된 단세포생물인 고세균과 세균, 더 뒤에 나타난 원생동물과 후생동물을 비교하면 뚜렷이 드러난다. 멸종했거나 살아 있는 대다수 다세포동물의 평균 생물 부피는 몸집 증가와 비슷한 경로를 따르지 않았다. 연체동물과 극피동물(불가사리, 성게, 해삼)의 평균 크기는 그 어떤 뚜렷한 진화 추세도 보여주지 않는 반면, 해양 어류와 포유류는 크기 증가 추세를 보였다.[46] 공룡의 크기는 증가 양상을 보였지만, 멸종할 즈음에는 줄어들었다. 절지동물의 평균 크기는 5억 년 동안 뚜렷한 성장 추세를 전혀 보이지 않았지만, 포유류의 평균 크기는 지난 1억 5,000만 년 동안 약 3차수 증가했다.

현생 포유류를 분석한 자료는 부모보다 다음 세대가 더 커지는 경향이 있다고 말하지만, 한 세대 사이의 증가 폭은 꽤 제한적일 수밖에 없다.[47] 아무튼 몇몇 아주 큰 생물이 출현했다고 해서 미생물의 수와 중요성이 결코 줄어든 것은 아니다. 생물권은 미생물 생물량의 풍부함과 다양성에 토대를 둔 고도의 공생 체계이며, 미생물이라는 토대 없이는 작동도 유지도 불가능하다.[48] 생물권의 이 근본적인(큰 것이 작은 것에 의존하는) 현실에 비추어 보면, 인공물과 설계가 점점 더 커져가는 추세는 일탈 사례라고 할 수 있을까? 경제와 기술력 양쪽에서 근대 이전까지 있었던 장기적 성장 정체로부터의 그저 일시적인 일탈은 아닐까? 오늘날 우리가 TV 화면에서 고층 건물에 이르기까지 큰 대상을 추구하고 소유에 지나치게 주의를 기울임으로써 생긴 잘못된 인상에 불과한 것은 아닐까?

이 추세가 어떻게 기원했는지는 명백하다. 크기 확대는 에너지의 유례없는 사용과 대규모 물질 동원을 통해 가능해졌다. 수천 년 동안 우리는 더 큰 것을 설계하고자 할 때 이를 제약하는 조건과 맞닥뜨려야 했다. 에너지는 인간과 동물의 근육에 의존해야만 했고, 도구와 건축 재료는 목재·점토·돌과 몇 가지 금속에만 기대야 했다. 우리가 만들 수 있는 것, 여행할 수 있는 방식, 수확하고 저장할 수 있는 식품의 양, 개인과 집단이 모을 수 있는 부의 크기도 그런 조건에 따라 정해졌다.[49] 그러다가 19세기 후반에 좀 더 빠르게, 동시에 다방면으로 크기 증가가 일어났다.

그 세기가 시작될 때 세계의 인구 성장률은 아주 낮았다. 세계는 흐르는 물로 작은 수차를 돌리고 바람으로 방아를 찧는 등 자연력의 도움을 조금 받긴 했지만, 아직 생물량과 근육의 에너지를 주로 이용했고 선박도 비교적 작았다. 1800년의 세계는 1900년의 세계보다 1500년의 세계에 더 가까웠다.[50] 1900년에는 세계 연료 생산량의 절반이 석탄과 석유에서 나왔고, 전력 생산량이 빠르게 늘었으며, 새로운 원동기(증기기관, 내연기관, 증기와 수력 터빈, 전기모터)가 새로운 산업과 교통수단을 만들어냈다. 그리고 이 새로운 에너지 풍요는 (비료와 농사의 기계화를 통해) 작물 수확량을 늘리고, 기존 물질을 더 저렴하게 생산하고, 더 가볍거나 더 오래가는 물건과 구조를 만들게 해줄 새로운 금속과 합성 물질을 생산하는 데도 쓰였다.

이런 대전환은 20세기 내내 더욱 강화되었다. 빠르게 증가하는 인구의 수요를 충족해야 했던 시기다. 두 차례의 세계대전과 대공황을 겪으면서도 세계 인구는 1900~1970년 유례없는 수준으로 급속히 늘었고, 그 뒤로 그런 일이 다시는 일어나지 않았다.[51] 주거 단지에서 소비재에 이르기까지 모든 것이 주택, 식량, 제품에 대한 수요 증가를 충족하고 감당 가능한 비용 수준을 유지하며 더욱더 커져야 했다. 이 같은 크기 증가 추구(멀리 떨어진 거대도시에 저렴하게 전기를 공급할 수 있는 좀 더 큰 탄광이나 수력발전소, 소비자 수십억 명이 쓸 제품을 생산하는 고도로 자동화한 공장, 세계 최대의 디젤기관으로 움직이면서 철로 된 수천 개의 상자를 싣고 대륙을 오가는 컨테이너선)는 거의 예외 없이 단위 비용의 하락을 동반함으로써 냉장고, 자동차, 휴대전화를 널리 쓸 수 있게끔 해주었다. 그러나 거기에는 더욱 큰 자본비용과 때때로 전에 없던 설계와 건설 및 관리에 따른 노력이 필요했다.[52]

20세기 이후 주목할 만한 크기 기록이 경신된 사례가 너무나 많이 일어났고, 그 뒤에 나온 몇몇 분석 결과(모두 가장 훌륭한 가용 자료를 토대로 1900~2020년에 얼마나 늘어났는지를 계산했다)는 이런 증가가 어느 정도 일어났는지를 보여준다. 현재 가장 큰 수력발전소의 용량은 1900년의 것보다 600배 이상이다.[53] 용광로 (현대 문명의 가장 중요한 금속인 주철을 생산하는 데 필요한 구조물)의 부피는 5,000세제곱미터로 10배 증가했다[54] 철골 구조를 사용한 고층 건물의 높이는 828미터인 부르즈 할리파Burj Khalifa까지 거의 정확히 9배 증가했다.[55] 가장 큰 도시의 인구는 도쿄 대도시권의 3,700만 명까지 11배 증가했다.[56] (고정 화폐로 총액을 냈을

때) 세계 최대 경제는 미국의 것인데, 그 규모가 현재 약 32배 늘어났다.[57]

그러나 우리가 1900년 이래 모은 정보의 양이야말로 그 무엇과도 비교할 수 없는 수준의 크기 증가를 달성했다. 1897년 미국 의회도서관이 토머스 제퍼슨 빌딩으로 이사했을 때, 그곳은 세계 최대 정보 보관소로 약 84만 권의 책을 소장했다. 전자 매체에 저장한다면 아마 1테라바이트쯤 될 것이다.[58] 2009년에 이 도서관이 소장한 책과 인쇄물은 약 3,200만 부에 달했는데, 그 양은 모든 물리적 소장품의 약 25퍼센트에 불과했다. 원고, 인쇄물, 사진, 지도, 지구의, 동영상, 녹음 자료, 악보 등도 있기 때문이다. 이것들을 모두 전자 매체로 옮길 경우 용량이 얼마나 될지를 놓고 온갖 가정이 쏟아져 나올 게 분명하다. 1997년 마이클 레스크Michael Lesk는 도서관 소장물의 총규모가 "아마도 약 3페타바이트"일 것이라고 추정했다. 그렇다면 한 세기 사이에 적어도 3,000배 증가한 셈이다.[59]

게다가 새로운 제품과 설계는 대개 1900년 이후 시장에 등장해서 그 뒤에 1차수나 2차수, 많으면 3차수까지 증가했으므로 20세기에 얼마나 늘어났는지 계산하는 건 불가능하다. 이 범주에서 가장 중요한 사례로는 항공 여행(최초의 민간 항공사 KLM 네덜란드 항공은 1919년에 설립되었다), 다양한 플라스틱(현재 주로 쓰이는 화합물의 대부분이 1930년대에 등장했다), 그리고 당연히 현대적 컴퓨터와 무선통신 및 각종 제어를 가능케 하는 전자공학의 발전(진공관 컴퓨터는 제2차 세계대전 때 처음 등장했고, 최초의 마이크로프로세서는 1971년에 나왔다)이 있다.[60] 이런 발전에 힘입어 새로운 소기업이 아주 많이 출현하곤 했지만, 세계 경제활동에서 큰 기업이 차지하는 몫은 점점 더 증가했다. 운영 규모가 더욱더 커지는 이런 추세는 전통적인 산업 생산 방식(기계류든 화학물질이든 식품이든)과 자동화한 새로운 조립 생산 방식(마이크로칩이나 휴대전화)뿐 아니라 은행과 자문 회사 등 다양한 서비스 및 교통 부문에도 영향을 미쳤다.[61]

이런 기업 확장은 합병, 인수, 연합, 탈취의 횟수와 가격으로 측정할 수 있다. 합병은 1985년 3,000건(총액 약 3,500억 달러)에 못 미쳤는데 2007년에는 4만 7,000건이 넘어 거의 5조 달러에 달하면서 정점을 찍었고, 코로나19 대유행 이전 4년 동안은 해마다 3조 달러 넘는 거래가 이루어졌다.[62] 자동차는 꽤 다양한 기업이 생산하는 상태로 남아 있으며, 상위 5대 기업(2021년 매출액 기준으로 폴크스바겐, 도요타, 다임러, 포드, 제너럴 모터스)이 세계 시장의 겨우 1/3 남짓을 차지한다. 반면, 5대 휴대전화 제조사(애플, 삼성, 샤오미, 화웨이, 오포)는 시장의 약 80퍼센트를 차지하며, 여객기 쪽으로는 2대 제조사인 보잉과 에어버스가 90퍼센트 이상을 장악하고 있다.[63]

그러나 더욱 두드러진 크기 증가 추세가 있었다. 늘어나는 인구의 수요를 충족하는 일과 무관하며, 그 대신 지위와 눈에 띄는 소비의 표지 역할을 하는 크기 증가다. 미국 주택과 차량의 크기는 이런 추세를 보여주는 명백하면서도 문서로 정확히 기록된 두 가지 사례다. 주택의 성장 추세는 공간적·역사적 이유로 많은 나라에서 (일본과 벨기에를 포함해) 모방하기 어려웠던 반면, 있을 법하지 않은 크기를 지닌 차량의 증가는 세계적 추세가 되었다.

포드 모델 T(1908년에 출시해 1927년까지 생산한 최초의 양산 자동차)는 크기 비교의 확실한 기준이 되어준다.[64] 1908년 모델 T는 출력이 약하고(15킬로와트), 작고(3.4미터), 가벼운(540킬로그램) 차였다. 한편, 1920년대 중반에 태어난 미국인 중 일부는 있을 법하지 않은 크기에다 스포츠 유틸리티 차량이라는 잘못 붙은 이름의 차, 즉 SUV가 등장해 세계적으로 유행하는 꼴까지 볼 수 있었다. 쉐보레 서버번(265킬로와트, 2,500킬로그램, 5.7미터)은 길이가 더 긴 편이고, 롤스로이스 컬리넌은 출력이 441킬로와트이고, 렉서스 LX 570은 무게가 2,670킬로그램이다.[65]

이런 크기 증가로 자동차와 탑승자(70킬로그램의 성인 운전자)의 무게 비율은 모델 T의 7.7에서 렉서스 LX와 유콘 GMC의 약 38로 늘어났다.[66] 그에 비해 나의 혼다 시빅은 약 18이며, 몇몇 교통 대안을 살펴보면 보잉 787은 6을 약간 넘고, 현대 고속버스는 5, 7킬로그램짜리 가벼운 자전거는 겨우 0.1이다. 놀랍게도 차량 크기의 이러한 증가는 운전이 환경에 미치는 영향을 우려하는 얘기가 수십 년째 계속 이어지고 있는 가운데 일어났다(전형적인 SUV는 일반 승용차보다 온실가스를 약 25퍼센트 더 배출한다).

더 큰 차량을 선호하는 미국인의 성향은 금세 세계적 표준이 되었고, 유럽과 아시아에서도 SUV는 크기가 점점 커지고 동시에 시장점유율도 늘어났다.[67] 이런 (제정신이 아닌) 양상을 합리적으로 옹호할 방법은 전혀 없다. 더 큰 차량은 안전 우려 때문에 필요한 것도 아니고(미국 고속도로안전보험협회의 충돌 안전 시험에서 소형차와 중형차도 최고 점수를 받았다), 식구가 더 늘어서 필요해지는 것도 아니다(미국 가구의 평균 크기는 계속 줄어들고 있다).[68]

그런데 미국 가구의 크기 감소에 역행하는 추세가 또 한 가지 있다. 바로 주택의 크기 증가다. 제2차 세계대전 이후 뉴욕 교외 지역에 처음 조성된 대규모 주거 단지 레빗타운Levittown의 주택 면적은 70제곱미터에 조금 못 미치는 수준이었다. 전국의 평균 주택 면적은 1950년 100제곱미터, 1998년 200제곱미터에 이르렀고, 2015년에는 250제곱미터를 조금 넘어섰다. 일본의 평균적인 한 가구 주택보다 2배 남짓 크다.[69] 한 사람의 생애 동안 미국 주택의 크기가 2.5배 커졌다. (에어컨, 더 많은 화장실, 더 무거운 마감재를 포함해) 주택의 평균 무게는 약 3배 증가했고, 1인당 평균 거주 면적은 거의 4배로 늘었다. 그리고 평균 면적이 거의 500제곱미터에 달하는 주문형 맞춤 주택도 나와 있다.[70]

짐작하겠지만 집이 크면 냉장고와 TV 화면도 더 커진다. 제2차 세계대전 직후 미국 냉장고의 평균 부피는 겨우 0.2세제곱미터였다. 2020년 GE, 메이택, 삼성, 월풀의 가장 잘 팔리는 모델들은 부피가 0.63~0.72세제곱미터였다.[71] TV 화면은 처음에 모서리가 둥근 아주 작은 직사각형이었다. 음극관CRT의 크기와 무게 때문에 더 커지는 데 한계가 있었다. 가장 큰 CRT 화면(1991년 소니의 PVM-4300)은 43인치였는데 무게가 200킬로그램에 달했다.[72] 반면, 현재 인기 있는 50인치 LED TV는 무게가

25킬로그램에 불과하다. 그러나 지구 전역에서 화면의 대각선 길이는 제2차 세계대전 이후 표준이던 30센티미터에서 1998년에는 거의 60센티미터로, 2021년에는 125센티미터로 커졌다. 즉, TV 화면의 전형적인 면적이 15배 이상 커졌다는 뜻이다.[73]

더 큰 크기가 삶을 더 쉽고 더 편안하고 더 즐겁게 만드는 사례도 분명히 많긴 하지만, 이런 보상은 나름의 한계를 지닌다. 그리고 지나치게 큰 집, 거대한 SUV, 대형 냉장고가 소유자를 더 행복하게 해주었다고 결론지을 만한 증거는 전혀 없다. 미국 성인을 대상으로 삶의 행복도와 만족도를 설문 조사했더니, 20세기 중반 이래로 별다른 변화가 없거나 장기적으로 감소하는 양상이 나타났다.[74] 이 모든 과잉 사례에는 명백히 물리적 한계가 있으며, 나는 4장에서 많은 설계의 크기가 S자 성장곡선의 최종 단계에 다다르면서 불가피하게 최대에 접근한다는 사실을 보여주는 몇 가지 중요한 장기 성장 추세를 살펴볼 것이다.

더 큰 것을 숭배하는 이 새로우면서 보편적인 양상은 큰 크기가 역효과를 일으키는 사례가 눈에 띄게 많다는 점을 생각할 때 더욱 놀랍다. 진정한 존재론적 사례를 두 가지 들어보자. 아동의 과체중은 조기 비만이 나중에 해결하기 쉽지 않다는 사실 때문에 심한 문제다.[75] 그리고 군대는 늘 신병의 키를 제한해왔다. 평균에 못 미치는 키는 축복일 때가 많았다. 키 작은 사람(또는 아주 큰 사람!)은 징집되어 무의미한 전투에서 죽지 않아도 되니 말이다.[76]

큰 나라는 나름의 문제를 안고 있다. 영토의 환경이 다양하다면 식량 자급 가능성이 더 높고 주요 광물이 적어도 한 가지, 아니 몇 가지 다량 매장되어 있을 것이다. 러시아(세계에서 면적이 가장 넓다)뿐 아니라 미국, 브라질, 중국, 인도도 그렇다. 그러나 거의 모든 큰 나라는 작고 균질적인 나라들보다 경제 불평등이 더 심한 경향이 있고, 지역적·종교적·인종적 차별에 시달리는 양상을 띤다.[77] 미국의 남북 분열, 캐나다의 지속적인 퀘벡 분리주의, 러시아의 호전적인 이슬람 문제(희한하게도 잊혔지만 체첸 전쟁은 제2차 세계대전 이후 벌어진 가장 야만적인 충돌 중 하나였다), 인도의 지역적·종교적·계급적 분열이 그렇다. 물론 작은 나라이면서도 심각한 갈등과 분열에 시달리는 사례도 있지만(벨기에, 키프로스, 스리랑카), 이런 내부 갈등은 가장 큰 나라들의 쇠약이나 해체보다 세계 전체에 미치는 영향이 훨씬 적다.[78]

그렇긴 해도 지난 150년은 크기가 역사상 유례없는 수준으로 성장한 시기였을 뿐 아니라, 우리가 사는 세계와 우주의 진정한 크기가 어느 정도인지를 마침내 이해하게 된 시기이기도 하다. 이러한 탐구는 크기 스펙트럼의 양쪽 끝에서 이루어져왔고, 20세기가 끝날 무렵 우리는 마침내 가장 작은 규모(원자와 유전체 수준)와 가장 큰 규모(우주의 크기)를 꽤 흡족할 만큼 이해하기에 이르렀다. 어떻게 거기까지 다다랐을까?

극단과
그것을 알아낸 방법

에너지와 질량은 우주를 정의한다. 크기는 우주의 가장 주된 구조적 변수다. 은하들은 서로 엄청나게 멀리 떨어져 있다(평균 약 1,000만 광년). 우리 태양계 행성들의 궤도는 반지름이 수천만 킬로미터에서 수억 킬로미터에 달한다. 지구의 물리적 환경과 그 복잡한 생명의 그물은 근본적으로 태양과의 거리 및 자체 크기에 따라 정해진다. 놀랍게도 궤도 거리가 약간만 달라져도(몇 퍼센트 더 가깝거나 멀어져도) 지구의 평균온도(그리고 낮과 밤의 극단 온도)는 생물이 살아갈 수 있는 최적 서식 구간에서 벗어날 것이다. 훨씬 더 작은 행성은 중력이 작아서 생명을 보호하는 대기를 간직하지 못할 테고, 훨씬 더 큰 행성은 중력이 커서 동물과 사람의 이동에 지장을 줄 것이다.[79]

다른 많은 사례가 그렇듯 이런 지식의 발전도 수천 년 동안 느리게 이루어지다가 지난 150년 사이에 가속화했다. 고대와 중세 내내 지구는 인류가 알고 있는 우주의 중심이었다. 프톨레마이오스 모형은 태양과 달 그리고 5개 행성(수성, 금성, 화성, 목성, 토성)이 지구 주위를 돌고 있으며, 별들이 붙박인 천구로 둘러싸여 (그 너머에는 아무것도 없고) 눈에 보이는 공간이 우주 전체라고 보았다. 이 같은 유한 우주 개념은 기원전 4세기에 등장한 뒤 태양 중심 모형에 자리를 내주기까지 그 지위를 유지했다. 후자도 사실상 고대부터 있었는데 줄곧 외면당하다 16세기 초 니콜라우스 코페르니쿠스가 설득력 있는 방식으로 제시했다.[80] 그러나 지구가 중심이라는 믿음이 잘못되기는 했어도 지구의 크기 및 지구와 달의 거리를 꽤 정확히 추정하는 데는 방해가 되지 않았다. 또한 약 1,700년 뒤 지구 중심 모형이 논박을 받았다고 해서 눈에 보이는 우주의 크기를 계산한 값이 고대 그리스와 그 뒤의 아랍에서 추정한 값보다 곧바로 나아진 것도 아니었다.[81]

기원전 3세기에 에라토스테네스Eratosthenes는 알렉산드리아의 거주지에 수직으로 세운 막대기의 그림자 길이 및 거주지와 아스완Aswan(하지 때 정오에 태양이 지면과 90도 각도를 이룬다)의 거리를 이용해 지구 둘레가 두 도시 사이의 거리보다 50배 더 길다고 계산했다. 우리는 당시에 썼던 거리 단위인 스타디온stadion이 정확히 얼마를 나타내는지 알지 못하므로, 그가 계산한 값의 오류가 어느 정도인지 콕 집어서 말할 수는 없다. 우리는 그저 그가 내놓은 차수가 옳다는 점만 알 뿐이다. 반면, 에라토스테네스와 마찬가지로 기원전 3세기에 활약한 (그보다 연배가 더 높았던) 아리스타르코스Aristarchos는 지구와 태양의 거리를 최초로 잰 사람이라고 알려져 있는데, 올바른 기하학적 가정을 토대로 거리를 계산했지만 각도 추정에 오류가 생기는 바람에 값이 20배나 어긋났다. 그의 측정값은 실제 거리의 약 5퍼센트에 불과했고, 프톨레마이오스는 지구와 별들이 붙박인 천구 가장 바깥 사이의 거리가 지구 반지름의 겨우 2만 배(약 1억 2,750만 킬로미터)라고 보았다.

9세기 아랍의 탁월한 천문학자인 알파르가니al-Farghānī와 알바타니al-Battānī는 그저 조금 다를 뿐인 값을 썼고, 7세기 뒤인 1588년 튀코 브라헤Tycho Brahe는 자신의 천체 모형에서 붙박이별들이 이전에 추정한 값들보다 지구에 더 가깝게 있다고 추정했다. 요컨대 지구 반지름의 겨우 1만 4,000배 거리에 있다고 보았는데, 이는 고대의 우주를 거리는 약 1/3만큼, 부피도 거의 1/3로 축소한 것이다! 갈릴레이는 선구적인 망원경 관측(1610년에 발표했다)을 통해 그 전까지 보이지 않던 더 멀리 떨어진 별들이 많다는 걸 발견했고, 그 결과 중세 천문학자들이 상상한 (심하게 속박받는 껍데기 같은) 우주 개념은 더 이상 유지될 수 없었다.[82] 유럽이 30년 전쟁에 빠져들기 시작했을 때, 요하네스 케플러Johannes Kepler는 1618년부터 1621년에 걸쳐 기념비적인 저작《코페르니쿠스 천문학 개요Epitome Astronomiae Copernicanae》를 출간했다. 그는 여전히 붙박이별들을 상정했지만 천구의 안쪽 반지름을 태양 반지름의 400만 배, 즉 약 2.8조 킬로미터라고 봄으로써 우주의 크기를 대폭 확대했다.[83]

18세기 말에는 다양한 천체 관측을 통해 천문단위(지구와 태양의 거리인 약 1억 5,000만 킬로미터)의 진정한 길이가 논박의 여지 없이 확정되었다.[84] 우주의 크기를 확정 짓는 데 기여한 그 다음의 근본적 돌파구는 태양 궤도를 도는 지구에서 보았을 때의 겉보기 위치 변화를 추적함으로써 지구와 가까운 별들 사이의 거리를 측정한 것이었다. 또 1837~1840년 빌헬름 폰 슈트

루페Wilhelm von Struve, 프리드리히 베셀Friedrich Bessel, 토머스 헨더 슨Thomas Henderson은 각각 눈에 띄는 세 별, 즉 베가(거문고자리에 서 가장 밝은 별), 백조자리 61(백조자리에 있는 쌍성), 알파켄타우리 (태양계와 가장 가까운 별)까지의 거리를 측정한 선구적인 연구 결 과를 발표했다. 현대의 분석 결과는 그들의 측정이 정확했음을 보여준다.[85] 베셀의 값은 약 11.4광년(1광년=9.461×10^{12}킬로미터) 이라는 실제 수치보다 약 10퍼센트 작았을 뿐이다. 요컨대 가까 운 별들조차 수조 킬로미터 떨어져 있다는 얘기다.

1917년 하버드대학 천문대의 할로 섀플리Harlow Shapley는 우리 은하의 크기 추정값을 처음으로 제시했는데, 은하수가 지름이 약 10만 광년이고 두께는 수천 광년이라고 했다. 그로부터 얼마 지나지 않은 1924년 에드윈 허블Edwin Hubble은 안드로메다 성운 이 은하수의 일부가 아니라 다른 은하이며, 이 가장 가까운 이 웃 은하가 약 100만 광년 떨어져 있다고 결론지었다(실제 거리는 236만 광년이다).[86] 그 뒤로 이뤄진 천체 관측 분야의 발전(지금은 위성 망원경을 이용하곤 한다)에 힘입어 관측 가능한 우주의 크기는 4차수가 늘어났다. 우리가 볼 수 있는 가장 멀리 떨어진 천체는 138억 광년 거리에 있지만, 우주가 계속 팽창하고 있기에(그리고 처음에는 더욱 급속히 팽창했다) 거의 140억 광년을 여행해서 지금 지구에 다다르는 빛을 보낸 은하는 사실상 약 478억 광년 떨어 져 있다. 따라서 알려진 우주의 지름은 약 930억 광년이 된다.[87] 1600년부터 2020년 사이에 알려진 우주의 반지름을 관측하고 계산한 값은 15차수가 증가했다. 약 3.4×10^{24}이다. 이런 진짜 천문학적인 값들은 우리가 일상생활에서 마주치는 그 어떤 것과도 관련이 없는 듯하다.

고대 그리스에서 이루어진 몇몇 인상적인 천문 계산과 정반대 방향으로, 즉 맨눈으론 보이지 않는 더욱더 작은 세계로 나아가는 여행은 17세기 후반에야 열정적으로 다뤄지기 시작했다. 손에 쥐는 확대경은 그 전에도 수백 년 동안 사용해왔다. 따라서 작은 쪽에 관한 탐구는 어떤 기술적 돌파구로 문이 열렸기 때문이라기보다 실험을 하는 성향이 강해지고 더 체계적인 과학적 탐구가 이루어지며 (상대적으로 무지한 중세 시대와 정반대로) 새롭게 호기심과 흥미가 솟구침으로써 나온 결과였다.[88] 오목렌즈와 볼록렌즈를 하나씩 갖춘 최초의 복합 확대 장치는 1590년대 초 네덜란드 안경 제작자 자하리아스 얀센Zacharias Janssen이 만들었다. 1625년 4월 조반니 파버Giovanni Faber는 갈릴레이의 복합 장치를 현미경microscope이라고 불렀지만(갈릴레이는 '작은 눈'이라는 뜻의 오키올리노occhiolino라고 했다), 실제 현미경이 과학적 관찰에 쓰이기 시작한 것은 1660년대 들어서였다.[89]

1661년 마르첼로 말피기Marcello Malpighi는 개구리 허파에서 모세혈관을 발견했고, 1665년 로버트 훅Robert Hooke은 다년간 관찰하고 그림을 그리고 판화를 찍은 끝에 《마이크로그라피아Micrographia》를 출간했다. 현미경으로 관찰한 이미지를 모은 최초의 책이었다.[90] 이 책은 대성공을 거두었는데, 많이 인용된 최초의 식물(코르크) 세포 그림을 비롯해 벼룩, 파리, 꽃 모양의 곰팡이 자루 등 여러 도판이 포함되어 있었다. 훅은 칸칸이 늘어

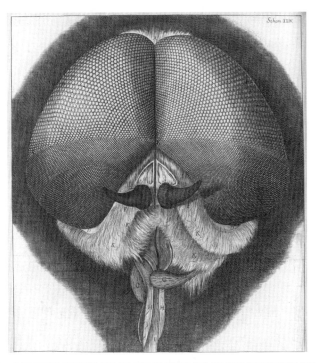

"나는 머리가 크지만 그에 비해 몸이 가늘고 작은 커다란 회색 꽃등에를 가져다 머리를 자른 다음 앞부분, 즉 머리를 위로 해서 검경판檢鏡板에 고정시켰다. …… 나는 이 꽃등에가 내가 여태껏 본 그 어떤 작은 파리류보다 머리에 가장 큰 눈들의 집합체를 갖고 있음을 발견했다." 로버트 훅, 《마이크로그라피아》, 원서 175쪽.

선 코르크 세포를 보고 수도원의 독방cellula이 떠올라 세포cell라는 이름을 붙였다. 그 이름이 굳어졌고, '세포'는 독립적으로 존재할 수 있는 생물의 가장 작은 단위를 가리키는 과학 용어로 남아 있다. (런던의 기기 제작자 크리스토퍼 콕Christopher Cock이 만든) 훅의 현미경은 확대 배율이 약 50배였는데, 색수차色收差(파장에 따른 굴절률의 차이 때문에 맺히는 상이 흐릿해지는 현상 — 옮긴이)와 구면수차球面收差(구면 거울이나 렌즈 따위의 한 점에서 반사되거나 굴절된 빛이 곡률 때문에 다시 한 점에 모이지 않는 현상 — 옮긴이)가 심해서 상이 일그러지고 뿌옇고 흐릿했다. 따라서《마이크로그라피아》의 인상적인 판화들은 실제로 생물 전체를 현미경으로 보고 그린 게 아니라, 많은 표본에서 불완전하게 비치곤 하는 모습을 이어 붙여 전체를 재구성한 것이었다.[91]

1677년 〈왕립협회 철학회보〉에 네덜란드 델프트Delft의 안톤 판 레이우엔훅Antonie van Leeuwenhoek이 보낸 편지가 실렸다. 그는 사업가이자 아마추어 과학자이자《마이크로그라피아》찬미자였는데, 물방울에 들어 있는 생물을 관찰한 내용을 상세히 실었다.[92] 그의 단순한 단안 현미경은 약 250배까지 확대할 수 있었다. 식물 세포뿐 아니라 동시대인들이 존재에 의문을 품고 있던 '미소 동물animalcule'로 이뤄진 새로운 세계를 발견하기에 충분한 배율이었다. 특히 그는 "후춧물 한 방울에 생물이 1만 마리까지 있었다"라고 결론지었다. 관찰을 위해 후추를 통째로 또는 부숴서 넣은 물이었다.[93] 이 믿기지 않는 주장은 사실이었다. 판 레이우엔훅은 원생동물과 세균을 상세히 보고한 최초의 인물이었다. 그의 현미경은 해상도가 약 1.35마이크로미터(1,350나노미터, 즉 사람 머리카락 굵기의 약 1/30)여서 가장 작은 세균을 제외한 거의 모든 생물을 충분히 볼 수 있었다. 크고 흔한 대장균은 지름이 약 3,000나노미터이지만, 작은 마이코플라스마Mycoplasma(허파, 피부, 요도관에 감염증을 일으키는 세균)는 지름이 겨우 200나노미터에 불과하다.

현미경 기술의 발전 양상을 가장 잘 추적하는 방법은 최대 해상도를 살펴보는 것이다. 즉, 관찰 대상을 세부적으로 분리하는 렌즈의 능력을 말한다. 최고의 광학현미경도 약 200나노미터, 요컨대 작은 세균 크기에 근접한 것들은 식별할 수 없다. 현미경은 20세기 초 렌즈와 설계를 개선하면서 정밀도가 그 수준에 이르렀다. 우리는 지름 1,000~3,000나노미터의 세균 세포를 볼 수 있지만, 바이러스 중에서는 몇몇 가장 큰 것들만 가능하다. 판도바이러스*Pandoravirus*(1,000나노미터, 2013년에 발견했다)와 미미바이러스*Mimivirus*(700나노미터, 2003년에 발견했다)처럼 유달리 거대한 바이러스가 그렇다. 대다수 바이러스는 크다고 해봤자 기껏 250나노미터에 불과하다. 작은 것은 지름이 30나노미터에도 못 미친다.[94]

그런 것들을 보려면 현미경 기술의 다음 단계가 필요했다. 그 단계는 1939년 독일 물리학자 에른스트 루스카Ernst Ruska가 전자현미경을 상업화하면서 시작되었다(그는 이 업적으로 1986년 노벨 물리학상을 받았다).[95] 초기 전자현미경은 해상도가 100나노미터에 불과해서 아직 가장 작은 바이러스를 볼 수 있을 정도는 아니었다. 그 뒤 해상도가 서서히 개선되면서 이윽고 몇 차수 더 커졌고, 주사전자현미경은 현재 최대 해상도가 약 0.5나노미터에 이른다(원자의 평균 지름은 0.1~0.5나노미터다). 주사 터널링 현미경(1981년에 나왔으며, 게르트 비니히Gerd Binnig와 하인리히 로러Heinrich Rohrer도 이 업적으로 1986년 노벨 물리학상을 받았다)은 이 한계를 한 차수 더 밀어붙여서 0.01나노미터에 다다랐다.[96] 전자현미경은 처음에 금속, 결정, 세라믹을 연구하는 데 쓰였다. 생체 조직을 살펴보기 위해서는 많은 난제를 극복해야 했다.[97] 지금은 DNA 나선(지름 4나노미터)과 심지어 단백질 성분인 아미노산(0.8나노미터)까지 '볼' 수 있다.

따라서 우리가 창의적인 기술적 수단과 이론적 계산을 써서 늘려온 크기 범위는 수소 원자의 지름(0.1나노미터)부터 알려진 우주의 지름(930억 광년)까지다. 거의 35차수에 이르는 아찔한 차이이며, 이는 크기의 극단을 탐구하는 과정에서 우리가 보는 범위가 진정 상상하기도 힘들 만큼 늘어났음을 보여준다.

2장

지각,
착시,
측정

2

크기를 알려면 우리는 먼저 그것을 지각해야 한다.[1] 이를 위해 우리가 통상적으로 쓰는 감각은 시각과 촉각이지만, 청각과 후각도 도움을 줄 수 있다. 청각을 크기의 척도로 삼는 방식은 아이들 놀이처럼 할 수 있다. 컴컴하고 커다란 동굴에서 소리를 지른 뒤 메아리가 돌아오는 데 몇 초가 걸리는지 세어 거기에 170을 곱한다. 음속은 초당 약 340미터이기 때문이다. 그리고 2015년에 세심하게 이뤄진 연구는 오랫동안 전서구傳書鳩(편지를 보내는 데 쓸 수 있게 훈련받은 비둘기 — 옮긴이)와 관련이 있다고 여긴 감각, 즉 후각으로 사람도 어떤 공간에서 방향을 찾을 수 있다는 걸 보여주었다. 실험 참가자들은 후각, 시각, 청각 자극이 전혀 없을 때보다 후각만으로 인도받을 때 공간에서 표적을 훨씬 더 정확히 찾아냈다.[2]

그러나 크기를 재는 주된 방식인 시각은 결코 단순한 과정이 아니다. 우리 감각은 체화해 있으며, 우리가 세계를 지각하는 방식은 필연적으로 몸의 속성에 따라 정해진다. 우리 머리와 몸통의 위치와 방향은 시각적 거리 및 방향의 지각을 정의하고 제한한다. 이런 일은 끊임없이 그리고 잠재의식적으로 일어난다. 공간지리학자 이푸 투안Yi-Fu Tuan은 이렇게 말한다. "사람은 존재하는 것만으로도 공간에 틀을 부여한다. 대개 당사자는 그 점을 의식하지 않는다. …… 글자 그대로의 의미로, 인체는 방향·위치·거리의 척도이며 …… 공간 배치는 인간 중심적일 수밖에 없다."[3] 우리가 자신이 예상하는 방식으로 몸을 움직이고 자기 존재감을 유지하는 능력이야말로 우리의 현존을 증명하는 핵심 증거다.[4] 이 말은 자명한 만큼 심오한 것이기도 하다. 스위프트의 소설에서 걸리버의 여행은 이런 몸 중심의 가변성을 토대로 한다(이 소설에 대해서는 5장에서 다시 살펴볼 것이다). 이 모험심 많은 허구의 영국인에게 정상인 것이 다람쥐만 한 릴리퍼트 사람들에게는 괴물처럼 커 보인다. 그리고 이어진 상상 속 여행에서는 상황이 역전된다. 브로딩낵 사람들에게 정상인 것이 걸리버에게는 무시무시할 만큼 크고 몹시 혐오스럽게 비친다. 브로딩낵 귀부인 얼굴의 커다란 점, 여드름, 주근깨가 대표적이다.

우리 몸의 크기와 감각의 질은 우리가 사람, 동물, 사물, 풍경의 크기를 어떻게 지각하는지 (끊임없이, 잠재의식적으로 또는 의식적으로) 결정한다. 또한 이는 우리가 보고 평가하는 모든 것을 우리가 직관적으로 이해할 수 있는 크기의 스펙트럼뿐만 아니라, 현대 과학 덕분에 관측 가능해진 크기 연속체continuum 어딘가에 놓음으로써, 그것들에 어떤 식으로 감탄하며(내면화한 표준과 비교함으로써), 그것들을 어떤 식으로 판단하는지(아끼거나 폄하하는지)도 결정한다는 의미다. 어떤 새로운 얼굴을 볼 때 우리는 의식적으로 이렇게 생각하지 않는다. "앞니의 길이를 추정하고 웃음의 매력을 판단해보자." 잠재의식적으로, 자동적으로 그렇게 한다.

사람은 놀라울 만큼 빠르게 판단을 내린다. 우리는 상대의 매력, 호감, 신뢰도, 유능함, 호전성을 거의 즉시 판단한다. 가령 다음과 같은 것을 살펴본 연구들도 있다. 믿기 힘들겠지만 겨우 100밀리초(1/10초)의 노출도 즉각적인 판단과 높은 상관관계를 보였다. 더 긴 노출은 더 확신 있는 판단을 낳았지만, 빠른 판단과 느린 판단 사이의 상관관계에 유의미한 영향을 미치지 않았다.[5] 비교하자면, 0.1초는 떨어지는 물체를 잡는 것 같은 단순한 신체 활동을 촉발하는 데 필요한 시간보다 더 짧다. 그럼에도 우리는 얼굴을 보자마자 그 구성 요소를 즉시 판단한다. 상대방의 앞니 길이를 지각해 뇌에 저장된 표준과 즉시 비교하고, 뇌에 저장된 '정상' 범위보다 겨우 1밀리미터 더 짧아도 그 웃음이 덜 매력적이라고 판단할지 모른다.[6]

마찬가지로 우리는 비행기 탑승구에서 내 앞에 서 있는 사람의 체질량 지수body mass index(BMI)를 (체중이 몇 킬로그램인지 추정한 다음, 그걸 역시 추정한 키의 제곱으로 나눔으로써) 계산할 필요가 없다. 그를 비만(체질량 지수 30 초과)이라고 분류하는 데는 1초에도 훨씬 못 미치는 짧은 시간이면 충분하다.[7] 우리는 굳이 저울로 재지 않아도 미국 식당에서 나오는 파스타 요리의 고기 비율이 이탈리아의 비슷한 요리에 든 것보다 훨씬 높다고 결론짓는다.[8] 그리고 굳이 일본 비즈니스호텔 방의 폭과 길이를 재지 않아도, 미국 호텔 체인점의 방보다 훨씬 작다는 것을 즉시 알아차린다.[9]

또 우리 몸의 신체적 한계는 사물의 크기를 명백하게 제한하고, 그러한 한계를 깊이 내면화한다. 이를테면 도구는 우리 손으로 쥘 수 있어야 하고, 의자 크기는 우리 엉덩이에 맞아야 한다. 이런 크기들 중 상당수는 아주 좁은 범위 내에서만 조정할 수 있고, 따라서 새로운 설계는 대개 심미적으로 손을 보거나 색다른 물질을 이용하는 쪽에 한정된다. 가장 흔한 사례를 꼽자면 (성인의 약 2/3가 시력을 교정하기 위해 써야 하는) 안경의 폭은 눈동자 사이의 거리에 제약을 받고, 작은 집과 사무실, 작업 도구(나사돌리개에서 연필에 이르기까지)의 크기는 사람 손의 크기와 비율에 제약을 받고, 식기의 크기는 우리 입의 크기(더 정확히 말하면 구강의 폭)에 제약을 받고, 가구의 크기도 그렇다(의자의 폭이든 소파의 높이든 편안한 모듈 크기를 넘어서면 커져도 전혀 이득이 없다).

이러한 사례는 우리가 모든 크기를 자신의 몸과 비교해서, 그리고 기존에 접한 자연환경과 인공 환경에 대한 경험 및 기대를 활용해 상대적인 관점에서 지각한다는 걸 의미한다. 따라서 예상 외의 크기를 접하는 것만큼 기억에 남는 경험은 거의 없다.

예상과 놀람:
선호하는 시점과 거대한 화면

여러분이 스페인을 방문한 적은 있지만, 바스크 지방엔 간 적이 없다고 치자. 그래서 산세바스티안에 들러 거대한 비스카이 만灣을 보고 산티아고 데 콤포스텔라를 경유해 빌바오까지 가기로 한다. 여러분은 현대건축의 설계에 별 관심이 없을지도 모르지만, 프랭크 게리Frank Gehry의 조각품 같은 빌바오 미술관에 대해 다룬 글을 읽은 적이 있기에 그곳도 들러볼 참이다.[10] 여러분은 호텔을 나와 레르순디 거리를 걷다가 오른쪽으로 돈다. 길 맞은편에 건물만 한 크기의 강아지가 보인다. 앉아 있는 모습의 웨스트하일랜드 테리어(성체의 키는 약 25센티미터에 불과하다)인데, 50톤 넘는 흙에 심은 약 6만 포기의 꽃 무더기로 장식을 했다.

이 거대한 크기의 꽃 강아지는 왜 만든 걸까? 당연히 좋아하는 이들도 있고, 왜 만들었는지 모르겠다는 이들도 있고, 너무 조악하다고 생각하는 이들도 있다. 그렇지만 보는 사람은 누구나 저도 모르게 반응을 일으킨다. 어긋난 예상과 과장된 현실이 반응을 요구하기 때문이다. 이런 마주침은 크기에 대한 우리의 기대와 지각이 어떤 것인지를 잘 보여준다. 우리는 지속적이고 누적되는 경험을 통해 예상되는 크기를 잠재의식적으로 내면화한다. 그리고 그런 예상된 표준을 크게 벗어나는 사물, 이미

제프 쿤스, 빌바오에 있는 꽃 강아지(1996년, 높이 12.4미터).

지, 경험을 접할 때 '놀람'이라는 반응을 일으키며, 이러한 만남의 성격에 따라 환호에서 억누를 수 없는 공포에 이르기까지 다양한 감정을 표출한다.

제프 쿤스Jeff Koons는 확신과 안정감을 주기 위해, 경외감과 기쁨을 주기 위해 이 거대한(12.4×12.4×8.2미터) 앉은 강아지를 제작했다고 말했다.[11] 독자 여러분은 개 또는 거대한 강철 틀로 만든 꽃 강아지를 굳이 보고 싶다는 생각까지는 하지 않았을지라도, 이 작품이 감탄할 만하며 쿤스가 원래 계획했던 쪽으로 성공을 거두었다고 인정할 게 틀림없다. 내가 그의 풍선 개, 튤립 부케Bouquet of Tulips(잘린 손으로 튤립보다는 마시멜로처럼 보이는 알루미늄 꽃다발을 치켜들고 있는 작품), 별로 호감이 안 가는 플레이도Play-Doh(지저분한 색깔의 알루미늄 덩어리들을 놀이 찰흙처럼 덕지덕지 쌓아

올린 작품)를 볼 때 그랬듯이, 독자 여러분도 그의 다른 미술품을 보고 혐오감을 느꼈을 수 있다. 이 강아지 작품의 핵심은 꽃으로 만들었다는 것이지만, 크기도 중요하다. 유리 상자에 전시한 작은 줄세공 강아지였다면, 모든 대형 박물관의 전시관에서 감탄을 자아내는 수많은 보석 전시물이나 다를 바 없었을 것이다.

물론 예상외의 크기를 접하는 일은 인간 지각의 핵심 요소 중 하나다. 많은 화가는 정확한 핍진성을 통해 명성을 쌓은 반면(프란시스코 데 수르바란Francisco de Zurbarán의 1633년 작품 '레몬, 오렌지, 장미가 있는 정물'에서 페드로 캄포스Pedro Campos의 현대 초현실주의 작품에 이르기까지), 의도적으로 과장이나 왜곡·축소를 통해 명성을 얻은 이들도 있다. 과장과 왜곡을 결합한 작품으로는 축 늘어진 시계 3개를 그린 살바도르 달리Salvador Dali의 '기억의 지속'(1931)과 '첫 폭발 순간의 흐물거리는 시계'(1954)가 있다. 후자는 커다란 시계가 폭포처럼 절벽에서 떨어지며 해체되는 모습을 담고 있다. 르네 마그리트René Magritte의 '고정된 시간'(1938)은 벽난로에서 증기기관차가 튀어나오는 모습을 그린 것으로, 혼란을 일으키는 크기 축소의 좋은 사례다. 그리고 트롱프뢰유trompe l'oeil 천장화가 잘 보여주듯 완벽하게 착시를 일으키는 크기도 있다. 이 천장화는 삼차원 공간으로 여겨지게끔 착시를 일으키는 기법을 활용한 이차원 그림이다.[12]

그러나 일상생활에서 우리는 대부분 잘 알려진 크기만을 반복해서 접한다. 그리고 이런 대상들에 대한 지각에는 기대와 맥락이 필연적으로 큰 역할을 한다. 너무나 많이 보아왔기에 우리

이탈리아 페라라Ferrara에 있는 벤베누토 티시Benvenuto Tisi의 천장화(1503~1505) 같은 트롱프 뢰유 그림은 실제로는 없는 삼차원 크기를 지각하게끔 만든다.

는 몸, 동물, 기계, 편의용품, 가구 등 많은 것에 표준적이고 정규적인 시점을 갖추고 있다. 우리가 선호하는 시점은 어떤 유형일까? 찻잔을 상상하려고 할 때, 당신은 (원형 테두리에 살짝 굽이 있고 이따금 제조사 마크가 찍혀 있는) 바닥만을 떠올리는가, 아니면 (원형 테두리 안에 검은색이나 호박색 액체가 담겨 있는) 수직으로 위에서 내려다본 장면을 떠올리는가? 둘 다 아닐 게 거의 확실하다! 1981년 미국 심리학자 스티븐 파머Stephen Palmer 연구진은 세 가지 실험을 통해 사람들이 선호하는 시점을 파악하고자 했다. 첫째, 연구진은 사람들에게 다양한 시점(앞, 뒤, 옆, 위, 45도 각도)에

위, 아래, 옆, 그리고 표준 시점에서 본 찻잔.

서 본 대상들의 사진을 보여준 뒤, 눈에 보이는 표면(마찬가지로 앞, 뒤, 옆 등)을 통해 그것들의 심상mental image을 묘사해달라고 했다. 그런 다음 사람들이 선호하는 시점에서 대상들의 사진을 찍도록 했다.[13]

결과는 이러했다. 즉, 과제에 상관없이 실험 참가자들은 일관되게 똑같이 축에서 어긋난 비축off-axis 시점을 선호했다. 무엇보다도 두 표면 이상을 볼 수 있는 3/4 방향에서의 시점을 선호했다. 연구진은 이런 선호 양상을 '표준 시점canonical view'이라 부르고, 이 시점이 매우 중요한 정보뿐 아니라 더 많은 정보를 제공한다고 결론지었다. 또 사람들이 대부분의 대상을 30~45도 위쪽에서, 그리고 왼쪽이나 오른쪽으로 30~45도 지점에서 보는 걸 선호한다는 것도 후속 연구를 통해 확인했다. 그런데 그렇게 단순할까? 무엇이 표준 시점을 만드는지 설명할 만한 기준이 적어도 네 가지 있다. 대상을 쉽게 알아볼 수 있는 정도(바닥에서 보면 컵인지 알아채기 어렵다), 친숙성(컵을 바로 위에서 내려다보는 일이 얼마나 흔할까?), 기능성(손잡이를 쥘 때 컵을 어느 방향에서 보는가?), 심미적 매력(내려다보는 3/4 시점이 수직 시점보다 더 기분을 좋게 만든다)이 그것이다.

원래 파머 연구진이 파악한 표준 시점은 현실적이고 아주 흔하지만, 보편적일 수는 없다. 우리는 수공구手工具(수공에 사용하는 톱, 줄, 대패, 끌, 송곳, 칼 따위의 비교적 간단한 공구 — 옮긴이)의 표준 시점이 더 큰 대상의 표준 시점과 동일하다고 기대해서는 안 된다. 살펴보는 대상의 전체 비율에 따라 선호 양상이 달라진다. 심리학자 데이비드 페렛David Perrett, 마크 해리스Mark Harries, 사이먼 루커Simon Looker는 이미지가 아니라 실제 물리적 대상을 활용해 실험했는데, 실험 참가자들은 가장 많은 정보를 준다고 여기는 비축 시점을 택했다. 그러나 (더 이전의 결과들과 반대로) 심상과 가장 잘 일치하는 시점에 이를 때까지 대상을 회전시켜보라고 하자, 대체로 '계획 시점plan view', 즉 대상의 삼차원 특성을 제대로 전달하지 못하는 직교선直交線 시점을 선호한다는 것이 드러났다.[14]

막스플랑크 생물 사이버네틱스 연구소의 폴커 블란츠Volker Blanz 연구진이 수행한 실험도 이런 결론이 옳다고 재확인했다.[15]

실험 참가자들은 사진에서 비축 시점을 선호하는 양상을 뚜렷이 드러냈다. 임의의 시점과 중요한 표면을 숨기는 시점은 피하고, 표준 시점의 최대 정보량을 반영하는 쪽으로 선택이 이루어지는 듯했다. 아마도 가장 설득력 있는 연구 결과는 예루살렘에 있는 히브리대학의 엘라드 메주만Elad Mezuman과 야이르 와이스Yair Weiss가 내놓은 것일 테다. 그들은 웹 검색엔진을 이용해 수백 가지 시점을 조사했는데, 이미지들이 실험실에서 이루어진 실험과 거의 동일한 시점 편향(즉, 표준 시점 선호 양상)을 보인다는 게 밝혀졌다.[16]

동시에 그들은 수백 가지 반대 사례도 찾아냈다. 사람의 시점이 아니라 동물의 키에 맞는 동물의 표준 시점을 선호하거나, 현실에서는 자동차를 주로 뒤쪽(운전자로서)이나 옆쪽(보행자로서)에서 보지만 중앙에서 벗어난 측면 시점을 선호하거나, 도구를 한 걸음 떨어져 비축 시점에서 보기보다 사용할 때 보는 시점을 선호한다는 것이 그렇다. 표준 시점이 하나가 아니라 몇 개의 선호 시점일 때도 있고, 사물과 생물이 독특한 특징을 지닐 경우 그런 특징을 보여주는 시점을 선호할 수도 있다. (한 번 보면 잊을 수 없는) 아마존에 서식하는 붉은 얼굴의 대머리우아카리bald uakari 같은 몇몇 열대 원숭이가 좋은 사례다.

그리고 2010년 매사추세츠공과대학MIT의 연구자 탤리아 콩클Talia Konkle과 오드 올리바Aude Oliva는 표준 설정의 범위를 시점에서 크기로 확장했다.[17] 그들은 사람들이 일관된 시각적 크기에 따라 대상을 그리고 상상하고 본다는 걸 실험을 통해 확인

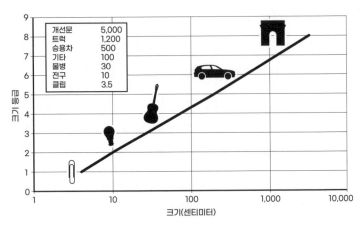

개선문	5,000
트럭	1,200
승용차	500
기타	100
물병	30
전구	10
클립	3.5

MIT의 두 연구자는 대상의 실제 크기와 크기 등급 사이에 체계적인 로그 관계가 있음을 발견했다.

했다. 그리고 놀랍게도 이 크기는 대상이 현실 세계에서 취한다고 여겨지는 크기의 상용로그에 비례하며(예를 들어 10미터인 대상의 상용로그는 1, 20미터인 대상의 상용로그는 1.3), 대상과 그것을 에워싸는 틀의 비를 통해 가장 잘 표현된다. 놀랄 일은 아니지만, 이것이 표준 시점과 유사하므로 연구진은 이를 '표준 시각적 크기canonical visual size'라고 불렀다. 사람들은 종이에 무언가를 그릴 때 시각 장기 기억visual long-term memory을 토대로 작은 대상은 작게 그리고 큰 대상은 크게 그렸는데, 그 크기가 대상의 크기 등급에 따라 실제 크기의 로그에 비례했다.

 게다가 작은 대상의 그림은 큰 대상의 그림보다 종이에 여백을 더 많이 남겼는데, 큰 종이에 그린 작은 대상은 실제 크기보다 훨씬 더 컸다. 이는 우리 마음속에서 대상의 이미지가 상대적

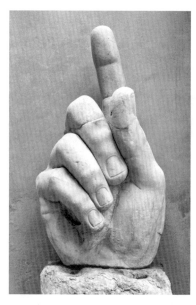

로마 콘세르바토리 궁전의 뜰에 전시된, 콘스탄티누스 황제의 조각상에서 떨어져 나온 손.

인 시각적 크기뿐 아니라 그것을 에워싸고 있는 주변 공간에 관한 정보도 포함한다는 흥미로운 결론으로 이어진다. 즉, 대상의 그림은 종이 크기에 맞추어서가 아니라 대상과 그 주변 공간에 맞추어서 크기가 늘거나 줄어든다. 여기서 나는 틀과 화면의 크기, 그리고 그것들이 우리 지각에 미치는 영향을 떠올린다.

근대 이전의 모든 문명에서, 예상을 뛰어넘는 수준으로 실물보다 훨씬 큰 사람과 동물의 몸을 보는 방법은 기념 조각상이나 아주 거대한 그림을 통하는 것뿐이었다. 로마 콘세르바토리 궁전에서 그런 조각상 중 하나의 잔해를 볼 수 있다(머리, 팔, 다리 모두 콘스탄티누스 황제의 석상에서 나온 것이다).[18] 잘린 손이 보통 남성의 머리보다 거의 정확히 10배 더 크다는 걸 알면 사람들은 어떤 반응을 보일까? 그것과 마찬가지로 거대한 발과 불룩한 눈을 지닌 머리를 탁월한 조각품이라고 감탄할까, 아니면 그 위압적인 크기에 불편함을 느낄까? 부서지지 않았다면 그 조각상은 키가 약 12미터였을 것이다. 고대 세계의 7대 경이 중 하나인 로도스Rhodos의 거상(33미터)에 비하면 1/3 남짓한 규모이긴 하다. 그 거상은 필멸자인 사람이 아니라 태양신(헬리오스)이고, 세워진 지 겨우 50년쯤 지났을 때 지진으로 부서졌다.[19]

피렌체 베키오 궁전의 500인 방에 있는 바사리Vasari의 '마르치아노 전투Battle of Marciano'처럼 르네상스 거장들이 남긴 가장 큰 프레스코화도 사람과 말을 실제 크기보다 고작 40~60퍼센트 더 크게 묘사했을 뿐이다.[20] 19세기가 저물 무렵까지도 그런 특별한 곳을 방문하지 않는 한 사람들은 오로지 정상적인 크기나 베낀 (그리고 1450년 이후에는 인쇄한) 책과 간행물에 축소된 크기로 담긴 사람과 동물만을 볼 수 있었다. 이런 상황은 1895년 파리와 1896년 뉴욕에 뤼미에르Lumière 영화관이 등장하면서 완전히 바뀌었다.[21] 미국 최초의 영사막도 크기가 6.1×3.7미터로, 사람과 작은 동물의 키를 2배로 늘이고 얼굴을 엄청난 비율로 확대할 수 있었다. 물론 지금의 우리는 온갖 크기의 화면에 평생 노출되었기에 그런 이미지가 불러일으킨 혼란스러운 효과를 경험할 수는 없다.

1896년 이후에 일어난 이 현상을 미디어 역사가 에르키 후타모Erkki Huhtamo는 시각의 '걸리버화Gulliverization'라고 적절히 표현했다. 점점 더 커지는 화면으로, 또 이윽고 점점 더 작아지는 화면으로도 의외성을 재현해왔기 때문이다.[22] 1895년 이전까지 존재하지 않았던 인공물인 화면(현대의 컴퓨터 화면과 달리, 시청자가 이미지를 조작할 수 없는 '수동적' 화면을 말한다)은 먼저 점점 커졌고, 나중에는 전자 기기에 붙인 형태로 인상적일 만큼 작아졌다. 처음의 확대는 더 높은 해상도로 영화 장면을 투사하기 위해 필요했고, 뤼미에르의 발명 직후 화면은 두 번째이자 더욱 혁신적인 발전(이미지와 문자를 표현하는 전자 화면으로)을 이루기 시작했다. 1897년 페르디난트 브라운Ferdinand Braun은 최초로 CRT 장치를 시연했는데, 본질적으로 형광물질 피막을 입힌 화면에 전자총으로 이미지를 발사하는 것과 같았다.

화면의 걸리버화는 현재 양방향으로 실질적 극단에 다가감으로써 거의 완결된 상태다. 1905년 영화 화면은 6.1×7.6미터였고, 1933년에 등장한 미국 최초의 자동차 극장은 화면이 12.2×15.2미터였다. 그리고 새로 지은 IMAX 극장은 화면 길이가 최대 24.4미터, 높이가 19.9미터에 달한다. 키 큰 사람도 실제보다 10배까지 크게 보일 수 있다.[23] 야외에서 건물 벽에 투영할 경우 더욱 크게도 가능하다. 엠파이어스테이트빌딩에는 33층 높이로 멸종 위기 동물, 42층 높이로 패션모델 영상이 투영되기도 했다.[24] 그래도 더 나아갈 여지가 조금 남아 있다. 고층 건물만 한 이미지도 쥘 베른Jules Verne이 1889년 과학소설에서 묘사한 것에는 못 미친다. 그 책에는 2889년 신문사가 구름에 거대한 광고를 띄운다고 나온다.[25]

반대 방향을 살펴보면, (제2차 세계대전 이전에 서서히 출현해서 1950년대 초부터 급속히 퍼진) TV는 처음으로 작은 화면을 실내로 들였다. 그 뒤로 TV 화면은 점점 커지는 영화 화면 추세를 따랐고, 지금은 120센티미터(대각선 길이) 넘는 크기가 선호되고 있다.[26] 1970년대 이래로 극소전자공학의 발전에 힘입어 휴대용 컴퓨터와 전화기에는 더욱 작은 화면이 장착되었고, 시계·모니터·휴대용 기기 등 손목에 차는 화면도 등장했다. 현재 전 세계 수억 명이 작은 설치류나 커다란 곤충만 한 크기로 사람이 나오는 동영상과 영화를 시청하고 있다. 실용성을 따질 때 손목에 차는 장치의 화면 최소 크기는 받아들일 만한 해상도를 얻는 데 필요한 최소 화소 수에 따라 정해진다. 38밀리미터의 애플 워치(실제 화면 크기는 38.6×33.3밀리미터)는 화소가 340×272개다.

　따라서 현대 화면의 범위는 약 4센티미터에서 150미터에 이르기까지 3,750배 차이가 난다. 스위프트의 소설에 나오는 내용과 비교해보자. 릴리퍼트인은 키가 15센티미터로, 브로딩낵인(약 21미터)보다 140배 작다. 영상 시청용 화면은 걸리버화를 훨씬 더 이루었다. 지금 우리는 스위프트가 말한 키의 약 1/4에 불과한 릴리퍼트인을 보고, 스위프트의 상상 속 브로딩낵인보다 7배나 더 큰 (고층 건물 벽에 투사한) 거인을 볼 수 있다! 크기와 관련한 명백한 이유들, 즉 호환성·편의성·휴대성 때문에 작은 화면은 현대 세계를 정복했다. 오늘날 화면 없는 일상생활을 상상해보라. 고정된 화면은 모든 현대 산업에 스며 있다. 원자력발전에서 자동차 제조와 요리(우리는 오븐에 달린 화면을 결코 이상하다고 여기지 않는다)에 이르기까지, 화면은 온갖 업무를 지켜보는 데 쓰인다. 2020년 세계 휴대용 화면의 수는 거의 150억 대에 이르 렀다.

그 결과 집에 홀로 틀어박히거나 식구와 최소한의 접촉만 하고 살아가는 많은 이들은 실제 사람보다 훨씬 작게 축소된 몸(게다가 종종 전적으로 기계가 생성한 몸)의 영상과 훨씬 더 많은 시간을 함께 보내며, 개중엔 며칠 동안 사람을 전혀 보지 않은 채 지내는 이들도 있다.[27] 습관을 들이면 많은 것이 정상처럼 보일 수 있지만, 연구 결과는 이 새롭고 작은 화면 중독 현상이 수면, 관심의 다양성, 직접적인 사회적 상호작용에 좋은 효과를 미치는 일이 거의 없다고 말한다.[28] 나는 오래전 한 도시의 거리에서 네 가족이 각자 휴대용 화면을 보며 나란히 걷고 있는 모습을 처음 보았던 일을 결코 잊지 못할 것이다. 지금은 그런 행동이 이례적이지 않으며, 심지어 정상적으로 보인다. 이는 우리 지각에 일어난 가장 예기치 않은 일이자 가장 많은 파급 효과를 일으키는 변화일지도 모른다. 실제 크기 대신 작고(컴퓨터) 아주 작은(휴대용) 화면에 갇힌 세계를 보면서 많은 시간을 보내는 이들의 비율이 갈수록 늘어나고 있으니 말이다.

크기의 망상과
없는 것 보기

크기가 촉발하는 기대와 놀람의 오랜 역사는 객관적이고 검증 가능하게 실제로 있는 것만 다루고 있지 않다. 우리 지각은 습관화, 예상된 규칙성, 패턴에 대한 기대의 결과물이다. 그러나 우리의 크기 지각은 현실과 놀라울 만큼 어긋나곤 한다. 굳이 앨리스 같은 꿈을 꾸지 않아도, 또는 어떤 희귀한 신경 장애로 생기는 일시적 환영에 시달리지 않고서도 우리는 얼마든지 있지 않은 것을 볼 수 있다. 또는 실제로 있는 것을 보지 않을 수도 있다. 우리가 크기를 잘못 지각하는 사례는 아주 많다.

크기를 착각하는 놀라운 현상을 이용하면 이런 실상을 가장 쉽게 보여줄 수 있다. 1889년 프란츠 카를 밀러리어Franz Carl Müller-Lyer와 1902년 헤르만 에빙하우스Hermann Ebbinghaus가 고안한 두 가지 인상적인 사례를 보자.[29] 첫 번째는 길이가 똑같은 두 선의 양쪽에 화살표를 각각 안쪽과 바깥쪽으로 향하도록 붙인 것이다. 그런데 화살표가 바깥쪽으로 향한 선이 안쪽으로 향한 선보다 언제나 더 짧아 보인다. 두 번째는 크기가 똑같은 두 원인데, 더 작은 원들로 둘러싼 쪽이 더 큰 원들로 둘러싼 쪽보다 언제나 더 커 보인다.

크기 착시를 설득력 있게 설명하는 훨씬 더 쉬운 방법이 있는

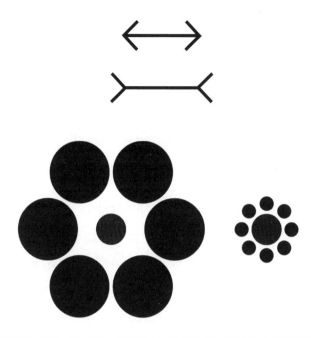

뮐러리어 착시(위)는 선의 길이를, 에빙하우스 착시(아래)는 원의 크기를 잘못 판단하게 만든다.

데, A4 용지 두 장만 있으면 된다.[30] 한 장은 그대로 두고, 다른 한 장을 반으로 접는다. 그런 뒤 접은 종이를 다른 종이의 한가운데에 올려놓고 크기를 비교해보라. 물론 우리는 큰 종이가 접은 종이보다 2배(100퍼센트) 크다는 걸 안다. 그러나 실험을 하면 사람들은 겨우 64퍼센트 더 크다고 지각하는 것으로 나타난다. 이는 하얀 면적의 크기를 우리가 과소평가하는 경향이 강하다는 것을 뜻한다. 이런 착시는 접은 종이를 큰 종이의 한가운데에 가로로 놓든 세로로 놓든 대각선으로 놓든(보는 사람은 큰 종이가 겨우 67~70퍼센트 더 크다고 지각한다) 거의 변함이 없다. 그리고

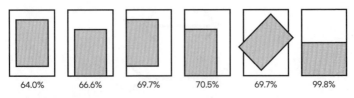

하얀 면적은 회색 면적의 2배다(따라서 얼마나 더 크냐는 질문에 100퍼센트라고 말하면 정답이다). 그런데 이 단순한 실험에 참가한 사람들은 일관되게 그 크기를 과소평가했다(각 퍼센트는 평균 추정값이다). 마지막 배치에서만 실제 크기 차이와 다르지 않은 추정값이 나왔다.

접은 종이를 큰 종이 아래쪽 반에 맞추어놓아야만 착시가 사라진다! 대다수 사람들은 정신을 산만하게 하거나 착시를 유도할 만한 표시가 전혀 없는 단순한 모양 두 가지조차 정확히 비교할 수 없는 것이 분명해 보인다. 그 실험을 한 클라우스크리스티안 카르본Claus-Christian Carbon이 올바로 지적했듯, 이는 우리가 "둘 이상의 기하학적 차원을 지각적으로 통합할 능력이 없다는 완벽한 증거"다.

또한 크기 지각에 영향을 미치는 주관적 요인이 있다. 무엇보다도 공포증, 감각 박탈(자극의 제거), 사회적 지위가 그렇다. 두려움이 우리 관찰의 내면화와 처리에 영향을 미친다는 것은 의문의 여지가 없다. 거미 공포증이 있는 사람에게는 아주 작은 거미가 말벌보다 더 커 보인다.[31] 고소공포증이 있는 사람은 고소공포증이 없는 사람보다 발코니를 더 높다고 지각하며, 높은 지점에서 내려다볼 때 대상의 크기를 과대평가한다.[32] 1947년 브루너Bruner와 굿맨Goodman은 사회경제적 지위가 낮은 가정의 아이들이 더 나은 가정의 아이들보다 동전의 크기를 으레 과대평가하는 경향이 있음을 보여주었다. 최근의 (사람들에게 유력하거나 무력한 행동을 하도록 요청한) 역할 조정 실험들에서도 동일한 결과가 나왔다. 무력감은 귀중품의 크기를 과대평가하게 만드는 듯하다.[33]

그러나 공포증이나 박탈이 널리 퍼진 지각 오류의 전제 조건은 아니다. 우리 대다수가 단순한 과제에서조차 지각의 오류를 거듭하기 때문이다. 즉, 크기를 정량적으로 이해하는 능력이 놀라우리만큼 떨어진다는 사실을 반복해서 보여준다. 우리는 끊임없이 잠재의식적으로 주변 환경을 평가하므로 사람·건물·교통·기계 등을 높음-평균-낮음, 깊-중간-짧음, 큼-표준-작음 같은 기본 크기 범주에 따라 정성적으로 할당하는 상대적 분류는 꽤 잘한다. 그러나 면적과 부피를 추정하라고 하면 눈에 띄게 틀린 답을 내놓곤 한다. 후자의 범주에 속한 가장 흥미로운 사례 중 하나는 사람들이 입에 머금은 액체의 양을 거의 언제나 과소평가한다는 것이다.[34] 그래서 액체를 같은 양만큼 빨아들이라고 하면, 투명한 용기에 든 것을 으레 더 많이 흡입하곤 한다.

우리는 선형線形 크기(탁자의 폭, 가장 가까운 길모퉁이까지의 거리, 지금까지 걸은 거리)를 평가하는 일은 대체로 더 잘하지만, 이런 단순한 과제에서도 일관되게 상당히 오류를 일으키곤 한다. 밤 하늘에 보름달이 뜨는 날 생기는 이른바 달 크기 착시 현상은 이런 추정값 불일치를 쉽게 보여주는 가장 설득력 있는 사례에 속한다. 우리는 달이 머리 꼭대기에 있을 때보다 지평선 가까이 있을 때 더 크다고 지각한다. 과학자들은 뇌 영상 기법을 써서

시각 정보를 해석하는 뇌의 특정 지점이 이런 효과를 일으킨다는 것까지 알아냈다.[35]

야외와 실험실에서 이루어진 실험들을 종합해서 분석하니 거리 지각 오류가 흔하며, 그런 오류를 일으킬 가능성이 높은 요인도 몇 가지 파악할 수 있었다. 움직이는 방(똑바로 선 자세에 따라 감각 단서의 상대적 방향을 바꿀 수 있도록 실제와 똑같이 꾸민 공간) 실험 덕분에 얻은 몇 가지 흥미로운 발견을 통해, 우리는 지각된 거리가 몸과 시각 환경 양쪽의 방향에 따라 달라진다는 것을 알아냈다.[36] 컴퓨터 화면에 뜬 점들 사이의 거리를 추정하는 실험은 그 거리를 기억으로부터 추산해야 하는 상황에서는 추정한 값의 정확도가 떨어진다고 말한다.[37] 팔arm에 대한 뇌의 표상은 우리의 깊이 감각을 조정하며, 놀랍게도 컴퓨터 왜곡을 통해 인위적으로 몸 구조를 확대하는 실험은 이런 내면의 보정에 영향을 미치기가 어렵지 않다는 걸 보여준다.[38] 그리고 놀랄 일도 아니지만, 미세 중력microgravity은 시공간의 인지 처리 과정에 영향을 미친다. 국제우주정거장에서 생활하는 우주비행사들은 대상의 키와 깊이를 더 높고 더 얕게 지각하며, 대체로 거리도 과소평가한다.[39]

때로는 이런 거리 추정 오류가 사실상 좋은 쪽으로 작용할 수도 있다. 마우이Maui섬 연안에서 혹등고래를 구경하기 위해 배를 타고 가는 관광객은 고래한테 91미터 이내로 다가가서는 안 된다. 그런데 처음 가보는 이들은 보통 그보다 3배 더 멀리 떨어진 곳에서 멈춘다. 경험 많은 이들도 110~165미터 떨어진 곳에

서 배를 멈추곤 한다.[40]

　반면, 지각 오류가 치명적 결과를 빚어낼 수도 있다. 실험을 해보니 해안에서 배까지 또는 배에서 해안까지의 거리를 추산할 때 추정값의 차이가 일관된 양상을 띠지 않는 반면, 먼바다에서는 대다수가 짧은 거리(400미터 이내)는 과소평가하고 긴 거리는 과대평가하는 경향을 보였다.[41] 이는 배가 뒤집혔을 경우 안전한 곳까지 헤엄쳐서 갈 만한 거리인지를 판단할 때 중요한 의미를 지닌다.

　그러나 잘못된 지각이 심각한 결과를 빚어내는 훨씬 더 흔한 사례가 있는데, 바로 목격자 증언이다. 그런 '증거'에만 기대서 유죄판결을 내리는 일은 결코 없어야 한다. 키나 체중에 대한 기억도, 체격에서 얼굴 특징에 이르기까지 의심스럽기로 악명 높은 다른 여러 목격자 진술과 마찬가지로 신뢰할 수 없다.[42] 키와 체중은 나이 외에 범죄 목격자 증언에서 가장 흔히 언급되는 특징이지만, 어떤 추정값을 정확하다고 분류할지 판단하는 일반적 기준 같은 것은 전혀 없다. 키의 10센티미터 차이를 받아들일 만하다고 생각한다면, 170센티미터라는 추정값은 180센티미터에 해당할 수도 있다. 그런데 후자라면 미국 성인 남성의 평균 키를 한참 넘어선다.[43]

　목격자 자신의 키와 체중도 중요하다. 목격한 상대방을 판단하는 중요한 기준 역할을 하기 때문이다. 증언할 때 두드러지는 또 한 가지 경향은 전반적으로 키 큰 사람의 키는 과소평가하고, 키 작은 사람의 키는 과대평가한다는 것이다. 값을 평균에 더 가깝게 추정하는 이런 경향은 평균 키의 심상에 영향을 받는 것이 분명하다. 이 심상은 목격자가 평균에서 극도로 먼 판단을 하는 걸 꺼리게 만들 수 있다. 그리고 사람을 식별할 만한 거리가 15미터임은 널리 인정받는 기준처럼 여겨지지만, 갑작스럽게 나뉘는 그런 문턱 같은 것은 없다. 대체로 거리가 멀수록 식별을 올바로 할 확률이 점점 떨어질 뿐이다. 그렇지만 목격자는 정확하게 식별할 수 있는 거리보다 훨씬 멀리 떨어져 있어도 여전히 추측을 내놓곤 한다.[44]

우리가 스스로를 속일 때는 더욱 흥미로운 상황이 벌어진다. 자신이 먹는 것을 속일 때도 그렇다. 체중을 토대로 비교하는 것(자신의 몸을 저울로 삼아서 바깥 세계를 측정하는 것)은 어쩔 수 없는 일이지만, 자기 몸에 관한 사람들의 심상은 감각 입력을 통해 계속 변경되며 매우 가변적이다. 가상현실을 이용한 실험은 우리가 이런 조작에 매우 취약하다는 걸 잘 보여준다. 커다란 가상 신체를 지닌 사람은 주변 대상이 더 작고 더 가까이 있다고 지각한 반면, 작은 가상 신체에 들어간 사람은 정반대 방향의 지각을 보인다.[45] 게다가 이런 효과는 손 크기로도 재현할 수 있다. 요컨대 가상의 손이 크면 대상은 더 작아 보이고, 손이 작으면 대상은 더 커 보이는 경향이 있다. 또한 친숙한 대상의 크기는 거꾸로 손 크기의 지각에 영향을 미칠 수 있다.[46]

사람들, 특히 나이 많고 과체중인 사람들은 으레 자신의 키를 과대평가하고 체중은 과소평가한다. 미국의 한 연구에 따르면, 나이 많은 사람과 남성은 더 젊은 사람 및 여성보다 자신의 키를 더 높여서 말하는 경향을 보였으며, 아프리카계 미국인 여성은 다른 집단보다 자신의 키를 더 정확히 추정했다.[47] 그런 오류는 비만 유행의 추정값을 인위적으로 낮출 게 분명하다. 마찬가지로 나이지리아의 한 연구에서도 비만인 사람들 중 약 40퍼센트가 자신의 체중이 정상이라고 지각한다는 결과가 나왔다. 이 연구에서는 많은 응답자가 큰 몸집을 바람직하다고 여긴다는 사실이 이런 잘못된 지각에 기여했을 수도 있다.[48]

최근의 또 다른 연구는 이 몸집 지각 오류에서 두 가지 상반된 (건강하지 못한) 이동이 일어난다는 것을 보여주었다. 다양한 몸 이미지를 보여주었을 때, 실험 참가자들은 과체중인 남성의 몸을 정상 체중이라고 일관되게 잘못 분류했고(정상 체중인 몸은 정확히 분류하면서), 과소 체중인 여성의 몸도 일관되게 정상이라고 잘못 분류했다(정상 체중인 여성의 몸은 정확히 분류하면서).[49] 여기서 나오는 결론은 하나뿐이다. 정상인 것의 지각 범위가 양쪽 극단으로 더 늘어났지만, 독특한 성별 편향을 보인다는 것이다. 요컨대 현재 과체중인 남성의 몸과 과소 체중인 여성의 몸은 이 확장된 범주 내에서 '정상'이라고 지각된다.

그러나 이런 지각 오류에서 가장 우려되는 현실은 많은 부모가 자녀의 몸이 실제보다 더 낮은(즉, 건강한) 체질량 지수 범주에 들어간다고 과소평가한다는 점이다. 이런 문제가 아예 존재하지 않는다고 여기는 부모는 자녀가 과체중인 상태로 지내게 하거나 살이 찌도록 놔둘 가능성이 더 높다. 평생 지속될 수도 있는 바람직하지 않은 결과를 빚어내는 셈이다.[50] 또 청소년과 젊은 성인 중에서는 완벽하게 정상임에도 자신의 키가 너무 작거나 체중이 너무 나간다고 여기는 이들이 지나치게 많다. 대중매체에서 매일 접하는 얼굴과 몸의 이미지에 점점 더 맞추어지는 내면의 본보기에 자신의 몸과 얼굴을 비교하기 때문이다.[51] 놀랄 일도 아니지만, 이런 지각은 정상을 집단 평균보다 훨씬 낮은 수준으로 이동시키며, 특히 청소년과 젊은 여성에게 자기 몸에 불만을 갖도록 부추긴다.[52]

신경성 식욕부진과 신체 추형 장애body dysmorphic disorder는 이런 현실이 가장 위험하게 표출된 형태다. 이 같은 정신 질환은 자신의 외모를 왜곡해서 보게끔 만든다. 세부 사항에 지나치게 주의가 쏠리고 더 큰 특징에는 관심이 줄어드는 걸 포함해 시각 처리와 지각 조직화 측면에서 공통적으로 비정상적 양상이 나타날 수 있다.[53] 신경성 식욕부진의 가장 극단적인 단계에서는 여윈 청소년과 젊은이가 스스로를 '살쪘다'고(용납할 수 없을 만큼 과체중이라고) 여겨 체중이 늘어날까 봐 먹기를 거부한다. 연간 10만 명 중 약 8명이 이런 증상에 시달리며, 젊은 여성에게서 가장 비율이 높다(0.3~1퍼센트).[54] 삶에 심각한 지장을 주는 이 치명적인 정신 질환은 인지 교정과 표적 뇌 자극 같은 유망한 요법이 있긴 하지만 치료하기가 쉽지는 않다.[55]

신체 추형 장애 환자는 잘못 지각한 외모의 결함에 집착하며 존재하지 않는 또는 최소한의 결함도 받아들이지 못한다. 이런 남성은 종종 근육 크기를 늘리는 데 매달리며, 완벽하게 다듬은 근육질 몸을 찍은 (널리 퍼진) 사진들이 그런 욕구를 더욱 부채질

한다.[56] 전체 인구 중 약 0.7~2.4퍼센트가 이 질환을 앓고 있다. 안타깝게도 많은 사람이 성형 수술을 통해 잘못 지각된 몸을 치료하려 애쓰며, 그런 이들은 5세 아동부터 80대 노인에 이르기까지 모든 연령에 걸쳐 있다.[57] 아울러 이 두 질환이 시각 처리에 관여하는 몇몇 뇌 영역의 비정상적 활성화와 관련이 있음을 시사하는 영상 연구 결과도 나와 있다.

마지막으로, 크기 지각의 덜 침울한 형태를 하나 살펴보자. 음식에 초점을 맞추는 경우다. 단순한 자극조차 우리가 음식 크기를 판단하는 데 쉽사리 영향을 미칠 수 있다. 네덜란드의 한 연구에서는 식이요법을 하는 참가자들에게 맛있는 디저트가 실린 요리 잡지 표지를 보여주자 식이요법을 하지 않는 이들보다 초콜릿 머핀의 크기를 더 크게 추정했다.[58] 게다가 미국 요리사 중약 3/4은 자신이 '정량'을 제공한다고 생각하지만, 실제로 인기 있는 두 요리인 스테이크와 파스타의 양은 미국 정부의 식단 지침에서 권장하는 것보다 2~4배 더 많은 걸로 나왔다![59]

식당에서 나오는 더 푸짐한 요리는 몸집 증가에 기여한다. 접시도 더 커졌다. 미국의 일부 식당은 1.81킬로그램짜리 스테이크(쇠고기) 또는 패티 9장을 넣어 고기가 1.1킬로그램에 달하는 트리플 트리플 버거를 판다. 미국의 전형적인 식당 접시는 1980년대의 지름 25센티미터에서 한 세대 뒤에는 30센티미터로 늘었다. 면적으로 따지면 44퍼센트가 늘어난 셈이다.[60]

논리적으로 접시가 더 크면 사람들이 음식을 더 많이 담을 거라고 예상할 수 있으므로, 더 작은 접시를 쓰는 게 덜 먹도록 하

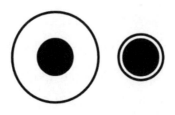

같은 크기의 원이라도 더 큰 원 안에 들어 있으면 더 작게 보이는 이 오래된(1865년 창안) 착시는 접시가 더 클 때 음식을 더 많이 담고 싶어 하는 욕구를 설명할 수도 있다.

고 체중 증가를 억제하도록 돕는 쉬우면서도 효과적인 방법인 듯하다. 실제로 이것이 효과가 있음을 확인한 연구 결과도 있다. 소비자 행동을 연구하는 완싱크Wansink와 판 이테르쉼van Ittersum 은 음식을 담는 양이 접시 크기에 비례한다는 것을 보여주었 다.[61] 더 큰 접시를 쓰는 중국 뷔페식당에서는 사람들이 음식을 52퍼센트 더 많이 담고 45퍼센트 더 많이 먹었다. 그리고 음식 물 쓰레기가 135퍼센트 더 나왔다!

이는 접시를 얼마나 채울 것인지 시각적으로 미리 지각한 수 준(아마도 70퍼센트 정도)이 스스로 담는 음식의 양을 결정하며, 이 른바 델뵈프 착시Delboeuf illusion가 이 효과를 가장 잘 설명할 수 있음을 시사한다.[62] 또는 그렇지 않을 수도 있다. 더 작은 접시 와 더 큰 접시를 이용한 실험을 통해 섭취한 음식의 양을 메타 분석하니, 대부분의 사례에서 유의미한 차이가 전혀 없는 걸로 나왔다. 접시 크기는 미미한 영향을 미쳤을 뿐이며, 이는 더 작 은 접시로 바꾸라는 권고를 받아들여도 과식 억제에 별다른 효 과가 없을 수 있다는 뜻이다.[63]

측정:
큰 키의 장점

민음직하지 못하고 불완전하고 심지어 착각까지 불러일으키므로, 지각이 편향되고 오해를 일으키고 심지어 위험을 초래하기도 한다는 걸 시사하는 증거는 많다. 크기에 따른 무수한 결과에 적절히 대처하려면 우리는 기초적인 정성적 용어를 떠나 필요한 만큼 정확히 변수를 정량화하는 쪽으로 나아가야 한다. 우리가 쓰는 서로 반대되는 말(크다 대 작다, 길다 대 짧다, 무겁다 대 가볍다, 뚱뚱하다 대 깡마르다, 깊다 대 얕다, 무한하다 대 유한하다, 거대하다 대 아주 작다, 흐릿하다 대 명확하다)은 중립적인 사례가 거의 없으며, 흡족함과 불편함, 강함과 약함, 성공과 실패, 두려움과 안도감 같은 감정이 배어 있곤 한다. 측정을 하지 않던 초기 사회는 오로지 (상대적인) 비교에 토대를 두어야 했고, 그런 사회와 후대 사회 사이에는 약간의 틈새가 아니라 진정한 심연이 가로놓여 있다. 그 차이는 인류 진화에서 가장 많은 것을 시사하는 발전에 속한다. 후대의 사회는 크기를 일상적으로 측정할 수 있었을 뿐 아니라, 기하학과 대수학은 물론 세금·회계·상거래의 보편적 규칙과 관습을 이끌어내기 위해 측정을 활용했다.

수천 년 동안 물리적 측정은 가능한 한 가장 단순한 방식으로 이루어졌다. 발걸음이나 신체 부위(엄지, 손바닥, 발, 팔꿈치), 막대기, 자, 밧줄을 이용하는 식이다. 크기 측정 분야에서 달성한 이런 근본적 발전이 없었다면, 최초의 문명이라는 경이는 결코 없었을 것이다. 균일한 크기의 벽돌로 지은 고대 수메르의 점토 도시와 지구라트도, 감탄할 만한 인내심으로 깎아낸 돌로 지은 이집트의 피라미드도, 완벽한 비례를 자랑하는 그리스 신전도 없었을 것이다. 초기 문명은 이런 직접적인 기본 측정 방식에다 기초 기하학에 의존하는 간접적인 접근법도 곁들였다. 이러한 행위와 절차는 단순했지만, 그 결과는 놀라울 만큼 정확했다.[64]

기자의 대피라미드는 0.05도의 정확성을 띠고 남북으로 배치되어 있는데, 그걸 세우는 데 북극성(작은곰자리의 알파별)을 이용할 수는 없었을 것이다. 북극성은 지금은 거의 완벽하게 진북과 일치하지만($+89°\,15'\,50.8''$) 4,500만 년 전에는 진북에 놓인 별이 전혀 없었다. 따라서 건설자들이 두 별(미자르Mizar와 코카브Kochab)을 지나는 선을 죽 이으면 북극점을 지난다는 사실을 염두에 두고 지었을 것임이 가장 그럴듯한 설명이다.[65] 이 해결책의 탁월한 점은 피라미드의 연대를 추정할 가장 나은 방법을 우리에게 제공한다는 것이다. 두 별이 정확히 직선을 이루었을 때는 기원전 2467년이다.

그리고 정확한 측정이 없었다면, 고대 그리스 건축가들도 파르테논 신전에 미적 즐거움을 선사하는 직선과, 직각에서 벗어난 수많은 요소를 통합할 수 없었을 것이다. 이 거대한 석조 구조물은 엄밀하게 직선과 직각을 이루고 있지 않다.[66] 신전의 기단은 편평하지 않은 돔 형태다. 즉, 건물의 중앙보다 네 귀퉁이

시각적 조정을 하지 않은 상태

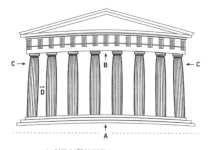

C → B ← C
D
A

A 위로 볼록한 기단
B 위로 볼록한 아키트레이브
C 약간 안쪽으로 기울어진 기둥
D 더 촘촘하게 배열한 가장자리 쪽 기둥

원하는 시각 효과를 얻기 위해 파르테논을 설계할 때 아래
쪽 그림에서처럼 과장된 약간의 크기 조정을 했다.

가 더 낮다. 중앙이 아래로 처져 보이지 않도록 하기 위해 쓴 방법이다. 신전의 상부 구조인 엔태블러처entablature도 그렇게 휘어 있다. 도리아 양식의 죽 늘어선 기둥들은 한쪽으로 약간 기울어 있다. 귀퉁이 기둥들은 중간 기둥보다 지름이 약간 더 넓고, 안쪽으로 기울어 있다. 기둥의 지름은 중간 부분이 더 넓다.

이렇게 일찍이 성취를 이루기도 했지만, 크기 측정은 널리 통용되는 표준이 없어 복잡한 상태로 남아 있었다. 로마인은 광대한 제국에 자신들의 척도를 쓰도록 했지만, 영토가 가장 넓을 때

도 로마는 대륙 전체로 보면 작은 수준이었다.[67]

표준화 부족은 근세(1500~1800)까지 만연했고, 국가뿐 아니라 도시도 저마다 다른 선형, 무게, 부피 단위를 사용했다. 따라서 1500년 이후 서구 문명에서 과학과 공학이 주도적 위치에 오르고 경제 효율과 생산성이 대폭 높아진 것은 척도가 더욱더 정교해지고, 더욱더 널리 쓰이고(에너지 이용, 영양, 경제활동 등), 더욱더 정확해지면서 이윽고 보편적 표준화가 이루어진 직접적 결과라 결론 내린다 해도 결코 과장이 아니다. 세계 주요 국가 중에서 미국만이 시대에 뒤떨어진 단위를 계속 쓰겠다고 고집하고 있다.[68]

단순한 크기 척도의 중요성을 가장 잘 보여주는 방법은 아마도 높이를 더 자세히 살펴보는 것일 듯하다. 높이는 모든 물체와 연관 지을 수 있는 중요한 크기다. 이 기본 크기를 체계적으로 측정한 사례는 놀라울 만큼 드물다. 탐구심 많은 유럽인들은 꼼꼼하게 천체를 측정하는 일을 수백 년 동안 한 뒤에야 비로소 사람의 키를 기록하는 일에 관심을 갖기 시작했다.[69] 그리고 1759년 프랑스의 한 학자가 태어날 때부터 성숙할 때까지 사람의 키 성장 과정을 재보자는 단순한 생각을 실행에 옮겼다. 필리베르 구에노 드 몽베야르Philibert Guéneau de Montbeillard는 변호사였지만, 프랑스 혁명 이전의 많은 동시대 교양인들처럼 작가이자 자연사학자이자 계몽 지식의 위대한 종합물인 (디드로Diderot와 달랑베르D'Alembert가 편찬한)《백과전서Encyclopédie》의 저자이기도 했다. 그는 1759년에 태어난 아들 프랑수아François의 키를 18세 생일 때까지 6개월 간격으로 측정했다. 더욱 유명한 자연사학자이자 백과사전 편찬자인 드 뷔퐁 백작Comte de Buffon은 유명한 저서 《자연사Histoire Naturelle》 부록에 이 키 측정표를 실었다.[70]

18세 생일에 프랑수아의 키는 187센티미터로 동시대 사람들의 평균보다 훨씬 컸고, 21세기 초 세계에서 가장 키가 큰 집단인 지금의 네덜란드 10대 청소년의 평균 키와 비슷했다. 이로부터 몇 세대가 더 지난 뒤인 1820년대 말과 1830년대에 선구적인 통계학자들은 군대 신병의 키 분포와 아동 및 청소년의 키 성장 양상을 처음으로 자세히 살펴보았다(더 자세한 내용은 6장에서 다룰 것이다).[71] 체계적인 사람 키 연구가 낳은 첫 번째 실질적 혜택은 1891년 매사추세츠 아동들의 성장 도표를 발표하면서 시작된 유년기 발달 양상에 관한 예측 정보를 제공한 것이었다.[72]

현재 가정의와 소아청소년과 의사가 아동이 잘 자라는지 여부를 검사해 걱정하는 부모를 안심시키거나 성장에 문제가 있을 가능성을 미리 알리는 데 쓰는 성장곡선은 유아기, 유년기, 청소년기의 키와 체중을 대규모로 측정한 자료를 토대로 한다. 국가 표준을 정한 나라도 있고, 세계보건기구가 개발한 성장 도표를 쓰는 나라도 있다.[73] 이 지침은 범위가 잘 정의되어 있고, 수치도 꽤 신뢰할 만하다. 2세 여아의 키가 86센티미터라면 완벽하게 평균이지만, 82센티미터라면 동일 연령 집단에서 작은 10퍼센트에 속하고, 91센티미터라면 백분위수 95로서 유달리 큰 편에 속할 것이다.

두 번째 혜택은 과거의 인체 측정 연구로부터 나왔다. 이 연

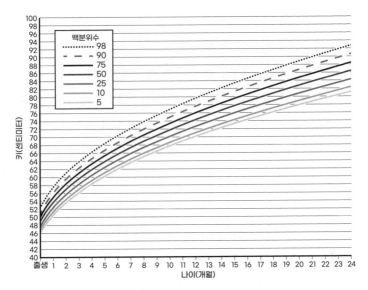

세계보건기구가 내놓은, 출생 때부터 2세까지 여아의 나이별 키 백분위수.

구는 1960년대에야 시작되었는데, 21세기 초입의 사람 키 발달을 고대부터 재구성한 흥미로운 결과를 내놓았다. 19세기 산업화와 20세기 건강과 영양 측면에서의 발전에 힘입은 사람의 키변화를 훨씬 더 상세하고 훨씬 더 정확하게 분석한 내용도 담겨있다.[74] 옛 사람들의 일부 뼈대로 키를 파악하는 것도 가능하며 (넙다리뼈 길이는 키와 상관관계가 아주 높다), 유럽인의 키 장기 추세를 추적한 역사적 재구성 자료가 현재 많이 나와 있다.[75]

북유럽에서 출토된 6,000여 개의 뼈대를 토대로 약 1,000년동안의 추세를 분석한 연구에서는 평균 키가 중세 초 약 173센티미터에서 18세기에 167센티미터로 줄어들었다가 1900년 이후에야 비로소 중세 수준을 회복했다고 나왔다.[76] 반면, 1세기부터 18세기까지 유럽 대륙 전역에서 얻은 약 9,500개의 뼈대를 측정한 연구에서는 성인 남성의 키가 대체로 겨우 169~171센티미터에서 장기 정체 양상을 보였다.[77]

현대 유럽에서 키의 성장은 대부분 1870~1980년대에 이루어졌으며, 이 기간에 남성의 평균 키는 약 11센티미터 커졌다. 10년에 약 1센티미터씩 늘어난 셈이다. 북유럽과 중부 유럽에서는 1910~1955년에 키 증가가 가장 빨랐다. 공중 보건과 위생의 개선이 두 차례의 세계대전과 대공황의 영향을 상쇄하고도 남았다. 한편, 남유럽에서는 1950~1980년에 가장 빠른 증가 폭을 보였다.[78] 네덜란드인의 키 변화를 아주 믿을 만하게 재구성한 연구를 보면, 중세 후기와 근대 초에 비해 19세기 전반기에는 키가 더 줄어들었다가 그 뒤에 갑자기 대폭 커지기 시작했다. 이 추세는 20세기 후반기에 더 가속화했고, 현재 네덜란드는 세계에서 가장 키가 큰 나라다.[79]

대규모 NCD 위험 인자 공동 연구NCD Risk Factor Collaboration 덕분에, 현재 우리는 사람 키의 세계적 현황을 아주 잘 이해하고 있다. 이 연구는 200개국에서 1896~1996년에 태어난 약 2,000만 명을 포함해 거의 1,500개 집단을 재분석했다.[80] 이 100년 사이에 여성은 8.3센티미터, 남성은 8.8센티미터 커졌고, 처음에는 선형 증가 양상을 보이다가 1950년대 이후부터 정체기에 들었다. 한국 여성이 평균 20.2센티미터로 가장 크게 증가했고, 이란 남성은 16.5센티미터 더 커졌다. 유럽인과 북아메리카인은 증가

폭이 더 낮았다. 일본인은 제2차 세계대전 때 잠깐 줄어들었지만, 그래도 신병들의 키는 약 14센티미터 증가했다.[81] 중국인은 20세기 후반기에 남성은 겨우 6.8센티미터, 여성은 5.4센티미터가 커졌고, 사하라 이남 아프리카와 남아시아에서는 평균 키 증가가 전혀 일어나지 않았거나 미미하게 증가했다.[82]

현재 네덜란드 남성(평균 183.8센티미터)을 바짝 뒤쫓고 있는 집단이 있는데, 몬테네그로(183센티미터), 에스토니아(182.7센티미터), 덴마크(181.9센티미터)다. 좀 더 소규모로 보면 현재 세계에서 남성의 키가 가장 큰 집단은 크로아티아 연안 지역인 달마티아Dalmatia의 스플리트달마치야Split-Dalmacija 주민들(184.1센티미터)이다. 네덜란드(170.4센티미터)와 에스토니아(168.7센티미터)는 여성의 키도 가장 크다. 반대로 동티모르, 예멘, 라오스, 마다가스카르, 말라위는 남성의 평균 키가 가장 작다(160센티미터 미만). 과테말라, 필리핀, 방글라데시, 네팔, 동티모르는 성인 여성의 키가 가장 작다(평균 150센티미터 미만). 그리고 놀랍게도 이 한 세기 동안 키가 유례없이 증가하는 와중에도 세계에서 가장 키가 큰 집단과 가장 작은 집단 사이의 절대적 차이에는 아무런 변화가 없었다. 2000년이나 1900년이나 20센티미터로 거의 비슷했다.[83]

체계적인 키 측정과 분석의 세 번째 혜택은 키와 관련된 많은 바람직한 삶의 지표를 알아내고 확인하는 데서 나왔다. 인체측정학 연구가 다양해지면서 키(단순하면서 측정하기 쉬운 변수)가 개인 안녕의 많은 측면을 정량화하기에 아주 좋은 대리 지표이며, 많은 사회적·경제적 변수와 상관관계가 있는 인간 복지의 표지임이 명확히 드러났다.[84] 우리는 키 큰 사람이 더 건강하고 더 영리하고 더 자신감 있고 교육 수준이 더 높고 사회 적응력이 더 뛰어나고 더 호감을 준다고 지각한다. 그리고 평균적으로 이런 자질 덕분에 그들은 더 많은 것을 성취하고 더 부유해지고 더 영향력을 지닌다고 지각한다.

그런 주장들은 한층 세밀한 조사가 필요하며, 필연적으로 복잡성과 마주친다. 성인의 키는 높은 다인자 유전 양상을 띤다. 즉, 사람 유전체의 여러 영역이 키와 연관되어 있으며, 쌍둥이와 입양아 연구는 한 집단 내 모든 정상적인 키 변이 중 최대 90퍼센트까지 유전인자가 좌우할 수 있다고 주장한다.[85] 그런 한편 키의 유전적 잠재력은 유년기와 사춘기를 건강한 생활환경에서 보내고 만성 질환과 영양 결핍이 없을 때만 실현될 수 있다. 따라서 성인의 키는 친숙한 사회적·경제적 환경의 산물이기도 하다. 키가 큰 사람은 건강하고 부유한 환경에서 자랐을 가능성이 더 높다. 거꾸로 키 크고 더 건강한 사람은 신체적·정신적으로 더 열심히 일할 수 있고, 더 높은 소득을 올리고, 반려자를 찾기도 더 쉽다.[86]

장점은 일찍부터 나타나며, 부유한 5개국의 아동 성장을 비교한 연구에서는 국가 간 차이에 가장 크게 기여하는 요인이 부모의 교육과 가정 소득임이 드러났다. 부모의 교육 수준이 높고 소득이 더 높은 가정에서 자란 아이는 키가 더 컸다. 그리고 더 평등한 나라(스웨덴, 네덜란드)의 아이들이 소득분포가 덜 평등한 나라(미국과 영국 등)의 아이들보다 모든 교육 및 소득 수준에서 키가 더 컸다.[87] 유년기와 사춘기의 튼튼한 성장은 더 나은 인지 기능, 더 나은 일상생활 수행, 더 나은 정신 건강과 관련이 있다.[88]

저소득 4개국(에티오피아, 인도, 페루, 베트남)에서 아동의 어휘력과 키 차이를 부모의 교육 수준 및 부와 관련지어 연구한 결과야말로 이런 현실을 가장 설득력 있게 보여준다. 연구진은 아동의 선형 성장과 어휘력을 1, 5, 8, 12세 때 측정했는데, 사회경제적 지위의 상위 사분위에 속한 아이들이 하위 사분위에 속한 아이들보다 키가 더 크고 어휘력도 더 좋았으며, 키보다 언어 점수에서 더 큰 차이를 보였다.[89] 사춘기 이전 독일 학생들을 연구한 자료에서는 키와 학업 성취도 사이에 양(+)의 상관관계가 부유한 사회에서만 타당하다고 나왔다. 학업 성취도와 집안 배경을 감안해 보정한 뒤에도, 키가 더 큰 아동은 김나지움(대학 진학을 위해 거치는 중등학교)에 입학할 가능성이 더 높았다.[90]

키와 IQ 사이에 어느 정도 양(+)의 상관관계가 있다는 주장은 몇 세대 전부터 있었다. 둘 다 어느 정도 유전되는 형질이며, 쌍둥이 연구는 양육이 키-지능 상관관계의 거의 2/3를 차지하고, 유전자가 나머지를 차지할 수 있다고 말한다.[91] 결과론적으로, 키와 가장 긍정적인 관계에 있는 것은 소득이다. 현대사회에서 영양, 주거, 보건 의료, 교육 수준을 높이려면 그만큼 돈이 들기 때문이다. 뉴욕대학 교수 이녁 버턴 고윈Enoch Burton Gowin은 〈경영자와 직원 관리: 개인 능률 연구The Executive and His Control of

Men: A Study in Personal Efficiency〉(1915)에서 이 연관성을 처음 체계적으로 검토했다. 사장은 직원보다, 주교는 전도사보다, 영업부장은 영업 사원보다 키가 더 컸다.[92]

한 세기 뒤에도 상황은 그다지 달라지지 않았다. 21세기의 첫 20년 동안 서양의 부유한 나라들뿐 아니라, 소득이 더 낮으면서 빠르게 현대화하고 있는 아시아와 아프리카의 나라들(중국, 대만, 인도, 인도네시아, 에티오피아 등)에서도 키-임금 상관관계가 있음을 보여주는 많은 연구 결과가 나왔다.[93] 이 연관성은 근력을 요구하는 직업(더 큰 키와 더 무거운 체중이 역학적으로 더 장점이 되는 분야)뿐 아니라, 지적 업무를 주로 하는 직업에서도 나타난다. 연구들은 이 양쪽 우위를 각각 키와 상관관계가 있는 비인지적 능력 및 인지적 이점 때문이라고 보았다. 영국의 국가아동발달연구National Childhood Development Study에서 나온 자료를 분석하니, 키가 더 큰 아동이 평균적으로 인지적 및 비인지적 검사에서 더 높은 점수를 받으며, 거의 이 차이에 상응하는 수준으로 나중에 키-임금 차이가 나타난다고 나왔다.[94]

키-임금 격차는 저소득층에서 더 심한 반면(저소득 직업에서는 키 큰 사람일수록 임금이 더 높다), 소득이 높을수록 줄어들다가 연소득이 2만 달러를 넘으면 일정한 수준을 유지한다. 그리고 저소득 국가에서는 평균 소득이 1,000달러 증가할 때 남성의 키는 0.8센티미터, 여성의 키는 겨우 0.3센티미터 증가한다.[95] 부유한 나라에서는 이 긍정적 관계가 노동시장의 최상위 수준까지 유지되며, 1951~1978년에 CEO로 일한 스웨덴 남성 2만 8,000명을 거의 전수 조사했더니(예상했겠지만, 이들은 평균적으로 인구 집단 전체보다 키가 더 컸다) 키와 경영한 기업의 규모 사이에 양(+)의 상관관계가 있었다. 자산이 100억 크로나krona를 넘는 기업을 경영한 이들은 평균 키가 183.5센티미터인 반면, 1억 크로나에 못 미치는 기업을 경영한 이들은 3센티미터 이상 더 작았다(180.3센티미터).[96]

그리고 키는 중국공산당의 권력 서열에도 적용된다. 중국의 소득을 살펴본 연구에 따르면, 남성의 키가 1센티미터 커질 때마다 공산당원이 될 확률이 0.05퍼센트 증가한다고 한다. 공산당원은 당원이 아닌 남성보다 소득이 약 11퍼센트 더 높으며, 따라서 당원은 키가 1센티미터 클수록 시급이 약 0.06퍼센트 더 높다(연구진은 이를 "정치적 채널을 통한 키의 소득 프리미엄"이라고 했다). 대조적으로 이 키 프리미엄 변수를 감안해서 보정하면, 남성의 키 1센티미터 증가는 시급 1.18퍼센트 증가에 상응한다. 이는 시장 채널을 통한 키 프리미엄이 정치적 이점보다 분명히 더 크다는 것을 시사한다.[97]

그러나 3,000명 넘는 이들의 유전자 자료까지 고려한 가장 최근의 중국 연구는 키-소득 연관성의 실상을 가장 잘 포착한 결론을 제시한다.[98] 이 연구에서는 키가 1센티미터 더 클수록 연소득이 크게(10~13퍼센트) 증가하는 것으로 나타났지만, 키 자체가 미치는 인과적 영향은 무시할 수 있는 수준에 불과했다. 다른 조건들이 모두 같다면, 유전적으로 결정된 키가 1센티미터 늘어날 때 연소득 증가율은 0.6퍼센트 미만으로 통계적 의미가 없는 수준이었다. 따라서 관찰된 키 프리미엄은 키에 토대를 둔 노동 시장 차별의 반영이 아니라 건강, 정신적 속성, 위험 선호 같은 다른 진짜 인과적 요인의 영향을 보여주는 것이다.

키가 크면 좁은 곳에서 다리를 뻗기 힘들고(특히 비좁은 항공 기 좌석에서 그렇다. 4장 참조), 자세가 안 좋아지고, 유달리 큰 사 람이라면 맞는 옷을 구하기도 어렵고, 사람들 사이에 서 있을 때 늘 눈에 띄는 등 안 좋은 점도 있지 않은가? 예전에는 키가 클수록 기대 수명도 늘어난다는 연구 결과가 나오곤 했지만, 지금은 정반대로 똑같이 건강한 식단과 생활 습관을 지킨다고 할 때 키가 더 작고 더 마른 사람이 키 큰 사람보다 더 오래 산 다는 데 학자들의 의견이 일치한다.[99] 캘리포니아의 다양한 인 종 집단을 비교한 연구에서는 키가 1센티미터 커질 때마다 기 대 수명이 0.4~0.63년 줄어든다고 나왔다. 마찬가지로 쿠바, 이탈리아, 폴란드, 스페인, 미국에서 이루어진 후속 연구들도 키가 1센티미터 증가할 때 기대 수명이 0.5~0.7년 줄어든다고 밝혔다.[100]

미국프로농구협회NBA에서 활동한 선수(1946~2010년에 데뷔)와 미국농구협회ABA(1967년부터 1976년까지 존속)에서 활동한 선수 약 4,000명을 조사한 최근 연구도 살펴보자. 선수들의 평균 키 는 197.8센티미터(범위는 160~231.1센티미터)였다. 1940년대에 태 어난 이들을 제외하고 가장 큰 선수들(상위 5퍼센트)은 가장 작은 선수들(하위 5퍼센트)보다 더 일찍 세상을 떠났고, 생존 분석에서 도 키와 수명 사이에 반비례 관계가 있는 것으로 나타났다.[101]

이 차이는 키가 클수록 여러 암에 걸릴 위험이 더 높아진다는 점과 어느 정도 관련이 있다. 유럽의 연구들(스웨덴 남녀 550만 명, 영국 여성 100만 명)과 가장 최근 한국에서 이루어진 연구(성인 2,300만 명)는 이 관계가 꽤 선형을 이루며, 남녀 모두에게서 나타난다는 것을 보여준다. 그러나 대부분의 암 부위에서는 큰 키와 암의 연관성이 여성에게서 더 강하게 나타난다. 그리고 이 연관성은 신경계, 갑상샘, 유방의 암에서 림프종과 백혈병에 이르기까지 24가지 암에서 드러난다. 그러나 구강암, 방광암, 췌장암, 간암, 위암은 키와의 관계가 덜 뚜렷하다.[102]

키-암 연관성을 가장 잘 설명하는 것은 직접-효과 가설direct-effect hypothesis일 듯하다. 몸에 세포가 더 많을수록 그만큼 암 유발 돌연변이의 표적도 늘어나며, 따라서 키는 그저 세포의 총수와 암 위험 증가의 대리 지표일 뿐이라는 것이다.

더 대규모의 네 가지 암 예방 검진 사업(총 23가지 암을 검진한다)에서 나온 자료도 그렇다고 확인해준다. 키가 10센티미터 커질 때마다 암 위험은 약 10퍼센트(여성은 12퍼센트, 남성은 9퍼센트) 증가한다.[103] 짐작했겠지만, 이 설명은 완벽하지 않다. 흑색종은 의외로 키와 강한 상관관계를 보이며, 여성과 달리 남성에게서는 키가 비생식 계통 암 발병률 증가의 약 1/3만을 설명할 뿐이다. 즉, 다른 설명들도 필요하다는 의미다.

안녕과 생존에 훨씬 더 위험을 초래하는 진짜 지나친 성장도 있다. 뼈끝의 성장판(긴뼈에서 성장이 이루어지는 부위)이 닫히기 전 유년기에 뇌하수체의 기능 이상으로 생기는 아주 희귀한 질환인 거인증gigantism은 치료하지 않으면 때 이른 사망으로 이어진다. 말단비대증acromegaly(성장판이 닫힌 뒤 일어나는 뇌하수체의 과다 활동)은 약 6,300명 중 1명이 앓고 있는데, (손, 발, 얼굴의) 뼈가 지나치게 커지고 수명이 짧아지지만 키 전체가 늘어나지는 않는다.[104] 마르판증후군Marfan syndrome은 약간 더 흔하며(약 5,000명 중 1명) 키가 커지고 팔다리가 길어지고 심장에 문제를 일으키곤 한다. 미국의 한 대통령(에이브러햄 링컨), 아마도 역사상 가장 유명할 바이올린 거장(니콜로 파가니니Niccolò Paganini), 저명한 러시아 작곡가(세르게이 라흐마니노프Sergei Rachmaninov), 현대 영국 시인(이디스 시트웰Edith Sitwell)도 이 병을 앓았다. 1970년대 초만 해도 마르판 환자의 중위 기대 수명은 48세로, 대부분 심혈관 질환 때문에 일찍 사망했다. 그 세기가 저물 무렵에는 심혈관 수술과 약물 치료 덕분에 기대 수명이 70세 이상으로 대폭 증가했다.[105]

지금까지 사물의 크기부터 아동과 성인의 키에 이르기까지 다양한 양quantity과 우리가 이런 현실을 지각하는 (또는 잘못 지각하는) 방식을 살펴보았다. 다음 장에서는 크기의 질quality이라고 부를 만한 것들, 즉 대상과 몸의 비례(다리와 몸의 비, 엉덩이와 허리의 비 같은), 대칭적·비대칭적 구조와 설계를 살펴보기로 하자. 크기와 관련한 주제 중에서 특히 흥미로운 것들이다. 자연을 지배하는 것은 무엇일까? 대칭일까, 비대칭일까? 고대에 이상적인 신체 비례는 무엇이었고, 현대 세계에서 얼마나 바뀌었을까? 대칭적인 얼굴은 언제나 미의 이상으로 여겨졌을까? 많은 과학 분야가 이런 질문을 이해하는 데 기여해왔으며, 몇몇 끈덕진 신화를 논박하는 데도 도움을 주었다. 아마도 한 가지 특정한 크기 비율이 유달리 흔하다는 믿음이야말로 가장 널리 받아들여진 신화일 것이다. 바로 황금비golden ratio다.

3장

비례,
대칭,
비대칭

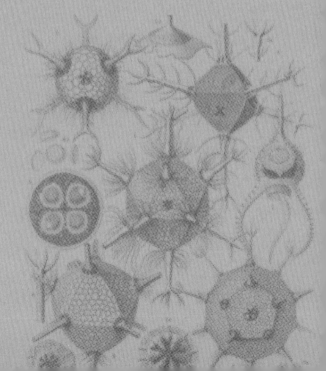

3

모든 크기는 꽤나 정확히 절댓값으로 측정하거나 산정할 수 있다. 주된 예외는 굼뜨게 움직이는 올록볼록한 변형균류變形菌類에서 두족류頭足類에 이르기까지 몸 형태를 바꿀 수 있는 생물들의 크기다. 일부 문어종은 몸 색깔도 빠르게 바꿈으로써 크기를 더욱 모호하게 만든다.[1] 놀랍게도, 복잡한 생명이 출현한 초창기에 커다란 변형 생물이 존재했음을 시사하는 발견이 최근에 이루어졌다. 키가 몇 센티미터에 불과한 것부터 2미터에 이르는 것까지 있었던 이 레인지오모프rangeomorph는 에디아카라기(6억 3,500만~5억 4,100만 년 전)에 살았다. 복잡한 해양생물이 출현한 캄브리아기 대폭발 이전에 미생물이 주류를 이루었던 시대다.[2] 레인지오모프는 고사리처럼 생긴 부드러운 몸을 지녔는데, 증거가 부족해 일종의 균류인지 아니면 최초의 대형大形 동물인지 단정할 수는 없다. 아무튼 그들은 캄브리아기까지 살아남지 못했다. 그래서 삼엽충과 등에 긴 가시들이 솟아 있는 기이한 모습의 작은 생물 할루키게니아Hallucigenia를 비롯해 자유롭게 헤엄치는 이상한 모양의 생물들과 함께 살지 못했다.

모든 크기는 상댓값으로 지각할 수도 있다. 우리는 생물이나 인공물의 전체 크기를 구성 부분, 기관, 부품의 크기와 비교하며, 몸에 관한 한 기대했던 평균에서 조금만 벗어나도 금방 알아차린다. 두 눈이 너무 가까이 또는 너무 멀리 떨어져 있다거나, 머리가 너무 둥글거나 너무 길쭉하다거나, 보폭이 너무 짧거나 이상하게 길다거나 하는 것 등이다. 우리는 크기를 그 자연적 또는 인위적 환경과 관련지어 판단하며, 일반적 범위에서 벗어나면 즉시 알아차린다. 요세미티 계곡의 바닥에서 수직으로 까마득히 높이 솟아오른 엘캐피탄El Capitan이나 베네치아의 주데카Giudecca 운하를 지나는 거대한 크루즈선이 그렇다. 아찔하게 솟아오른, 아마 세계에서 가장 유명할 이 암벽은 2015년 구글 지도가 처음 수직 거리 뷰 영상을 추가하면서 볼 수 있게 되었고, 물의 도시로 서서히 다가오는 거대한 크루즈선은 코로나19 대유행 이전에 흔히 볼 수 있던 광경이다.[3] 이제 왜 어떤 형태에서는 크기가 고집스럽게 유지되고, 어떤 형태에서는 빠르게 진화하는지 궁금증을 갖고 크기들의 시간별 변화를 따라가 보자.

생물, 경관, 인공물의 비례는 시각적 매력의 주된 결정 인자다. 비례가 인체(특히 얼굴)의 미적 선호를 좌우하는 것도 그렇다. 미술가는 당연히 비례의 예리한 관찰자였다. 독일 르네상스 시대의 뛰어난 화가 알브레히트 뒤러Albrecht Dürer는 여러 두드러진 사례 중 하나에 불과할 뿐이다. 그는 수많은 인체 비례 드로잉을 그렸는데, 사후에 아내와 한 친구가 그걸 모아서 《인체 비례에 관한 네 권의 책Four Books on Human Proportion》으로 펴냈다.[4] 여기서는 그중 3개의 드로잉만 소개한다. 미술가는 (육지 풍경에서 바다 풍경에 이르기까지) 자연현상도 여러 규모에서 연구하는데, 기능

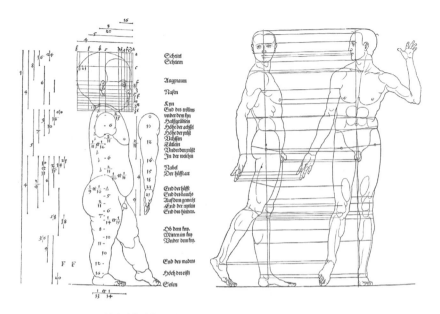

뒤러 사후에 출간된 《인체 비례에 관한 네 권의 책》(1528)에 실린 그림.

적 비례의 이해는 점점 다양해지는 기계와 물건을 설계하는 데
필수적이다.

인체의 비례는 우리가 영장류 조상에서 점점 멀어지는 쪽으
로 진화함에 따라 변화해왔다. 작은 인체 조각상(특징을 과장한,
이른바 다산을 상징하는 상들도 있다)은 가장 오래된 예술품에 속하
며, 2만여 년 전부터 나타났다. 그 뒤로도 인류는 죽 인체 비례
에 매료되었으며, 우리 몸의 비례는 시각예술가뿐 아니라 생명
과학자도 다방면으로 연구하기에 이르렀다. 그들의 흥미로운
관찰과 결론은 다음 절에서 살펴볼 것이다.

비례:
몸, 건물, 그림

첫머리를 지루하게 끌지 말라는 조언이 가득하지만, 어쩔 수 없이 명확한 정의를 내리는 것에서부터 이야기를 시작해야 하는 상황도 있다. '비례proportion'는 한 부분이 다른 부분과 어떻게 관련되어 있는지, 또는 특정한 부위가 전체와 어떻게 관련되어 있는지를 기술하는 방식이다.[5] '조화로운harmonious'은 수식어로 흔히 사용하는 형용사이지만, 비례는 결코 조화롭지 않을 수도 있다. 또 대수학에서 쓰는 비례의 더 엄격한 정의도 있다. 이를 테면 두 비(또는 분수)가 같을 때(예를 들어, 1/5 = 5/25)를 가리킨다. 여기서는 양쪽 정의가 다 유용할 것이다.

복잡한 생물과 대부분의 인공물에서 비례는 많은 유전적·환경적 제약뿐 아니라 기능에 따라서도 정해진다. 우리 몸의 비례는 사람과科가 대형 유인원에서 갈라져 나온 뒤 수백만 년에 걸쳐 이루어진 진화의 산물이다. 그 기간에 일어난 인체 비례의 변화는 고고학 기록뿐 아니라, 30~50년이라는 짧은 기간에 초점을 맞춘 (신뢰도는 저마다 다르지만) 최근의 연구들을 통해서도 규명되었다. 초기 사람과科 조상들에게 일어난 인체 크기와 인체 비례의 진화는 복잡한 양상을 띠었다.[6] 우리의 초기 아프리카 조상 중 한 속屬인 오스트랄로피테쿠스는 공간과 시간 양쪽으로 크기의 범위가 아주 넓었지만, 우리 종과 비교할 때 눈에 띌 만큼 몸통이 길고 다리가 짧았다. 호모 에르가스테르*Homo ergaster*(약 180만~150만 년 전에 살았던 초기 아프리카 호모 에렉투스*Homo erectus*)는 현대의 인체 비례에 더 가까운 몸을 지닌 최초의 종이었다. 즉, 다리가 확연히 더 길어서 더 빨리 걸을 수 있었다.

동시에 고고학 기록은 이런 사람과科 종들이 석기를 들고 이동하는 거리가 상당히 늘어났다는 것도 보여준다. 걷기 지구력뿐 아니라 효과적인 짐 운반 능력도 현대 인체 비례의 진화에 관여한 요인이었을 수 있다는 뜻이다.[7] 초기 사람속屬 화석은 대부분 비교적 키가 작다. 이는 우리 사람속의 출현이 인체 크기 증가 또는 크기 변이의 유례없는 증가와 연관이 없었음을 시사한다.[8] (440만 년 전부터 홀로세에 이르는) 사람과科 표본 300여 점의 체중과 키를 가장 상세하게 분석한 연구에서는 인체 크기 변이의 복잡한 진화 패턴이 드러났다. 상대적으로 정체된 시기와 급속히 증가한 시기가 번갈아 나타났다. 초기 호모속屬은 크기 다양성이 상당히 높은 반면, 나중의 호모속은 약 160만 년 전부터 키 변화가 거의 없었다. 그러나 약 50만 년 전부터는 체중이 더 증가했음이 뚜렷하게 나타난다.[9]

놀랄 일도 아니지만, 기후는 주된 영향을 미치는 요인이었으며, 최근의 분석 결과는 사람의 키와 인체 비례가 1847년 독일 생물학자 카를 베르크만Carl Bergmann과 1877년 미국 동물학자 조지프 애서프 앨런Joseph Asaph Allen이 정립한 법칙에 들어맞는다는 것을 확인했다.[10] 베르크만의 법칙은 포유동물의 체중이 적도에서 멀어질수록, 따라서 기온이 낮아질수록 증가한다고 말한다. 그리고 앨런의 법칙은 추운 기후에 사는 온혈동물이 더 따뜻한 환경에 사는 동물보다 표면적 대 부피의 비가 더 낮고, 이 적응 양상에 따라 팔다리와 부속지가 더 짧아질 것이라고 예측한다.

열대에서 북극 지방에 걸친 포유동물을 비교하면 그렇다는 점이 드러나며, 현생인류 집단에서 앨런의 법칙이 확인된 것도 멸종한 사람과科 종들의 적응 형질 중 일부를 설명하는 데 도움을 준다(추운 기후에 적응한 종은 부속지가 더 짧다). 네안데르탈인은 팔다리가 더 짧아서 걷는 데 에너지가 더 들었지만, 대사 요구량 측정 결과는 다리가 짧았기에 열 손실이 줄어들어 더 유리했을 것임을 시사한다.[11] 현생인류 집단 중에서 북극 지방의 이누이트와 비교적 키가 크고 다리가 더 긴 아프리카 각지의 부족 집단은 가장 명백한 사례다. 이누이트는 팔다리가 더 짧고 몸 둘레가 비교적 더 넓고 체중이 더 나가고 코가 더 낮다.[12] 들어맞지 않는 사례와 예외 사례도 당연히 있지만, 이 법칙은 아프리카에서 나온 현생인류의 확산 양상을 감안한 뒤에도 잘 들어맞는다.[13]

더 덥고 더 건조한 기후에 사는 사람들은 다리가 더 길며, 그에 따라 증발 열 손실의 면적이 더 넓다. 반면, 습한 기후(증발 열 손실이 미미한 지역)에 사는 이들은 체중이 덜 나가며, 따라서 대사를 통한 열 방출이 열 스트레스에 대처하는 주된 방법이다. 영양과 보건 의료의 영향을 거의 받지 않은 채 남아 있는 현대 수렵·채집인 집단과 비교하면 이를 설득력 있게 보여줄 수 있다. 예컨대 보츠와나의 사막 환경에 사는 수렵·채집인 !쿵족!Kung

의 평균 키는 남성이 160센티미터, 여성이 150센티미터다. 반면, 콩고 이투리Ituri 우림의 에페족Efé은 남성이 143센티미터, 여성이 136센티미터다.[14]

물론 체온조절의 최적화는 인체의 크기와 비례를 결정하는 몇 가지 요인 중 하나일 뿐이다. 과학자들은 유전학 연구를 통해 성장과 성인의 키 변이에 관여하는 유전자를 수백 개 찾아냈으며, 호르몬·영양·질병도 분명히 차이를 빚어낸다. 어떤 집단은 성장호르몬에 더 약하게 반응하는 유전자를 물려받았으며, 갑상샘호르몬 활성(낮 길이의 차이로 유도되며, 낮이 짧을수록 분비량이 증가한다)도 예상대로 평균 키에 영향을 미친다. 이 호르몬 효과는 일본의 현縣 수준에서 이루어진 연구들을 통해 확연히 드러났다. 짧은 낮 길이는 갑상샘호르몬의 활성을 늘리고 키 증가에 기여한다. 긴 낮 길이는 정반대 효과를 일으킨다. 그 결과 일본의 가장 북쪽에 있는 홋카이도(북위 40도 이상) 주민은 가장 남쪽에 있는 오키나와(북위 26도) 주민보다 키가 더 크다.[15]

일부 수렵·채집인 집단에서는 자원의 제약 때문에 크기가 더 작아졌을 수 있으며, 동아프리카 목축민은 우유를 유달리 많이 섭취해 키가 더 크다. 대조적으로, 유년기에 질병과 영양 부족에 시달리면 키가 못 큰다. 세계의 가난한 지역에는 지금도 이런 열악한 처지에 있는 이들이 많다. 그리고 최고의 환경에서도 유전적 요인과 환경적 요인이 결합해 다양한 종에서 우리가 조화롭다고 여기는 모습을 빚어내지 못할 수도 있다. 가장 눈에 띄는 사례는 향유고래의 몸이다. 머리가 아주 거대한 반면 그에 어울

리지 않게 아래턱이 약하다.

다른 아주 많은 지적·수학적 법칙과 마찬가지로, (유전적으로 허용되는) 표준 비례의 법칙도 고대 이집트에서 처음 정해진 후 고대 그리스에서 완성되었다. 서양 세계에서 성인의 이상적 신체 비례라는 이 개념은 조각을 통해 영구히 새겨졌고, 20세기 초에 (비례에 관한 모든 지침을 던져버린 미술 양식인) 추상화와 추상 조각이 등장할 때까지 유지되었다. 지금은 기원전 5세기 후반에 활동한 그리스 조각가 폴리클레이토스Polykleitos가 제시한 지침이 잊혔지만, 그는 이를 활용해 후대에 많이 모사된 '도리포로스Doryphoros'(창잡이)를 제작했다.[16] 머리 길이(정수리에서 턱까지)를 단위로 삼을 때, 성인 남성의 몸은 그 8배여야 하고, 발바닥에서 사타구니까지의 길이는 사타구니에서 정수리까지의 길이와 같아야 한다.

아마 레오나르도 다빈치의 '비트루비우스에 따른 인체 비례Le proporzioni del corpo umano secondo Vitruvio'야말로 가장 자주 인용되는 인체 비례 이미지일 것이다. 벌거벗은 남자가 원 안에서 다리를 벌리고 두 팔을 어깨 위로 약간 치켜든 모습이다.[17] 저술가로 잘 알려진 로마의 건축가이자 기술자 마르쿠스 비트루비우스 폴리오Marcus Vitruvius Pollio는 《건축술에 대하여De architectura》에서 인체 비례를 상세히 기술했다. 첫머리만 인용해보자.

자연이 인체를 설계한 바에 따르면 얼굴, 즉 턱에서 이마 꼭대기이자 머리털이 난 이마 선까지의 길이는 전체 키의 1/10이

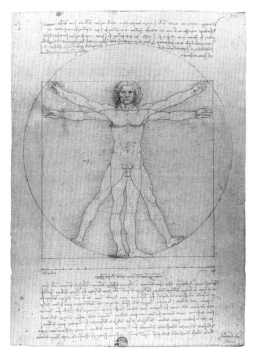

레오나르도 다빈치가 비트루비우스적 인간을 그린 펜화(1490).

다. 손목에서 펼친 손의 가운뎃손가락 끝까지의 길이도 똑같다. 턱에서 정수리까지의 머리 길이는 전체 키의 1/8, 목과 어깨를 포함해 가슴 꼭대기에서 이마 선까지의 길이는 1/6이다. 가슴 한가운데에서 정수리까지의 길이는 1/4이다.[18]

다빈치는 배꼽이 몸의 중심이라는 비트루비우스의 주장을 수정해 폴리클레이토스가 그랬듯이 사타구니를 중심에 놓았다. 우리는 키와 몸통, 키와 팔, 키와 다리의 비처럼 인체 크기와 주요 신체 부위의 크기를 이용해 다양한 비를 계산할 수 있다. 또 가슴과 허리, 허리와 엉덩이, 손과 손가락처럼 신체 부위끼리의 비도 살펴볼 수 있다. 이런 가능한 온갖 비 중 세 가지만 살펴보기로 하자. 회음부에서 발바닥까지를 잰 다리와 몸의 비leg-to-body ratio(LBR), 허리와 엉덩이의 비waist-to-hip ratio(WHR), 둘째손가락(집게손가락)과 넷째손가락(약손가락)의 비로 흔히 2D:4D라고 말하는 것이다. 앞의 두 가지는 조화로운 비례를 추구하는 회화와 조각에서 널리 쓰여왔으며, 남녀의 이상적 신체 비례 선호 양상을 알아내려는 연구자들도 많이 활용한다. 세 번째 것은 좀 의아해 보일 수도 있는데, 최근 들어 다른 인체 비례보다 2D:4D가 함축하고 있는 의미를 다룬 연구 결과가 훨씬 많이 나왔기에 그 이유를 살펴보기로 하자.

서양 세계에서 키는 언제나 매력의 지표 중 하나였으며, 긴 몸통보다 상대적으로 긴 다리를 언제나 더 선호해왔다. 서양 여성을 그린 유명한 그림들에서 널리 선호되는 다리와 몸의 비는 0.5에 가까웠다(즉, 다리가 몸길이의 절반을 차지했다). 보티첼리의 가장 유명한 두 여성 그림('비너스의 탄생Nascita di Venere'의 비너스와 '봄La Primavera'의 플로라)뿐 아니라 뒤러의 날씬한 여성들은 정확히 그 비율이다. 그런데 1950년 이후 패션 잡지에서는 더 높은 비가 미의 한 지표로 자리 잡았다.[19] 키가 가장 큰 패션모델들의 다리는 키의 61~67퍼센트에 달했다(명백히 언제나 평균을 넘어선다). 다리를 정상이거나 길게 또는 짧게 수정한 남녀의 이미지나 실루엣을 사람들에게 보여주는 연구들에서는 남녀 모두 다리가 평균보다 짧을 때 덜 매력적이라고 지각했다. 대체로 LBR이 평균보다 큰 쪽을 선호하지만 다리가 지나치게 길면 전반적인 매력은 줄어들며, 너무 짧거나 너무 긴 다리는 바람직하지 않은 유전적 또는 건강 문제를 암시할 수 있고, 특히 짧은 다리는 유년기에 성장이 지체되었음을 나타낼 수도 있다.[20]

캐나다를 비롯해 아프리카, 아시아, 라틴아메리카 등 27개국 사람들의 인식을 연구한 이들도 같은 결론을 내렸다.[21] 연구진은 실험 참가자들에게 먼저 LBR이 0.515인 실루엣을 보여준 뒤, 다리 길이를 더 늘이거나 줄인 실루엣을 보여주었다. 여성들은 대체로 원래 길이보다 다리가 더 짧아진 실루엣을 선호하지 않았다. 여성의 몸에서는 표준 길이나 5퍼센트 더 긴 다리(LBR 0.541)를 가장 선호했다. 27개국 중 17개국에서 후자의 비를 선택한 비율이 가장 높게 나왔고, 스페인·말레이시아·요르단·루마니아·크로아티아·인도네시아에서 그 비의 선호도가 가장 높았다. 마찬가지로 사람들은 남성의 실루엣에서도 LBR이 정상이거나 그보다 약간 높은 쪽을 선호했다.

미국 여성(이 연구에 포함되지는 않았다)도 평균이거나 그보다 약간 높은 남성 LBR을 선호하는 반면(팔과 몸의 비에서는 선호 양상이 전혀 나타나지 않았다), 일본인은 남녀 모두 평균을 더 선호했다.[22] 대조적으로 영국 대학생들은 아주 높은 여성 LBR(약 0.7)을 선호했다. 말레이시아에서는 선호 양상이 전혀 달랐는데, LBR이 중간인 여성과 낮은 남성을 가장 매력적이라고 여겼다.[23] 27개국 연구 결과와 말레이시아 여성의 결과가 다르게 나온 것은 비교적 소수의 실험 참가자를 대상으로 한 조사인 경우 신뢰성이 떨어진다는 점을 상기시킨다.

사람의 다리 길이와 건강 연구에서 나온 흥미로운 발견은 더 있다. 유달리 다리가 짧으면 심장동맥 질환 가능성이 더 큰 것을 비롯해 건강 위험이 더 높다고 나왔다. 주로 혈중 콜레스테롤 수치가 높고 포도당과 인슐린 조절에 문제가 있고 혈압이 높고 혈액 응고 수치도 높기 때문이다.[24] 유년기에 영양 부족에 시달리면 성년이 되었을 때 키에 비해 다리가 짧을 뿐 아니라, 대사장애도 생길 수 있다. 과체중과 비만, 당뇨병, 고혈압, 낮은 뼈 밀도, 그 밖에 건강 문제의 위험 증가와 짧은 다리 길이 사이에 상관관계가 나타나는 이유는 그 때문일 것이다.

그러나 유년기 영양 부족은 다리가 더 짧은 아동이 질병 위험에 더 노출되고 더 일찍 사망할 가능성이 높은 이유를 설명하지 못한다. 여성에게서 짧은 다리는 한 가지 의외의 기능적 상관관계를 보여준다. 초경 연령이 키, 특히 다리 길이와 관련 있다는 사실이다. 그러나 이 효과는 집단과 연대에 따라 달라진다. 미국 여성 3,000여 명(21~40세)을 조사했더니 다리 길이가 짧을수록 월경을 더 일찍 시작했으며(키나 앉은키와는 상관이 없었다), 이 영향의 약 2/3는 아랫다리와 관련이 있었다.[25]

풍요로운 모든 국가에서 영양 상태가 개선되고 성장 지체 사례가 거의 완전히 사라진 덕분에 다리와 몸의 비는 널리 바람직한 값을 지닌 반면, WHR은 심하게 나빠졌다. 이러한 결론은 유럽인이 억지로 허리를 꽉 졸라맸던 17~19세기와 비교해서 나온 게 아니다. 그들은 끈과 코르셋으로 허리를 졸라맸지만, 겉으로 보이는 것처럼 그렇게 꽉 옥죄는 일은 거의 없었다. 처음에는 파딩게일farthingale, 그 뒤에는 넓은 크리놀린crinoline이나 허리받이를 써서 엉덩이와 허리의 비가 대폭 늘어나게 보이는 옷 디자인도 잘 활용했기 때문이다.[26]

엉덩이보다 허리의 둘레가 더 작은 성인의 몸은 여전히 발달의 가장 바람직한 목표로 남아 있긴 하다. 하지만 1970년 이후 비만의 물결이 서양 세계를 넘어 중국에서 사우디아라비아에 이르기까지 각국의 주된 문제로 대두함에 따라, 이 목표를 달성하지 못하는 일이 점점 흔해졌다.[27] 인구의 절반 이상이 과체중이거나 비만인 나라들에서 전형적인 허리와 엉덩이의 비는 상당히 높아졌고, 심지어 역전되는 사례도 많아졌다. 세계보건기구는 정상적인 WHR이 남성은 0.9 이하, 여성은 0.85 이하라고 보며, 여성은 조금만 높아져도 건강 위험이 커지고 남성은 비교적 더 많이 높아질 때(1.0 이상) 건강 위험이 커진다고 말한다.[28] 70대 미국인을 대규모로 분석한 연구에서는 WHR과 체질량 지수나 허리둘레 사이에 상관관계가 전혀 보이지 않았지만, WHR이 높을수록 건강 위험이 유의미하게 증가한다고 나왔다.[29]

WHR의 변화는 거의 모든 연령 범주에서 체중 증가 양상이 나타난다는 걸 보여주는 지표 중 하나일 뿐이다. 1956년부터 2010년까지 독일의 19세 신병들을 조사한 연구는 관찰 대상이 매우 대규모(거의 1,400만 명)라는 점 덕분에, 최근 들어 신체 변화가 급격히 일어나고 있음을 가장 잘 보여주는 사례가 되었다.

분석 결과는 이 기간에 키 증가 쪽에서 둘레 증가 쪽으로 독일 신병들의 신체에 변화가 일어났음을 뚜렷이 보여준다. 키는 6.5센티미터 커졌지만(180센티미터까지) 1990년대부터는 정체되었다. 반면, 평균 체중은 계속 늘어나 과체중과 비만인 이들의 비율이 더 높아졌다.[30] 흥미롭게, 키의 남북과 동서 기울기도 나타났다. 2002년 독일 북쪽 지방인 슐레스비히홀스타인(덴마크 바로 남쪽)의 남녀는 남쪽 지방인 바바리아의 남녀보다 키가 각각 2.5센티미터와 1.6센티미터 더 컸고, 서독 사람들이 동독 사람들보다 약 1.5센티미터 더 컸다.[31]

이제 거시적인 특징들(LBR과 WHR)로부터 작은 크기 비례로 넘어가자. 집게손가락과 약손가락의 비다. 이 비가 갑자기 관심거리로 부상한 것은 1998년 리버풀대학의 존 매닝John Manning 연구진이 논문을 발표하면서였다.[32] 연구진은 손가락 형성 양상이 호르몬 농도와 관련 있다고 추정하며, 남성과 여성의 2D:4D 비가 차이를 보인다고 보고했다. 예컨대 남성은 약손가락이 더 긴 경향이 있는 반면(2D:4D = 0.98), 여성은 양쪽의 길이가 같은 경향이 높다(1.0).

이런 발견에 사람들이 관심을 갖기까지는 꽤 오랜 시간이 걸렸다. 하지만 하나의 수치가 사람의 건강·질병·행동에 관해 많은 깨달음을 제공한다는 이 개념은 이윽고 사람들의 흥미를 사로잡았다. 펍메드PubMed(인용 횟수가 3,200만 회에 달하는 세계 최대 온라인 의학 논문 게재 사이트)에서 검색하면 의학 문헌에서 이 비에 대한 관심이 얼마나 높아져왔는지를 추적할 수 있다. 2D:4D

관련 논문 수는 2000년대 초부터 해마다 늘어나 2000년 51편에서 2010년에는 150편, 2020년에는 283편으로 증가했다.[33]

최근에 발표된 논문들은 2D:4D 비와 많은 질병(고혈압, 허혈성 뇌졸중, 부신 과다 형성에서 위암, 조현병, 우울증에 이르기까지), 행동 문제(아동의 공격성, 수술 후 통증 지각), 전반적인 능력(아프리카 수렵·채집인의 사냥 성공률에서 여성 올림픽 선수의 성적에 이르기까지) 사이의 연관성까지 살펴보고 있다.[34] 일부 연구자들은 이 비가 태아 때 남성호르몬(남성 형질의 발달을 조절하는 호르몬) 노출 정도의 신뢰할 만한 지표라고 생각하며, 2D:4D 비와 의학적·행동적 상관관계가 있는 것들을 찾기 위해 노력하고 있다.

그러나 이런 모든 결론은 빈약한 토대 위에 놓여 있다. 남성과 여성의 이 비 차이는 작다. 많은 영국인을 표본 조사하니, 오른손의 평균값이 남성은 0.984이고 여성은 0.994였으며, 각 집단마다 평균이 다르게 나왔다.[35] 연구 결과가 쌓일수록 의구심도 쌓인다. 많은 생물학자, 생리학자, 내분비학자는 테스토스테론이 관여한다는 강력한 증거가 전혀 없고, 이 비를 이용하는 게 통계적으로 문제가 있으며, 결과를 재현할 수 없는 연구가 많다고 결론지었다(현대 과학에서 점점 더 일반화하고 있는 문제다!).

흔히 말하듯 상관관계는 인과관계를 확인해주는 것이 아니며, 게다가 이런 사례에서는 연관성을 살펴보았을 때 작거나 고만고만한 수준의 변이만을 겨우 상관관계로 설명할 수 있을 뿐이다. 또한 이 비의 성적性的 이형성은 대체로 남녀 손 크기의 함수일 가능성이 있다.[36] 그리고 암컷 강아지는 남성호르몬 수용체의 활성을 높였을 때 예상한 대로 2D:4D 비가 더 낮아진 반면, 생쥐 실험에서는 결과가 정반대로 나왔다.[37] 그래서 학술지 〈호르몬과 행동Hormones and Behavior〉은 더 이상 2D:4D 논문을 받지 않는다. 그러나 과학 분야에서 종종 그렇듯 이런 주제에 관심이 팽배했다는 점을 생각할 때, 이 의심스러운 분야의 논문은 다른 지면을 통해 계속 발표될 게 확실하다.[38]

성형수술은 다양한 신체 부위의 비례를 바꾸는 데 쓰인다. 완벽한 치아를 얻는 것은 유방·배·엉덩이·코·턱의 확대, 축소, 재구성보다 훨씬 쉬워졌으며, 다리를 늘이는 데 필요한 복잡한 수술에 비하면 더욱더 그렇다. 생물의 비례와 비는 진화의 산물이며, 영양실조와 질병, 때로는 사고에 영향을 받곤 한다. 그러나 미술에서는 그것들이 즐거움이나 위안, 충격과 동요를 일으키기 위해 의도적으로 고안한 작품의 핵심 요소가 된다.

고전과 현대 미술의 유화에서 비례가 어떻게 쓰였는지를 살펴보면, 많은 것을 알 수 있다. 이 예술 형식은 오래전에 조각보다 훨씬 더 흔해졌기 때문이다. 사실 원본 그림을 소유하는 것은 근세에 새로운 부의 상징 중 하나로 자리 잡았다. 1660년대에 네덜란드(당시 인구가 200만 명에 못 미쳤다)의 도시 가구들이 소유한 그림은 약 300만 점에 달했다.[39] 그리고 20세기가 시작될 때까지 구매자와 평론가 모두 미술품에서 비례가 '올바로' 표현되었을 거라고 으레 예상했으며, 이런 유형의 사실주의로부터 일탈하면 대개 경멸을 받았다.

옛 거장들 중 소수만이 이런 규칙을 어기고 길쭉한 형태로 그림

엘 그레코의 '학자로서 성 제롬St. Jerome as Scholar'(1609)과 모딜리아니의 '즈보로프스카 부인 Madame Zborowska'(1918).

을 그렸다. 엘 그레코El Greco가 그린 예수, 성인, 신화적 존재가 가장 좋은 사례다. 또 우피치 미술관에 있는 파르미자니노Parmigianino의 걸작은 성모의 목과 성자의 몸길이를 눈에 띄리만큼 부자연스럽게 그렸다. 그리고 20세기에 여성 모델의 머리, 목, 몸을 길쭉하게 그리고 몇 가지 색깔만을 씀으로써 명성을 얻은 아메데오 모딜리아니Amedeo Modigliani도 있다.[40] 정물화는 적절한 원근법으로 묘사해야 했다. 트롱프뢰유 기법을 써서 이차원 캔버스에 인상적인 삼차원 효과를 가미하면 더 나았다.[41] 1887년 세잔Cézanne이 '복숭아와 2개의 초록 배가 있는 정물Still Life with a Peach and Two Green Pears'에서 보여주었고 조르주 브라크Georges Braque와 후안 그리스Juan Gris가 1900년 이후 많은 정물화에서 으레 썼던 것 같은, 원근법을 비틀고 구도를 평면화하는 기법은 그 전에는 상상도 할 수 없는 일이었다.[42] 풍경화는 세세한 부분까지 꼼꼼히 그려야 했다. 인상파 화가들처럼 그냥 암시만 해서는 안 되었다. 당시 평론가들은 인상파 화가들이 그릴 능력이 없어서 그런 짓을 한다고 비난했다.[43]

양식은 다양하지만 19세기 이전의 회화는 '완성된' 미학과 올바른 비례를 고수한다는 공통점이 있었다. 그런데 캔버스의 크기와 비에도 선호하거나 유달리 많이 이용한 게 있었을까? 답은 분명히 "아니요"다. 그 변수들은 언제나 아주 다양했다. 그러나 우리의 양안시兩眼視 때문에 눈이 움직이는 주된 방향은 수평이며, 따라서 우리가 수평 이미지를 더 잘 처리하는 것도 당연하다. 우리가 얼굴 이미지에 들어 있는 수평 방향의 정보를 토대로 사람을 가장 잘 식별한다는 연구 결과들이 있다. 벨기에 심리학자 발레리 고포Valérie Goffaux는 "사람 얼굴은 수평 구조의 자극이며, 정체성 처리는 수평 범위에 맞추어져 있다"라고 결론지었다.[44] 사람이 수평 이미지 처리를 더 선호한다는 것은 같은 개수의 상품을 담은 같은 크기의 통들을 상점에 가로 또는 세로로 진열하고서 살펴본 실험을 통해 확인되었다. 상점은 상품을 전시할 때 이런 현실을 고려해야 한다. 수평 진열은 시각적으로 처리하기가 더 쉽다. 시각적 처리에 우리의 수평적 양안시와 안구 운동의 주요 방향 간 일치가 필요하기 때문이다. 아울러 사람들은 수평적으로 진열했을 때 더 다양한 상품을 보기 때문에, 수평적 상품 분류를 시각적으로 더 폭넓게 처리한다.[45]

수평성이 우위에 있음을 알기에, 시대를 불문하고 이런 방향이 풍경화에서 유달리 두드러진 것도 놀랄 일은 아니다. 서양 전통을 대변하는 아주 많은 그림(거의 1만 5,000점)을 분석함으로써 드러난 무척 설득력 있는 결과다.[46] 1850년 이전까지는 수평-수직horizontal-vertical(H-V) 구도를 가진 작품이 대부분이었고(예를 들면 그림의 아래쪽 절반은 길이나 초원이고, 오른쪽에 나무들이 삐죽 솟아 있다), 수평-수평(H-H) 구도가 그다음이었다(예를 들면 앞쪽에 덤불이 수평을 이루고, 이어서 멀리 땅과 하늘을 가르는 지평선이 보인다). 그러나 1850년 이후 H-V 구도는 계속 쇠퇴하고, 직사각형 캔버스를 나누는 이중 수평(H-H) 구도가 가장 많아졌다. 추상화만이 방향과 비례를 정하려는 모든 시도에 저항한다. 18명에게 추상화 40점을 화면에 90도씩 회전시키면서 보여준 뒤, 어떤 방향이 가장 끌리고 가장 의미 있는지 물었다. 그들이 고른 방향 중 화가의 원래 구도에 들어맞은 것은 48퍼센트에 불과했다.[47]

세계적으로 유명한 그림들의 캔버스 비례와 크기를 살펴보자. 루브르에서 (그리고 아마도 세계에서) 가장 잘 알려진 그림인 레오나르도 다빈치의 '모나리자'는 (초상화 방향으로 봤을 때) 작고 위아래로 길쭉한 직사각형(77×53센티미터)이다.[48] 피카소의 '게르니카'와 보티첼리의 '비너스의 탄생'을 비롯해 아주 유명하거나 가장 잘 알려진 범주에 속한 다른 여러 그림은 훨씬 더 크고 그림 방향으로 봤을 때 가로가 긴 직사각형이다.[49] 그러나 클림트의 '빈에서의 키스'는 한쪽 길이가 1.8미터인 정사각형이다. 피카소의 획기적 작품 '아비뇽의 처녀들'은 거의 정사각형(2.44×

2.34미터, 비율 1.04)이고, 프라도 미술관의 최고 애장품 디에고 벨라스케스의 '시녀들'도 비슷한 반면(3.12×2.76미터, 비율 1.13), 암스테르담 국립미술관에 있는 렘브란트의 '야경'(4.37×3.63미터)은 비율이 1.2로 약간 더 직사각형에 가깝다.

액자에 든 캔버스의 특정 모양이나 전체 크기가 이런 그림들의 엄청난 매력을 결정하는 데 얼마나 기여하는지 판단할 수 있을까? 아니면 이런 유명한 작품들의 탁월함이 오로지 등장인물, 기법, 독특함에 따라 정해지는 것일까?

대칭:
어디에나 있을까

고대 그리스어 시메트리아*συμμετρία*(symmetría)는 양쪽 절반이 딱 들어맞는다는 현대적인, 즉 본질적으로 수학적인 의미를 지니고 있지 않았다. 원래 의미는 더 폭넓고, 아름다움과 밀접한 관계가 있는, 딱 맞는 비례와 균형을 지닌 조화로움을 가리켰다. 로마의 가장 유명한 기술자이자 건축가인 비트루비우스는 이 핵심을 잘 포착했다. "비례는 작품 전체의 구성 부분, 그리고 그 전체와 기준으로서 선택된 특정 부분의 측정값들 사이의 조화다. 이 결과로부터 대칭의 원리가 나온다. 대칭과 비례가 없다면, 설계에 그 어떤 원리도 존재할 수 없다."[50]

그러나 좀 더 한정적인 수학적 의미로 이해할 때도, 대칭은 어디에나 있는 보편적 특성이다. 천체물리학적 대칭도 많으며, 우리 은하는 별들이 모여 있는 중심부 양쪽 끝에서 뻗어 나와 외곽에서 휘어지는 두 팔을 지닌 것처럼 보인다.[51] 자연에서 대칭은 분자 속 원자들의 질서 있는 배치와 눈송이의 육각 대칭에서 포유동물의 좌우대칭에 이르기까지 어디에나 있다.[52] 많은 무척추동물은 인상적인 수준의 복잡한 대칭을 보여준다. 해양 방산충(작은 단세포생물)의 뼈대 구조는 육면체에서 20면체에 이르기까지 다양한 개수의 평면을 지닌 규칙적인 삼차원 모양에 잘 들

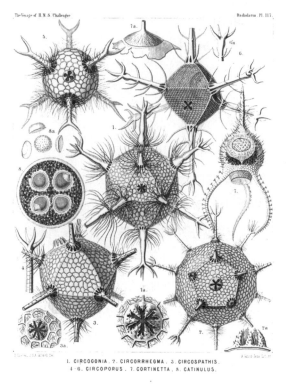

1. CIRCOGONIA . 2. CIRCORRHEGMA . 3. CIRCOSPATHIS .
4 - 6. CIRCOPORUS . 7. CORTINETTA . 8. CATINULUS .

에른스트 헤켈Ernst Haeckel이 챌린저호 항해(1873~1876) 때 채집해서 그린 방산충들.

어맞는다.[53] 건물 토대의 기하학, 무슬림과 중국의 건축 및 실내 디자인의 탄복할 만한 장식 타일, 천장 무늬, 새김, 격자 등 (사람의 설계에서도) 단순한 것부터 매우 복잡한 것에 이르기까지 비슷한 범위를 찾아볼 수 있다. 크리스털 속 원자들의 배치에서도 비슷한 삼차원 모양이 나타난다.[54]

우주의 구조, 육상 생물과 인체의 조직 체계, 우리 인공물에는 대칭이 흔하므로, 그 흔한 이유를 설명하고 복잡성을 보여주는 문헌이 많이 나와 있다. 그것을 자연의 건축 계획, 우주 전체에 퍼져 있는 보편 원리, 과학과 기술의 초원리超原理라고 부르기까지 한다.[55] 그러나 현대 대칭 연구의 권위자 중 한 명이 우리에게 상기시키듯 대칭의 사례를 지나치게 확대 해석하지 말아야한다. "대칭은 많은 것을 포괄한다. 그러나 전부는 아니다."[56]

물론 대칭이 어디에나 있다는 것은 분명하다. 가장 흔한 규칙적인 기하학 모양은 대칭성을 띤다. 이등변삼각형의 직선 하나, 직사각형과 타원과 마름모의 두 축, 정삼각형의 세 선, 정사각형의 네 축, 정다각형의 각 수만큼의 선(정오각형은 5개, 정육각형은 6개 등), 모든 원의 무한히 많은 대칭선처럼 그 수만 다를 뿐이다. (회전시킬 때 크기와 모양이 일치하는 3개 이상의 조각들로 나뉘는) 방사대칭은 꽃과 과일에 흔하다. 비록 가장 화려한 꽃에 속하는 난초(그리고 덜 화려한 금어초와 스위트피)는 단순한 좌우대칭이지만 말이다. 중앙선을 따라 양쪽이 거울상을 이루는 좌우대칭은 동물들의 외모에서 가장 흔한 패턴이다(그러나 내부 기관은 비대칭이다).

무척추동물 중에서는 해면동물만이 대칭 체계를 갖고 있지 않다. 모든 자포동물(산호, 해파리, 말미잘)은 방사대칭이다. 연체동물, 절지동물(곤충, 갑각류, 지네 등), 모든 척추동물은 좌우대칭이며, 미묘하거나 숨겨진 비대칭도 약간 지닌다. 얼굴 특징의 차이, 주로 쓰는 손(양손잡이인 사람은 약 1퍼센트로 아주 적다), 내부 기관의 위치는 사람에게서 가장 뚜렷이 나타나는 비대칭이다.

손에 비해 다리는 어느 쪽을 주로 쓰는지 덜 드러나지만, 그래도 나름 중요한 결과를 빚어낸다. 체계적으로 조사해보니 임상적으로 중요한 차이를 낳는다는 사실이 밝혀졌다. 넙다리네갈래근과 넙다리뒤근의 근력 검사와 한 다리로 뛰기 검사에서, 주로 사용하는(우세) 다리는 더 좋은 성적을 낸다. 어느 다리를 주로 쓰느냐는 일부 인대 부상과도 관련이 있다. 취미로 스키나 축구를 즐겨 하는 여성은 비우세 다리에 부상을 당할 가능성이 더 높은 반면, 같은 운동을 하는 남성은 우세 다리에 주로 부상을 입는 경향이 있다.[57]

인체에서 월등하게 가장 많이 연구되고 가장 많은 논쟁을 불러일으키는 대칭은 얼굴에 있는 것들이다. 물론 지각된 아름다움을 결정하는 것이 대칭만은 아니다. 얼굴 비례도 그에 못지않게 중요한데, 어떤 비례를 이상적이라고 여기는지는 가변적이다. 턱 교정 수술을 받을 예정인 환자들에게 (잡지 〈피플〉과 〈FHM〉이 해마다 하는 인기투표 결과를 토대로) 현재 외모가 최상위에 있는 남녀의 얼굴 사진과 고대 그리스 여신 7명 및 남신 12명의 조각상 사진을 비교해보라고 했다. 그들이 선택한 결과를 보면, 이상적인 얼굴은 여성이 남성보다 더 짧다. 고대의 이상은 정반대였다. 즉, 현대의 조화로운 남성 얼굴은 고대의 얼굴보다 더 길다. 또 얼굴 아래쪽의 이상적인 길이는 여성과 남성의 이상적인 얼굴 전체 길이의 각각 45퍼센트와 48퍼센트로 나타났는데, 고대 그리스에서는 남녀 모두 50퍼센트라고 보았다. 그리고 턱 길이와 얼굴 아래쪽 길이의 이상적인 비는 남녀 모두 70퍼센트였는데, 고대에는 66퍼센트였다.[58]

이런 비교는 분명히 문제가 있는데, 고전적인 형태가 특정 소집단이 선호한 고대 기준에 토대를 둔 것이라는 점에서 그렇다. 따라서 유럽, 아시아, 북아메리카의 현대 집단이 그런 고대의 이상적 비례에 강하게 매력을 느낀다는 게 확인되지 않아도 놀랍지 않다. 게다가 지난 10년 동안 〈피플〉의 가장 아름다운 인물 100명으로 뽑힌 백인 여성과 흑인 여성 각각 40명씩의 사진을 조사하고 측정해서 비교하니, 두 집단이 목, 아랫입술의 돌출 정도, 윗입술의 비율 등 얼굴 아래쪽 형태가 유사성을 보였다. 그래서 연구진은 현대사회가 고전적인 얼굴의 미 개념을 바꾸었을 뿐 아니라, 풍요로운 국가의 다인종 사회에서 현재 가장 아름답다고 여겨지는 여성들이 '흑인'과 '백인'의 특징을 뒤섞은 것과 비슷한 얼굴 특징을 지니는 경향이 있다고 결론지었다.[59]

그렇지만 과거와 마찬가지로 현재도 얼굴 대칭은 사회적 수용과 배우자 특성 모두에서 매력의 신호로 여겨진다. 널리 받아들여진 이 가정이 과연 맞는지, 여러 실험과 다양한 방식으로 조사가 이루어졌다. 예컨대 실제 얼굴이나 (좀 더 흔히 쓰이는) 일련의 사진(종종 유명 배우들의 사진) 또는 다양하게 비대칭 수준을 조정한 컴퓨터 생성 이미지를 사람들에게 보여주면서 묻는 방법이 있다. 얼굴들 사이에 있는 대칭의 자연적 변이가 지각된 매력과 상관관계가 있는지를 살펴보는 방법도 있다. 그리고 각 얼굴의 대칭을 조작하거나, 사람들에게 컴퓨터를 써서 원본 이미지에 원하는 변이를 '조각'하게끔 하는 방법도 있다.

연구를 통해 다음과 같은 것들이 확인되었다. 남녀의 얼굴에서 대칭을 더 높이자 매력이 증가했다(거꾸로, 낮추면 감소했다). 또 대칭의 자연적 변이는 매력과 유의미한 상관관계를 보였다. 더 대칭적인 얼굴을 지닌 사람은 건강뿐 아니라 사교성, 지성, 활기, 자신감, 편향되지 않은 태도 같은 긍정적 성격 속성에서도 더 높게 평가받았다(대칭적인 얼굴은 명백히 '건강 보증서' 역할을 한다). 이런 차이는 틀에 박힌 매력 개념 때문이 아니다. 더 대칭적인 얼굴은 인생 반려자로 삼기에 더 좋아 보이며, 진화심리학자들은 대칭이 잠재적 배우자가 지닌 유전적 자질의 정직한 지표이기에 선호되는 것이라고 본다.

그러나 사진을 이용한 실험 연구로 이런 효과를 측정하는 방법은 불완전할 때가 많다. 진화를 통해서 우리는 살아 있는 삼차원 얼굴을 판단할 때 세세한 점까지도 식별할 수 있는 전문가가 되었다. 완벽한 얼굴 좌우대칭에서 아주 조금만 벗어나도 감지할 수 있을 정도다.[60] 마찬가지로 우리는 얼굴의 주요 특징이 조금만 달라져도 알아볼 수 있다. 사람들에게 눈, 입, 코의 원래 크기를 ±14퍼센트 이내에서 바꾼 초상화들을 죽 보여주면서(각 초상화 사이의 차이는 2퍼센트로 유지했다) 원본과 확실히 다르다고 여겨지는 이미지가 처음 언제 나왔는지 말해달라고 하자, 대다수는 원본과 8퍼센트 차이가 날 때를 택했고, 6퍼센트일 때를 택하는 사람도 일부 있었다. 남성은 여성보다 눈 크기의 변화를 훨씬 일찍 알아차렸다.[61] 눈의 평균 지름이 2.5센티미터라면 1.5밀리미터의 변화를 식별할 수 있다는 뜻이다!

게다가 디지털 얼굴 조각 실험은 사람들이 얼굴의 어떤 특징에 끌리는지에 따라서 선호하는 얼굴이 다르다는 것을 보여준다.[62] 매력은 분명 사회적으로 엄청난 영향을 미치며, 아름다움이 전적으로 사회적 구성물인 것은 아니다. 아름다움의 판단은 진화에 뿌리를 두고 있으며, 특정한 문화 내에서뿐 아니라 서로 다른 문화에 속한 이들 사이에서도 '아름다움'을 이루는 구성 요소가 무엇인지에 관해 높은 수준의 의견 일치가 이루어져 있음이 많은 연구를 통해 드러났다. 대칭 외에 우리는 눈 색깔, 피부의 건강 상태와 질감, 머리카락과 체중 등 얼굴의 평균성도 고려해야 한다. 평균적인 얼굴이 평균에서 확연히 벗어난 얼굴보다 더 매력적이다.[63] 그리고 얼굴 전체와 반쪽 이미지로 판단하는 단순한 실험은 반쪽(오른쪽이나 왼쪽)을 보고 매긴 점수와 전체를 보고 매긴 점수 사이에 강한 양(+)의 상관관계가 있음을 보여준다. 이 연구를 토대로 삼으면, 좌우대칭이 사람 얼굴의 아름다움을 평가하는 주된 요소가 아니라고 결론 내릴 수도 있다.[64]

인체 설계의 대칭은 진화적으로 뿌리가 깊다. 아슐리안 손도끼(약 150만 년 전에 쓰인 뗀석기의 일종)는 인류의 조상이 도구에 적용한 인위적 대칭의 초기 사례다. 약 50만 년 전에는 다듬는 과정이나 기능적 필요라는 실용의 차원을 넘어 매력적인 디자인에 관심이 있었음을 시사하듯 더욱 대칭적으로 만든 도구들이 등장했다.[65]

복잡한 기계류의 작동은 볼베어링ball bearing에 의존한다. 그리고 볼베어링이 망가지지 않고 오래 작동하는지 여부는 완벽한 구형 대칭을 이루는지에 달려 있다. 금속, 고밀도 플라스틱, 콘크리트 같은 강한 물질은 물과 천연가스를 가정에 공급하고 오폐수를 내보내는 지하 매설관을 만드는 데 쓰인다. 중요한 점은 제 기능을 유지하려면 (때로 여러 세대에 걸쳐 전혀 뒤틀림 없이) 방사대칭을 유지해야 한다는 것이다. 유리, 접시, 식기, 연필, 여러 작은 도구, 원탁과 꽃병 같은 일상용품은 주로 방사대칭을 띠고 가구, 의복, 주방 오븐, 편지봉투에서 택배 상자에 이르는 포장 용품의 디자인에서는 좌우대칭이 주류를 이루는데, 이는 요구되는 기능에 따라 정해진다.

운송 기계(선박의 선체, 승용차와 승합차와 열차의 차체, 항공기의 동체)는 겉으로는 좌우대칭이지만 구체적 요구 사항에 따라 내부에는 아주 많은 비대칭이 있는 경우가 많다. 현대의 모든 여객기는 바깥쪽(날개에 달린 제트엔진을 포함해)도 안쪽(소수의 항공기에 있는 일등석 칸막이조차 대칭적으로 배치되어 있고 조리실과 화장실만이 예외다)도 극도로 대칭적이다. 그러나 일부 열차는 좌석이 비대칭적이며, 완전한 자율 주행화가 이루어져 운전석이 사라질 때까지 모든 승용차와 승합차의 실내는 비대칭을 유지할 수밖에 없을 것이다.

그러나 의식용 및 종교용 목재와 석조 건축물을 짓기 시작한 이래, 건축은 가장 인상적인 좌우대칭과 방사대칭의 표현 사례를 낳았다. 이러한 우세는 수천 년 동안 중단 없이 이어졌으며, 지금도 새로운 건축물 중 극소수만이 일부러 비대칭을 띠도록 지어진다.[66] 대칭 설계는 메소포타미아 최초의 지구라트와 이집트의 피라미드, 거대한 석조 사원(룩소르Luxor에 있는 카르나크Karnak

신전의 거대한 회랑, 암벽에 새겨진 4개의 거대한 람세스 2세 석상과 중앙 통로로 이루어진 아부심벨Abu Simbel 신전)에서 시작되었다. 직사각형 면적을 토대로 한 좌우대칭은 고전 그리스(파르테논 신전)와 로마(판테온 신전의 주랑)의 상징적 기념물로 정의되지만, 로마인은 몇몇 눈에 띄는 원형(아우구스투스의 영묘, 판테온 신전)과 타원형(콜로세움) 건축물도 세웠다.

고대 인도와 동남아시아의 기념 건축물은 원(불탑, 특히 아누라다푸라Anuradhapura 사리탑이 가장 크다)에서 복잡한 정사각형(라나크푸르Ranakpur의 힌두 사원)과 직사각형(앙코르와트의 사원들) 배치에 이르기까지 압도적으로 대칭적인 계획에 따라 건설되었다. 중국 왕조들이 지은 큰 왕궁과 사원도 마찬가지다. 베이징 자금성의 각 통로 입구로 모이는 대리석 계단들은 대칭성을 더욱 돋보이게 한다.

대칭은 중세 이슬람 세계의 예술과 건축을 지배했다. 이런 관습을 구현한 가장 유명한 사례는 1238~1358년에 지은 그라나다의 알람브라 궁전이다.[67] 후기 이슬람 건축의 두드러진 사례는 타지마할(1632년에 착공)이다. 중앙의 둥근 지붕과 4개의 뾰족탑이 완벽한 대칭을 이루는 동시에 긴 연못에 비쳐서 이중으로 보인다.

중세의 성은 건물, 탑, 벽을 지극히 비대칭적으로 구상하고 지은 유일한 거대 건축물로, 종종 아주 그림 같은 경관을 자랑하곤 한다. 모젤강 위쪽의 부르크엘츠Burg Eltz 성, 트란실바니아의 코르빈Corvin 성, 슬로바키아의 오라바Orava 성은 현재 남아 있는

로마의 산피에트로 대성당San Pietro Basilica(위, 1626년 완공)과 프라하의 틴 성모 교회Church of Our Lady before Tyn(아래, 14세기 말 완공).

가장 웅장한 성에 속한다.[68] 고전 그리스와 로마의 건축에서 영감을 얻은 르네상스 건축에서도 대칭이 우세했으며, 가장 큰 바실리카(로마의 산피에트로)와 훨씬 더 작은 여러 건축물에서도 이를 볼 수 있다. 후자의 가장 두드러진 사례로는 이탈리아의 르네상스 건축가 안드레아 팔라디오Andrea Palladio가 설계한 저택, 프란체스코 보로미니Francesco Borromini의 성당(산카를로 알레 콰트로 폰타네), 잔 로렌초 베르니니Gian Lorenzo Bernini의 성당(산탄드레아 알 퀴리날레)이 있다.[69] 대칭 설계는 로마, 마드리드, 빈, 프라하의 바로크를 지배했고, 19세기 내내 주류를 유지했다. 미국의 국회 의사당, 파리의 오페라 하우스, 밀라노의 비토리오 에마누엘레 2세 갈레리아Galleria Vittorio Emanuele II 같은 다양한 건축물에서도 이를 볼 수 있다.

비대칭 건축물은 1920년 이후에야 더 흔해졌다. 특히 독일 바우하우스Bauhaus(바이마르에 있던 예술종합학교 — 옮긴이) 건축가 들의 설계와 양차 대전 사이에 프랭크 로이드 라이트Frank Lloyd Wright가 지은 주택들이 기여했다.[70] 그러나 극단적이고 대담한 비대칭의 시대가 도래한 것은 아주 최근이며, 캐나다계 미국 건 축가 프랭크 게리의 조각 같은 건축물이 대표적이다. 빌바오에 있는 고래 형상의 구겐하임 미술관과 하늘을 나는 듯한 여러 색 깔의 지붕으로 덮인 엘시에고Elciego의 마르케스 데 리스칼 호 텔Hotel Marqués de Riscal 등이 그렇다. 영국계 이라크 건축가 자하 하디드Zaha Hadid의 곡선 건축물들도 유례없는 수준의 비대칭 사 례다. 아마도 바쿠Baku의 현대미술관, 아찔한 평행 곡선이 돋보 이는 베이징의 소호 갤러리, 액체 덩어리를 떼어낸 듯한 곡선으 로 중앙을 비운 두바이의 오푸스Opus가 가장 기억에 남을 건축 물일 것이다.[71] 그러나 거울상 대칭은 여전히 주류이며, 새로운 단독 고층 건물뿐 아니라 시저 펠리Cesar Pelli가 설계한 쿠알라룸 푸르의 페트로나스 타워Petronas Towers, 필립 존슨Philip Johnson과 존

프랭크 게리의 마르케스 데 리스칼 호텔(2006).

버지John Burgee가 설계한 마드리드의 높이 기울어진 푸에르타 데 에우로파Puerta de Europa, 숀 킬라Shaun Killa가 설계한 바레인의 세계무역센터 같은 쌍둥이 건물들에서도 볼 수 있다.

　반면, 유달리 대칭을 찾아볼 수 없는 예술 분야도 있다. 바로 회화다. 레오나르도 다빈치의 '최후의 만찬'(그리고 살바도르 달리의 '최후의 성찬식')과 시스티나 예배당에 있는 페루지노Perugino의 '성 베드로에게 천국의 열쇠를 주는 예수'처럼 매우 대칭적인 유명한 그림도 일부 있긴 하지만, 초상화든 정물화든 풍경화든, 또는 신화적이든 종교적이든 우화적이든, 어떤 회화 분야에서도 대칭은 결코 주된 관심사가 아니었다. 16~18세기의 거장들(베로네세, 벨라스케스, 렘브란트, 바토 등)과 19세기 말의 인상파 화가들(모네의 정원, 피사로의 거리, 르누아르의 인물, 세잔의 풍경과 과일, 카유보트의 도시 풍경을 생각해보라) 중 대칭에 푹 빠진 사람은 아무도 없었다. 구도, 시점, 방향, 배치는 그림의 대상이나 작가의 의도에 따라 다양하다. 그리고 레오나르도 다빈치의 '모나리자'가 주로 모델의 비대칭적 웃음 덕분에 명성을 얻은 것이 그저 우연의 일치일까? 이 웃음은 화가가 스푸마토sfumato 기법(색깔 사이의 경계를 흐릿하게 함으로써 부드럽게 넘어가도록 만드는 기법)을 써서 만들어냈는데, 은밀하면서 수수께끼 같은 메시지를 전달하기 위해 의도적으로 고안한 것이라고 해석된다. 여러 세대에 걸쳐 미술사가들이 설명하려 애썼지만 아직도 밝혀지지 않은 메시지다.[72]

비대칭은 다른 위대한 초상화 작품들에서도 강하게 드러난다. 전통적으로 앞을 향한 자세로 정면을 직시하는 모습은 대개 예수를 그릴 때만 쓰였고, 1600년 이전까지 유럽의 초상화는 얼굴 왼쪽이 더 많이 보이도록 그리는 경향이 강했다. 전통적으로 왼쪽이 감정을 더 잘 드러낸다고 보았기 때문이다. 알브레히트 뒤러가 28세 때 그린 자화상은 몇몇 눈에 띄는 예외 사례에 속한다. 그는 예수처럼 정면을 바라보는 모습을 담았다. 반면 13세, 19세, 26세 때의 자화상에서는 얼굴 오른쪽을 보여주는 자세를 취했다.[73] 1600년 이전의 왼쪽 얼굴 편향은 모델이 여성일 때 특히 더 심했지만, 17~18세기에는 이 경향이 사라졌다가 (베르메르의 유명한 1665년 작품 '진주 귀걸이를 한 소녀'는 왼쪽 얼굴을 보이지만) 1800년 이후 일부 돌아왔다.[74]

그러나 많은 인공물의 겉모습 이면에는 더 복잡한 무언가가 있지 않을까? 명백히 비대칭적인 설계 중에서 강력한 호소력을 지니는 양 보이는 것들이 있는 이유가 뭘까? 그 비대칭적인 질서의 배후에 뭐가 있는 것일까? 많은 예술사가와 수학자는 이 수수께끼를 풀어줄 설득력 있는 해결책이 하나 있다고 본다. 이런 설계들이 이른바 황금비에 들어맞는다는 것이다. 그 주장을 자세히 살펴보기로 하자.

황금비:
흔할까, 아니면 상상일까

분석력 뛰어난 이들이 아주 많이 관찰했듯 황금비는 고대 그리스에서 기원했지만 누가 처음으로 알아차렸는지는 잘 모른다. 알렉산드리아의 유클리드가 《원론Elements》 6권에서 이렇게 정의를 내리기 여러 세대 전부터 알려져 있었을 가능성이 높다. 만일 $a+b$와 a의 비가 a와 b의 비와 같다면 "선분은 극대와 극대가 아닌 비extreme and mean ratio로 나뉜다".[75] 쉽게 풀어쓰면, 선분을 더 긴 쪽과 더 짧은 쪽의 비가 전체 길이와 긴 쪽의 비와 같도록 나누라는 것이다. 더 엄밀하게 표현하면, 길이가 1인 선분을 $(1/x) = x/(1-x)$, 즉 $(x^2+x) - 1 = 0$이 되도록 둘로 나누라는 것이다.

이 방정식을 풀면 x의 값은 약 0.618033988이다. 자릿수가 무한히 이어지는 무리수(두 정수의 비로 표현할 수 없는 수)이기에 '약'이라는 말을 붙였다. 응용수학 교수 크리스 버드Chris Budd가 제

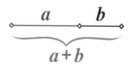

선분을 황금비로 나누기: $a+b$와 a의 비는 a와 b의 비와 같다.

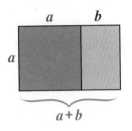

그리기 쉽다. 그런데 정말로 얼마나 흔할까?

대로 결론을 지었다. "멋진 역설이 하나 있는데, 황금비의 가장 흥미로운 점은 바로 비가 아니라는 것이다."[76] 흔히 쓰듯이 소수점 아래 5자리에서 반올림을 하면 역수($1/x$)가 1,61803이라는 뜻이며, 이 양은 대개 그리스 문자 피(Φ)로 적는다. 그러면 이제 으레 Φ가 풍부하다고 가정하는 이 세계로 흥미로운 수학 여행을 떠날 준비가 된 셈이다.[77]

황금 직사각형은 그리기 쉽다. 그냥 정사각형을 그리고 수직선을 그어서 반으로 나눈 뒤, 새로 생긴 오른쪽 직사각형의 왼쪽 아래 꼭짓점에서 오른쪽 위 꼭짓점까지 대각선을 긋는다. 그 대각선을 원래 정사각형의 아랫변을 연장한 선과 만날 때까지 아래로 회전시킨다. 그 만나는 점이 황금 직사각형의 길이가 된다. 원래 정사각형의 윗변도 맞게 늘린 뒤, 수직선을 그어서 직사각형을 완성한다. 그러면 가로세로의 비가 황금비가 된다.

황금 삼각형은 양쪽 두 변의 길이가 같고, 이 길이를 밑변의 길이로 나누면 황금비가 나온다. 다른 기하학 형상들도 황금 비례를 지닐 수 있다. 마름모, 타원, 오각형도 그렇고 황금 다면체

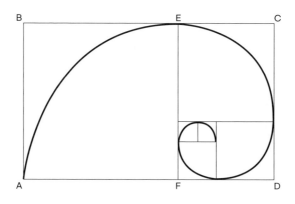

황금 직사각형을 황금비로 분할할 때 황금 나선은 생기지 않는다.

(20면체, 12면체)와 황금 피라미드도 그렇다. 한편 큰 황금 사각형으로 시작해서 황금비로 계속 나눈 뒤, 그렇게 나온 점점 더 작아지는 황금 직사각형 안의 정사각형마다 사분원을 그리며 죽이으면 나선이 생기는데, 이 나선은 황금 나선이 아니다. 그저 호를 죽 이어붙인 것이며, 각 호마다 나선의 곡률은 다르다.

이렇게 이어붙인 나선은 로그 나선의 근삿값에 아주 가깝다. 작게 그려서 서로 겹치면 가장 큰 구간에서만 차이가 눈에 띌 정도로 두 곡선은 매우 닮았다. 자연에 존재하는 로그 나선의 가장 잘 알려진 사례는 앵무조개(태평양과 인도양에 서식하는 연체동물)의 껍데기지만, 동물의 굽은 뿔과 해마의 꼬리에서도 볼 수 있다.[78] 다시 웬트워스 톰프슨D'Arcy Wentworth Thompson은 성장을 다룬 두꺼운 저서에서 이렇게 설명했다. "껍데기는 그 안에 든 생물 자체처럼 크기는 자라지만 모양은 바뀌지 않는다. 그리고 이 성장의 항구적 상대성, 즉 형태의 항구적 유사성이 존재한다는 것은 대단히 중요하며, 이것이 하나의 정의, 등각 나선의 토대가 될지도 모른다."[79]

황금비의 증거를 찾을 때는 논란의 여지가 없는 단순한 사실에서 시작하는 편이 가장 낫다. 직사각형은 설계된 환경에서 가장 흔한 모양이다(방, 문, 책상, 창문, 화면, 책, 식품 포장). 따라서 유달리 매력을 발휘하는, 그래서 전반적으로 설계자의 기분을 좋게 해주거나 즐거운 정서 반응을 일으키거나 사람들의 관심을 사로잡는 그 모양을 활용하게끔 부추긴다고 여겨지는 황금비를 적용한 물품이 정말로 내 주위에 가득한지 알아보는 일은 유용할 것이다.

이 모든 주장이 참이라면, 나는 아주 엉성하게 설계된 환경에서 살고 있는 모양이다. 내 주변의 직사각형 물품은 오차를 ±2퍼센트까지 허용해도(즉, 비 1.58~1.65 사이) 황금비에 들어맞지 않기 때문이다. 비가 그보다 훨씬 낮은 것이 많다. 내 아이패드 화면(280.6×214.9밀리미터)은 겨우 1.305다. 일본의 풍경을 담은 우타가와 히로시게의 우키요에 목판화(가로가 긴 작은 크기의 작품)는 250×180밀리미터로 1.388이다. 내가 프린터에 넣는 A4 용지(297×210밀리미터)는 1.414다. 내가 쓴 최근의 저서 염가판(198×129밀리미터)은 1.535다. 반면, 비가 좀 높은 것도 많다. 이 책을 쓰고 있는 델 노트북의 화면(381.89×214.81밀리미터)은 1.779다. 그리고 내가 매일 수십 번 쓰는 낡은 텍사스 인스트루먼츠 갤럭시 솔라 계산기(152×86밀리미터)는 거의 1.767이다. 지갑에서 신용카드(86×54밀리미터)를 꺼내야 비로소 나는 1.592를

접한다. 황금비 1.61803보다 2퍼센트 이내로 낮다.[80]

　2020년대의 공간 너머에서 증거를 찾으려면 월드와이드웹으로 검색해야 하는데, 황금비라는 단어를 입력하고 살펴보자마자 몹시 모순되는 결론들이 즐비하게 드러난다. "황금비를 써서 멋진 그래픽 디자인을 만드는 법"을 설명하는 긴 (사례도 풍부하게 곁들인) 문헌들도 있고, "완전히 헛소리"라고 치부하면서 "설계 분야의 가장 큰 속설"이라고 부르는 글과 웹사이트도 많다.[81] 검색을 하면 할수록 모순되는 주장들이 더 늘어나기만 한다. 한쪽에서는 그 비가 보편적으로 존재하며 엄청난 명성을 누린다고 감탄하면서, 파르테논에서 여러 저명한 회화에 이르기까지 다양한 예술 작품에 이 영속적인 개념이 적용된 사례를 살펴본다.

　황금비 규칙을 잘 지킨 사례로 가장 자주 인용되곤 하는 화가와 작품을 꼽아보면 이렇다. 산드로 보티첼리('비너스의 탄생'), 레오나르도 다빈치('최후의 만찬' '수태고지Annunciation'), 라파엘로('황금 방울새의 성모Madonna of the Goldfinch'), 조르주 쇠라('아스니에르에서 물놀이하는 사람들Bathers at Asnières' '쿠르브부아 다리Bridge at Courbevoie'), 살바도르 달리('최후의 성찬식') 등이다.[82] 반면, 그것을 도시 괴담이라 부르면서 폄하하는 설계자들도 있고, 어디에서나 그 비가 보인다는 증거를 거의 찾을 수 없다고 말하는 수학자들도 있다.

　조지 마르코프스키George Markowsky(IBM의 토머스 J. 왓슨 연구센터에서 일했다)는 잘못된 생각들의 목록을 작성할 때 황금비가 흔하다는 주장을 반박했다. "대피라미드나 파르테논이나 뉴욕 유엔 건물을 설계할 때 황금비는 쓰이지 않았으며, 황금 직사각형

은 무수한 직사각형 비례 중에서 가장 심미적 즐거움을 주는 것
이 아니고, 인체의 비례들은 황금비와 아무런 관련이 없다."[83]
스탠퍼드대학의 키스 데블린Keith Devlin은 자신의 경험을 언급하
는 것부터 시작해서("개인적으로 나로서는 모든 직사각형 중에서 황금
직사각형이 가장 마음에 든다고 할 수 없다") 사람들이 계속 황금비에
매료되는 이유를 "사람들, 적어도 많은 사람들이 신비한 성질을
지닌 수가 있기를 정말로 원하는 것 같다"는 사실로 가장 잘 설
명할 수 있다고 결론지었다.[84]

이러한 모든 반론이 옳다면, 이 척도가 관련이 있다는 이야기
들은 단지 그랬으면 좋겠다는 생각의 산물일까? 이 비는 아랍
과 중세 유럽의 수학자들도 인정하고 사용했으며, 1509년 루카
파치올리Luca Pacioli가《신성한 비례Divina proportione》(레오나르도 다
빈치의 삽화를 곁들였다)를 출판하면서 그 첫 번째 명칭을 붙였다
(하지만 널리 쓰이지는 않았다).[85] 그러나 '황금비' '황금분할' '황금
수' 같은 용어는 19세기에야 등장했다. 1835년 마르틴 옴Martin
Ohm이 한 책에서 그 용어를 쓰면서부터였다(형제인 게오르크 시몬
옴Georg Simon Ohm이 훨씬 더 알려진 인물인데, 전기 저항의 단위에 그의 이
름이 붙어 있다).[86]

20년 뒤 독일 심리학자 아돌프 차이징Adolf Zeising은 처음으로
체계적인《인체의 비례에 관한 새 이론의 해설Neue Lehre von den
Proportionen des menschlichen Körpers》을 내놓은 걸 비롯해 더 많은 일
을 했다. 그는 황금비(또는 황금분할goldener Schnitt)를 자연과 기술 양
쪽에서의 미와 완전성을 가리키는 보편 법칙으로 승화시켰을

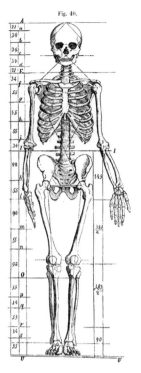

아돌프 차이징의 《인체의 비례에 관한 새 이론의 해설》(1854)에
실린 '황금' 뼈대.

뿐 아니라, 자기주장의 철학적 토대도 제시했다. 그가 황금률이
"최고의 정신적 이상으로서 우주적이든 개인적이든, 유기적이
든 무기적이든, 청각적이든 시각적이든 모든 구조, 형태, 비례"
에 배어 있다고 말한 것을 보면, 그의 결론이 얼마나 과도했는지
를 알 수 있다.[87] 이 황금 척도의 중요성을 설파하는 개념은 심
오한 회의론(어떻게 하나의 무리수가 그토록 많은 현상과 관련이 있을
수 있단 말인가?)과 맞닥뜨리는 대신 널리 퍼지기 시작했다. 비록

차이징이 제시한 보편적 형태보다 더 약해진 형태로 확산되긴
했지만 말이다.

1865년 테오도어 페히너Theodor Fechner는 이 비를 써서 성모
와 대관식을 그린 유명 작품들을 살펴보았고, 또 차이징의 주
장에 들어맞지 않는 사례도 많이 있었지만 거기에 깊은 인상
을 받아 이렇게 결론 내렸다. "나는 황금분할이 중요하다는 차
이징의 발견이 실제 응용된 사례는 제한적일 게 틀림없다고
믿긴 하지만, 그런 한계가 있다 해도 그것이 매우 흥미롭다고
생각하며, 무엇보다도 미학에서의 진정한 발견이라고까지 기
술할 수 있다. …… 그리고 분명히 그것을 제한하기보다는 그
가 했듯이 그것을 제시하는 게 더 창의적이었다."[88] 페히너는
많은 예외 사례를 규명했지만, 사람들은 개의치 않고 가능한
한 모든 곳에서 황금비를 찾는 일에 몰두했다. 19세기 말 이래
로 황금비를 우리 주변의 생물과 사물에 적용하려는 시도는
열풍을 불러일으켰다가 잦아들기를 반복했고, 현재의 많은 찬
미자들은 황금비를 차이징이 승화시킨 수준까지 떠받드는 양
상을 보이곤 한다.[89]

2020년 튀르키예 의사 4명이 〈국제심장학회지〉에 발표한 논
문은 이 떠받드는 태도를 가장 잘 보여주는 최근 사례일 듯하다.
연구진은 건강한 사람 162명을 조사했는데, 심장 기능을 평가하
는 데 쓰이는 4시간 간격의 두 비가 완벽한 황금비에 아주 가깝
다는 것을 알아차렸다. 그러나 연구진이 아주 가깝게 일치한다
고 하면서 내린 결론은 경악스럽다(발표하겠다고 한 결정 못지않게

그렇다). "누군가는 이것이 신비하거나 영적인 접근법이라고 생각할 수도 있겠지만, 일반적으로 인식하고 있듯이 우리 영혼은 우리 심장에 거주하고 있다. 따라서 우리 심장이 황금비, 즉 신의 비로 뛰는 것도 놀랄 일이 아니다."[90] 이는 심히 부적절한 심취의 옹호할 수 없는 극단적 사례이지만, 학술지에는 정자精子의 머리 모양부터 강화 콘크리트 구조의 균열 양상, 비잔티움 예술, 즐거운 웃음, 특수상대성에 이르기까지 다양한 곳에서 이 비를 찾으려고 시도하는 연구 논문들이 발표되곤 했다.[91]

캐나다 심리학자 크리스토퍼 그린Christopher Green은 황금비의 출현을 증명하고 반증하려는 노력들을 살펴본 끝에 사려 깊은 판정을 내렸다. 그는 이렇게 결론지었다.

> 황금분할의 전통적인 미학적 효과가 실제로 있을 수도 있지만, 있다고 해도 그 효과는 미미하다. 많은 사례에서 그것이 착각임을 보여주려 시도할 때마다 황금분할을 복원시키려는 노력이 반복되었다. …… 결론적으로 우리가 황금분할의 효과를 연구할 때 쓸 수밖에 없는 심리 기구가 너무나 엉성한 까닭에 저 바깥에 무언가가 실재하는가 하는 문제에서 그저 회의주의자(또는 옹호자)를 만족시키지 못하는 것일 수도 있다.[92]

대조적으로, 사람 얼굴을 분석한 연구들에서는 황금분할에 따른 미를 강하게 선호하는 양상이 전혀 나타나지 않았다. 사람의 얼굴(또는 온몸을 서로 다르게 분할한 부분)에 다양한 직사각형을 겹치면 온갖 비를 구할 수 있으며, 그중 상당수는 1~2 사이에 놓일 것이다. 그리고 당연히 1.6에 가까운 것들도 있기 마련이다. 여기에 측정 오류를 추가하면, 사람의 얼굴에서 이 비를 찾으려는 많은 인체측정학적 연구에서 실망스러운 결과가 나온 것도 놀랄 일이 아니다. 이 주제를 살펴본 논문들은 명백히 그 환상을 깨는데, 여기서는 최신 논문 네 편만 살펴보기로 하자. 말레이시아에서 대학생 약 300명을 무작위로 뽑아 측정한 평균 얼굴 지수(얼굴의 길이를 폭으로 나눈 값)는 말레이시아 원주민, 중국인, 말레이인이 각각 1.59, 1.57, 1.54로, 집단 사이에 유의미한 차이가 전혀 없었다. 모든 얼굴 비례 중 약 17퍼센트만이 황금비에 들어맞았고, 설문 조사에서 얼굴이 짧은 학생 대다수는 자신의 외모에 전반적으로 만족한다고 답했다.[93] 마찬가지로 튀르키예에서 200여 명을 살펴본 연구에서도 여성 중 8퍼센트와 남성 중 11퍼센트만이 황금비에 들어맞았고, 짧은 얼굴을 지닌 이들은 각각 92퍼센트와 81퍼센트였다. 그리고 한국의 미스 코리아 대회 출전자들과 일반 집단에서 뽑은 여성들의 얼굴을 삼차원 분석했더니, 두 집단(출전자들은 얼굴이 더 길고 아랫입술과 턱이 더 작았다) 사이에 몇 가지 눈에 띄는 차이가 나타났지만, 양쪽 다 그다지 황금비에 들어맞지는 않았다.[94]

아마 황금비가 얼굴 아름다움의 표지로 널리 쓰인다는 견해를 가장 설득력 있게 논박한 사례는 2001~2015년 미스 유니버스와 미스 유니버스 태국의 우승자들을 분석한 연구일 것이다. 연구는 미용 분야, 즉 방콕의 성형외과 의료진이 했다.[95] 연구진은 얼굴에서 24가지 이상의 지점을 골라 수직과 수평의 비를 계산하고, 신고전주의적인 미 기준 및 황금비와 비교했다. 황금비는 2퍼센트 오차를 허용했다(1.58~1.65). 미의 선호 기준과 비교할 때 이 미의 여왕들은 이마가 더 길고 위아래 입술이 폭에 비해 더 얇고, '코 너비/눈꼬리 사이의 거리'가 더 넓었으며, 얼굴의 황금비는 통계적으로 유의미한 수준에 들어맞지 않았다. 미스 유니버스 우승자들이 황금비(1.618)에서 가장 벗어난 부분은 '두 눈 사이의 거리/코 너비'의 비였다.

시각예술에서 황금비가 어떻게 적용되는지를 연구해 그 비의 신화를 벗겨내는 데 몰두한 로저 허츠피슐러Roger Herz-Fischler(오타와에 있는 칼턴대학에서 수학 교수를 지냈다)는 어떤 문서 기록이 없는 한 측정만으로 화가가 그림을 그릴 때 황금비에 의존했다고 말하기에는 부족하다고 결론지었다.[96] 약 1.61803이 단순한 5/8 비(0.625, 1.6의 역수)보다 미학적으로 우월하다는 증거는 전혀 없다. 아니 또 다른 무리수를 원한다면, $2/\pi$ 비인 0.6366198……(역수를 반올림하면 1.57)을 택하지 말란 법도 없지 않나?

예술과 일상생활에서 황금비를 보는 성향은 인간이 법칙 기반의 질서를 선호하는 것으로 설명할 수도 있다. 놀라울 만큼 단순한 정량적 해결책을 적용했다고 하면, 대상이 더욱 매력적이고 더욱 설득력 있게 와닿는다. 물론 이 비를 이용했다고 증언한 기록이 없고, 황금비가 다른 가능한 분숫값들과 가깝다는 사실 때문에 그걸 의도적으로 썼다고 주장하기가 불가능하며(그 개념

두바이 프레임: 황금빛의 황금비 끌불견.

에 혹해서 그렇게 주장하는 이들이 아주 많긴 하다), 남은 대안은 오로지 그것이 본질적으로 우월하기 때문에 부지불식간에 계속 나타나곤 한다고 주장하는 것이다. 이 비가 인기를 얻게 된 역사와 그것의 중요성을 계속 상기시키려는 노력 및 건축, 시각예술, 과거와 현대의 제품 디자인에 그것이 존재하는지를 엄밀하게 조사한 연구들을 비교하면, 결론은 명확하다. 이런 증거에 대한 가장 편향된 해석만이 이 비가 널리 퍼져 있고 중요하다고 단언하리라는 것이다.

그럼에도 이 비에 푹 빠진 이들은 여전하며, 이 비를 드러내는 가장 최근의 사례 중 하나(2018년에 완공했다)는 아마 가장 비용이 많이 든 기념물이기도 할 것이다. 두바이 정부는 두바이 프레임Dubai Frame을 짓는 데 2억 3,000만 디르함(6,000만 달러가 넘는다)을 썼다. "많은 건축가와 화가가 이상적인 구조적 균형을 이룬다고 믿는 '황금비', 곧 1.618에 영감을 받은 직사각형 설계물이다."[97] 이 거대한 직사각형 틀은 강화 콘크리트, 유리, 금색 강철로 만들었고, 두바이 프레임 웹사이트에는 크기가 150×93미터라고 적혀 있다. 비가 1.612다(황금비에 충분히 가깝다). 비지트 두바이 프레임 웹사이트(승강기로 꼭대기까지 올라가는 입장권을 살 수 있는 곳)에는 크기가 150.24×95.53미터(비로는 약 3퍼센트가 적은 1.573)라고 나와 있다. 실제 크기가 얼마든 이 구조물은 허투루 낭비할 만큼 돈이 아주 많다는 걸 보여주는 끔찍한 사례다.

모든 건물의 정면, 그림, 작은 대상의 배후에 놓인 황금비를 찾으려는 과도한 열정은 분명히 방향이 잘못된 탐구이지만, 어느 규모에서든 적절한 크기의 설계가 중요하다는 점에는 의문의 여지가 없다. 그리고 그런 성취는 비가 아니라, 비에 집착하지 않음으로써 이루어진다!

4장

크기 설계:
좋은 것,
나쁜 것,
이상한 것

SIZE: How It Explains the World

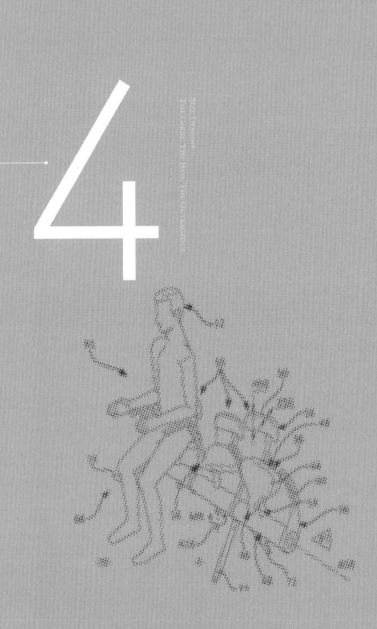

4

황금비나 다른 무언가를 적용한 완벽한 대칭과 아름다운 비대칭의 추구는 사람에 따라서 다르게 보일 때가 많다. 하지만 옷을 비롯해 우리가 직접 접하는 것을 디자인할 때는 가능한 한 편안함과 기능성에 주의를 기울여야 함이 마땅하다. 아니, 적어도 쓸 만하게는 만들어야 한다. 당연히 언제나 그래야 했겠지만 의복과 실내 및 산업 디자인의 역사를 조금이라도 살펴보면, 불편한 패션(그저 착용자의 신분을 알려주는 역할만 할 때가 많은 후프 스커트에서 높은 중절모에 이르기까지)과 자신을 드러내고 남에게 깊은 인상을 심어주려는 의도에 따른 기능 무시를 편안함과 효율보다 더 우선시할 때가 많았다는 사실이 뚜렷이 드러난다.[1] 안타깝게도 이런 기능 장애를 일으키는 디자인이 너무나 허다하다.

세계 전체로 볼 때 가장 흔한(현재 수십억 개가 쓰이고 있다) 개인 소유물 중 하나는 발가락을 끼우는 끈 달린 얇은 고무 슬리퍼다. 예전에는 더운 지역의 가난한 이들이 신던 것이었지만(이 디자인은 고대 중동으로 거슬러 올라간다), 지금은 가장 부유한 서양 도시들의 거리와 여름에 비즈니스 좌석에 앉아 해외여행을 가는 이들의 필수품이 되었다.[2] 너무 작거나 너무 큰 슬리퍼를 신고 다닐 때도 많지만, 사실 이런 '신발'에는 딱 맞는 크기 같은 것이 아예 없다. 발을 감싸는 것도 아니고, 발바닥 모양에 들어맞는 것도 아니고, 옆쪽을 잘 지탱하지도 수직 안정성을 제공하지도 않는다. 부자연스러운 방식으로 추가 압력을 가하면서 신고 다녀야 한다. 계속 그렇게 다니다가는 근육 운동의 불균형 때문에 발가락이 휘어질 수 있고, 발꿈치 통증, 발바닥 근막염(발바닥을 따라 뻗어 있으면서 발꿈치뼈와 발가락을 연결하는 조직에 생기는 염증), 평발, 발목과 무릎 부상, 무릎뼈 관절염도 일으킬 수 있다.[3] 게다가 신고 다니는 것 자체가 위험하다. 쉽게 벗겨지므로 발을 헛디디거나, 승강기 틈새로 빨려들거나, 가속 페달이나 제동 페달 밑에 낄 수도 있다(이런 일이 놀라울 만큼 흔하게 일어난다).

가구 디자인도 인체 해부 구조와 기능을 고려하기보다 유행에 좌우될 때가 너무나 많은 분야다. 후기 산업사회에서는 대부분의 직장이 실내에 있고 장시간 앉아 근무해야 하므로 가구가 더욱더 중요한데 말이다. 농업, 어업, 벌목, 채광, 건축 부문에서 부유한 세계의 인구가 차지하는 비율이 꾸준히 줄어들고 있는 한편, 우리 대다수는 대부분의 일하는 시간을 거의 실내에 앉아서 보낸다. 이것이 바로 이런 인공 환경에 적합한 몸을 연구하는 인체공학이 우리 주변 환경의 조성을 우선시해야 하는 이유다.[4]

오늘날 우리는 여행할 때도 주로 앉아서 다닌다. 그래도 도보 순례는 결코 유행에서 벗어난 적이 없다. 2019년 유럽에서 가장 인기 있는 순례 여행지 산티아고 데 콤포스텔라Santiago de Compostela 사무국이 발행한 인증서는 약 35만 장이었다. 순례자들은 저마다 다른 지점에서 시작해 저마다 다른 기간을 걸으면서 보낸다.[5] 그렇지만 이런 수치를 균형감 있게 볼 필요가 있다. 2019년 유럽에서 가장 바쁜 세 공항(파리, 암스테르담, 프랑크푸르트)을 오간 승객은 하루에 약 60만 명이었다.[6] 미국과 일본에서도 설문 조사를 하면 걸어서 통근하는 사람이 아주 적다고 나온다(하루 통근 시간이 1시간을 넘는 일이 흔하다). 일본에서는 아침에 만원 교외 열차와 지하철로 출근하는 일이 많다.[7]

또 오늘날 사람들이 가정에서 전자 화면을 들여다보며 점점 더 많은 시간을 보낸다는 것은 굳이 설문 조사나 연구 결과를 찾아보지 않아도 알 수 있다. 주변 환경을 디자인할 때 좌석을 가장 확실하게 고려해야 하는 이유다. 그리고 아마 가장 논란을 일으키는 사례는 여객기의 이코노미 등급 좌석일 것이다. 앉아서 생활하는 것이 현대 문명의 주된 특징임을 생각할 때 이번 장에서 좌석을 길게 다룰 가치가 있지만, 디자이너들이 의도적으로 바꾼 크기를 전반적으로 살펴보는 일도 그에 못지않게 중요하다.

근대 이전 세계는 자연적인 크기가 지배했고, 상징적 기념물이라는 두드러진 예외 사례를 제쳐놓고 보면, 주택과 실내용품(의자, 탁자)과 경작에 쓰이는 단순한 도구와 장치(갈퀴에서 쟁기에 이르기까지, 금속은 비싸고 녹여서 쏠 수 있는 양이 한정되어 있어 대부분 목재로 만들었다)의 디자인은 주로 인간 척도에 맞게 조정하거나 가축화한 동물의 신체와 능력에 적합한 규모를 유지했다(마구, 안장, 비품, 동물이 끄는 수레 등).[8] 이와 대조적으로, 현대의 발전은 비용이나 불편함에 개의치 않고 더욱 크고 더욱 극단적인 크기를 설계하려는 노력을 의도적이면서 단계적으로 계속해온 과정이라고 볼 수도 있다. 수많은 소비재뿐 아니라 건물의 높이, 다리와 터널의 길이, 공장 기계와 운송 기계의 크기와 무게도 신기록을 경신해왔다.

그러나 20세기에 이런 설계 노력은 정반대 방향으로도 나아갔다. 많은 물품의 축소화는 갖가지 크기들이 성장하는 길을 열었고, 새로운 (그리고 거대하면서 엄청난 수익을 올리는) 경제적 기회와 소비 습관을 낳았다. 우리는 이처럼 양쪽 방향으로 성장을 추진하는 데 놀라운 성공을 거두어왔지만, 자연적인 크기의 명백한 한계(나무의 높이에서 가장 큰 육식동물의 몸집에 이르기까지) 때문에 우리의 설계도 제약을 받을 수밖에 없다.

인간 척도:
인체측정학과 항공기 좌석

'인간 척도human scale'는 사람의 물리적 크기(체중, 키)와 그에 수반되는 동역학적 기능(팔 길이, 걸음걸이, 이동 속도)뿐 아니라, 감각적·정신적 능력과 연관 지어 설계된 요소 및 환경(일상용품, 가구, 인테리어, 건물, 동네, 도시 경관)의 크기와 비례를 따지는 것을 의미한다. 우리는 다양한 크기, 모양, 색채에 자극과 감동을 받고 싶어 한다. 한편, 지나치게 크거나 일정하면서 낮은 강도의 소음을 견디는 데는 한계가 있다. 또 일하거나 쉴 때의 최적 온도 범위도 비교적 좁다.

개인이 자주 쓰는 물품(도구, 조리용품, 식기, 전자제품)의 디자인에 어떤 요구 조건이 필요할지는 뻔하다. 이를테면 반드시 사람의 역량에 적합한 크기로 손에 잘 쥘 수 있고, 사용하기 쉽고, 믿을 만한 기능을 갖춰야 한다. 앞 장에서 말한 우아한 대칭의 아슐리안 손도끼는 인류 진화의 초기 단계에서 이런 요구 조건을 잘 충족시킨 탁월한 사례다.[9] 컴퓨터의 마우스는 그 개념을 적용한 가장 흔한 물건 중 하나다. 1963년 더글러스 엥겔바트Douglas Engelbart와 윌리엄 잉글리시William English가 디자인한 최초의 마우스(가느다란 바퀴 2개가 달린 작은 나무 블록, 7×8×10센티미터로 위쪽 가장자리가 둥글고 작은 빨간색 버튼이 하나 달렸다)와 위쪽이

무선통신의 발전: 더글러스 엥겔바트의 버튼 하나짜리 나무 마우스(1963)와 이 책을 쓰면서 사용한 로지텍 마우스(2020).

높고 부드러운 곡선을 그리며 좌우로 기울어져 있고 앞뒤가 좁아지는 형태의 최신 인체공학 마우스를 비교해보라.[10]

　인테리어는 상황이 더 복잡하다. 쉽게 접근하고 이용할 수 있을 만큼 크기와 모양을 작게 유지하면서도, 친근함과 편안함과 조화로움을 느끼려면 적절한 비례를 갖추어야 한다. 공공시설만큼 커다란 방을 갖춘 허영에 찌든 설계를 자랑하는 현대 주택도 많긴 하지만, 그렇게 천장이 높고 아주 널찍한 방은 리우데자네이루나 라고스 또는 콜카타의 빈민가 그리고 셋집의 비좁은 방과 더불어 인간 척도의 양쪽 끝에 해당한다. 여기서 두 가지 중요한 논리적 추론이 따라 나온다. 자연광이 최대한 들도록 하고, 천연 재료(나무, 돌)나 강철과 유리를 사용하는 게 더 낫다는 것이다. 합성 물질에 비해 생산비가 적게 들고 재활용이 쉽거나

(강철, 유리)나 폐기물 문제가 없다(나무는 결국 썩고, 돌은 오염을 일으키지 않는다). 건물과 동네 차원에서는 더욱 큰 도전 과제와 마주친다. 아마도 가장 쉬운 교훈은 모든 기념물적 규모를 피하고(텅 비어서 사람들을 작아 보이게 하고 건물 사이를 아주 멀리 걸어서 오가야 하는 지나치게 큰 공간이 없도록 하라), 도시를 자동차가 주인인 양 설계하지 말라는 것일 듯하다.[11]

도시의 인체공학은 사람과 그 주변 환경 사이에 장애물을 놓지 않음으로써 상호작용의 질을 증진시키는 걸 목표로 삼아야 한다. 보행 친화성walkability이 가장 중요한 고려 사항 중 하나여야 할 것이다.[12] (수직 방향으로 나아가게 하는 결과를 낳는) 높은 인구밀도와 현대의 대규모 교통량을 고려할 때, 이런 일은 본질적으로 해내기가 어렵다. 이 책의 독자들은 대부분 도시에 살 것이며(2021년의 도시화율은 EU 75퍼센트, 북아메리카 82퍼센트, 일본 92퍼센트다), 따라서 설계된 환경에 완전히 둘러싸여 있다.[13] 전체적으로 이런 환경은 인간 척도로부터 멀어지는 방향으로 나아갔지만, 어쩔 수 없이 여러 방면에서 여전히 인간 척도를 존중할 수밖에 없다.

물론 도시에는 자연적 요소도 일부 있다. 하지만 길가에 심는 나무와 관목조차 바람직한 특성을 지닌 종류를 고르며(키 큰 침엽수를 심지 않고, 넓은 수관樹冠을 원하는 만큼만 유지하기 위해 겨울마다 심하게 가지를 잘라낸다), 공원과 연못의 크기도 산책이나 운동 공간의 필요성을 고려해 정할 때가 많다.[14] 도시의 많은 구조물이 인간 척도를 넘어서긴 했지만(고층 건물과 다차선 고속도로는 이러한 초과의 대표적 사례다), 여전히 우리 몸과 신체 부위의 크기에 좌우되는 설계 요소도 많다.

그러나 인구밀도가 높은 도시에서 아파트 건물은 인간 척도를 무시하며 점점 더 위로 치솟고 있다. 홍콩의 공동주택은 대체로 균일하게 설계한 공간을 40층까지 쌓아 올린 형태이고, 건물 사이의 거리도 사람들이 서로 대화를 할 수 있을 만큼 아주 가까울 때가 많다.[15] 그러나 인간 척도(그리고 그것에 좌우되는 가구의 크기)는 존중되어야 한다. 예를 들어 문은 침대, 소파, 탁자를 옮길 수 있도록 최소한의 폭과 높이를 지녀야 한다(안타깝게도 창문은 바람직한 수준보다 훨씬 작게 만들어진다). 또 승강기 탑승 인원은 미리 정한 안전 기준에 맞추어야 한다. 침실은 침대를 들여놓을 수 있어야 한다.[16]

도구 설계는 특히 더 그렇다. 도구를 처음 만들기 시작할 때부터(약 330만 년 전으로 알려져 있다) 우리는 우리 손에 맞게 도구를 제작해왔다. 최초의 단순한 돌망치, 찍개, 뗀석기와 더 뒤에 나타난 (동물을 도축하고 뼈를 바르는 데 쓰는) 훨씬 더 큰 자르개와 양면 손도끼와 가로날도끼에 이르기까지, 우리가 만드는 도구들은 그래야 했다.[17] 비교적 복잡한 산업화 이전 사회에서 생산한 목재와 금속 도구도 그래야 했고, 경작 문명이 개발한 괭이·쟁기·낫도 사람의 해부 구조에 들어맞아야 했다. 경작용 가축, 습격과 전쟁에 활용하는 말을 다루는 데 쓰는 물품들만 인간의 상수常數로부터 벗어난 예외 사례였다. 농삿말에 쓰는 말갖춤(재갈을 비롯해 멍에, 껑거리끈, 후걸이, 가슴걸이 등 이런 연장들의 이름은 현대

도시인들이 알아들을 수 없는 것이 되었다)과 전쟁터에서 말을 보호하는 데 쓰는 (정교하고 무거운 갑옷을 비롯한) 장비가 필요했다.[18]

사람들이 쓰는 설계된 물품은 모두 우리 몸의 크기에 들어맞아야 한다. 위치가 정해져 있는 우리 근육과 힘줄의 능력을 고려해야 한다. 우리 시각의 예리함도 존중해야 한다. 전통적인 설계는 가용 재료와 제작 과정의 제약을 받곤 했다. 18세기의 값비싼 마차는 호화로운 장식을 새기고 목재 좌석에 방석도 놓았지만, 비포장도로의 충격을 흡수하는 강철 스프링이 장착되어 있지 않아 승객은 덜컹거리는 고통을 몇 시간 동안 고스란히 견뎌야 했다. 철도는 속도를 1차수 높였지만, 더 멀리 여행하도록 부추기기만 했을 뿐이다. 게다가 딱딱한 나무 의자에 앉아 다른 도시까지 장시간 타고 갈 때면 그만큼 오래 불편함을 감수해야 했다.[19]

인간이 추구하는 모든 활동이 그렇듯 19세기에 일상용품의 설계도 인체측정학적 연구에 기반한 세심한 공학적 문제가 되었다. 인체 크기의 경험적 이해가 인체공학ergonomics이라는 새로운 과학 분야의 토대를 제공하면서부터였다. 에르고ἔργον(일)라는 고대 그리스어가 의미하듯 그 분야는 원래 노동 업무를 개선하고 최적화하는 데 초점을 맞추었다. 그리고 대개는 독일인이나 프랑스인이라고 짐작하지만, 실제로 이 용어를 창안하고 1857년 "자연의 이해로부터 얻은 지식에 토대를 둔 일의 과학"을 주제로 첫 책을 쓴 사람은 폴란드 과학자 보이치에흐 야스트솅보프스키Wojciech Jastrzębowski였다.[20] 다음 세기에 이 지식은 주로 노동 업무를 최적화하고 생산성을 증대시키는 데 쓰였지만,

가처분소득의 증가와 소비사회의 출현에 힘입어 일터 바깥의 디자인에도 더 주의를 기울이게 만들었다(가정에서 그리고 여행할 때 더 편안하게 지낼 수 있는 방안을 추구했다).[21]

인체측정학을 토대로 하는 인체공학의 원리는 현재 직장 환경(커다란 트랙터의 운전석이든 여객기의 조종석이든)뿐 아니라 전자제품, 가구, 산악자전거의 설계에도 쓰인다. 앞서 말했듯 오늘날 직장인 중에는 계속 앉아서 일하는 이들의 비율이 월등하게 높으며 가정에서도 전자 기기를 장시간 쓰고 있으므로, 우리는 인류 역사에서 가장 많이 앉아 생활하는 집단이 되었다. 당연한 얘기겠지만, 질병통제예방센터에 따르면 하루 8시간 이상 앉아서 생활하는 이들 중 1/3 이상이 다양한 근골격계 질환에 걸릴 가능성이 더 높다.[22]

따라서 좋은 의자를 설계하는 일이 예전보다 더 중요해졌는데, 이 분야에도 나름의 문제와 한계가 있다. 근대 이전의 나무 벤치나 걸상이 아주 다양하고 푹신한 의자와 성형 플라스틱 의자로 대체되었다고 해서 불편함이 사라진 것은 아니다. 편안한 의자를 대량 설치하는 과제가 얼마나 어려운지를 가장 잘 보여주는 사례는 항공기 좌석이다. 좌석 설계에 지침이 되는 주요 크기는 좌판, 앉는 자세, 팔꿈치 높이, 엉덩이-무릎 길이, 엉덩이와 팔꿈치와 어깨의 폭이다. 이들 중 하나라도 너무 작거나 크게 만들면, 오래 앉아 있는 일이 불편한 인내심 테스트가 되고 만다.[23]

집에 잘못 디자인된 의자가 있다면 그냥 일어서거나 걷거나 다른 의자에 앉으면 그만이며, 이런 대안은 (제약이 좀 있긴 하지만) 열차 여행을 할 때도 적용할 수 있다. 그러나 이코노미 좌석이 잔뜩 놓여 있는 현대의 비행기를 타고 여행할 때는 그러지 못한다. 수십 년 전, 즉 항공사 인허가 규제가 철폐되고 항공 여행이 대중화하기 전, 항공기 이용률(특히 장거리 비행)은 훨씬 낮았다(1970년대 초 미국의 항공기 좌석은 절반만 찼을 뿐인데, 코로나19 대유행 직전에는 전 세계 항공기들의 좌석이 80퍼센트 넘게 차곤 했다).[24]

게다가 장거리 비행의 좌석 설계는 편안함만을 고려하는 것이 아니다. 고령이고 고혈압에 심혈관계 또는 소화기계 문제를 지닌 사람 같은 취약한 이들은 장시간 움직이지 못하면 깊은정맥혈전증 또는 폐색전증(이코노미 좌석 증후군이라고도 부른다)에 걸리거나 속이 불편해질 수 있다.[25] 따라서 좌석은, 특히 6시간이 넘게 비행(18시간 40분 걸리는, 뉴욕과 싱가포르를 오가는 직항 노선이 가장 길다)할 때는 가능한 한 널찍하고 편안하게 설계해야 하는데, 이 목표는 점점 늘어나는 승객 수에 의존하는 고도로 경쟁적인 대중교통 부문에서 수익을 올려야 하는 과제와 충돌한다. 코로나19가 대유행하기 전, 10년 동안 연간 탑승객 수와 승객-킬로미터당 수익은 꾸준히 증가하며 해마다 기록을 경신했다.[26]

따라서 이코노미 좌석은 크기와 관련해 타협이 불가능한 요구 사항(더 크게 만들어라, 더 작게 만들어라!)과 대중적 규모의 불편함의 원인이 무엇인지를 보여주는 완벽한 사례다. 최소 크기가 어느 정도인지는 명확하다. 좌판은 다리를 직각으로 구부려서 앉을 수 있을 만큼 바닥보다 높고 성인이 앉을 만큼 넓어야 하며, 앞뒤 좌석 간 거리는 최소한 성인이 드나들고 다리를 구부려 앉을 정도가 되어야 한다. 그리고 비행이 대중적 규모의 경험이 되었다는 사실을 고려할 때, 이런 공간은 승객 100명 중 적어도 95명을 수용할 수 있어야 한다.

여기서 논란의 여지가 없는 것은 좌판의 높이뿐이다. 표준 높이(46센티미터로, 일반 의자도 똑같다)는 키가 유달리 큰 사람을 제외하고 모든 이에게 알맞다. 좌석 너비, 다리 공간, 좌석 간 거리는 상황이 전혀 다르다. 가정용 의자의 전형적 너비는 43~46센티미터다. 46센티미터는 최초의 광폭 동체 항공기의 최소 기준이 되었고, 그 뒤에 조금 늘어나 (1978년부터 시작된) 규제 철폐 이전에는 모든 미국 항공기의 좌석 너비가 48센티미터 이상이었다.[27] 그러다 더 경쟁이 심한 대중 항공 여행의 시대가 열리면서 좌석 너비는 43센티미터(단거리 에어버스와 보잉 737s)와 42센티미터(아메리칸 항공의 보잉 737 맥스)까지 줄어들었다.[28] 최근 발표된 네덜란드의 인체측정학 연구는 44.7센티미터인 좌석도 태국 남성의 약 절반이 앉기 어렵고 네덜란드 남성은 10퍼센트 미만만 제대로 앉을 수 있다고 보고했다.[29]

그러나 비행기를 탈 때 사람들이 느끼는 가장 많은 불만은 좌석 간 평균 거리(앞뒤로 놓인 두 좌석에서 같은 지점 사이의 거리)가 줄어들고 있다는 점이다. 흔히 발밑 공간legroom이라고 한다. 이 거리는 대개 81.3~96.5센티미터이지만, 미국 단거리 국내 항공기의 평균 좌석 간 거리는 겨우 78.7센티미터이며, 미국의 프런티어 항공과 스피릿 항공, 스페인의 이베리아 항공, 포르투갈

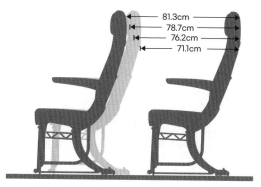

81.3cm 제트블루(A321, E190), 버지니아 아메리카(모든 항공기)
78.7cm 알래스카(737~700), 사우스웨스트(737~800)
76.2cm 아메리칸, 델타, 유나이티드(대부분의 국내선)
71.1cm 프런티어, 스피릿(모든 항공기)

미국 항공사들이 운항하는 여객기의 최소 좌석 간 거리.

의 TAP 항공을 비롯한 여러 항공사에서 운용하는 에어버스 항공기는 겨우 71센티미터에 불과하다.[30] 좌석을 뒤로 젖히면 이 간격은 더욱 좁아진다. 비록 최근 들어 젖힐 수 있는 거리를 딱 5센티미터로 제한하거나 아예 젖힐 수 없게 만든 '미리 젖힌' 좌석을 택한 항공기가 늘어나고 있지만 말이다.

1970년 이후 비만 인구가 늘면서 자연히 항공기 좌석 문제는 더 악화했다. 주요 국가 중에서 이 문제가 가장 먼저 불거진 곳은 미국이었다. 체질량 지수 25~30인 과체중과 30을 넘는 비만 인구 비율이 거의 36퍼센트에 달하면서였다. 그리고 2018년에는 비만 인구가 42.4퍼센트로 늘어나 처음으로 40퍼센트를 넘어섰다.[31] 여기에 인구의 약 31퍼센트가 과체중이라는 것까지 감안하면, 2020년 미국인 4명 중 거의 3명은 질병통제예방센터가 정의한 건강 체중 범위에 들지 않았다는 뜻이다.

게다가 체질량 지수 40을 넘어섬으로써 몸집 변화가 병적 비만 수준에 다다른 이들이 너무나 많다. 2020년 미국 성인 중 1,500만 명 이상이 병적 수준의 비만이었고, 그 결과 침대와 의자뿐 아니라 들것, 구급차, 전동 리프트도 '비만자용'을 새로 디자인할 필요가 생겨났다.[32] 전동 리프트는 그런 사람을 가정 침대에서 병원 침대로 옮길 때뿐 아니라, 침대와 특수 설계한 휠체어, 변기, 욕실 사이를 오갈 때도 필요하다. 무거운 환자용 리프트는 현재 약 230~450킬로그램(최대 454킬로그램)의 환자를 들어 올릴 수 있다.[33] 몸집이 커지는 추세는 거의 보편적인 흐름이 되어왔다. 최근 세계보건기구는 세계 성인 중 과체중인 사람이 거의 20억 명(약 40퍼센트), 비만인 사람이 6억 5,000만 명에 달한다고 추정하며, 청소년과 아동 중에서도 과체중 비율이 늘어나고 있다고 발표했다.[34]

극단적 사례를 제쳐둔다고 해도, 과체중인 사람의 비율이 높아진다는 것은 거의 모든 정상 크기의 항공기 좌석이 맞지 않는다는 의미다.[35] 비즈니스 등급 좌석은 그나마 더 나으며, 2022년 기준으로 아직 20개 항공사가 일등석에서 더 널찍한 공간을 제공하고 있다. 북아메리카에는 없지만 유럽의 프랑스 항공, 영국 항공, 루프트한자, 스위스 항공, 콴타스 항공, 아시아의 10개 항공사, 중동의 5개 항공사(일부 항공사는 독립형 객실도 제공한다)가 그렇다. 가장 널찍한 이코노미 좌석에 앉고 싶은 평균적인 승객이라면 시트구루SeatGuru 웹사이트를 체크하면 된다. 800개 항공

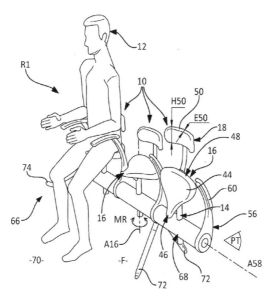

에어버스가 2014년 미국에 특허 신청한 '앞으로 접을 수 있는 등받이가 달린 착석 장치'의 그림.

사의 좌석 배치, 크기, 그에 대한 리뷰를 찾아볼 수 있다.[36]

가까운 미래에 개선이 이루어질 것 같지는 않다. 2017년 승객 권리 단체 플라이어스 라이츠Flyers Rights는 미국 연방항공청에 좌석 간 거리 최소 기준을 규정해달라고 청원했지만, 코로나19 대유행 전까지 어떤 규제도 이루어지지 않았다(그런 노력은 흐지부지되곤 했다).[37] 그리고 문제는 좌석 간 거리가 좁아지는 데만 있지 않다. 2013년 프랑스 발명가 베르나르 게링Bernard Guering은 에어버스의 후원으로 '공간 절약 착석 장치' 특허를 냈다. 길쭉한 관에 낮은 등받이가 달린 작은 자전거 안장을 줄줄이 붙인 것을 그럴듯하게 표현한 용어였다.[38] 게다가 2010년 라이언에어Ryanair는 좁고 거의 수직인(겨우 몇 도 기울어진), 다닥다닥 붙은 침대에 승객들을 묶는 '수직 좌석'을 도입한다는 계획까지 세웠다.[39] 라이언에어는 심지어 요금을 절반으로 책정하면 묶인 자세로 서서 타겠다는 승객이 10명 중 2명이라고까지 주장했다! 또 기존 좌석의 위쪽에 또 다른 좌석(복층 좌석)을 설치해 승객을 더 꽉꽉 채우려는 설계안도 나와 있다.

  항공 애호가는 몇 가지 희소식을 언급할지도 모른다. 영국 설계 회사 레이어Layer가 에어버스의 단거리 및 중거리 항공기용으로 개발한, 경량 다공성 복합 소재 틀에 붙인 슬링 의자sling seat라는 새로운 이코노미 좌석 시제품이 한 예다. 그러나 아주 많은 시제품과 온갖 신기한 디지털 기기가 그렇듯 그런 좌석이 (수천 대까지는 아니라고 해도 최소) 수백 대의 항공기에 설치되는 걸 보려면 꽤 오래 기다려야 할 것이다. 그리고 가장 중요한 점은 그런 시제품이 채택될 때 좌석 간 거리를 얼마로 할지 지켜봐야 한다는 것이다.[40]

크기 변화:
소득, 기계, 허영

지금까지 설계 대상의 몇몇 두드러진 사례를 살펴보면서, 인체공학을 적용함으로써 어떻게 개선이 이루어져왔는지 알아보았다. 이런 개선 결과는 곧바로 상업화할 수 있으며, 새로운 산악자전거나 새로운 항공기 좌석은 구상 단계부터 제품으로 내놓기까지 몇 달밖에 걸리지 않을 수도 있다. 전자제품의 설계와 (더러 3D 인쇄를 활용한) 빠른 시제품 제작 능력을 생각해보라. 꽤 간단하다. 그러나 일이 언제나 수월하게 진행되는 것은 아니다. 이제 더 복잡한 설계에서의 크기 변화를 살펴보기로 하자.

1800년까지도 세계는 대부분 시골이었다. 아시아와 아프리카의 대다수 사회에서는 인구의 90퍼센트 이상이 촌에 살았다. 미국도 약 90퍼센트가 그랬다. 영국은 주요 예외 사례였는데, 인구의 약 33퍼센트가 도시에 살았다.[41] 그리고 근대 이전의 사회가 그랬듯 근대의 인구와 경제도 아주 천천히 변화했다. 높은 출생률이 높은 사망률을 상쇄하고 작물 수확량이 예상외로 줄어들곤 해서, 마을과 소도시의 규모가 정체하거나 거의 알아차릴 수 없을 만큼 늘어났을 뿐이다. 장기간에 걸친 인구 성장 양상을 재구성한 자료는 전형적인 연간 증가율이 아주 낮게 유지되었고 (18세기까지 0.2퍼센트 미만), 기근을 비롯한 식량 부족 사태가 유럽과 일본에서 19세기까지도 되풀이해서 벌어지곤 했음을 보여준다. 유럽이 마지막으로 겪은 기근은 1845~1852년 아일랜드에서 일어났고, 일본은 1833~1837년에 기근을 겪었다.[42]

마찬가지로 1인당 경제성장은 느리거나 아예 정체했고, 적절한 비용의 장거리 육상 교통수단이 없어 대다수는 생활공간도 크게 제약을 받았다. 이렇게 저소득과 빈약한 교통수단이 결합함으로써 크기와 반복적인 관행이 거의 변함없이 이어지는 세계가 형성되었다. 전통적인 주식主食 작물의 수확량(밀은 헥타르당 겨우 0.5톤, 쌀은 1톤 미만), 경작 방식(가축을 이용하고, 손으로 씨를 뿌리고, 낫·수레·도리깨를 쓰는), 농가의 소유물(옷, 함께 쓰는 이부자리, 몇몇 주방용품, 개인용 의자가 아닌 벤치)도 교육의 기회만큼 변화가 없고 빈약한 상태로 유지되었다.[43]

제국 초기 로마인의 1인당 소득을 가장 잘 재구성한 연구는 그것이 400세스테르티sestertii에 못 미쳤다고 보고한다. 2020년 화폐 가치로 따지면 약 1,000달러다. 후속 연구들은 1,000년 뒤 영국이나 1500년의 중국 명나라도 1인당 소득이 그 수준이었다고 말한다.[44] 경제적 관성은 아마도 소득의 1인당 장기 성장률을 통해 가장 잘 드러날 것이다. 스페인의 연간 성장률은 1270~1850년에 0.03퍼센트로 거의 정체해 있었다. 이탈리아 중부와 북부는 1300~1913년에 전혀 변화가 없었다. 중국은 1020~1850년에 −0.1퍼센트였다.[45] 관성, 친숙함, 예측 가능성이 시대를 지배했다.

더 멀리까지 길을 나선 개인, 소규모 모험가 집단, 정복 군대가 언제나 있긴 했다. 하지만 대다수는 걷거나 달리는 속도, 또는 말과 소가 끄는 수레나 마차의 속도에 따라 크기가 정해진 영역 내에서 삶을 살았다(걷는 속도는 평균 시속 약 5킬로미터였으며, 말을 타고 달리는 전령은 하루에 150킬로미터 넘게 갈 수도 있었다. 하지만 상태가 엉망인 길에서 소 수레는 하루에 겨우 15~20킬로미터밖에 못 갔다).[46]

그러나 근대 들어 대폭 넓어진 크기들도 있었다. 가장 두드러진 사례는 유럽의 발견 여행이다. 15세기 말에 포르투갈과 스페인 사람들이 시작하고 더 뒤에 네덜란드, 영국, 프랑스 탐험가들이 수행한 이런 여행은 알려진 세계의 크기를 꾸준히 확대하고 지도에 담았다. 1800년에는 가장 멀리 있는 북극권과 남극대륙만이 미지의 영역으로 남아 있었다. 그러나 전에 없던 획기적 변화가 일어난 것은 19세기, 특히 마지막 40년 동안이었다. 전근대의 오랜 정체와 느린 발전이 새로운 경제, 새로운 사회, 새로운 성취, 새로운 기대를 급속히 창안하는 과학과 기술의 발전으로 대체되면서였다.[47]

양차 세계대전과 수십 건의 국내 및 국제 유혈 충돌로 좌절과 공포가 빚어지긴 했지만, 이 유례없는 변화의 속도와 폭은 20세기에도 지속되었고, 찬탄에서 역겨움에 이르기까지 다양한 결과를 초래했다. 1860년 이후 기술 제품과 생산 공정의 설계 분야에서 일어난 엄청나게 다양한 혁신을 상세히 다룬 문헌은 많다. 에너지 변환기變換器(엔진, 터빈)와 중공업 공정(야금술, 화학물질의 대량생산, 공장 업무의 기계화), 새로운 대량생산 산업(화학물질 합성, 약물 개발, 전기 제품), 새로운 운송 기계의 채택과 그에 수반

되는 기반 시설 구축(도로, 철도, 다리, 터널) 등 다양하다.[48]

기계와 공정의 이러한 크기 증가가 얼마나 엄청난 규모인지 사람들은 대부분 잘 모른다. 아마 현대 문명의 한 가지 근본적 결정 요인에 논의의 초점을 맞추는 편이 이 발전을 가장 잘 보여줄 수 있을 것이다. 원동기(운동에너지의 자연적 또는 역학적 원천)의 힘과 그것을 식량 생산, 공장, 교통, 가정에 적용함으로써 어떤 결과가 나왔는지 말이다. 산업화 이전 사회는 주로 생물 원동기에서 힘을 얻었다. 모든 연령대의 사람들(아동 노동도 흔했다)과 농사일이나 운송용으로 길들인 가축의 힘이 그것이다. 무생물 에너지 변환기 중에는 수차가 가장 많이 쓰였다.[49]

18세기 말까지는 가장 잘 설계된 원동기도 여전히 작았다. 출력이 16마력에 불과했다. 19세기 중반에 수차(최대 5배 더 강했다)는 가장 중요한 무생물 원동기였고, 유용한 에너지를 작은 증기기관보다 2배 이상 많이 냈다. 제1차 세계대전 후까지 산업과 교통 부문의 에너지 수요는 주로 증기기관이 충족시켰지만, 그 뒤에 높은 출력을 요하는 모든 곳에서는 세 가지 무생물 원동기(내연기관, 증기터빈, 가스터빈)로 대체되었다.

현재 가장 흔한 연료 변환기는 휘발유를 쓰는 엔진이며, 오늘날 이 엔진은 소형차에서도 100킬로와트 이상을 낼 수 있다. 130마력(1마력=745.7와트)을 넘는 수준이다. 미국의 승용차는 평균 135~150킬로와트이고, 시장에서 인기 좋은 SUV와 픽업트럭은 대부분 200~250킬로와트다(미국에서 잘 팔리는 포드 F-150은 모델에 따라 220~335킬로와트의 출력을 낸다).[50] 즉, 현재 5억 명 넘는 사람들(도로 주행 차량은 세계적으로 15억 대에 이른다)이 19세기 중반 대형 제분소와 섬유 공장에서 사용하던 가장 큰 산업용 수차의 출력보다 단위 출력이 대체로 한 차수 더 높은 기계를 쓰고 있다는 뜻이다.

그렇지만 정확히 하려면 현재 교통과 산업 부문에서 상업용으로 쓰는 가장 큰 에너지 변환기와 비교하는 편이 더 타당하다. 교통 부문에서 가장 큰 두 내연기관은 대형 원양 선박(유조선, 광석·시멘트·곡물 수송선, 강철 컨테이너에 실은 물건을 주로 운반하는 컨테이너선)을 움직이는 2행정 디젤엔진과 여객기가 음속에 가까운 속도로 순항할 수 있도록 해주는 가스터빈(제트엔진)이다.[51] 현재 가장 큰 선박 디젤엔진은 출력이 80~90메가와트이며, 보잉 747도 이륙할 때 약 90메가와트의 출력이 필요하다(순항할 때에는 에너지가 훨씬 적게 든다).

커다란 선박의 선장이나 광폭 동체 제트기의 조종사가 복잡한 전자 기기를 활용해 포드 F-150의 최대 300배에 달하는, 또 혼다 시빅의 약 1,000배, 19세기 초 소도시의 제분소에서 쓰던 수차보다 약 1만 배 더 많은 출력을 조종한다는 의미다. 초기 산업용 수차를 산업용 증기 및 가스 터빈과 비교해도 비슷한 배수가 나온다. 이런 터빈은 선박과 항공기의 원동기보다 훨씬 더 출력이 크다. 전기 생산에 쓰이는 가장 큰 증기터빈은 출력이 1,000메가와트를 넘는다(최고 기록은 1,700메가와트 남짓이다). 500메가와트 이상인 것들도 흔하다. 가장 큰 고정식 가스터빈 역시 현재 500메가와트를 넘는다. 즉, 초기의 작은 수차보다

1만 배 많은 출력을 낸다![52]

이런 원동기 출력의 차수 증가 덕분에 우리는 식량을 풍족하게 생산하고 많은 소비재를 저렴하게 만들 뿐 아니라, 정보에 접근하고 이동성을 높일 수 있었다. 이런 크기 변화가 낳은 가장 근본적인 결과 중 하나는 작물 생산 분야에서 일어났다. 기계 원동기가 없었다면 대다수 인구는 땅에 머무르며 식량을 생산하는 일에 매진해야 했을 테고, 도시로의 대량 이주와 현대 산업 생산의 출현도 없었을 것이다.[53]

150년 전 쟁기나 써레에 묶은 힘센 말 네 마리(1800년대 말에 파종할 경작지를 갈 때 쓴 전형적인 방식)가 끄는 힘은 3킬로와트에 불과했으며, 노동력의 약 절반은 농가에서 사용했다. 최근 수십 년 동안 북아메리카에서 가장 잘 팔린 존 디어John Deere 트랙터는 120킬로와트의 출력으로 같은 일을 하고 있으며, 2020년 농업 노동력은 인구의 겨우 1.3퍼센트에 불과했다.[54] 지난 150년 동안 트랙터 출력의 상대적 증가율(120/3=40)은 미국 농업 노동력 비중의 상대적 감소율(1.3/51.3=0.025)의 역수에 딱 들어맞는다. 즉, 농업 노동력의 상대적 크기는 기계 출력의 상대적 증가에 반비례해서 줄어들었다.

물질 생산 부문의 크기 증가도 그에 못지않게 인상적이다. 1800~2020년 사이 현대적인 용광로의 내부 용적은 약 60배, 하루 생산량은 3,000배 증가했다. 그 결과 강철(탄소를 제거한 철)을 저렴하고 풍부하게 생산할 수 있었다.[55] 암모니아합성의 규모 증가는 더욱 많은 파장을 가져왔다. 한 세기 남짓한 기간에

1,000배나 증가했다.[56] 그 결과 작물 수확량이 늘어나고, 식량 가격이 낮아지고, (땅을 동물 사료 재배 쪽으로 돌린 덕분에) 유제품·달걀·육류 형태의 동물단백질 소비량이 증가했다.[57]

장기적 발전을 추적하는 또 다른 방식이 있는데, 생산물을 더 크거나 더 작게 만들려고 노력해온 쪽이 아니라 적응적 변화 쪽을 살펴보는 것이다. 개인 수준에서 보면 적응적 변화의 가장 흔한 사례는 더 큰 옷과 신발을 출시할 필요성이었다. 사람들의 키와 몸집이 더 커진 결과다. 그러나 미국의 여성 의복 분야에서 이런 변화는 '허영 치수 표기vanity sizing'라는 반대 추세 때문에 좀 복잡한 양상을 띠어왔다. 구매자가 자기 몸에 더 만족감을 갖도록 옷의 태그에 치수를 실제보다 더 작게 표기하는 기법이다. 예를 들어, 1958년 매릴린 먼로Marilyn Monroe(가슴 34인치, 허리 25인치)는 치수가 12(영국에서는 16)인 옷을 입었겠지만, 2020년에 12는 가슴이 5인치 더 크고 허리가 7인치 더 굵은 여성에게 맞는다.[58]

모든 현대 국가를 여행할 때 접하는 포장도로(아스팔트나 강화 콘크리트)의 도입과 대규모 확장은 자동차를 적절한 가격에 생산함으로써 빚어진 가장 두드러진 적응적 변화의 산물임이 분명하다. 사회는 자동차 보유 문제를 해결하자마자 도로 문제에 직면했고, 유례없는 규모의 건설 사업을 수행함으로써 그 문제를 해결했다. 1908년 포드가 세계 최초의 양산 자동차 모델 T를 출시할 당시 미국의 도로 중 포장된 곳은 10퍼센트에도 못 미쳤고, 그중에서 포장이 양호한 곳은 10퍼센트도 안 되었다.[59]

미국에서는 1913년 아칸소에서 처음 콘크리트로 짧은 구간에 걸쳐 고속도로를 건설했다. 제1차 세계대전이 끝난 뒤로도 여러 해 동안 (시카고와 산타모니카를 잇는) 유명한 66번 도로는 대부분 자갈로 덮여 있었고, 아스팔트가 깔린 곳은 폭 3미터에 불과했다. 그리고 최초로 고속도로 구간 전체를 콘크리트로 덮은 펜실베이니아의 턴파이크Turnpike는 1940년에야 개통되었는데, 미국의 자동차 수가 3,200만 대를 넘었을 때였다.[60] 미국의 주간州 間 고속도로망은 1956년에 건설되기 시작했고, 2021년에는 총 길이가 약 7만 8,000킬로미터였다. 중국의 신설 국가 간선도로 망National Trunk Highway의 절반에도 못 미친다. 이 도로망은 총길이가 약 16만 킬로미터이며, 2035년까지 50퍼센트 더 확장될 예정이다.[61] 이 모든 성장 추세는 이윽고 느려지다가 한계에 다다를 테고, 일부는 퇴보할 것이다. 세상은 그렇게 돌아간다.

크기의 한계,
어떤 기록은 왜 깨지지 않을까

성장 연구는 필연적으로 크기의 한계에 관한 연구이기도 하다.[62] 우주는 계속 팽창할지 모르지만, 지구에서 일어나는 모든 성장은 결국 끝이 난다. 그리고 성장하는 생물, 자연의 특징(산, 호수), 인위적인 과정(경작, 건설, 생산)이 엄청나게 다양하다는 점을 생각할 때, 자연적이고 인위적인 성장의 한계도 아주 다양한 것이 당연하다. 생물의 전형적 크기와 최대 크기 잠재력은 진화를 통해 결정된다. 광합성 식물은 햇빛, 물, 모든 필수 다량 및 미량 영양소의 이용 가능성, 해충과 바이러스, 곰팡이, 세균 질병의 유무에 따라 성장의 한계가 정해진다. 동물과 사람은 세 가지 필수 다량 영양소(탄수화물, 단백질, 지방)와 비타민·무기물·물을 충분히 섭취할 수 있는지, 심각한 질병에 걸리는지 여부에 달려 있다.

단순한 도구부터 복잡한 기계에 이르기까지 인공물의 크기를 제한하는 주요 요인은 어떤 것들일까? 가장 명백한 물리적 측면에서 볼 때, 우리 설계의 한계는 우리가 만들 때 쓰는 물질의 한계에 좌우된다. 그러나 설계자들이 과욕을 부린 역사적 사례도 얼마든지 찾아볼 수 있다. 고대에는 노잡이가 300명에 달하는 5단 노선이 흔했고, 그 뒤로도 점점 큰 배를 설계하다가 이윽고 프톨레마이오스 4세 필로파토르Ptolemaeos IV Philopator의 통치 때(기원전 222~204)에는 40단 노선을 건조하면서 정점에 달했다. 이 배는 노잡이가 4,000명이 넘었고 병사를 거의 3,000명까지 태웠지만, (무거운 투석기까지 갖춤으로써) 너무 무거워서 사실상 움직이지 못했다.[63]

세계에서 가장 큰 목재 항공기 스프루스 구스Spruce Goose도 비슷한 운명을 맞이했다. 왕복기관 8대로 움직이고 날개폭이 98미터였다. 하워드 휴스Howard Hughes는 1947년 11월 2일 이 비행기를 타고 약 1분 동안 날았다. 이 항공기의 유일한 비행 기록이다.[64] 그리고 2003년에 복층 객실을 갖춘 에어버스 A380이 출시되어 15개 항공사가 구입해서 운항했지만, 코로나19 대유행기간에 일찌감치 퇴역하고 말았다. 일부 항공사는 계속 운항하겠지만, 겨우 251대를 제작한 뒤 생산이 중단되었다. 허브 공항 사이를 오가며 경유하기보다 직항이 대세인 시대인데, 이 항공기는 너무 커서 작은 공항을 사용할 수 없고 신뢰성도 떨어졌기 때문이다.[65] 반면, 시장을 장악하면서 크기 기록을 세운 설계 사례도 많다. 적절한 가격의 대중 항공 여행 시대를 연 보잉 747은 1969~2022년에 약 1,600대를 생산했다. 포드 F-150은 무척 잘 팔린 픽업트럭일 뿐 아니라, 미국에서 아주 잘나가는 차량이다. 그리고 빅맥은 미국이 가장 좋아하는 패스트푸드 제국의 화신이 되었다.[66]

그러나 대다수 사례에서 공학의 역사는 새로운 재료를 도입하고 새로운 방식으로 이용함으로써 물리적 제약을 우회하려는

스프루스 구스(위, 1947년 단 한 차례 비행)와 에어버스 A380(아래, 2003~2021년 생산).

끊임없는 노력이라고 볼 수 있다. 그리고 이런 탄복할 만한 수단들도 이윽고 나름의 고유한 한계에 직면한다. 물론 인간의 창의성은 진화의 탁월한 사례에는 못 미친다. 진화는 새로운 재료와 새로운 구조를 도입해 이전에는 불가능했던 요구를 충족시킨다. 대규모 산호초를 만드는 산호의 탄산칼슘 뼈대는 두드러진 재료 혁신의 사례다. 모든 나무줄기의 약 1/4을 구성하는 리그닌lignin(복합 유기 중합체), 새의 비행을 가능케 하는 (꼬이고 서로 얽힌 단백질 가닥들로 이루어진) 깃털도 그렇다. 서로 잘 미끄러지는 콜라겐 섬유의 특징 덕분에 찢김에 저항하는 인열 강도引裂強度가 15~21메가파스칼(힘이 어떻게 가해지느냐에 따라 다르다)에 달하는 사람의 피부도 그렇다. 비교하자면, 콘크리트의 인열 강도는 고작 2~5메가파스칼이다.[67]

이런 진화적 혁신과 조정 사례를 다 다루려면 두꺼운 책이 될 것이다. 그러나 모두 어느 정도까지 나아간 뒤에는 또다시 다른 한계에 직면한다는 점이 명백하다. 예를 들어, 최근에 백악기의 한 익룡(약 9,500만 년 전에 살았던 알란카속Alanqa)은 척추가 아주 가벼웠다는 연구 결과가 있었다. 뼈대의 전체 무게가 워낙 가벼워서 좌굴 하중buckling load이 상당히 증가해도 날개폭이 4~6미터인 이 커다란 날짐승은 목뼈에 손상을 입지 않고 비교적 무거운 먹이를 물고 운반할 수 있었다.[68] 길고 뻣뻣한 목에 이빨 없는 익룡 중 가장 큰 케찰코아틀루스 노르트로피Quetzalcoatlus northropi는 날개폭이 최대 2배에 달했지만, 백악기에 수백만 년 동안 진화가 일어났어도 이보다 더 큰 날짐승을 출현시킬 역학적·구조적 발전은 일어날 수 없었다.[69]

오래전에 멸종한 익룡들과 달리, 나무의 크기는 쉽게 입증할 수 있는 구조적 한계의 사례를 제공한다. 나무줄기의 목질부는 셀룰로스(포도당의 천연 중합체), 헤미셀룰로스(같은 천연 중합체이지만 저분자 탄수화물로 구성되어 있다), 리그닌(총질량의 약 1/4)으로 이루어져 있다. 가장 높이 성장하는 나무(자이언트세쿼이아, 더글러스 전나무, 유칼립투스 레그난스)는 110~125미터까지 자란다. 나무는 맨해튼 고층 건물의 중간 높이까지(200미터 이상) 자라는 것조차 불가능하다.[70] 딱히 어느 한 가지 제한 요인 때문이라고 콕 찍어 말할 수는 없다. 역학적 요인(목질을 지탱하는 줄기에 가해지는 부하)과 수력학적 요인(나무 속의 물 분포) 둘 다 궁극적 높이를 제약하며, 진화는 나무의 수명과 무게보다는 생존과 번식을 최적화했을 수도 있다.[71]

현대 식물형태학자들이 나무의 성장 한계를 살펴보는 연구를 하기 오래전, 갈릴레이(다음 장에서 스케일링을 다루며 그의 관찰을 다시 언급할 것이다)는 1638년에 쓴 《두 새로운 과학Dialogues Concerning Two New Sciences》에서 가장 큰 나무의 키도 약 140미터를 넘을 수는 없다고 했다. "높이 200큐빗의 참나무가 보통 크기의 나무처럼 가지를 뻗고 있다면, 그 가지들을 지탱할 수 없으리라는 걸 우리 모두 알 것이라고 확신합니다."[72]

진화의 이런 한계는 필연적으로 공학적 성취의 극단에 대응한다. 인장력(물질을 부러뜨리는 데 필요한 단위면적당 힘) 비교는 현대 고층 건물이 왜 500미터 넘게 솟을 수 있는지를 설명해준다. 강철의 인장력은 400~800메가파스칼인데, 목재는 70~140메가파스칼에 불과하다.[73] 세계에서 가장 높은 건물(부르즈 할리파)은 이미 800미터를 넘었다. 제다 타워(2018년에 건설을 중단했지만 기술적인 문제 때문은 아니다)는 1킬로미터 높이로 설계되었고, 에펠탑과 비슷하게 설계한 (속이 빈 바닥을 지닌) 버트레스트 코어buttressed-core

토대를 활용하면 보다 더 높은 건물도 세울 수 있다.[74]

그런 건물은 2킬로미터 이상 올라갈 수 있지만, 토대도 그에 상응해서 커야 할 것이다. 1990년대 일본에서 구상했던 높이 4,000미터 건물(높이 3,766미터의 후지산보다 높은 엑스시드X-Seed 4000)이라면 속이 빈 바닥 면적이 약 1,000제곱킬로미터에 육박할 것이다(한쪽 변이 거의 40킬로미터에 달하는 정사각형이다. 비교하자면 900만 명 넘게 거주하는, 인구밀도 높은 도쿄 23개 자치구의 면적은 630제곱킬로미터에도 미치지 못한다)! 건축 재료의 구조적 특성이 아닌 다른 요인들이 그와 같은 높이를 방해한다는 것은 너무나 명백하다.

그런 거대한 면적의 토대에 어떻게 자연광을 들일 수 있을까? 그 구조 안에 사람뿐 아니라 식량과 물품을 운반하는 (아직 창안되지 않은) 초승강기super-elevator가 들어갈 공간은 얼마나 마련해야 할까? 현재의 승강기는 약 600미터 이상 올라가지 못하므로 1킬로미터 높이의 건물 꼭대기까지 가려면 승강기를 바꿔 타야 한다. 아마도 가장 중요한 점은 그런 계획에 필요한 토지의 구입비와 아주 오래 걸릴 수밖에 없는 건설비를 누가 대느냐일 것이다. 민간 투자자에게는 초기 투자 자본의 회수율이 처참하겠지만, 정부가 결코 작지 않은 도시의 이런 수직판을 건설하는 일에 나선다면? 그리고 이런 거대 구조의 보험료는 얼마나 될까? 화재나 지진이 일어날 때 빠르게 대피하도록 하려면 어떤 조치를 취해야 할까?

이런 경제적·사회적·조직적 도전 과제가 초고층 건물을 추구하는 쪽에서만 나타날 리는 없다. 도전 과제는 물질의 특성이나 기술적 해결책의 부재가 아니라 투자 수익률 감소, 자본 비용 증가, 유연성 저하 등 크기 증가를 제한하는 모든 영역에서 반복해서 나타난다. 그런 성장 제약은 흔하지만 그 중요성 때문에 세 가지 사례가 특히 두드러진다. 첫 번째는 원유의 해상 무역이다. 원유는 점점 늘어나는 인류의 생활수준을 유례없는 차원으로 높였고, (화석 탄소의 고갈이 임박했다는 최근의 과장된 예측과 달리) 앞으로도 수십 년 동안 주된 에너지원으로 남아 있을 화석연료다.

석유는 운반하기 쉽고 너무나 용도가 다양해 매우 널리 쓰이게 되었다. 중동(사우디아라비아, 이란, 이라크, 쿠웨이트, UAE)에 매장량이 유달리 집중되었다는 것은 수출하려면 대형 유조선을 이용해야 한다는 의미다. 최근에는 원유 수출량의 약 2/3가 유조선을 통해, 나머지는 송유관을 통해 옮겨진다.[75] 유조선 크기는 중량 톤수deadweight tonnage(dwt)로 가장 잘 표현된다. 선박이 운반할 수 있는 총무게다. 유조선의 최대 크기는 제2차 세계대전 직후의 약 2만 dwt에서 1959년 10만 dwt, 1970년대 초에는 30만 dwt 이상으로 증가했다. 100만 dwt에 달하는 배가 등장할 것이라는 예상까지 나왔지만, 1975년에 진수해 나중에 56만 4,650dwt로 확장한 시와이즈 자이언트호Seawise Giant가 지금까지 건조된 배 중 가장 크다.[76]

그렇다면 왜 75만이나 100만 dwt에 달하는 유조선은 건조되지 않았을까? 제2차 세계대전 이후 유조선 크기 증가 추세를 이끈 규모의 경제는 50만 톤에서 멈추지 않았으며(배가 클수록 원유 톤당 단위 거리를 항해하는 비용이 더 적게 든다), 기술적 장애물도 전

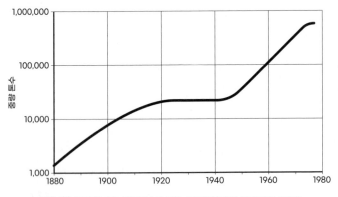

세계에서 가장 큰 유조선의 톤수와 크기: 유조선 용적의 성장(1880~1980).

혀 없었다. 즉, 5만 dwt 선박을 만들 때 쓴 방법을 그대로 더욱 큰 거대 유조선을 건조하는 데 사용할 수 있었을 테고, 더욱 강력한 디젤엔진을 써서 그 배를 수천 킬로미터까지 멈추지 않고 항해할 수 있었을 것이다. 그러나 뒤에서 계속 언급하겠지만, 크기가 증가할수록 투자 수익률은 꾸준히 감소한다. 일본이 조선 산업을 주도할 당시, 선박 크기를 6만 dwt에서 12만 dwt로 늘릴 때는 건조 비용이 30퍼센트 줄었지만, 그 뒤 24만 dwt로 늘릴 때는 약 15퍼센트가 줄었을 뿐이다. 따라서 30만 dwt 넘는 유조선을 만든다는 것은 그런 큰 배의 활용도에 한계가 있다는 점을 고려할 때 바람직하지 않을 것이다. 이유를 설명해보자.

배가 더 크면 흘수(선체 바닥과 수면 사이의 거리)가 더 깊으며, 그에 따라 다닐 수 있는 항로와 항구가 한정된다. 50만 dwt 넘는 선박이 드나들 만큼 수심이 깊은 항구는 몇 곳 안 되며, 그런 배는 파나마 운하나 수에즈 운하도 통과할 수 없을 것이다. 수에

즈 운하는 확장한 뒤에도 최대 흘수가 20.1미터이며 20만 dwt 이하인 배만 지나갈 수 있고, 이른바 파나맥스Panamax 선박(파나 마 운하를 지날 수 있는 가장 큰 배)은 흘수 12미터에 최대 크기 6만 5,000dwt에 불과하다. 그리고 말라카해협 항로(중동에서 극동으로 가는 가장 짧은 항로)는 가장 낮은 수심이 27미터이므로, 최대 30만 dwt의 유조선만 지날 수 있다.[77]

초거대 선박은 항구와 항로 모두에서 활용도가 낮을뿐더러 항해할 때의 위험도 더 클 것이다. 비상 상황이 닥쳤을 때 더 멀 리까지 간 뒤에야 멈출 수 있고, 배를 돌릴 때의 회전 반경도 더 크다(시와이즈 자이언트호는 최고 속도로 달리다가 멈출 때 9킬로미터를 더 가야 했고, 회전 반경은 약 3킬로미터였다). 또 보험료도 더 비싸며, 세계 최대의 두 원유 누출 사고(1983년 남아프리카에서 카스티요 데 벨베르호와 1989년 알래스카에서 엑손 발데즈호) 이후에는 더욱 올랐 다. 엑손 발데즈호 사고 때 회사는 정화 비용, 벌과금, 소송 등에 70억 달러를 썼다.[78]

최초의 유조선은 1886년에 출항했고, 이 놀라운 기계의 성장 은 90년 뒤에 끝났다. 중량 톤수가 100배 이상 늘어난 선박으로 대체되면서였다. 세계 최대 유조선은 어떻게 되었을까? 1988년 시와이즈 자이언트호는 이란-이라크 전쟁 때 공격을 받아 손 상되었고, 수리를 거쳐 1991년 자르 바이킹호Jahre Viking로 이름 을 바꾸어 다시 항해에 나섰다. 그 뒤 퇴역했다가 노크 네비스 호Knock Nevis로 이름이 바뀌어 카타르 연안에서 해상 저장 및 하 역 시설로 쓰였다. 2009년에는 인도의 선박 해체업체에 팔린

뒤, 몬트호Mont라는 이름으로 마지막 항해에 나섰다. 그리고 구
자라트의 알랑Alang 해변까지 가서 죽음을 맞이했다(즉, 내부를 다
들어내고 잘려나가 고철이 되었다).[79] 프랑스도 시와이즈 자이언트
호에 거의 맞먹는 크기의 선박을 네 척 건조했다. 1976~1979년
에 건조한 55만 5,000dwt의 이른바 바틸루스Batillus급 유조선들
이었다. 이 배들은 수명이 더욱 짧았다. 세 척은 1986년, 나머지
한 척은 2003년에 고철이 되었다.[80] 거대한 용각류龍脚類처럼 거
대한 유조선도 영원히 사라졌다.

 에너지 산업 부문에서 크기가 어떻게 제한되는지를 보여주
는 또 한 가지 유용한 사례는 풍력터빈이다. 홀쭉한 날개가 3개
달린 이 장치는 현대 문명의 화석연료 의존성을 종식시킬 주요
방안 중 하나로 여겨지며, 더욱 큰 회전자rotor를 탑재하기 위해
점점 더 높이 세워져왔다. 이는 예상한 바다. 지상에서 더 높이
올라갈수록 풍속이 빨라지기 때문이다. 터빈의 축이 지상에서
150미터 높이에 있다면(세계에서 가장 높은 곳에 있는 GE의 핼리에
이드-X Haliade-X처럼), 50미터 높이에 있을 때보다 연평균 풍속이
20퍼센트까지 세질 수 있다.[81] 게다가 터빈 출력은 날개가 도는
반지름의 제곱에 비례하며, 따라서 날개 길이가 107미터인 GE
터빈은 40미터인 터빈보다 전기를 약 7.2배 더 생산할 것이다
(다른 조건이 동일할 때).

 더 큰 회전자를 갖춘 더 높이 세운 풍력터빈은 발전 용량을
높이는 가장 확실한 방법이지만, 이런 노력은 스케일링과 중력
의 문제에 맞닥뜨리게 마련이다. 더 큰 터빈 회전자가 더 작은

것과 재료 및 모양이 동일하며 날개의 상대적 두께도 같다면, 질량(M)은 세제곱(M^3)으로 증가할 것이다. 이를테면 날개 길이가 2배 길어지면 무게는 8배로 늘어난다. 그러면 회전자가 감당할 수 없이 무거워지겠지만, 실제로는 구조와 재료의 설계 발전(세계에서 가장 가벼운 목재인 발사balsa와 복합 재료 같은 경량재 사용)으로 질량-성장 지수를 세제곱보다 낮출 수 있었다(2.1로 낮게!).[82]

결과적으로, 2배 더 긴 날개는 무게가 4.3배만 늘어날 것이다($M^{2.1}$). GE가 설계한 가장 큰 것은 날개 길이 107미터에 무게 55톤이며, 더욱 큰 크기일 때 질량은 아주 중요한 고려 사항이 된다. GE 장치보다 3배 긴 날개가 달린 풍력터빈은 결코 나오지 못할 것이다. 질량이 10배 더 많아지고(약 550톤), 나셀nacelle(운동에너지를 전기로 바꾸는 장치가 들어 있는 유선형 통으로, 여기에 날개가 붙어 있다)과 탑에 엄청난 부담이 가해질 테니 말이다.

크기 스펙트럼의 반대편에서도 작은 실리콘칩에 더 많은 부품을 집어넣는 일에서 한계를 맞닥뜨리고 극복하는 일이 되풀이되었다. 마이크로칩에 담기는 부품의 수가 급속히 2배로 늘어난다고 예측한 무어의 법칙(1965)은 20세기 내내 꽤 잘 들어맞았다.[83] 부품의 수는 6차수가 증가해서 마이크로프로세서 하나에 100억 개 이상 들어갔다.[84] 그 결과 마이크로 전자장치의 비용은 꾸준히 감소했고, 점점 더 저렴하게 구입할 수 있게 됨으로써 마이크로프로세서는 현재 자동차에서 휴대전화에 이르기까지 모든 것을 작동시키고 있다.[85]

그러나 유한한 면적에 점점 더 많은 부품을 집어넣는 일을 한

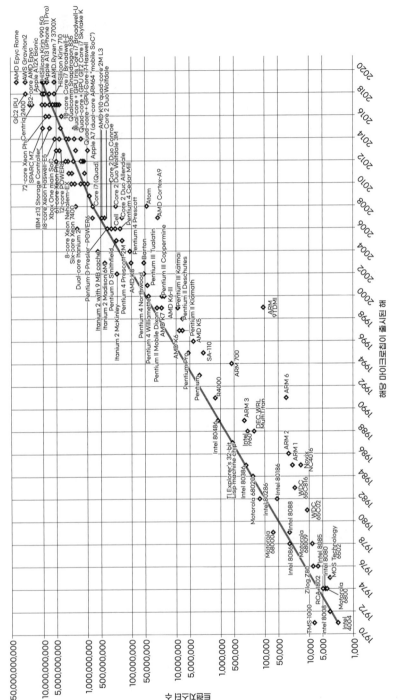

마이크로칩에 들어가는 부품의 수는 2년마다 2배씩 늘어났지만, 2008년 눈에 띄게 그 증가 속도가 느려졌다.

없이 계속하기란 불가능하다. 이 '법칙'은 이미 한계에 다다랐다. 뒤에서 살펴보겠지만, 오래전에 정립된 칩 생산 기술을 적용하기가 점점 어려워져(그리고 아주 비싸졌다), 앞으로의 컴퓨터 성능 성장 예측은 그 법칙의 종말을 고려해야 할 것이다. 한계에 다가서고 있다는 뚜렷한 징후가 처음 나온 것은 2008년, 세계에서 가장 성능 좋은 슈퍼컴퓨터 500대 목록 중 가장 느린 것이 작동 속도 증가율 예상치에 도달하지 못했을 때다.[86] 5년 뒤 상위 500대 모두에서 성능 증가율 기울기가 더 완만해지기 시작했다. 이유는 이른바 데너드 스케일링Dennard scaling이 안정기에 접어들었기 때문이다. 1974년 IBM의 로버트 데너드Robert Dennard 연구진은 트랜지스터가 더 작아질수록 회로의 전체 전력 소비량을 늘리지 않으면서 동작 속도를 높이는 것이 가능하다고 했다.[87]

이윽고 이러한 이점은 트랜지스터가 과열되기 시작하고 그 때문에 동작 속도가 더 이상 가속화하지 않으면서 끝이 났다. 그 결과 작동 진동수가 1994년 100메가헤르츠에서 2004년 3,000메가헤르츠(3기가헤르츠)로 증가한 뒤, 대체로 약 3.5기가헤르츠 수준에서 머물렀다. 최대는 5기가헤르츠였다. 데너드 스케일링이 지속된다고 할 때 예상되는 속도보다 한참 낮았다.[88]

컴퓨터 성능의 다른 한계는 마이크로칩 제조와 관련이 있다. 노광optical lithography(빛으로 인쇄하는 기술)은 칩 제조 시설fab(팹)에서 트랜지스터를 점점 더 가늘게 새기는 데 쓰여왔다. 최초의 트랜지스터는 폭이 80마이크로미터였다. 지금은 폭이 겨우 5나노미터에 불과한 것도 있다. 즉, 크기가 1/16,000로 줄어들었다![89] 또 한 가지 놀라운 비교를 하자면, 트랜지스터의 폭 5나노미터는 실리콘 원자 약 20개에 해당한다.

폭을 줄일 때마다 새로운 팹에 엄청난 투자를 해야 하며, 이 비용은 팹당 수백만 달러에서 100억 달러 이상으로 증가했다.[90] 이 제조 공정을 개척한 인텔조차 엄청난 비용이 드는 경쟁을 결국 포기하고, 이 분야를 대만의 TSMC, 한국의 삼성, 미국의 글로벌파운드리스GlobalFoundries에 넘겼다. 축소화의 나선은 여기에서 끝나지 않는다. 2019년 글로벌파운드리스가 7나노미터 설계를 전면 중단하겠다고 선언함으로써 10나노미터 미만의 설계는 두 아시아 기업이 맡게 되었다. 그랬는데, 2021년 IBM은 7나노미터 칩보다 에너지를 75퍼센트 덜 쓰면서 성능이 45퍼센트 더 뛰어난 2나노미터 칩을 개발했다고 발표했다.[91]

이 장에서는 현대 인공물 설계의 두 주요 도전 과제를 설명하려 했다. 인간 척도에 더 주의를 기울이고 인체공학적 이해를 가능한 한 널리 적용해야 한다는 것이다. 그리고 본질적 한계 때문에 현대 문명이 난감한 상황에서 빠져나올 설계를 할 수 없는 사례도 많을 것이다. 고무적인 점은 양쪽 현실에 공통된 속성이 하나 있다는 것이다. 합리적 조정과 합당한 한계 내에 머물러 있을 필요성이다. 물론 과거에 줄곧 되풀이했듯 양쪽을 계속 무시할 수도, 더 진지하게 고려할 수도 있다.

5장

크기와
스케일링

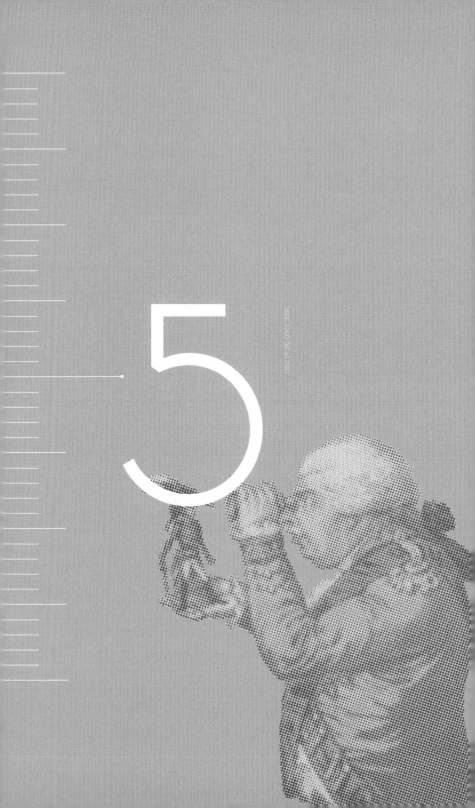

5

생물은 몸 크기가 변할 때 어떻게 달라질까? 체중 75킬로그램인 여성은 50킬로그램인 사촌보다 심장과 허파가 50퍼센트 더 무거울까? 피부 면적도 혈액량도 50퍼센트 더 넓거나 많을까? 키 크고 근육 많은 100킬로그램 남성은 작고 마른 50킬로그램인 10대보다 2배 더 먹어야 할까? 이런 질문은 흥미롭게 들릴뿐더러 최선을 다해서 답할 현실적 필요성이 있다. 예컨대 집에 불이 나서 어떤 여성이 화상을 입으면 의사는 손상된 피부의 비율이 얼마나 되는지 알고 싶을 것이며, 그러려면 몸의 표면적을 알아야 한다. 다친 레슬링 선수가 병원에서 장기간 치료를 받는다면, 회복을 촉진하기 위해 음식을 충분히 섭취해야 한다. 그러려면 영양사는 그의 하루 필요 섭취량을 알아야 한다. 그리고 교통사고로 작지만 건강한 10대 소녀가 사망했다면 소녀의 심장을 평균 체중의 50세 남성에게 이식할 수 있을까?

젖을 얻기 위해 기르는 소와 양이든 고기와 지방을 얻기 위해 기르는 돼지든, 다른 모든 생물에게서도 비슷한 질문의 답을 얻는 게 마찬가지로 중요하다. 가장 큰 품종의 소는 체중이 절반에 불과한 품종보다 사료를 50퍼센트 더 먹어야 할까? 베이컨 생산에 쓰이는 아주 커다란 덴마크 돼지는 고기 생산량이 가장 적은 자그마한 캐나다 품종보다 몸집에 비례해서 사료를 더 먹여야 할까? 일반 용어로 고쳐 말하면, 동물의 뼈대, 표면적(피부, 가죽), 혈액량, 내장 기관(뇌, 심장, 허파, 간, 콩팥), 살아 있는 몸의 주요 기능(대사, 심장박동, 호흡)은 무게에 따라서 정비례해 변할까? 아니면 다른 식으로 변화할까?

우리는 이미 답을 일부 알고 있다. 작은 새를 손바닥에 올려놓은 적이 있다면(계절에 맞지 않게 무척 추웠던 9월 어느 날 밤, 거의 죽어가던 벌새의 체온을 높이기 위해 그랬던 일이 기억난다), 새의 심장이 자신의 심장보다 훨씬 빨리 뛴다는 사실을 알 것이다. 또 우리는 다람쥐가 먹이를 찾아서 거의 끊임없이 돌아다닌다는 것을 안다. 그리고 세렝게티의 사자가 막 물소를 사냥해서 포식한 뒤 그늘에서 꾸벅꾸벅 조는 모습을 TV에서 본 적이 있을 것이다. 사자는 며칠 동안 먹지 않아도 될 것이다. 고기를 전혀 먹지 않고도 일주일을 버틸 수 있다.[1] 그러나 이런 사례가 모든 심장은 작을수록 더 빨리 뛰고, 모든 커다란 동물은 간헐적으로만 먹을 수 있다는 걸 의미할까? 그리고 명백히 비례하지 않는 스케일링 사례가 있다면, 동물의 몸집이 커질 때 어느 장기가 체중보다 더 빨리 늘어나고, 어느 장기가 체중에서 차지하는 비율이 상대적으로 줄어들까?

그리고 아주 작거나 아주 큰 생물은 체중이 이 양쪽 극단 사이에 있는 생물과 같은 방식으로 세상을 경험할 수 있을까? 1713년 더블린의 세인트패트릭 대성당 주임사제가 된 조너선 스위프트는 걸작 《걸리버 여행기》에서 그런 일(체중이 상하로 엄

Composium jus, fasqu: animi, fanctofque receffis
Mentis, & incoctum generofo pectus honefto.

스위프트가 쓴 1726년 걸작의 권두화에 실린 레뮤얼 걸리버의 초상.

청나게 변해도 기능과 행동에는 변화가 없다는 것)이 완벽하게 가능하다고 잘못 가정했다. 이런 이유로 나는 좀처럼 가만히 못 있는 선상 외과의ship surgeon이자 나중에 선장이 된 레드리프Redriff의 레뮤얼 걸리버 이야기를 살펴보는 것이야말로 스케일링이라는 흥미로운 주제를 다루는 가장 좋은 방법이라고 생각한다. 스위프트가 1726년에 내놓은 "세계의 몇몇 동떨어진 나라들"로 여행하는 이야기를 담은 영원한 고전에서, 걸리버는 소인인 릴리퍼

트인들의 나라와 거인인 브로딩낵인들의 나라에 머물렀다.[2]

나는 스위프트의 오류를 사실상 논박할 여지가 없을 만큼 체계적으로 살펴볼 예정이지만, 그러한 스케일링 오류가 그 작품의 탁월함을 전혀 훼손하지는 않는다는 얘길 덧붙이련다. 새뮤얼 존슨Samuel Johnson이 그 작품을 폄하한 말이 종종 인용되곤 하지만("일단 거인족과 소인족이 있다고 받아들이면, 나머지는 다 술술 넘어간다"[3]) 이는 탁월한 예술적 선택을 부당하게 평가한 것일 뿐만 아니라 훨씬 더 커지거나 작아진 크기에 함축된 많은 심오한 의미에 대한 무지를 드러낸다. 그가 이야기를 고쳐 썼다면 스위프트의 스케일링 오류를 피할 수 있었을까? 그리고 그것이 중요할까? 나는 지금도 신랄하면서 혹독하고 매혹적인 스위프트의 상상 여행기를 좋아한다. 나는 그가 "세상을 즐겁게 하기 위해서가 아니라 짜증나게 하기 위해"라고 쓴 이유를 안다.[4]

그러니 그 주임사제에게 용서를 구하면서 기본적인 사실부터 살펴보기로 하자. 아주 꼼꼼한 스위프트는 거인들의 나라 브로딩낵에 갔을 때 걸리버의 실제 키가 얼마인지 이야기한다. 즉, "스플랙넉splacnuck(그 나라에 사는 아주 멋진 6피트 길이의 동물)만큼 크지 않다"고 적었다. 6피트는 1.82미터다. 18세기 영국 남성의 평균 키는 그보다 작았으므로(약 170센티미터), 래뮤얼 걸리버의 키가 175센티미터라고 가정해보자.[5] 그 책의 더 앞쪽에서 릴리퍼트의 수학자들은 "사분의의 도움을 받아 내 몸의 키"를 쟀고 "그들과 내 키의 비가 12 대 1"을 넘어선다는 것을 알아냈다. 그러면 릴리퍼트인은 키가 약 15센티미터일 것이고(만년필이나

The KING of BROBDINGNAG. and GULLIVER.

제임스 길레이James Gillray는 1803년의 채색 판화에서 (걸리버의 키와 왕의 머리를 비교하며) 브로딩 낵 왕을 평균 키보다 더 작게 그렸다. 21미터가 아니라 15미터에 더 가까웠다.

작은 칫솔의 길이), 브로딩낵인에게도 그 비가 적용되므로 그들의 키는 21미터일 것이다. 즉, 7층 건물이나 꽤 잘 자란 전나무의 높이다. 체중을 살펴보면, 릴리퍼트의 수학자들은 "자신들의 몸과 비슷하다는 점에 착안해서 내 체중이 적어도 자신들 체중의 1,724배일 것이라고 결론지었다".

스위프트의 오류,
갈릴레이의 설명

앞의 문장에는 두 가지 오류가 담겨 있다. 하나는 사소한 대수학적 오류이고, 다른 하나는 가정이 근본적으로 잘못되었다는 것이다. 스위프트의 사소한 오류는 단순한 계산 실수다. 12^3(12×12×12)은 1,724가 아니라 1,728이다. 스위프트는 걸리버의 체중을 언급하지 않았지만, 현대 인체측정학 연구에 따르면, 키 1.75미터에 평균 체격인 성인 남성의 체중은 64~70킬로그램이다.[6] 걸리버의 체중을 67킬로그램이라고 하면, 릴리퍼트인의 체중은 39그램에 못 미쳐 커다란 땃쥐와 비슷한 수준이다. 거꾸로 브로딩넥 성인 남성은 체중이 걸리버의 1,728배일 테니 11만 5,776킬로그램, 즉 거의 116톤에 달한다. 지금까지 알려진 가장 큰 공룡보다도 더 무겁지만, 한 가지 근본적인 차이가 있다. 곧추선 두 발로 이 무게를 지탱해야 한다는 것이다!

우리는 스위프트가 실제로 자신의 가정에 따라 이 괴물 같은 체중을 계산해서 얻었는지 알지 못한다. 하지만 계산을 했다면 이 엄청난 값을 보고 아마 꽤나 오래 주저했을 것이다. 물론 아닐 수도 있다. 모든 조건이 동일하면서 크기만 다르다는 허구적인 상황을 전개하려면 이런 가정이 꼭 필요했을 테니 말이다. 1948년 동물학자 플로렌스 무그Florence Moog는 이렇게 비판하면서 이 무리한 가정을 까발렸다. "굳이 예리한 통찰력을 지니지 않아도 그런 엄청난 몸집을 인체 비례라는 틀에 끼워 맞출 수 없다는 걸 충분히 알 수 있다." 그런 다음 그녀는 브로딩낵의 다리를 집중적으로 논의했다.[7] 가젤의 날씬한 다리는 어깨 높이를 기준으로 키의 2/3를 차지한다. 반면, 육중한 말은 다리 높이가 키의 약 절반이다. 코끼리를 지탱하는 둥근 기둥 같은 다리는 키의 겨우 1/3을 차지할 뿐이다. 그녀는 이렇게 결론지었다. "코끼리의 앞다리 굵기가 키의 약 절반이라는 동물원 사육사의 척도만 알고 있으면, 브로딩낵에서 여성의 가느다란 발목이 전혀 관심의 대상이 되지 못했으리라는 걸 충분히 알 수 있다."

게다가 코끼리와 매우 흡사하게 그런 거인도 딱히 목이라고 할 만한 부위가 없었을 테고, 사람의 발에 있는 아치 구조와 비슷한 것도 없었을 것이다. 또 곧추 서서 걷지도 못했을 가능성이 매우 높다. 그러나 걸리버 키의 1/12배와 12배인 존재는 그렇게 가볍지도 그렇게 무겁지도 않으므로, 이런 모든 논의는 사실상 잘못 짚은 것이다. 그런 왜곡은 스위프트의 큰 실수에서 비롯되었다. 그는 생물의 체중(M)이 키(몸길이: L)의 세제곱에 비례한다고 가정했다($M \sim L^3$, 여기서 ~은 비례를 나타내는 기호다). 모든 포유동물이 체온을 일정하게 유지하며 정교한 대사 활동을 하는 복잡한 모양의 삼차원 생물이 아니라, 완벽한 무생물 정육면체나 구球라면 그 가정이 들어맞을 것이다.

스위프트가 《걸리버 여행기》를 내놓고 약 150년 뒤, 벨기에의 수학자이자 통계학자 아돌프 케틀레Adolphe Quetelet(그의 연구는 이 책 7장에서 더 상세히 다룰 예정이다)는 다양한 체중과 키 관련 자료를 살펴본 끝에 이렇게 결론 내렸다. "키가 저마다 다른 성인들의 체중은 키의 제곱과 거의 같다."[8] 따라서 실제 인체 비례는 $M \sim L^2$이다. 즉, 체중은 키의 제곱(세제곱이 아니라)에 비례한다. 이 사실은 1833년부터 알려져 있었지만, 스위프트의 오류를 살펴본 최근의 몇몇 문헌도 여전히 불가능한 $M \sim L^3$ 이론을 고수하면서, 예를 들면 릴리퍼트인의 뇌 조직 속 뉴런도 1/1,728배 (0.06퍼센트 미만)에 불과할 터이므로 사람과 같은 지능을 지니지 못했을 것이라고 결론짓는다.[9] 사람과 같은 지성을 지니지 못했을 것이라는 결론은 옳지만, (뒤에서 보여줄 텐데) 그 뇌 용량 계산은 틀렸다.

미국 생리학자 앤설 키스Ancel Keys는 케틀레의 지수(M/L^2)가 맞다고 재확인했다. 식사(무엇보다도 지방과 콜레스테롤 섭취)와 심혈관 질환에 따른 사망률을 살펴본 유명한 역학적 연구를 통해서였다. 1972년 그는 이것에 체질량 지수라는 새로운 이름을 붙였고, 그 뒤로 이 척도는 과체중과 비만인 이들의 비율이 점점 높아지는 여러 풍요로운 국가의 인구에 널리 적용되어왔다.[10] 과체중 여부를 알려주는 이 지표를 계산하려면, 그냥 킬로그램 단위의 체중을 미터 단위로 잰 키의 제곱으로 나누면 된다. 정상 (비만도 저체중도 영양 부족도 아닌) 범위는 18.5~24.9다. 예를 들어, 160센티미터에 55킬로그램인 여성은 체질량 지수가 바람직한 범위의 중앙에 거의 완벽하게 자리할 것이다($55/1.6^2 = 21.5$).

마찬가지로 걸리버의 체질량 지수가 이 건강한 범위(21~22)

에 있었다면, 그의 체중은 약 67킬로그램이었을 것이다(22×1.75^2=67.4). 역시 체질량 지수가 22라고 가정한 평균적인 릴리퍼트인은 체중이 거의 정확히 500그램, 즉 0.5킬로그램에 겨우 조금 못 미치는 수준이다. 따라서 적절한 비례를 택했을 때, 릴리퍼트의 성인은 스위프트가 추정한 것보다 체중이 10배 이상 나가므로 땃쥐보다는 동부회색다람쥐에 더 가까웠을 테고, 콜롬비아의 나무 위에 사는 귀여운 흑백색 영장류 목화머리타마린(400~420그램)보다 좀 더 컸을 것이다.[11] 반면, 브로딩낵의 성인 남성은 체중이 9,702킬로그램에 달했을 것이다(스위프트가 가정한 체중의 1/10도 안 되는 수준이다). 거의 10톤이므로 유달리 큰 아프리카코끼리 수컷의 체중과 비슷하다. 하지만 두 발로 섰기에 키는 훨씬 더 컸다.

당연히 걸리버가 릴리퍼트를 떠날 때 데리고 나온 "암소 6마리와 수소 2마리, 많은 암양과 숫양"의 체중을 가정할 때도 스위프트는 동일한 스케일링 오류를 저질렀다. 걸리버는 자신을 구조해준 배의 선장에게 자기가 겪은 위험들이 정신이 오락가락해서 나온 상상이 아님을 납득시키고자 주머니에서 이 작은 동물들을 꺼냈다. 1/1,728배 스케일링(릴리퍼트인의 체중 39그램)을 적용한다면, 수소는 적어도 300그램, 암소는 적어도 175그램, 숫양은 약 60그램, 암양은 적어도 30그램은 될 것이다. 따라서 주머니에 이 작고 검은 소와 양의 무리를 넣었다면, 총무게는 적어도 2킬로그램, 아니 3킬로그램에 더 가까웠을 테고, 따라서 주머니는 아주 널찍해야 했을 것이다. 그 안에서 동물들이 뒤엉켜 짓눌리지 않도록 해야 한다는 점은 말할 것도 없다. 그런데 스위프트의 스케일링 오류를 바로잡아 적절한 비례에 따른 릴리퍼트 성인의 체중(약 500그램)에 맞춰 동물들의 체중을 계산하면, 수소는 적어도 4킬로그램, 암소는 적어도 2.2킬로그램, 숫양은 거의 1킬로그램, 암양은 약 500그램으로, 걸리버가 주머니에 담아온 동물들의 총무게는 적어도 25킬로그램이 넘을 것이다. 주머니에 담을 수 있는 수준이 결코 아니다!

가축을 제외해도, 적절한 비례에 따라 계산한 릴리퍼트인의 체중 약 0.5킬로그램이 키를 세제곱함으로써 얻은 체중보다 훨씬 더 현실적이라는 점은 명백하다. 그러나 여전히 몇 가지 의문은 남는다. 오로지 성인 남성들을 측정한 값에서 얻어낸 케틀레 법칙이 과연 모든 영장류에 적용될까? 체중이 100그램에 불과한 작은 부시베이비bush baby(아프리카의 나무에 사는, 눈이 커다란 작은 동물 — 옮긴이)에서 180~200킬로그램에 이르는 가장 큰 고릴라 수컷에 이르기까지? 걸리버는 릴리퍼트인보다 약 134배 무거웠을 텐데(1,728배가 아니라), 이 배수는 영장류 체중의 양쪽 극단 내에 들어가므로 이 스케일링 범위는 합당해 보인다. 반면, 두 발로 걷는 육상 포유동물 중 키와 체중이 걸리버보다 약 145배 무거우면서(1,728배가 아니라) 가장 큰 영장류보다 키가 적어도 7배 더 큰(21미터) 브로딩낵인에 가까운 종은 결코 존재한 적이 없다.[12]

21세기 들어 스위프트의 원래 가정(L^3)에 함축된 체중은 공룡한테 관심 있는 모든 사람에게 공룡의 행동에 관한 궁금증을 곧

바로 불러일으켰다. 어쨌든 스위프트의 가정에 따르면, 브로딩
낵 성인 남성은 체중이 티타노사우루스_Titanosaurus_류에 속한 네
발로 다니는 가장 큰 용각류만 했을 것이다. 그런데 스위프트는
소인족과 거인족이 모두 사람과 똑같이 행동한다고 가정했다.
걷고, 달리고, 말을 타고, 군사 훈련을 하고, 배를 몰았다. 이 부
분이 바로 스위프트의 세 번째 실수, 그리고 두 번째로 큰 결과
를 가져온 실수였다. 그런 극적인 크기 변화는 그런 극단적인 생
물의 해부 구조, 대사, 행동에 심오한 변화가 일어나지 않고서는
일어날 수 없을 것이기 때문이다.

　이런 오류를 저질렀다고 스위프트를 비난하는 것은 부당하고
방향이 잘못되었음을 쉽게 알아차릴 수 있다. 어쨌거나 그는 잠
시 케임브리지대학에 다니긴 했지만 신학을 공부했다. "가장 진
지한 신학자는 아니었다"고 스스로를 폄하했지만 말이다.[13] 그
는 수학자(학문 분야로서 통계학은 아직 출현하지도 않았다)는 물론 생
물학자도 아니었다. 그리고 그 책은 종의 다양성을 살펴본 린
네_Linné_의《자연의 체계_Systema Naturae_》보다 7년 전, 종의 기원을
다룬 찰스 다윈_Charles Darwin_의 책보다는 100여 년 전에 나왔다.
스위프트가 그 책을 쓴 것은 혹독한 풍자를 통해 인간의 어리석
음을 드러내기 위해서였지, 아직 탄생하지도 않은 스케일링의
과학을 알려주기 위해서가 아니었다.

　그런데 놀랍게도 스위프트의 스케일링 오류는《걸리버 여행
기》보다 88년 전에 나온 수다스럽지만 진중한 대작을 접했다
면 피할 수 있었을 것이다. 바로 갈릴레이의《두 새로운 과학》이

다.[14] 첫날의 대화가 시작될 무렵, 사그레도Sagredo(갈릴레이의 친구 이름을 딴 평범한 사람)는 이렇게 말한다. "역학은 기하학에 토대를 두며, 기하학에서 크기 자체는 전혀 중요하지 않으므로 …… 커다란 기계의 부품들을 작은 기계에서와 같은 비를 이루도록 구성한다면, 그리고 작은 기계가 설계 목적에 걸맞게 충분히 강하다면, 더 큰 기계도 가혹하면서 파괴적인 검사를 견뎌내지 못할 이유가 없다고 봅니다."

살비아티Salviati(이 대화에 참여한 3명 중 학자로서 갈릴레이의 또 다른 자아)는 곧바로 "여기서는 상식이 완전히 잘못된 것"이라고 반박했고, 사그레도는 부품을 동일한 재료와 동일한 비로 구성한 기계들이 외부 교란에 동등하게(또는 다소 비례적으로) 저항할 수 있다는 개념을 버려야 했다. "큰 기계가 작은 기계보다 크기에 비례해 더 강해지지 않는다는 점을 기하학으로 보여줄 수 있으니까요. 결국 인공적이든 자연적이든 모든 기계와 구조에는 기술도 자연도 건널 수 없는 필연적인 한계가 정해져 있다고 말할 수도 있군요."

기계에 적용되는 한계는 모든 생물에도 적용되며, 살비아티는 사람의 뼈보다 3배 더 긴 뼈를 그린다. 이 큰 뼈는 기괴할 만큼 부피가 크고, 따라서 이렇게 말할 수 있다.

거인의 팔다리 비례를 평범한 사람의 것과 똑같이 유지하고 싶다면, 더 강하고 더 튼튼한 재료로 뼈를 만들어야 합니다. 아니면 보통 키의 사람보다 힘이 약할 수밖에 없지요. 키가 엄

살비아티의 설득력 있는 뼈 비교.

청나게 커진다면, 자체 무게에 짓눌려 무너져 내릴 테니까요. 반대로 몸집이 줄어든다면, 그 몸의 힘은 같은 비례로 줄어들지 않아요. 사실 몸집이 작을수록 힘은 상대적으로 커요. 그래서 작은 개는 자기만 한 개를 두세 마리 업고 다닐 수 있을 겁니다. 그렇지만 말은 자기 몸집만 한 말을 한 마리조차 업고 다니지 못할 거라고 생각합니다.

스위프트의 근본적인 비례 오류야말로 이 점을 가장 명확하고 설득력 있게 보여주는 사례가 아닐까? 이제 사람처럼 생긴 동물에 적용된 소형화와 거대화가 어떤 의미를 함축하고 있는지 살펴보기로 하자. 표면적은 L^2이고 부피는 L^3에 비례하므로, 몸의 표면적과 부피의 비는 생물이 작아질수록 증가하며, 아주 작은 동물은 표면적이 상대적으로 더 크므로 큰 동물보다 체열을 훨씬 더 빨리 잃는다. 열 손실은 표면적에 비례하므로, 정온동물은 에트루리아땃쥐나 뒤영벌박쥐보다 작아질 수 없다. 둘다 체중이 겨우 2그램이며 몸길이는 3~5센티미터에 불과하다. 릴리퍼트인은 이런 가장 작은 동물보다 200배 이상 무겁지만 키는 그들의 몸길이보다 겨우 3~5배 더 길기 때문에 열을 그들보다 더 늦게 잃을 것이다. 하지만 모든 작은 동물과 마찬가지로 사람보다는 훨씬 빨리 잃을 것이며, 따라서 자주 먹어야 한다. 하루에 세끼보다는 훨씬 더 자주 먹을 것이다.

아주 작을 때 어쩔 수 없이 나타나는 또 한 가지 결과는 몸이 축축하다는 것이다. 표면적/부피 비가 더 크므로 물에서 빠져나오거나 비에 흠뻑 젖은 뒤 상대적으로 더 많은 물이 몸 표면에 달라붙는다. 성인 남성은 몸에 묻은 물의 무게가 체중의 1퍼센트쯤 된다(대수롭지 않은 양이다). 릴리퍼트인의 경우는 체중의 약 10~15퍼센트에 달하며, 이는 무거운 겨울 외투를 입는 것과 비슷하다. 물리학자 필립 모리슨Philip Morrison이 1968년 MIT 크리스마스 강연에서 한 말을 인용하면 이렇다. "릴리퍼트인은 몹시 배가 고픈 상태로 쉴 새 없이 움직여야 하고 우아하지만 쉽게 물에 흠뻑 젖은 꼴이 될 겁니다. 생쥐처럼 작은 여러 포유동물에게서 이런 특징을 볼 수 있지요."[15]

그렇다면 브로딩낵인은? 거의 10톤(케틀레의 공식에 따른 과장되지 않은 체중)에 달하는 그들은 정반대의 체열 문제에 맞닥뜨릴 것이다. 힘을 쓰는 활동은 거대한 몸집의 내부 과열을 증가시킬 뿐이다. 모든 포유동물의 뼈를 구성하는 물질은 그들의 움직임을 제약하는 주된 요인이다. 콜라겐(모든 척추동물의 뼈 형성 단백질) 세포간질에 광물인 인산칼슘 결정이 박혀 있는 형태다. 그러나 최대 부하에 관한 이론적 가정을 할 필요도, 훨씬 더 가벼운 포유동물을 분석해서 얻은 스케일링 지수를 적용할 필요도 전혀 없다. 그냥 사람이 체중은 가장 무거운 아프리카코끼리 수컷만큼 늘어나는[16] 반면, 키는 겨우 4배 남짓에 두 다리로 걷고 달리며 말 등에 올라탈 수 있다고 상상하기만 하면 된다.

걸리버는 브로딩낵 군대에 말 3만 2,000마리가 있으며, "커다란 말을 탄 기사는 높이 약 27미터쯤" 된다고 했다. 걸리버 시대에 유럽 군대에서 쓰던 말은 보통 체중이 약 500킬로그램이었다. 브로딩낵의 말 수준으로 확대하면 체중이 70~75톤에 달한다는 얘기다. 지금까지 알려진 용각류 중 가장 큰 아르겐티노사우루스Argentinosaurus의 체중이 그 정도였다. 이 공룡은 키가 21미터로 브로딩낵 말의 키와 비슷했을 것이다.[17] 아르겐티노사우루스만큼 거대한 말이 뒷다리로 일어서고, 사람을 태우고, 수레를 끌고, 빠르게 달리고, 승마 공연을 하는 빈Wien의 리피차너Lipizzaner와 흡사하게 훈련을 받아서 고전음악에 맞춰 춤까지 추는 날랜 발놀림을 보인다고는 상상조차 하기 어렵다.

집단유전학의 창시자 중 한 명인 홀데인J. B. S. Haldane은 《천로역정Pilgrim's Progress》에 나오는 거인 교황과 이교도의 키(약 18미터로 브로딩낵인보다 조금 작다)를 활용해 같은 스케일링 문제를 지적했다. 그들의 뼈는 사람 뼈보다 단위면적당 10배 더 많은 무게를 지탱해야 할 것이다. 그러나 사람의 넓다리뼈는 체중의 약 10배에 달하는 부하를 받을 때 부러지므로, 상상하기 어려운 공룡 같은 말과 마찬가지로 이 거인들도 "걸음을 옮길 때마다 넓다리뼈가 부러졌을 것이다".[18] 지구에서 그런 체중에 다다르고 그런 체중을 지탱하며 움직일 수 있으려면 수생동물이 되는 수밖에 없다. 현존하는 가장 큰 포유동물인 대왕고래 성체는 무게가 100톤을 넘어 200톤에 육박하기도 한다.[19]

또 다른 주목할 만한 크기 의존적 차이는 중력의 효과다. 크기가 줄어들수록 중력도 약해지는 반면, 공기 저항과 점성은 점점 더 중요해진다. 나뭇잎 뒷면에 거꾸로 달라붙어서 기어다니거나 천장에 달라붙어 있는 곤충은 중력을 무시하지만, 몸이 젖지 않도록 주의를 기울여야 한다. 그리고 높은 곳에서 낙하하거나 굴러떨어지는 동물의 운명도 크기에 따라 달라진다. 저항은 움직이는 물체의 표면적에 비례하며, 표면적/체중 비가 상대적으로 더 작은 동물은 더 큰 동물보다 공기 저항을 훨씬 더 강하게 받는다. 덤불에서 떨어지는 곤충은 충격에 짓이겨질 위험이 전혀 없다. 모든 작은 동물이 그렇듯 다람쥐만 한 릴리퍼트인은 아주 높은 곳에서 떨어져도 별로 다치지 않을 것이다. 반면, 사람은 비교적 낮은 높이에서 떨어져도 뼈가 부러질 위험이 있다. 더 큰 동물은 같은 높이에서 떨어지면 확실히 죽는다. 홀데인은 이렇게 말한다. "생쥐를 깊이 1,000미터 수직 갱도에 떨어뜨릴 때, 바닥이 꽤 부드럽기만 하다면 생쥐는 그저 조금 충격을 받을 뿐 멀쩡히 걸어서 사라진다. 반면에 쥐는 죽고, 사람은 뼈가 산산이 부서지고, 말은 핏덩이로 흩뿌려질 것이다." 말할 필요도 없겠지만, 브로딩낵의 말은 그런 곳에서 떨어지면 알아볼 수 없을 만큼 짓눌린 덩어리로 변할 것이다.

홀데인은 크기와 복잡성 측면에서 또 한 가지 근본적인 점을 지적했다. 아주 작은 선충은 매끄러운 피부를 통해 필요한 모든 산소를 쉽게 흡수하며, 원시적인 짧고 곧은 창자를 갖고 있다. 반면, 커다란 동물은 복잡한 체내 기관을 필요로 한다(사람의 허파는 내부 표면적이 30~50제곱미터에 이른다). 그래서 홀데인은 인상적일 만큼 올바로 대비시킨다. "키가 큰 동물이 키가 작은 동물보다 큰 것은 더 복잡해서가 아니다. 더 크기 때문에 더 복잡한 것이다. 식물도 마찬가지다."

가장 단순한 식물(가장 작은 조류)은 물에 떠다니거나 다양한 표면에 붙어 사는 작고 둥근 세포다. 반면, 나무(가장 큰 식물)는 굵은 줄기로 복사선을 포획하는 (잎이라고 부르는) 넓은 표면을 지탱해야 한다. 이것이 바로 크기만 다르고 그 외 모든 조건이 동일하다는 스위프트의 기본 가정이 그가 상상한 아주 작은 세계와 아주 큰 세계에서 동물에뿐 아니라 작물에도 들어맞지 않는 이유다. 그리고 내 생각에는 걸리버 사회의 주식인 밀이 크기 변화의 결과를 보여주는 가장 좋은 사례일 듯하다.

(다 자란 줄기가 짧은) 현대의 봄밀 품종은 키가 약 70센티미터로, 식물의 지상부 생물량을 재배치하기 위해 시도된 여러 세대에 걸친 육종의 산물이다.[20] 현대 품종은 생물량의 절반이 수확한 곡물에, 나머지 절반은 줄기와 잎에 들어 있다. 대조적으로, 이 한해살이식물의 전통적인 품종은 키가 커서 1.5미터를 넘을 때도 많았으며, 무게로 따질 때 낟알보다 밀짚이 4배까지도 더 많이 나왔다.[21] 걸리버 시대에 영국 밀의 키가 1.3미터였다고 가정할 때, 그에 비례해 릴리퍼트에서는 11센티미터에 불과했을 테고, 브로딩낵에서는 5층 건물 높이인 15미터를 넘었을 것이다

(비교하자면 미국에서 나무의 평균 높이는 23미터다).

한 계절이 지난 뒤 줄기가 말라붙는 한해살이 곡식은 그렇게 크게 자랄 수 없다. 대규모로 재배하는 곡식 중 키가 가장 큰 미국의 옥수수는 한여름에 평균 2.4미터까지 자란다.[22] 식물이 더 높이 자랄수록 건물량dry matter(생물체에서 수분을 제거하고 남은 물질의 양 ─ 옮긴이) 중에서 넓게 펼쳐지는 잎에 할당되는 양은 줄어들고, 지탱하는 구조를 만드는 조직, 특히 줄기에 할당되는 비율이 늘어난다. 이는 커지기 위해 치르는 대가다. 각 식물은 햇빛, 토양 영양소, 물을 놓고 경쟁하며, 잎 면적을 늘리려면 그 새로운 광합성 표면적을 지탱하는 데 필요한 구조 조직의 무게도 그에 비례해 늘어나야 한다. 밀의 키가 15미터라면, 그 줄기는 대나무에 더 가까워야 할 것이다. 속이 빈 굵은 줄기를 지닌 여러해살이풀 말이다.

게다가 브로딩낵 규모에서는 밀의 경작 밀도를 높이는 게 불가능할 것이다. 표준 경작 밀도는 헥타르당 약 350만 포기다(1제곱미터에 350포기, 즉 약 5제곱센티미터에 1포기).[23] 그러나 각 식물 개체의 키가 더 커질수록 면적당 포기 수는 줄어들며, '자기 솎아내기'(식물들이 죽음으로써 주변 식물이 더 잘 자라도록 빈자리를 만드는 과정)는 키 큰 줄기의 성장을 더욱 촉진한다. 땅에 붙어 자라는 (키 20센티미터가 안 되는) 현대의 다양한 풀들은 헥타르당 1,000만 포기를 넘는다. 키가 70센티미터인 밀은 (방금 언급했듯이) 헥타르당 약 350만 포기다. 키 2.5미터의 옥수수는 평균 7만 5,000포기, 대나무(또는 대나무처럼 생긴 거대한 밀)는 400그루에 불과하다.[24]

크기만 다를 뿐 다른 조건이 동일하다는 가정의 오류를 드러내는 이런 계산은 얼마든지 계속할 수 있다. 공룡보다 큰 브로딩낵 말의 머리까지 피를 뿜어 올리려면 어떤 힘이 필요할까? 또는 지름이 적어도 15센티미터인 대나무 같은 줄기를 지닌 키 15미터의 거대한 밀을 베려면? 어떤 심장이 실제로 그런 일을 할 수 있을까? 그에 비례한 크기의 쇠낫을 써야 할까? 분명히 스위프트가 상상한 여행은 매혹적인 소설에는 적합하지만 현실에서는 가능하지 않은 여러 구성물에 의문을 제기하고 바로잡을 기회를 제공해왔다. 우리는 걸리버의 극단적 경험을 크기만 홀로 변할 수는 없다는 사실을 알려주는 교훈적 사례로 삼을 수 있다. 크기에 따라 다른 모든 것도 변해야 한다.

따라서 우리는 스위프트에게 이중으로 감사해야 한다. 그가 옳았던 점 덕분에, 또 그가 틀렸던 점 덕분에 말이다. 우리에게 모험, 캐리커처, 정치 풍자, 사회 비평, 가차 없는 분석, 인간 조건에 관한 예리한 촌평뿐 아니라, 뜻하지 않게 생물의 크기를 확대하거나 축소할 때 생기는 효과와 결과를 무시함으로써 빚어진 오류를 보여주는 풍부하면서 적절한 사례까지 포함된, 내내 흥미진진하면서도 재미있는 조합을 제공하기 때문이다.

그러나 이 더블린 주임사제의 이야기는 여기서 끝이 아니다. 모든 크기 의존적 스케일링 관계의 가장 중요한 결과라 할 만한 것을 더 자세히 살펴봄으로써, 또 다른 근본적인 계산 오류를 다루어야 한다. 바로 체중의 변화에 따른 대사의 변화다. 그 실수를 바로잡는 길은 새로운 과학 탐구 분야의 출현과 함께 시작되었다.

상대 성장의 짧은 역사:
피부와 게 집게발

생물의 몇몇 중요한 구조적(뼈)이고 기능적(피부, 내장)인 특성은 크기에 따라 어떻게 달라질까? 우리가 이런 관계를 체계적으로 조사하기 시작한 것은 언제부터일까? 많은 새로운 탐구 사례가 그렇듯 인체 기관의 스케일링을 가장 먼저 정량적으로 시도하는 일도 19세기 후반에 독일에서 시작되었다. 1879년 독일 의사 카를 메Karl Meeh는 표면적 크기를 체중의 함수로 정량화한 긴 논문을 발표했다.[25] 부검 때 무게나 부피를 꽤 쉽게 측정할 수 있는 내장과 달리, 피부의 총면적을 구하는 일은 19세기에 엄청난 도전 과제였다.

메는 몸에 도형을 그려 그 도형을 트레이싱 페이퍼로 옮기고 (기하학적으로 재거나 종이의 무게를 잼으로써 면적도 계산하고), 종이를 폭이 밀리미터 단위인 띠로 자른 뒤 원통(다리, 팔, 몸통)에 감싸는 방법으로 몸의 표면적을 구했다. 그는 생후 6일 된 아기부터 66세 성인에 이르기까지 16명(아동 10명, 성인 6명)을 조사했을 뿐이다. 어떤 확고한 결론을 이끌어내기에는 표본이 너무 적었다. 그러나 그가 표면적이 체중에 의존한다고 일반화하기 위해 개발한 (표면적이 체중의 2/3제곱에 비례한다는) 공식은 거의 150년 뒤에도 여전히 쓰이고 있다. 1915년 미국 의사 두보이스DuBois 형제는 체중과 키를 모두 사용해서 몸의 표면적을 예측하는 공식을 내놓았다. 놀랍게도 1916~2010년 다른 방정식이 20가지 이상 나왔음에도 이 정량화 방식은 그 뒤로 죽 쓰이고 있다.[26]

1892년 또 다른 독일 의사 오토 스넬Otto Snell은 처음으로 신체 기관의 무게 증가가 체중 증가에 비례하지 않는다는 것을 규명했다.[27] 구할 수 있는 자료의 한계 때문에 스넬은 사람의 뇌를 연구 대상으로 선택했다. 뇌 크기는 생물 전체의 체중보다 더 느린 속도로 늘어난다. 포유류의 체중이 증가할수록 그에 비례해 체중에서 뇌가 차지하는 비율은 점점 줄어든다는 뜻이다. 스넬은 포유류 20종과 조류 25종의 자료를 제시했지만, 일반화한 예측은 전혀 내놓지 못했다. 그의 포유류 자료는 땃쥐의 1/23에서 북극고래의 1/22,000에 이르기까지, 몸이 커질수록 뇌-몸 비가 예상한 대로 줄어든다는 걸 보여주었다.

5년 뒤인 1897년 네덜란드 자연사학자 외젠 뒤부아Eugène Dubois는 포유동물의 몸과 뇌의 크기를 연관 지은 긴 논문을 내놓았다. 그는 단순한 일반 공식인 $e = cs^r$으로 그 관계를 표현했다. 여기서 e는 encephalon(뇌)의 약자로 뇌의 무게를, c는 머리 발달cephalization의 계수, s는 체중, r는 연관 계수를 가리킨다.[28] 과학자가 거듭제곱 함수라는 것을 써서 실제 질량 의존 변수를 계산한 최초의 사례였다. 이는 한 양의 변화가 어떻게 그에 비례해 다른 양의 변화를 가져오는지 계산하는 방법이다. 정사각형의 확대는 거듭제곱 법칙의 가장 단순한 사례. 한 변의 길이 x를 2배로 늘리면 면적 y는 4배로 늘어난다. 즉, $y = x^2$이다.

바로 1년 뒤 프랑스의 젊은 생리학자 루이 라피크Louis Lapicque는 뒤부아의 공식을 사용해 뇌의 상대적 무게를 비교하기 시작했다. (개부터 시작해서) 같은 종끼리 또 서로 다른 종끼리 말이다. 1907년 라피크는 (설치류, 초식동물, 영장류를 포함한) 동물의 뇌 무게를 체중과 관련지은 그래프를 발표했다. 그래프는 동물이 클수록 그에 비례해 뇌가 더 무거워지는 것은 아님을 보여주었다.[29] 그럼으로써 뒤부아와 라피크는 현대 스케일링 연구의 항구적인 토대를 마련했다. 크기 의존 변수의 값을 계산하는 거듭제곱 공식과 스케일링 진행 양상을 보여주는 그래프 표현 방식이다.

과학 발전의 역사에서 종종 그렇듯 뒤부아와 라피크의 논문은 프랑스어로 쓰였기에 영어권에서 스케일링 역사를 다룰 때 대개 등장하지 않는다. 대신 킹스 칼리지 런던의 실험동물학 명예 강사인 줄리언 헉슬리Julian Huxley와 그의 손자로 다윈 사상을 앞장서서 옹호한 토머스 헨리 헉슬리Thomas Henry Huxley의 연구가 주로 등장한다. 헉슬리의 첫 스케일링 연구는 1924년에 나왔다. 농게 수컷의 유달리 커다란 한쪽 집게발의 성장을 다룬 짧은 논문이었다. 그는 이를 '이형 발달heterogenic development'이라고 했다.[30] 헉슬리는 성장하는 게의 몸길이와 커다란 집게발의 크기를 쟀다. 그리고 두 변수의 로그값을 취해 그래프에 나타내자, 집게발이 몸 전체보다 더 빨리 자란다는 사실을 뚜렷이 보여주는 기울기를 지닌 직선이 그려졌다. 집게발의 성장 직선 기울기가 몸길이의 성장 직선 기울기보다 더 가팔랐던 것이다.

농게 수컷의 커다란 집게발.

1932년 헉슬리는 상대성장의 문제를 상세히 다룬 책을 내놓았다. 그 전까지의 연구들이 엉성하고 좀 단편적이라고 여겼기 때문이다.[31] 이윽고 '거듭제곱 스케일링' 하면 으레 그의 이름을 떠올릴 정도가 되었는데, 주된 이유는 4년 뒤 그가 조르주 테시에Georges Teissier와 함께 이 새로운 학문 분야에 영구적인 이름을 부여했기 때문이다. 〈네이처〉에 실린 짧은 논문에서 그들은 '상대성장allometry'(allos = 다른, metron = 측정, 즉 다름의 측정)이라는 용어를 택했다.[32]

보편적인 용어로 표현한 스케일링(거듭제곱) 방정식은 $y = cx^r$ 이다. 여기서 y는 해당 (의존) 변수의 크기, x는 독립 변수, r은 어떤 관계인지를 말해주는 지수, c는 결과를 특정 단위(무게, 길이, 면적 등)로 나타내는 데 필요한 상수다. 농게 수컷 집게발이 몸 전체보다 훨씬 더 빨리 자라는 것은 고상대성장hyperallometric 관계의 한 예이며, 장기의 무게가 체중보다 더 느린 속도로 자라는 것은 저상대성장hypoallometric 관계에 해당할 것이다.[33]

그러나 유명세로 치자면, 헉슬리가 제시한 상대성장 스케일링 사례는 막스 클라이버Max Kleiber의 것에 미치지 못한다. 캘리포니아 농업실험실에서 일하던 스위스 생물학자 클라이버는 헉슬리의 책이 나온 바로 그해인 1932년에 동물의 체중과 대사 사이의 관계를 정량적으로 분석한 보고서를 내놓았다.[34]

대사 스케일링은 다음 장의 주제이며, 이번 장의 나머지 지면에서는 체중(몸 질량)과 관련한 다른 구조적·기능적 변수를 살펴보기로 하자. 왜 질량일까? 모든 크기 변수가 그렇겠지만 키, 길이, 폭, 둘레 같은 선형 척도는 특수한 정의를 필요로 한다. 예를 들어, 말의 키는 바닥에서 정수리까지의 높이가 아니라 어깨 사이 융기까지의 높이를 말한다. 또 많은 동물은 몸길이를 잴 때 꼬리를 포함할지 뺄지도 고려해야 하며, 대개 체중에 비해 정확히 재기가 더 어렵다.

그것이 바로 상대성장 연구가 언제나 많은 생리적 (그리고 더 뒤에는 다양한 생태적) 변수를 덜 까다로운 변수인 체중과 연관 짓는 이유다. 이 기본적인 범용 스케일링 방정식은 단순히 $y = cM^r$이라고 적을 수 있으며, y는 살펴보고자 하는 변수(내장의 크기, 서식 영역의 크기), c는 결과를 특정 단위로 표현하는 데 쓰이는 상수, M은 생물의 체중, r는 스케일링 지수다. 여기서 $r = 1$일 때 단순한 선형 관계가 된다. 살펴보는 변수의 크기가 등성장-isometric(isos = 같음) 형태로 변한다는 뜻이다. 즉, 한 기관의 무게(또는 부피)가 체중과 같은 속도로 변하며, 두 변수를 가로와 세로 축으로 삼으면 직선이 그려진다.

체중이 1킬로그램인 동물의 내장 무게가 10그램(체중의 1퍼센트)이라면, 동물의 체중이 10킬로그램으로 늘어도(10배 더 무거워져도) 그 내장은 여전히 체중의 1퍼센트일 테고, 10배 더 무거운 100그램일 것이다. 이런 등성장 스케일링은 흔치 않다. 핵심 기관 중에서는 허파 무게, 폐활량(최대한 들이마신 뒤 내뱉을 수 있는 공기의 부피), 혈액량만이 (그리고 몇몇 연구에 따르면 심장과 체지방 무게도) 등성장이나 그에 아주 가까운 속도로 변한다. 앞서 말했듯 저상대성장 스케일링은 장기나 기능이 체중보다 더 느린 속도로 변한다는 뜻이고, 비교적 드문 고상대성장 스케일링에서는 정반대 양상이 나타난다(장기가 체중보다 좀 더 빠른 속도로 변한다).

뇌는 오랫동안 스케일링 연구의 선호 대상이었다. 경우에 따라 지수가 0.70~0.81로 나왔고, 포유류 약 1,500종을 가장 포괄적으로 다룬 연구에서는 뇌 성장 지수를 $0.75(M^{0.75})$로 보고했다. 예를 들어, 체중이 10킬로그램에서 20킬로그램으로 2배 늘 때(거의 콜로부스원숭이와 캐나다비버의 차이와 같다), 뇌 무게는 겨우 1.68배 증가할 것이다. 라피크가 처음 그래프로 나타낸 뒤로 상대성장 스케일링은 흥미롭고 유용한 정보를 알려주는 그림들을 많이 내놓았다. 체중을 가로축, 장기 무게를 세로축으로 삼으면, 저상대성장 스케일링은 완만하게 아래로 휘어지는 곡선을 그릴

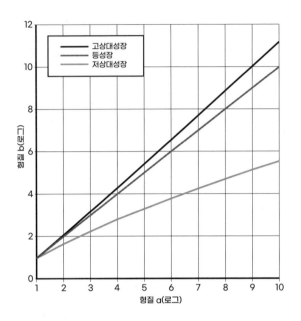

상대성장 스케일링. 장기의 등성장(1:1)과 고상대성장 스케일링(>1)은 드물다.
가장 흔히 보이는 것은 저상대성장 스케일링(<1)이다.

것이다. 체중이 늘어날수록 장기의 무게가 늘어나는 속도는 점
점 더 느려진다는 것을 명확히 보여준다. 그러나 이 값들을 모두
로그로 변환해서 두 축이 로그인 그래프에 표시하면, 위의 그림
에서처럼 직선이 그려진다.

실제로 어떤 장기나 기능의 구체적인 실제 크기 값은 특정한
상대성장 방정식으로 계산한 직선이나 그와 아주 가까운 곳에
놓일 것이다. 반면, 이 직선보다 훨씬 위쪽이나 훨씬 아래쪽에
놓이는 자료점도 있을 것이다. 메의 선구적인 피부 면적 연구가
이루어진 뒤로 약 150년 동안 생물 스케일링의 과학은 넓고 깊

어졌다. 하지만 다음 절에서 보여주는 것처럼 여전히 복잡한 경험 증거를 일반화한 공식에 끼워 맞추려는 노력을 계속하고 있으며, 지금껏 예외 사례와 불확실성에 시달리고 있다.

장기의 스케일링:
뇌, 심장, 뼈

몸이 커질수록 장기도 더 커진다는 점은 명백하지만, 뇌 무게 가 체중보다 더 느린 속도로 증가한다는 라피크의 발견이 다른 모든 기관에 들어맞을까? 아니면 체중과 같은 속도로 증가하거 나, 더 빨리 증가할까? 몸집 의존적 피부 면적의 계산은 이 지속 적인 불확실성을 가장 잘 보여주는 사례에 속한다. 나와 있는 공 식들을 비교하면 지수 범위가 0.38~0.66으로 상당히 모호하다 는 것을 알 수 있다. 그 결과 이런 표면적 공식들은 대부분 아주 한정된 범위의 체중에만 잘 들어맞는데, 그럴 때도 어느 공식이 가장 정확해 보인다고 말하기란 불가능하다.[35]

이 문제는 중요하다. 몇몇 암 치료, 이식, 화상과 중독 치료는 몸 표면적을 가능한 한 정확히 알아야 하기 때문이다. 스케일링 공식은 가장 흔한 성인 체중(50~100킬로그램)과 키(150~170센티 미터)에는 꽤 잘 들어맞지만, 아동과 더 무거운 성인의 경우에는 받아들일 수 없을 만큼 큰 차이를 보인다(20~30퍼센트까지). 키 가 작은 사람들에게서 가장 큰 불일치가 나타나며, 키가 아주 큰 (2미터) 사람들에게서도 차이가 크다(많으면 0.5제곱미터). 걸리버 의 세계에 적용한다면, (체중과 키를 조합한 최근의 한 방정식을 사용 해 구한) 걸리버의 몸 표면적은 약 1.8제곱미터일 테고, 같은 공식을 쓰면 브로딩낵 성인 남성의 표면적은 약 86제곱미터에 달할 것이다. 그는 걸리버보다 거의 145배 무겁지만, 몸 표면적은 고작 약 48배 넓다.

그러나 몸 표면적을 계산하는 데 쓸 수 있는 공식들의 모호함도 가장 근본적인 차원의 불확실성이라고 할 수는 없다. 그 불확실성은 모든 몸 표면적 연구가 암묵적으로 전제하는 가정에서 나온다. 마치 모든 땀구멍과 털집(내피 안에서 털뿌리를 싸고 털의 영양을 담당하는 주머니 — 옮긴이)이 없고 총면적에 전혀 기여하지 않는 양 피부가 편평하다는 가정이다. 그러나 물론 그런 구멍들은 존재하고, 면적당 밀도가 성인과 아동이 다르고 집단별로도 차이가 있다. 땀구멍은 증발을 통한 냉각을 가능케 하는 주된 통로이므로 이런 기관은 대사 활동이 활발하게 일어나는 곳이다. 따라서 기존의 모든 체중 의존적 (또는 체중과 키 의존적) 공식은 불완전하다.

뇌 얘기로 돌아가서, 이 뇌 크기 변화 직선은 어떤 동물이 예상보다 더 똑똑한지 여부를 판단하는 데도 쓸 수 있다. 포유동물 중에서 영장류, 식육류, 몇몇 나무땃쥐류, 이빨고래류는 예상한 값보다 뇌가 더 크며, 영장류(특히 인간과 침팬지)는 포유류의 직선보다 상당히 더 위쪽에 있다.[36] 반면, 개·말·코끼리의 뇌는 예상한(계산한) 값에 들어맞으며, 고슴도치·돼지·하마·사자·대왕고래(가장 큰 포유동물)는 예상보다 더 작은 뇌를 갖고 있다.

사람의 뇌 크기를 다룬 논문은 수만 편에 달하며, 책도 수백 권이 나와 있다.[37] 체중이 침팬지와 돼지 사이의 범위에 놓인 포

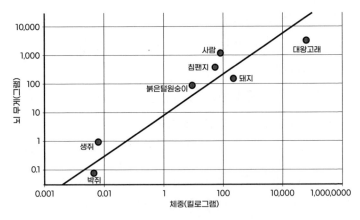

영장류는 척추동물의 예상 평균 무게보다 상당히 더 무거운 뇌를 갖고 있다. 돌고래와 몇몇 생쥐 종도 그렇지만, 박쥐·돼지·대왕고래는 상대적으로 뇌가 더 작다.

유동물에게서 예상할 수 있는 크기보다 유달리 큰 이 뇌는 물론 (두 발 보행, 다재다능한 손, 더운 환경에도 순응할 수 있게 해주는 상대적으로 적은 물 수요량과 높은 땀 배출률의 놀라운 조합과 더불어) 인류 진화의 정점이다. 돼지 성체의 뇌 무게는 200그램이 안 된다. 침팬지 성체의 뇌 무게는 약 450그램이다. 반면, 성인 남성(갑작스러운 외상으로 사망한 18~35세의 남성을 연구한 자료)의 뇌 무게는 평균 1,407그램이며, 측정한 모든 사람의 95퍼센트는 1,179~1,621그램 범위에 들어간다.[38]

그러나 뇌 같은 복잡한 기관을 그렇게 긴 진화 기간에 걸쳐 살펴보는 일이 이처럼 단순할 리가 없다. 전반적으로 영장류와 인간은 뇌가 더 크며, 뇌 크기가 비슷한 다른 포유동물보다 신경세포의 수가 훨씬 더 많고, 포유동물의 지능이 뉴런과 시냅스의 수 및 정보 처리 속도와 가장 상관관계가 높다는 점은 명백하다. 사람의 뇌는 뉴런이 800억 개를 넘고(침팬지는 그 10퍼센트도 안 된다) 시냅스 수가 약 1,000조 개에 달한다. 여러 은하에 있는 별의 수를 더하면 아마 이 시냅스 수와 비슷할 것이다.[39] 인류의 뇌는 플라이오세(258만 년 전) 말 이후 약 3배 증가했으며, 이 시기는 불을 다스리고 점점 더 복잡한 인공물(석기: 더 뒤에는 창, 활, 화살)을 쓰게 된 시기와 일치한다. 하지만 이런 것들을 정신 능력 강화의 직접적 지표라고 보아서는 안 된다.

호주의 해부학자이자 인류학자 마치에이 헨네베르크Maciej Henneberg는 같은 기간에 말의 뇌도 크기가 3배 증가했지만, 말에게서 지적 행동의 향상은 전혀 일어나지 않았다고 말한다.[40] 인류의 뇌 크기는 몸집 증가와 함께 일어났으며, 그 뒤에 (약 3만 년 전 플라이스토세 말부터) 10퍼센트가 감소했는데, 그때 몸집도 함께 줄어들었다. 그러나 같은 크기의 몸에 더 큰 뇌가 들어가려면 무언가 변화가 일어나야 했을 것이며, 우리 종의 유달리 큰 뇌/몸 비는 주로 위창자관의 축소와 근골격계의 지지가 빚어낸 결과일 수 있다. 이런 균형은 식단에서 고기의 비중이 더 늘어나고 더 질 좋으며 더 입맛에 맞게 가공된(요리되거나 분쇄된) 음식 덕분에 더 적은 소화계로 대사할 수 있게 됨으로써 가능해졌다. 따라서 우리의 정신 능력은 해부 구조의 진화보다 기능의 진화 덕분일 수도 있다.

걸리버 세계에서의 뇌는 어떨까? 릴리퍼트인의 뇌 무게와 체중의 비가 사람과 비슷하다고 가정한다 해도, 뇌 무게는 약 10그램일 것이다. 사람의 뇌에는 뉴런이 860억 개 들어 있는 반면 그렇게 작은 뇌에는 약 8억 개 들어 있을 것이며, 이는 인지와 학습 능력이 우리의 겨우 0.9퍼센트에 불과할 것임을 시사한다.[41] 그런 뇌가 사람의 사회처럼 미묘하고 복잡한 성격을 지닌 사회를 형성하고 운영할 수 있을까? 답은 명백하다. 반면, 브로딩낵 성인의 뇌가 사람의 뇌에 비례한다고 가정하면, 무게가 200킬로그램에 가까울 것이다. 그리고 여기서 가장 먼저 떠오르는 질문은 그들의 추론 능력이 얼마나 뛰어날까가 아니다. 그렇게 무거운 기관을 담으려면 머리뼈 무게가 얼마나 될까? 그리고 상체의 전반적 뼈대 구조, 목의 지름, 그 무게를 똑바로 받치고 이리저리 돌리는 데 필요한 근육의 힘은 얼마나 될까?

다른 주요 기관을 살펴보면, 일부 연구는 심장의 크기가 몸집과 같은 속도로 증가한다고 말한다. 반면, 그런 스케일링이 땃쥐에서 코끼리에 이르는 전체 포유류에 걸쳐 적용되는 것은 아니라고 말하는 연구들도 있다.[42] 예를 들어, 체중 중 심장 무게가 차지하는 비율은 사람(0.4퍼센트)보다 개 성체(허스키 약 0.7퍼센트)가 더 높은 반면, 남아프리카의 영양류를 보면 작은 종에서 큰 종으로 갈수록 비율이 낮아진다. 체중이 12킬로그램인 작은 종 다이커영양은 킬로그램당 6그램인데, 500킬로그램인 일런드영양은 킬로그램당 4그램이 안 된다.[43]

포유류의 심장 박출량은 더 복잡하다. 체중 10킬로그램까지는 등성장 스케일링이 일어난다. 사람을 포함한 중간 크기의 종들(10~100킬로그램)에게서는 지수가 0.71로 떨어진다. 더 큰 포유동물에게서는 더 떨어져 0.67이 된다.[44] 포유류의 크기가 커질수록 단위 체중당 심장 박출량은 줄어드는데, 수축기 혈압은 몸집에 상관없이 상대적으로 일정하게 유지된다(생쥐와 말: 120mmHg).

사람의 심장(0.25~0.35킬로그램)은 대동맥의 지름이 3센티미터다. 가장 큰 포유동물의 심장(대왕고래 450킬로그램)은 그보다 1,300~1,800배 더 무겁지만, 대동맥 지름은 겨우 약 8배 클 뿐이다(23센티미터). 즉, 몸이 클수록 심장은 상대적으로 작은 대동맥을 통해 피를 뿜어낸다는 뜻이다.[45] 이는 분명히 포유동물의 몸집을 제한하는 한 가지 중요한 요인이다. 이보다는 덜 와닿겠지만, 물에서는 수평 방향으로 긴 100톤의 동물이 살 수 있는 반면, 육지에서는 비슷한 크기의 동물이 두 발로 걸어 다니는 게 불가능할 것이다. 스위프트의 원래 계산에 따르면, 브로딩낵인의 몸에서 심장은 도저히 제 기능을 할 수 없다.

모든 동물은 평생에 걸쳐 심장박동 횟수가 거의 같다. 더 작고 수명이 짧은 동물은 거대한 포유동물보다 심장이 훨씬 더 빨리 뛴다는 뜻이다(체중 의존 스케일링 지수는 −0.25). 진동수(분당 박동 수)는 1,000번이 넘는 작은 땃쥐부터 30번에 미치지 못하는 가장 큰 코끼리 수컷과 10번에 불과한 대왕고래에 이르기까지 그 범위가 넓다.[46] 릴리퍼트인의 심장은 분당 200번 이상 뛰겠지만, 브로딩낵 성인 남성의 심장(체중 10톤가량에 맞게 적절히 조정한 무게)은 20번 미만으로 뛸 것이다. 사람의 평균 심박수(분당 72번이며, 60~80번이 가장 일반적인 범위에 속한다)는 돼지 성체의 심박수 범위 중에서 낮은 쪽에 놓인다. 돼지는 사람과 체중이 비슷하지만 심장이 사람의 평균보다 아주 조금 클 뿐이어서 심장외과 전문의들이 실습할 때 가장 좋은 대체제로 활용하곤 한다.[47]

그리고 이번 장 첫머리에서 심장 이식의 적합성을 이야기할 때 제기한 질문은 어떨까? 이식된 심장이 최적 크기보다 작다면 분명 바람직하지 않다. 일반적으로 가능한 기증자의 범위는 환자와의 체중 차이를 30퍼센트 이내로 제한한다. 하지만 평균적으로 성인 남성의 심장이 여성의 것보다 약 35퍼센트 더 무겁기 때문에, 역대 이식 사례를 대규모로 조사한 연구에 따르면 여성의 심장을 이식받은 남성은 1년 사이에 사망할 확률이 32퍼센트 더 높았다. 최적 크기에 못 미치는 작은 심장에 지나치게 부담을 준 것이 주된 원인이다.[48]

(많은 연구가 이뤄진) 간, 콩팥, 소화기는 몸집보다 더 낮은 속도로 변하는 저상대성장을 하는 장기에 속하지만, 몸집과 같은 속도로 변하는 등성장 스케일링이 일어나는 사례도 아예 없지는 않다. 또 에너지를 소비하는 내장 기관의 저상대성장 스케일링은 온몸 대사의 저상대성장 스케일링에 결정적 기여를 한다. 심장, 콩팥, 간, 뇌는 성인 체중의 최대 5.5퍼센트에 해당하지만(각각 0.5, 0.4, 2.6, 2퍼센트) 휴식할 때 대사율(각각 8.7, 8.2, 21.6, 20.2퍼센트)의 거의 60퍼센트를 차지한다.[49] 반면, 뼈대근은 (비만이 아닌) 성인 남성 체중의 약 40퍼센트를 차지하지만 휴식할 때 쓰는 에너지의 겨우 22퍼센트만을 사용하며 나머지는 지방 조직(체중의 21퍼센트)이 사용한다.

피부 무게의 지수는 (분석에 사용한 포유동물의 데이터 집합에 따라서) 0.84로 낮지만, 스케일링은 지수가 1.0을 넘는 고상대성장을 보일 수 있다. 포유동물의 뼈대도 그렇다. 앞서 살펴보았듯 체중이 늘어날수록 뼈대는 더 빠른 속도로 무거워질 것으로 예상된다. 더 큰 동물이 동일한 구조적 강도를 지니려면 더욱 큰 뼈를 지녀야 하기 때문이며, 다양한 연구들이 제시한 스케일링 지수는 1.09~1.14다.[50] 후자는 100킬로그램 동물이 50킬로그램 포유동물보다 2배가 아니라 적어도 2.15배 더 무거운 뼈대를 지니고, 돼지보다 10배 무거운 하마는 12배 더 무거운 뼈대를 지닐 것이라는 의미다. 체지방의 총무게도 아주 비슷한 스케일링을 보인다. 여러 논문이 제시하는 지수가 1.14~1.19다. 요약하면 작은 동물일수록 상대적으로 피부 면적이 더 넓고 뇌·심장·콩팥·간이 더 큰 반면, 큰 동물일수록 뼈가 더 무겁고 지방이 더 많다.

  포유류는 종에 따라 근육량에 상당한 차이가 있다. 체중에서 근육이 차지하는 비율은 22퍼센트에서 61퍼센트까지 다양하며, 영장류(22~49퍼센트)는 이 범위 중 낮은 쪽에 속한다. 그러나 이렇게 상당한 차이가 있음에도 근육량과 체중의 비는 등성장 관계를 보이며, 영장류는 비영장류 포유동물보다 스케일링 계수가 약간 더 높다(1.05 대 0.99).[51] 성별에 따라 근육량에 차이가 있는 것은 분명하다. 18~88세 성인을 연구한 자료를 보면, 절댓값과 상댓값 양쪽에서 남성이 여성보다 뼈대근량이 상당히 많다(33 대 21킬로그램, 즉 약 38 대 31퍼센트). 하체보다 상체가 더 큰 차이를 보이며, 50세에 가까워지면 뼈대근의 절대량이 눈에 띄게

줄어들기 시작한다.[52]

마지막으로 살펴볼 저상대성장 스케일링의 주요 기관은 눈이다.[53] 클 뿐만 아니라 해부학적으로 긴 눈을 지니면 추가적인 혜택이 있다. 각막(눈을 보호하는 바깥층)과 망막(가장 안쪽에 있는, 빛을 감지하는 층)의 거리가 멀수록 맺히는 상의 크기가 더 커지고, 그러면 먹이를 찾고 포식자를 피하는 데 더 유리하다. 맹금류는 시력이 아주 좋다고 잘 알려져 있다. 사람이 1.2미터 떨어진 곳에서 볼 수 있는 것을 독수리는 6미터 떨어진 곳에서도 볼 수 있다. 또 색깔을 더 선명하게 보고 자외선까지도 감지할 수 있다.

모든 척추동물을 분석한 연구와 모든 어류·파충류·조류·포유류 각각을 분석한 자료는 조류와 영장류가 비교적 눈이 크고, 설치류와 파충류가 비교적 작으며, 어류는 워낙 다양해서 그 어떤 일반적인 결론도 도출할 수 없음을 말해준다. 브로딩낵인은 거대한 머리에 커다란 눈을 지니는 데 아무런 문제도 없겠지만(몸집이 커질수록 상대적으로 눈의 크기는 작아지므로), 릴리퍼트인은 사람과 비슷한 시력을 갖추려면 균형에 맞지 않게 커다란 눈을 지녀야 할 것이다. 비슷한 크기의 작은 다람쥐나 기니피그보다는 부시베이비의 눈에 더 가깝게, 상대적으로 얼굴에서 많은 면적을 차지해야 할 것이다.

1950년대부터 동물생태학이라는 새로운 과학이 야생에서 동물의 행동을 힘들여 꼼꼼하게 관찰한 노력에 힘입어 대폭 발전함에 따라, 생물학자들은 몸집이 생존의 주요 매개변수에 미치는 효과를 정량화하기 시작했다. 생존에 가장 중요한 것은 행동권home range의 크기다. 생존과 번식에 필요한 모든 자원이 들어 있는 땅의 면적을 말한다.[54] 척추동물 500여 종의 행동권을 살펴본 한 포괄적인 연구에서는 몇몇 예상된 결과가 나왔다. 육식동물은 초식동물보다 더 멀리 돌아다녀야 한다. 어류는 몸집에 비해 행동권이 가장 작다. 육식성 포유류의 행동권은 체중에 따라 고상대성장을 하며, 초식성 포유류보다 기울기가 더 가파르다. 체중 1킬로그램(긴털족제비나 작은 페넥여우의 체중)인 식육류는 같은 크기의 초식동물보다 행동권이 약 14배 넓다.[55]

이와 비슷하게 작은 매에서 커다란 콘도르에 이르기까지 육식성 조류의 행동권은 초식성보다 더 높고 더 가파르다. 또 놀랄 일도 아니겠지만, 이동성은 행동권 크기의 주된 결정 요인이며, 체중만으로는 설명할 수 없는 종들 사이의 행동권 차이를 설명해준다. 체중이 같을 때 행동권의 크기는, 매복에서 간헐적 탐색과 가까운 거리를 늘 돌아다니는 것에 이르기까지 섭식 전략에 따라 달라진다. 다른 조건이 같을 때 가장 빠른 동물은 행동권이 가장 넓으며, 날거나 달리는 종은 헤엄치는 종보다 행동권이 각각 100배와 10배 더 클 것으로 예측된다.

육상 포유류는 주로 달림으로써 행동권을 탐색하며, 분석 결과 작은 동물(<1킬로그램)과 큰 동물(>1킬로그램)의 달리기에는 뚜렷한 차이가 나타난다. 각 집단 내에서는 체중 의존적 스케일링 효율에 두드러진 차이가 전혀 없지만, 작은 동물은 대개 큰 동물보다 달리는 효율이 더 떨어진다.[56] 작은 동물의 효율이 그렇게 낮은 이유가 완전히 밝혀진 것은 아니지만, 큰 동물의 효

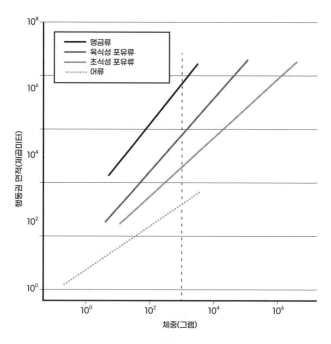

척추동물의 행동권 크기. 맹금류는 체중에 비해 행동권이 월등한 차이로 가장 넓다. 육지의 육식동물과 초식동물은 중간이고, 어류가 가장 좁다.

율성이 탄성에너지를 잠시 저장했다가 재사용하기 때문이라는 점은 분명하다. 다리(캥거루든 임팔라든 마라톤 선수든)가 땅에 닿을 때, 그 운동에너지 대부분은 영구히 사라지는 대신 힘줄에 탄성 변형 에너지로 한순간 저장되었다가(힘줄은 끊어지지 않으면서 10퍼센트까지 늘어날 수 있다) 높은 효율(>90퍼센트)로 그 탄성에너지를 돌려줄 수 있다. 쫓아오는 사자나 치타로부터 달아날 때 매번 발을 디딘 뒤 높이 되튀어오르는 세렝게티의 영양을 생각해보라. 그러나 이 유용한 능력도 크기의 제약을 받는다. 코끼리

같은 두 다리로 걷는 브로딩낵인의 힘줄이 높이 1.8미터의 울타리를 쉽게 뛰어넘는 겜스복이나 흰꼬리사슴의 힘줄처럼 되튄다는 것은 상상하기 어렵다.

이쯤에서 스케일링과 크기 이야기를 너무 오래 한다고 생각하는 독자도 있을 법하다. 나는 18세기의 한 저명한 소설가로부터 뜻하지 않게 얻은 흥미로운 스케일링 교훈으로 이야기를 시작했다. 이어서 여러 유명한 과학자의 연구를 소개했다. 또 많은 인간과 동물 연구 결과들도 설명했다. 피부와 심장에서 뇌와 눈에 이르기까지, 다양한 신체 기관의 크기가 진화하면서 어떻게 변했고 그것이 체중의 변화와 어떤 관련이 있는지도 살펴보았다. 그리고 독자 여러분이 스스로 계산해볼 수 있도록 기본 방정식들도 제시했다. 이런 탐구로부터 나온 가장 중요한 결론을 하나 꼽자면, 아마도 모든 생물이 예측 가능한 질량 의존적 한계 내에서 살아간다는 것일 듯하다.

그러나 스케일링을 이야기하면서 아직 다루지 않은 것이 있다. 상대성장 이야기에서 가장 중요하다고 할 수 있는 이것을 이제 살펴보고자 한다. 바로 대사(생존, 번식, 성장, 활동에 필요한 에너지 소비)가 몸집에 따라 어떻게 달라지는가다. 게다가 이 대사 스케일링은 생물 너머에도 적용된다. 많은 기계도 마찬가지로 좁은 한계 범위 내에서 작동한다. 탄수화물·지방·단백질이 생물에 에너지를 제공하는 것처럼, 화석연료와 전기는 내연기관과 전기모터에 에너지를 제공한다. 이런 무생물 에너지 변환기의 '대사'는 포유류의 대사와 비슷할까, 아니면 이런 인공물은 크기에 따른 비례 양상이 다를까? 그리고 에너지 이용과 경제 규모 사이에는 어떤 관계가 있을까? 다음 장에서는 바로 이런 의문들을 살펴본다.

6장

대사 스케일링

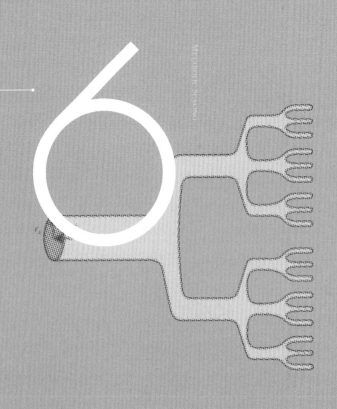

6

METABOLIC SENSING

모든 생물의 성장·번식·기능은 에너지 섭취를 통해 가능해지고 거기에 제한을 받으므로, 대사 스케일링은 앞으로 살펴볼 질량 의존적 관계 중 가장 근본적인 것이다. 모든 섭취는 절대량(단위 시간당 줄$_{joule}$이나 칼로리)으로 재거나 체중과 관련지어 측정할 수 있다(체중당 줄이나 칼로리). 대사에 관한 조사는 전형적인 하루 에너지 요구량(야생동물 연구에서는 흔히 야외 대사율$_{field\ metabolic\ rate}$이라고 한다)을 계산해 나온 기준선(세심하게 정의한 조건에서 측정함으로써 파악하는 기초 또는 휴식 대사율)에서 벌목이나 어획 같은 육체적으로 힘든 일을 할 때의 지속 대사율 또는 스포츠나 프리스타일 등반 같은 단기적으로 힘을 쏟을 때의 최고 대사율처럼 상한을 설정하는 최댓값에 이르기까지 다양한 변수에 초점을 맞출 수 있다.

여기서도 걸리버의 허구 세계는 유용한 사례를 제공한다. 앞서 스위프트가 갈릴레이의 《두 새로운 과학》을 몰랐기에 불가능한 세계를 묘사할 수 있었다고 설명한 바 있다. 아주 작은 릴리퍼트인과 거대한 브로딩낵인이 우리 인간과 똑같이 행동한다고 말이다. 여기서 나는 그 더블린 성직자가 체중을 그들의 대사 요구량(음식 섭취량)과 부적절하게 연관 지음으로써 명백히 잘못된 스케일링을 가정했다고 말할 것이다. 그러나 서둘러 이렇게 덧붙이련다. 앞 장에서 언급한 스위프트의 처음 두 스케일링 오류와 달리, 이러한 실수는 변명의 여지가 훨씬 더 많다고. 스위프트는 1720년대 초에 그 비범한 여행기를 쓰기 시작했는데, 과학이 비로소 대사 스케일링을 체계적으로 살펴보기 시작한 것은 그로부터 한 세기 넘게 더 지난 뒤였다. 스위프트가 몰랐던 게 거의 확실한, 스케일링을 다룬 갈릴레이의 1638년 대화는 대사가 아니라 구조적 통합성(동물과 사람의 뼈, 재료)에 관한 것이었으며, 따라서 1720년대 초 더블린에 살던 스위프트가 쉽게 참조하거나 그와 편지를 주고받던 영국의 친구가 아일랜드로 보낼 수 있는 문헌 자료가 전혀 없었다.[1]

앞에서 나는 레뮤얼 걸리버의 키가 175센티미터라고 가정할 때 릴리퍼트인은 평균 약 15센티미터, 브로딩낵인은 21미터일 것이라고 말했다. 그리고 걸리버의 체중이 약 67킬로그램이라고 추정하면 릴리퍼트인은 평균 겨우 500그램이고 브로딩낵인은 9,702킬로그램에 달할 것이라고도 했다. 스위프트의 크나큰 오류는 대사가 체중에 비례한다고 믿었다는 것이며, 그의 대단히 과장된 체중/키 가정($M \sim L^3$)을 고려할 때 이는 걸리버의 말을 빌리자면 이런 의미다. "국왕의 수학자들은 …… 자신들의 몸과 비슷하다는 점에 착안해서 내 체중이 적어도 자신들 체중의 1,724배일 것이고, 따라서 릴리퍼트인을 그만큼 먹이는 데 필요한 음식이 필요할 것이라고 결론지었다."

안타깝게도 이 결론은 전제가 잘못되었고, 비례를 올바로 수정하면 릴리퍼트인의 상황은 더 나아진다. 앞서 이미 산술적 오류를 지적한 바 있다. 실제 배수는 1,728이다(1,724가 아니라). 그러나 그 사소한 오류는 있든 말든 별 차이가 없다. 현실의 걸리버는 국왕의 수학자들이 계산한 것보다 훨씬 덜 먹을 것이기 때문이다. 또 브로딩낵인도 스위프트가 믿은 것보다 훨씬 덜 먹을 것이다. 스위프트의 책을 읽으며 이 오류를 알아차린 사람은 거의 없을 것이다. 놀랄 일도 아니다. 현대사회는 식량과 식단에 아주 많은 주의를 기울일지 모르지만, 지금까지의 내 인생 경험에 비추어볼 때 그 기초과학을 제대로 공부한 사람조차 거의 없다. 이 흐름에 반기를 들고서 3/4스케일링을 이해하겠다고 나선 독자 여러분께 고마울 뿐이다!

대사 스케일링:
우리를 살아 있게 만드는 것

　포유류의 대사(따라서 사람과 비슷하면서 크기가 훨씬 더 작거나 큰 생물들의 대사도 동일하다고 가정해야 한다)는 체중의 세제곱(M^3)에 비례해서 증감하는 것이 아니다. 게다가 제곱(M^2)에 비례하는 것도 아니며, 체중(M)에 비례하는 것조차 아니다. 평균적인 하루 동안 체중 100킬로그램의 우락부락한 캐나다 벌목공은 마찬가지로 힘들게 일하는 50킬로그램의 필리핀 벌목공보다 음식을 2배 더 먹을 필요가 없다. 사람과 모든 포유동물의 체중 관련 에너지 요구 사항을 관장하는 실제 지수는 1.0보다 상당히 작다. 그리고 실제 값을 구하려면 대사 스케일링의 역사를 짧게라도 살펴볼 필요가 있다.

　출발점은 수학 교수 피에르프레데리크 사뤼Pierre-Frédéric Sarrus 와 의사 장프랑수아 라모Jean-François Rameaux가 1838년 왕립의학원에 제출한 논문에 실린 짧은 문장으로 거슬러 올라간다. 그들은 "모든 조건이 같을 때, 같은 특성을 지닌 몸들은 표면적의 넓이에 비례하는 양의 열을 매순간 잃는다"고 결론지었다.[2] 이는 열을 공급하는 삼차원 체계(체중이나 부피)가 길이의 세제곱에 비례하고($M \sim L^3$), 열을 배출하는 이차원 체계(몸 표면적)는 길이의 제곱에 비례한다는 뜻이다($A \sim L^2$). 따라서 동물의 면적, 그리고 열 손실과 에너지 요구량은 $M^{2/3}$에 비례한다. 그와 동시에 몸에서 열을 생산하는 과정인 산소 호흡은 생물이 커질수록 2/3제곱으로 감소해야 한다. 모든 성인과 마찬가지로 걸리버도 분당 12~18번 호흡을 해야 하며 브로딩낵인은 겨우 5번, 릴리퍼트인은 150번 이상 해야 한다.

이 2/3제곱 법칙을 처음 실험적으로 확인한 것은 1883년이 되어서였다. 독일 생리학자 막스 루브너Max Rubner가 개 7마리의 대사를 측정해 그 관계를 검증했다.[3] 체중이 10배 차이 났지만(가장 작은 개는 체중이 겨우 3.2킬로그램, 가장 큰 개는 31.2킬로그램), 몸 표면적 단위당 열 손실, 따라서 에너지 요구량은 거의 동일했다. 이런 결과는 이 법칙이 모든 정온동물에 타당할 수도 있음을 시사했지만, 한 동물종만을 측정하고 표본 수도 아주 적었기에 이 스케일링 법칙을 일반화할 믿을 만한 통계적이거나 체계적인 근거를 제공했다고 볼 수 없었다. 1901년 독일 생리학계의 원로 카를 폰 포이트Carl von Voit도 그 개념이 들어맞는다는 것을 확인했다. 그는 말, 돼지, 사람, 개, 토끼, 거위의 기초대사율basal metabolic rate(BMR)을 표로 작성했는데, 모두 몸 표면적 1제곱미터당 하루 1,000킬로칼로리로 비슷했다.[4]

보편적으로 적용 가능한지 여부를 놓고 몇 가지 의문이 남아 있긴 했어도, 루브너가 제시한 대사의 표면적 '법칙'은 계속 규범으로 받아들여졌다. 그러다가 1932년 막스 클라이버가 정온동물 13종류(수소 2마리, 암소 1마리, 남녀 각각 1명, 양 1마리, 개 2마리, 쥐 2마리, 암탉 1마리, 비둘기 1마리, 목걸이흰비둘기 1마리)의 기초대사율 측정 자료를 통해 에너지 요구량이 $M^{2/3}$이 아니라 $M^{3/4}$에 비례한다는 것을 보여주었다.[5] 그러나 생물의 대표적인 기초대사율 값을 얻으려면 일정한 조건에서 측정을 반복해야 한다. 그래야 개체별 차이가 미치는 효과를 아주 작게 줄일 수 있다.

기초대사율은 신체 활동뿐 아니라 음식물 소화와 주변 온도 변화로도 올라가므로, 소화를 마친 상태에서(공복 상태로 적어도 10~12시간이 지나야 하고 24시간이면 더 좋다) 누운 채 온도가 조절되는 공간(몸이 떨리거나 땀이 나지도 않는 열 중성thermo-neutral 공간)에서 긴장을 풀고 느긋한 상태로 장시간 휴식을 취한 뒤 재야 한다. 짐작할 수 있겠지만, 이런 연구는 아주 어린 아이나 아주 나이 많은 성인보다는 사례비를 받는 자원자(대학생이 주로 참가한다)를 대상으로 하기가 훨씬 쉬우며, 많은 작고 날랜 포유동물이나 크고 다루기 힘든 포유동물종은 대표적인 값을 측정하기가 훨씬 더 어렵다.

클라이버는 다양한 동물의 기초대사율을 비교하는 일의 본질적인 문제점을 알고 있었고("마지막 식사를 한 뒤 24시간은 …… 수소나 암탉이나 쥐에게 동일한 조건이 아니다") 모든 측정이 동일한 조건에서 이루어진 것은 아니라고 인정했다. 그러나 그는 "표면적 법칙을 체중 거듭제곱 법칙으로 대체해야 한다"는 결론을 내릴 만큼 자신이 얻은 결과에 확신을 가졌고, 이렇게 올바로 선언했다. "체중의 거듭제곱 함수는 표면적 단위보다 더 잘 정의된 측정 단위를 제공한다."

클라이버가 계산한 동물 13종류의 대사율을 좌표에 표시하면

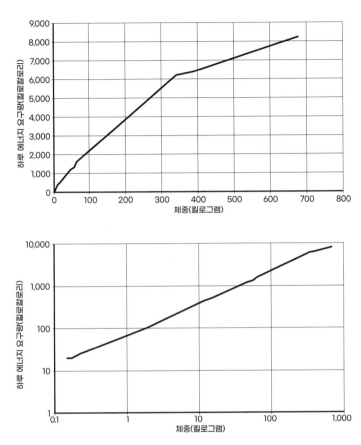

클라이버가 측정한 척추동물 13종류의 체중과 에너지 요구량 자료를 나타낸 선형 그래프(위)와 로그 그래프(아래).

(가로축은 체중, 세로축은 24시간당 에너지 대사율) 끝으로 갈수록 기울기가 완만해지는 곡선이 나온다. 체중보다 대사율이 더 느리게 증가한다는 걸 뚜렷이 보여준다. 현대 전자기기(계산기나 엑셀)를 이용하면 이 상대성장 선구자의 발자취를 쉽게 따라갈 수 있

다. 클라이버가 조사한 가장 무거운 동물 수소는 체중이 679킬 로그램이었다. 이 값을 입력한 다음 그냥 '로그' 버튼을 누르면 2.83이 나온다(가로축의 값). 수소는 하루에 8,274킬로칼로리의 열량을 섭취해야 하며, 로그값을 구하면 3.92다(세로축의 값). 그가 측정한 남성은 체중이 64.1킬로그램이고 1,632킬로칼로리를 섭취해야 했으므로, 각각 로그값은 1.80과 3.21이다. 마지막으로 클라이버가 잰 가장 가벼운 동물인 목걸이흰비둘기는 0.15킬로그램에 19.5킬로칼로리로, 각 로그값 -0.82와 1.29다.

(가로축과 세로축의 값으로 정해지는) 이 세 점을 연결하면 거의 완벽한 직선이 그려질 것이다. 여러분은 방금 클라이버의 목걸이흰비둘기에서 수소에 이르는 대사 스케일링 직선을 재연한 것이다. 이 직선의 기울기는 3/4(0.75)에 아주 가깝다. 즉, 동물의 대사율이 체중의 0.75제곱($M^{0.75}$)에 비례해 증가한다는 뜻이다. 풀어 쓰면, 로그 단위로 체중이 4단위 증가할 때마다 최고 대사 에너지 요구량은 3단위만 증가한다. 그래프에서 클라이버가 측정한 점은 13개에 불과함에도 이 값들이 정확히 직선에 놓이는 것은 아니었다. 그가 손으로 그린 그래프를 보면 암탉은 이 직선보다 조금 아래쪽에, 수소는 직선보다 눈에 띌 만큼 더 위쪽에 찍혀 있다. 우리는 동물을 더 추가할수록 점들이 더 흩어진 양상을 보일 것이라고 예상할 수 있다. 그래도 점들이 꽤 촘촘하게 모여 있고 너무 많지 않을 경우 가능한 한 많은 점을 지나면서 더 위에 찍힌 점들과 더 아래 찍힌 점들의 수가 같도록 (또는 대체로 같도록) 선을 그으면, 점들의 분포에 가장 잘 들어맞는 직

선을 그릴 수 있다. 통계학자는 더 나은 방법을 쓴다. 최소제곱법least square method을 활용해 아주 넓게 흩어진 그래프까지 포함해서 많은 측정값에 가장 잘 들어맞는 직선을 찾을 수 있다.[6] 이 방법은 직선의 기울기도 정확히 말해준다. 실제로 클라이버의 원래 측정값에 가장 잘 들어맞는 직선은 $M^{0.74}$이었는데, 그는 우수리를 잘라내고 살짝 높여서 $M^{0.75}$이라고 했다.

더 신뢰할 수 있는 새로운 대사율 측정값이 나오면서, 클라이버의 동물 범위는 생쥐부터 코끼리까지 확대되었다. 체중이 4톤인 코끼리는 20그램인 실험실 생쥐보다 20만 배 더 무겁지만, 대사율은 1만 배에 못 미친다. 단위 체중당 작은 생쥐가 중간 크기의 코끼리보다 에너지를 20배 더 많이 섭취할 필요가 있다는 뜻이다. 파충류와 조류를 비롯해서 다른 동물 수백 종의 대사율도 클라이버의 집합에 서서히 추가되면서, 이 스케일링에 포함된 생물들의 체중 범위는 이윽고 20차수를 넘게 되었고, 3/4 '법칙'은 생명과학에서 가장 많이 인용되는 스케일링 관계 중 하나가 되었다.

클라이버 '법칙'을 적용한 연구들은 이 지수가 성인의 안정 대사율에도 꽤 잘 들어맞는다는 것을 보여준다. 자신의 하루 에너지 요구량이 몇 킬로칼로리인지 알고 싶다면, 그저 이 스케일링 값에 70을 곱하면 된다. 즉, $Ekcal = 70M^{0.75}$이다. 하루 대사율을 와트 단위로 구하려면, 곱하는 상수를 3.38로 바꾸면 된다. 따라서 걸리버의 기초대사율은 하루에 약 1,640킬로칼로리($70 \times 67^{0.75}$) 또는 약 80와트다. 와트 단위는 유용하다. 성인 남성의 기초대사량은 표준 100와트 백열전구가 소비하는 에너지보다 약 20퍼센트 낮다.

실제 하루 에너지 요구량을 계산하려면, 기초대사율에다 전형적인 신체 활동 수준physical activity level(PAL)을 곱해야 한다. 성인 남성이라면 가벼운 활동에는 1.55, 중간 수준의 힘을 쓰는 활동에는 1.78을 곱한다.[7] 걸리버의 활동(새로운 세계를 탐험하고, 걸어서 돌아다니고, 원주민들 앞에서 방어 기술을 보여주는 일 등)은 대체로 이 두 값의 범위 내에 들어갈 것이므로, 그는 하루에 약 2,500~2,900킬로칼로리가 필요할 것이다. 대조적으로 릴리퍼트 성인 남성의 안정 대사율은 약 40킬로칼로리/일($70 \times 0.5^{0.75}$)에 불과하겠지만, 그들이 더 활동적으로 살아갈 수밖에 없다는 점을 생각할 때(적어도 기초대사율의 2배) 약 80킬로칼로리/일이 필요할 것이다.

따라서 활동량이 적은 날에 걸리버에겐 릴리퍼트인 약 30명에 해당하는 음식만 필요하다. (침략자 블레푸스쿠Blefuscu 함대 전체를 엮어서 바다를 가로질러 릴리퍼트로 끌고 왔을 때처럼) 매우 왕성한 활동을 하는 날에는 릴리퍼트인 40명분의 음식을 먹을 수도 있다. 어느 쪽이든 체중을 세제곱하는 잘못된 스케일링을 통해 계산한 스위프트의 하루 에너지 요구량에 비하면 미미한 수준이다. 이런 현실에 비추어보면, 걸리버가 우연히 머무르게 되었다고 해도 릴리퍼트의 농산물 재고에 큰 부담을 주지는 않았을 것이다. 아무튼 릴리퍼트의 수도 밀덴도Mildendo는 "50만 명이 살 수 있는" 곳이므로, 먹일 인구가 30~40명 더 늘어난다고 해도 무시할 수 있는 수준이다(40명이 늘어난다고 해도 전체 인구의 0.01퍼센트에 미치지 못한다!). 반면, 스위프트가 그런 사실을 알았다면(그는 걸리버가 릴리퍼트인 1,728명분의 음식을 먹어야 한다고 가정했다), "내 집 근처에 그럭저럭 마련한 오두막들에서 내 음식을 만들기 위해 요리사 300명이 일했다"거나 "내 손바닥에 놓인 종업원 20명을 식탁에 올려놓았고, 바닥에도 100명이 더 있었다"라는 묘사도, 음흉한 성직자 플림냅Flimnap이 릴리퍼트 국왕에게 걸리버가 "전하의 스프러그sprug(가장 큰 금화) 150만 개를 축내고 …… 종합하자면 이것을 그를 해고할 첫 번째 기회로 삼는 것이 타당하다고 사료됩니다"라고 한 말도 나올 수 없었을 것이다.

걷기부터 배뇨에 이르기까지 걸리버의 일상 활동은 (그의 발치나 오줌 줄기에 너무 가까울 수도 있으니) 릴리퍼트의 작은 주민들에게 계속 위험을 안겨주었겠지만, 그는 왕의 보물에 전혀 부담을 주지 않으면서 이 소인국의 영구 주민으로 살아갈 수 있었을 것이다. 특히 왕국의 적인 블레푸스쿠인을 막는 너무나도 중요한 크기 의존적 봉사를 함으로써 자신이 소비하는 것 이상의 기여를 할 수 있을 테니 말이다. 그러나 적절히 비례해서 크기가 줄어든 릴리퍼트인은 그렇게 세심한 동료가 아니었을 것이다. 하루 80킬로칼로리를 섭취하는 릴리퍼트인은 거인 손님보다 체중에 비해 4배 이상 많은 음식을 먹어야 하고, 따라서 이 모든 추가 음식을 구하고 섭취하는 일에 상대적으로 더 많은 시간을 쏟아부어야 할 것이다.

물론 걸리버가 릴리퍼트에 머물러 있도록 허락을 받는다면 그의 출발은 연기되었을 수 있고, 거인국에서의 모험도 없었을지 모른다. 크기 비례가 역전된 세계 말이다. 이 뒤집힌 환경에서 걸리버의 에너지 요구량은 동일하다. 브로딩낵 가구 제작자가 만들어서 짧은 거리를 들고 다닐 수 있는 휴대용 침실 상자에 편안히 누워 있을 때, 걸리버가 필요로 하는 에너지는 2,500킬로칼로리/일에 불과할 것이다. 걸리버가 길이 약 18미터에 달하는 오르간 비슷한 악기 위를 달리면서 곤봉 같은 막대기로 두드려 영국의 음악을 연주해 국왕 부부를 즐겁게 할 때는 약 3,000킬로칼로리/일이 필요할 것이다.

3/4 대사 지수는 포유류 전체에 꽤 잘 들어맞는 듯하므로 브로딩낵인에게도 적용할 수 있다. 브로딩낵 성인 남성(9.7톤)의 기초대사율은 약 68,400킬로칼로리/일로, 걸리버의 통상적인 대사율의 약 27배다. 마찬가지로 그 거대한 체중을 세제곱할 때 필요로 하는 음식량에 비하면 훨씬 적을 것이다. 스위프트가 시사한 것보다 대사율이 훨씬 낮다는 것은 필연적으로 많은 의미를 함축하며, 이 효과를 잘 보여주는 흥미로운 사례가 하나 있다.

스위프트는 브로딩낵 왕비가 "위장이 약함에도 영국 농민 12명이 식사 때 먹는 것만큼을 한입에 넣었고, 그 역겨운 광경은 얼마 동안 내 뇌리를 떠나지 않았다"라고 썼다. 조금만 계산을 해보아도 그 주장을 무너뜨릴 수 있다. 18세기 초의 영국 농민이 적어도 3,000킬로칼로리/일, 즉 1,000킬로칼로리/끼를 먹어야 했다고 가정하자(밭에서 가축과 함께 매일 열심히 일한다는 점을 고려할 때 꽤 대식가였을 것이 틀림없다). 따라서 농민 12명은 한 끼에 1만 2,000킬로칼로리를 먹었을 테고, 스위프트의 계산을 따른다면 왕비는 하루에 그만큼의 음식을 무려 여섯 번 (68,400/12,000=5.7) 먹었을 것이다. 즉, 한 끼에 겨우 두 번씩 입에 넣었다는 뜻이다. 이제 계산을 올바로 하면 왕비의 한입은 덜 역겨울 것이다. 그래도 여전히 인상적이긴 하겠지만 말이다. 그리고 브로딩낵 농민이 올바른 비례에 따라 늘어난 이 거인 집단을 먹일 식량을 생산하는 일도 훨씬 수월해질 것이다. 식량 요구량이 체중의 세제곱에 비례하지 않기 때문이다.

지금까지의 이야기를 읽고 있다 보면 몇 가지 의문이 들기 마련이다. 3/4 법칙은 무엇으로 설명할 수 있을까? 그리고 자연에서 얼마나 보편적일까? 모든 동물에 적용될까, 아니면 포유동물에게만 타당할까? 3/4 법칙이 널리 적용된다는 것은 어디에서나 황금비를 '보는' 것과 비슷한 의미일까? 그리고 3/4 법칙이 사람의 음식 요구량을 합리적으로 정량화하는 것이라면, 우리 자신의 체중만을 토대로 음식 요구량을 스스로 알아내는 것도 가능할까?

대사 이론, 예외 사례,
불확실성

체중이 여러 차수에 걸쳐 있는 생물들의 각 부위(또는 기능)의 상대적 크기를 살펴볼 때, 전반적으로 거듭제곱 법칙, 그리고 특히 3/4 스케일링은 왜 그렇게 자주 나타날까? 1970년대 이래로 3/4 스케일링의 기원을 설명하려는 시도가 많이 이루어졌지만, 거의 반세기가 지난 지금도 보편적으로 받아들일 만한 인과적 설명은 전혀 없다. 가장 포괄적인 설명은 식물에도 들어맞는데, 미국의 세 과학자가 일련의 문헌을 통해 제시한 것이다. 물리학자 제프리 웨스트Geoffrey West와 생물학자 제임스 브라운James Brown, 브라이언 엔퀴스트Brian Enquist가 그들이다.[8]

그들은 생물의 전반적인 조직 체계를 자원을 분배하고 노폐물을 제거하기 위해 진화한 관tube들의 연결망이라고 보았다. 사람과 동물에게서 이런 연결망은 혈액을 통해 산소·영양소·호르몬·독소와 노폐물을 제거하는 림프액을 운반하는 동맥, 정맥, 모세혈관으로 이루어진다. 식물은 두 종류의 관을 지닌다. 물과 물에 녹은 광물질을 뿌리에서 다른 부위로 운반하는 물관, 광합성 산물을 잎에서 다른 부위로 운반하는 체관이다. 연결망은 세포 하나하나에 이르기까지 모든 살아 있는 생물의 모든 부위까지 뻗어 있어야 하기에, 마지막 가지(모세혈관)는 크기가 똑같을

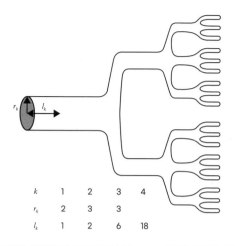

k	1	2	3	4
r_k	2	3	3	
l_k	1	2	6	18

이 그림은 대동맥에서 모세혈관에 이르기까지 분지branching 양상을 3단계로 단순화한 것이다. r_k는 k 수준에서 각 혈관으로부터 뻗어 나오는 가지의 수다. l_k는 혈관의 총수다.

게 틀림없고, 순환에 필요한 전체 에너지를 최소화하는 방향으로 운반 과정이 진행되어야 한다.

그들은 이 가정을 토대로 복잡한 수학 방정식을 이끌어낸 끝에 생물 전체의 대사가 체중의 3/4제곱에 비례하는 것이 틀림없다고 결론지었다. 그리고 자신들이 보편적 스케일링 법칙을 정립했으며, 식물이든 동물이든 모든 생물의 생체 구조와 조직 체계를 관장하는 통일된 이론의 토대를 마련했다고 선언했다. 그러나 이 선언은 널리 받아들여지지 않았다.[9] 점점 갈라지는 분배 구조가 대사 스케일링의 한 요인임에는 분명하지만, 캐나다 생물학자 샤를앙투안 다르보Charles-Antoine Darveau 연구진이 말했듯 어떤 복잡계든 그 작동을 설명하려면 어느 한 원인에 기댄 설명보다는 기능(여기서는 대사 스케일링)에 기여하는 여러 요인을

고려하는 편이 언제나 더 바람직하다.[10]

그 뒤에 이루어진 식물 연구는 전반적인 대사가 3/4제곱 스케일링에 전혀 들어맞지 않는다는 결과를 내놓았다(등성장 스케일링, 즉 지수 1을 강하게 시사하는 결과도 있었다).[11] 3/4제곱 법칙이라는 더 단순한 설명을 옹호하는 물리학자와 생물학자도 있는 반면, 더 엄밀하게 이루어진 새로운 스케일링 연구는 대사의 지수가 0.75에서 상당히 벗어난 결과를 내놓았다. (체중이 5차수에 걸쳐 있는) 600종 넘는 포유류를 비非기초대사율을 제외하고 체온 차이를 감안해서 분석한 연구에서는 지수가 0.675라고 나왔다. 루브너의 개 연구 결과와 일치한다![12]

루브너의 2/3 지수는 많은 조류를 살펴본 연구에서도 확인되었지만, 포유류를 각 목目 수준에서 분석한 연구에서는 식충목의 0.58에서 식육목의 0.77까지 다양하게 나왔다.[13] 더 근본적으로 보면, 야외 대사율FMR을 측정하는 쪽이 더 많은 정보를 얻을 수도 있다. 전형적인 생활 조건에서 더 장기간에 걸친 에너지 요구량을 알려줄 가장 나은 지표다. 이 대사율은 언제나 기초 또는 안정 대사율보다 상당히 더 높으며, 1940년대 말부터 미네소타대학의 네이선 리프선Nathan Lifson 연구진이 창안하고 발전시킨 독창적인 기법 덕분에 측정이 가능해졌다. 수소와 산소의 두 무거운 동위원소(화학적 성질은 동일하지만 질량이 다른 원자)인 중수소(^{2}H)와 산소(^{18}O)를 이용해서 물의 손실량을 측정하는 방법이다.[14]

이 동위원소들이 몸에서 빠져나가고 더 흔한 가벼운 동위원소로 대체될 때(^{1}H와 ^{16}O), 물 손실량뿐 아니라 날숨에 들어 있는 이산화탄소의 양도 측정할 수 있으며, 따라서 산소 (대사 에너지) 요구량도 알 수 있다. 이 방법은 몇 시간 또는 며칠에 걸친 에너지 소비량을 매우 정확히 파악한다. 이 방법으로 포유류·조류·파충류 200여 종의 야외 대사율을 조사하니, 지수가 유대류의 0.59에서 도마뱀의 0.92에 이르기까지 다양했으며, 3/4 법칙을 강력하게 지지한다고 볼 수 없다고 나왔다.[15]

게다가 포유류와 조류의 각 하위 범주들 사이에서도 상당한 차이가 나타난다. 유대류는 다른 포유류보다 약 30퍼센트 낮다. 대부분의 시간을 높이 떠다니는 장거리 원양 조류(앨버트로스, 바다제비, 슴새)는 체중에 비해 유달리 에너지 요구량이 높은 반면, (반복되는 먹이와 물 부족에 적응한) 사막의 포유류는 체중이 시사하는 것보다 자유 생활 대사율이 더 낮다. 그리고 체중당 대사율은 몸 크기가 같은 동물들이라고 해도 생활과 섭식 방식에 따라 크게 다르다. 달리면서 먹이를 잡는 육식동물인 북극여우와 초식동물인 갈색목세발가락나무늘보는 체중이 약 3.5킬로그램으로 비슷하지만, 전자가 체중당 대사율이 2.1배 높다.[16]

체중 6차수에 걸쳐서 엄밀하게 고른 파충류, 양서류, 조류, 포유류의 자료를 분석한 또 다른 연구는 이 네 척추동물 강綱들의 스케일링 지수가 전혀 다르다고 결론지었다.[17] 그리고 아마 가장 설득력 있는 연구일 텐데, 127종의 상대성장 지수를 메타 분석했을 때 대사의 상대성장을 나타내는 어떤 하나의 보편적 지수가 존재한다는 증거를 전혀 찾을 수 없었다.[18] 모든 것을 포괄

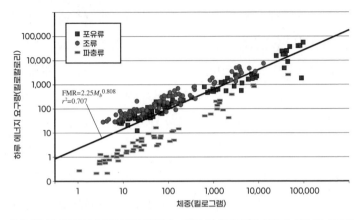

육상 척추동물의 야외 대사율. 평균을 나타내는 직선보다 변온동물인 파충류는 더 낮고, 조류와 (질주하는 커다란) 포유류는 더 높다는 것을 보여준다. 후자의 지수는 약 $M^{0.8}$이다.

하는 어느 하나의 보편적인 값을 고집하기보다는 지수들의 어떤 범위를 택하는 편이 더 흡족한 답인 듯하다. 대사 스케일링을 보는 또 다른 방법은 양쪽을 어느 정도 절충하는 것이다.

토끼류와 설치류를 감염시키는 작은 세균(체중 10^{-14}그램)에서 아시아코끼리(4×10^6그램)에 이르기까지 체중 범위가 20차수에 걸친 3,006종을 포함한, 지금까지 이루어진 가장 포괄적인 연구에서도 보편적인 스케일링 지수가 존재할 가능성이 없다고 나왔다.[19] 그러나 주요 분류군들의 평균 대사율은 킬로그램당 0.3~9와트 범위에 들어간다. 이 범위의 상한에 가까운 작은 실험실 생쥐에서 하한에 가까운 4톤의 코끼리까지 그렇다. 이는 30배나 차이가 난다는 의미이지만, 체중의 범위가 20차수에 이르는 지구 생물의 엄청난 다양성을 생각하면 놀라울 만큼 폭이 좁다.

가장 많은 종을 지닌 동물 집단인 (체온을 조절하지 않는) 곤충 약 400종을 살펴본 한 연구에서는 대사율의 지수가 0.7~1.0으로 나타났는데, 다른 연구에서는 0.75 법칙에 들어맞는다고 나왔다.[20] 잎을 자른 다음 지하의 방으로 옮겨 곰팡이 텃밭을 일구는 잎꾼개미(열대의 부지런한 수확자)는 사회성 곤충의 대사 스케일링에 관한 또 다른 흥미로운 깨달음을 안겨준다.[21] 일꾼이 더 늘어나도 각 개미의 업무 부담(잎을 따오는 업무 강도)은 미미하게 줄어들 뿐이며 채집량, 즉 집단의 성장과 번식에 필요한 자원의 양을 결정하는 것은 잎을 따는 곳까지의 이동 거리다. 이동 거리가 50퍼센트 늘어나면 채집량이 절반으로 줄어들며, 따라서 이는 집단의 크기에 극복할 수 없는 대사 한계를 설정한다.

아마 예상했겠지만, 사람의 크기 의존적 대사율도 완벽하게 들어맞기보다는 더 느슨한 양상을 보인다. 기초대사율은 성별·체격·체성분·나이에 따라 다르며, 따라서 기초대사율은 어떤 고정된 하나의 값이 아니라 하루 에너지 요구량의 약 45~70퍼센트 범위 안에 있다. 최신 국제 권고 기준을 토대로 할 때, 실제 하루 에너지 소비량은 2,000킬로칼로리 미만에서 4,000킬로칼로리 초과까지 범위가 넓다. 총에너지 소비량total energy expenditure(TEE)은 기초대사율BMR과 적절한 (그리고 근사적인) 신체 활동 수준PAL의 곱, 즉 $TEE = BMR \times PAL$(따라서 $PAL = TEE/BMR$)이다.[22] 주로 앉아서 생활하고 잠깐씩 가벼운 집안일을 하는 체중 55킬로그램의 70세 여성의 총에너지 소비량은 다음과 같이 계산할 수 있다. 기초대사율은 4.85(0.038M + 2.755)이고 여기에 1.53를 곱하면 7.41메가줄 또는 1,770킬로칼로리/일이 나온다. 80킬로그램인 25세의 남성 벌목공은 기초대사율이 7.93(0.063M + 2.896)이고 여기에 2.4를 곱하면, 19메가줄 또는 4,540킬로칼로리/일이 된다.

그러나 이런 집단 수준의 평균은 각 개인에게 적용할 때 신뢰성이 떨어진다. 1940년대 말 엘시 위도슨Elsie Widdowson(현대 영양학의 개척자 중 한 명이자 세계대전 때 영국의 식량 배급을 책임지면서 영국인의 건강을 전쟁 이전보다 더 나은 상태로 유지하는 데 기여한 여성)은 한 세대 뒤에도 여전히 온전한 답을 얻지 못하고 있는 근본적인 질문을 했다. 왜 어떤 사람은 남보다 열량을 절반만 섭취하면서도 완벽하게 효율적인 물리적 기계처럼 살아갈 수 있는 것일까?[23]

높은 비만율도 문제를 복잡하게 만든다. 평균 음식 에너지 섭취량의 지나치게 높은 권고 지침을 피하려면, 비만인 사람은 하루 음식 요구량을 계산할 때 자신의 실제 체중이 아니라 바람직한 체중의 비교적 좁은 범위에 속한 값을 이용해야 한다. 그러나 이 문제는 개인 차원을 훨씬 넘어선다. 우리는 집단 전체가 표준 예측값이 시사하는 것보다 음식 에너지를 더 효율적으로 이용한다는 것을 수십 년 전부터 알고 있었다. 1970년대 초 영국 영양학자 니컬러스 노건Nicholas Norgan 연구진은 뉴기니의 임신부와 수유하는 여성이 각각 임신하지 않은 여성과 수유하지 않는 여성보다 에너지를 더 많이 섭취하는 것이 아님을 알았다. 그런 조건에서(임신 중기에는 360킬로칼로리/일, 후기에는 475킬로칼로리/일

을 더 섭취하라고 권장한다) 에너지 섭취량이 더 많을 거라고 으레 예상하는 것과 달랐다.[24]

게다가 해안에 사는 카울족Kaul 성인들의 하루 에너지 요구량을 살펴보니, 남성은 기초대사율보다 겨우 27퍼센트, 여성은 겨우 13퍼센트 많았다(즉, 신체 활동 수준이 1.13에 불과하다). 활동 수준을 고려할 때 적어도 1.5배에서 2배에 달할 것이라고 예상한 값과 상당히 어긋났다. 1980년대에 영국 연구진은 감비아에서 임신부들이 예상보다 낮은 대사율을 보인다는 연구 결과를 내놓았다. 이 여성들은 주로 쉬면서 지낸다고 가정할 때 예상되는 것보다도 에너지를 상당히 덜 소비했으며, 실제로는 매일 힘든 노동을 하고 있으므로 더욱더 에너지 섭취량이 부족한 듯했다.[25]

1990년대에 기초대사율의 표준 계산 방식으로 예측한 값이 열대에 사는 성인들에게서는 실제 수치보다 상당히 더 높다는 것이 국제적인 비교를 통해 확인되었다(스리랑카 남성에게서는 약 22퍼센트, 인도 여성에게서는 거의 13퍼센트 높게).[26] 결론은 명확하다. 모든 성인에게 들어맞는 안정 대사율의 단일한 값 같은 것은 없다. 자신의 체중은 음식 에너지 요구량의 근사적인 지침을 제공할 뿐이다. 권장되는 공식을 써서 계산한 값은 서양인들(그런 예측 공식을 유도하는 데 쓰인 대사 관찰 자료의 대부분을 제공한 남녀)에게서조차 음식 에너지 요구량을 과대 추정하는 경향을 보이며, 많은 비서구권 집단(특히 남아시아와 동아시아, 사하라 이남 아프리카 집단)에서는 약 20~30퍼센트 높게 나타나곤 한다.

생물의 다양성과 기능의 복잡성에 대해 잘 알고 있는 생물학자들은 이런 불확실성과 불규칙성을 당연하게 여긴다. 생명의 풍부한 현상을 엄격한 물리법칙의 테두리 안에 집어넣으려는 모든 시도는 매번 실패하곤 했다. 그래도 스케일링은 생명의 복잡성 가운데 예측 가능한 패턴이 존재할 것인가 하는 우리의 호기심을 충족시킬 뿐 아니라, 많은 유용하면서 실용적인 교훈을 안겨준다. 예를 들어, 우리가 육류를 얻기 위해 길들인 동물이 극도로 적은 이유를 궁금해한 적이 있는가? 돼지가 전 세계에서 월등한 차이로 가장 많이 먹는 포유류 고기인 이유는 뭘까? 돼지는 우리와 체중 범위가 겹친다. 작은 염소는 체중이 10~15킬로그램에 불과하다. 작은 토끼는 1킬로그램에도 못 미친다. 많은 안데스 가정의 부엌에서 음식 쓰레기를 먹이며 자유롭게 돌아다니도록 놔두다 때가 되면 잡아서 그 하얀 고기를 요리해 먹는 기니피그도 마찬가지다.[27]

이 책을 꼼꼼히 읽었다면, 우리가 생쥐 또는 쥐(여러 지역에서 잡아먹기는 하지만 키우는 곳은 전혀 없다)를 길들이지 않은 이유를 이미 알고 있을 테고, 실제 수치를 제시하면서 그 차이를 보여줄 수 있을 것이다. 그냥 전형적인 체중(작은 돼지는 50킬로그램, 작은 염소는 10킬로그램, 토끼나 기니피그는 1킬로그램, 쥐는 250그램, 생쥐는 20그램)을 클라이버 방정식에 입력하기만 하면 된다. 그러면 설령 비좁은 우리에 갇혀 있는 신세라고 해도, 생쥐가 단위 체중당 기니피그보다 거의 3배, 작은 염소보다 거의 5배, 작은 돼지보다 7배 많은 먹이를 필요로 한다는 사실을 알아차릴 것이다. 반면, 소는 좁은 우리에서 빨리빨리 키워 육류를 생산하기에는 너무 크고 성숙하는 데 많은 시간이 걸린다.

쉬고 있을 때도 돼지보다 단위 체중당 7배나 많이 먹으므로, 생쥐를 대규모로 사육한다는 것은 말도 안 된다. 게다가 최종 산물(스케일링의 또 다른 필연적 결과물!)도 상대적으로 가죽의 비율이 너무 높다. 물론 다른 사항들도 고려해야 한다. 돼지는 진정한 잡식성이며(아무거나 먹으므로 먹이를 주기가 쉽다. 반면 생쥐는 곡물을 선호하고 질퍽한 음식 쓰레기를 좋아하지 않는다), 체지방의 비율이 비교적 높고, 따라서 입맛과 포만감 양쪽으로 바람직한 특성을 지닌다. 기니피그와 토끼는 생쥐보다 더 효율 좋은 '에너지 변환기'이지만, 상업적으로 대량 육류 생산에 이용하기에는 여전히 너무 비효율적이다. 반면, 몸집이 사람과 비슷한 돼지는 이상적인 체중을 지니며(대개 75~150킬로그램), 현재 전 세계에서 연간 약 15억 마리를 도축하고 있다(그중 절반은 중국에서). 늘 그렇듯이 크기가 중요하다.

인공물의 스케일링: 기계의 대사

동일한 거듭제곱 규칙이 인간이 만든 대상들의 스케일링에도 적용된다니 흥미롭다. 화석연료나 전기를 운동에너지로 '대사하는'(변환하는) 생물의 기계판에 말이다. 아마 이런 무생물 스케일링을 살펴보기에 가장 좋은 사례는 내연기관일 것이다. 이 기계는 전기모터와 함께 현대 문명의 주된 에너지 변환기이자 작동 유지기다.[28] 내연기관은 크게 피스톤 안에서 연료를 연소시키는 왕복기관과 연소실에 압축 공기를 불어넣어 연료 연소를 일으키는 가스터빈(제트엔진) 두 가지로 나뉜다.

휘발유 연료 엔진의 대규모 채택은 적당한 가격에 구입할 수 있는 자동차가 등장하면서 시작되었고(1908년 포드의 모델 T 출시), 곧이어 루돌프 디젤Rudolf Diesel이 발명한 더 효율적인 엔진도 보급되었다. 후자는 트럭, 열차, 대형 선박에 널리 쓰였다. 현재 전 세계 도로에서 휘발유와 디젤 내연기관으로 움직이는 자동차는 약 15억 대에 달한다. 승용차(더 무거운 SUV의 비중이 높아지고 있다), 픽업트럭, 트럭, 버스, 모터사이클과 스쿠터가 그렇다. 세계 최대의 디젤기관은 세계 최대의 유조선, 벌크선, 컨테이너선을 움직이고 있다(그런 선박은 5만 척이 넘는다). 고정식 내연기관은 주로 물 펌프와 발전기이며, 전기가 들어오지 않는 지역에서 쓰이거나 예비용으로 활용된다. 현재 세계에 있는 휘발유와 디젤 내연기관은 25억 대에 이른다. 출력 범위는 세계에서 가장 작은 모형 항공기 엔진(Tee Dee .010)용인 겨우 5와트에서 가장 큰 바르질라Wärtsilä(핀란드의 에너지 기업 — 옮긴이) 선박 디젤기관의 84메가와트에 이른다.[29] 7차수에 걸친 이 출력 범위는 포유류의 체중 범위(땃쥐에서 대왕고래까지)와 같다.

엔진을 효율이 더 좋은 전기모터로 대체할 수도 있지만, 지금까지는 배터리의 성능 때문에 제약을 받아왔다. 지금도 (킬로그램당 약 300킬로와트의 출력을 내는) 최고의 배터리는 에너지 밀도가 탄화수소 연료(>12,000kWh/kg)의 약 1/40에 불과하다.[30] 항공기용 가스터빈은 1930년대 말에 처음 설계되었고, 먼저 군용 항공기에 쓰였다가 1950년대에 민간 항공 분야에 빠르게 도입되었다. 터보제트엔진은 나중에 (압축 공기의 대부분이 연소실을 우회하도록 설계한) 터보팬엔진으로 대체되었고, 코로나19 대유행 이전까지 여객기와 화물기를 합쳐 2만 대 넘는 제트기를 운항했다.[31]

내연기관의 스케일링은 항공기(고정날개와 회전날개)와 자동차 엔진 양쪽에서 상세히 연구되어왔다. 1980년대 초 미국의 두 과학자 토머스 맥마흔Thomas McMahon과 존 타일러 보너John Tyler Bonner는 출력과 무게의 범위가 각각 약 330와트에서 21메가와트, 135그램에서 102.3톤에 이르는 온갖 종류의 엔진 약 40종류(자동차, 항공기, 선박)를 조사했다. 그들은 최대출력이 엔진 무게와 거의 같은 속도로 증감한다는 것을 알았다.[32] 포드, 혼다, 가와사키, 스바루 등의 4기통 자동차 엔진을 살펴본 최근의 연구

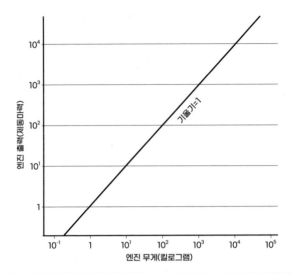

가장 작은 크기를 제외하고, 내연기관의 출력(여기서는 제동마력으로 나타냈다)은 무게에 따라 등성 장한다.

도 최대출력이 엔진 크기의 0.95제곱에 비례한다는 걸 보여줌으로써 이 스케일링이 맞다고 재확인했다.[33] 짐작하겠지만 항공기 엔진의 스케일링도 거의 등성장 양상을 보인다. 1.5킬로그램의 소형 항공기를 움직이는 1대의 엔진부터 안토노프 An-22(무게가 250톤에 달하는 옛 소련의 수송기)가 장착한 4대의 터보프롭엔진에 이르기까지 50가지 넘는 엔진을 분석한 결과는 출력이 무게의 0.9제곱과 속도의 0.8제곱에 비례한다고 나왔다.[34]

그리고 추진력의 스케일링에서 가장 흥미로운 연속체 중 하나도 언급해야겠다. 모터의 이 가장 근본적인 특성에 대해서는 2002년 제임스 마던James Marden과 리 앨런Lee Allen이 설명했다.[35]

그들은 '모터'라는 말을 운동을 일으키는 모든 기관 또는 기관들의 조합이라는 가장 폭넓은 의미로 해석하고는 온갖 종류의 모터 무게와 최대출력 자료를 모았다. 근육 수축을 일으키는 단백질(미오신myosin, 키네신kinesin)과 대장균을 움직이는 편모(작은 털 같은 세포소기관organelle), 날고 헤엄치고 달리는 동물들의 기관부터 피스톤과 제트엔진과 로켓까지 포함했다. 분석해보니 모터 출력의 스케일링이 두 부류로 나뉜다는 것이 드러났다. 첫 번째 집단에는 단일 분자, 근육세포, 근육 전체뿐 아니라, 권양기와 로켓도 포함된다. 이들의 최대출력은 모터 무게의 2/3제곱에 비례한다($M^{0.69}$).

두 번째이자 훨씬 더 많은 '모터' 집단은 첫 범주에 속한 '모터들', 즉 단순히 선형으로 당기거나 미는 모터들보다 더 복잡한 양상으로 몸을 움직이는 모든 유기적·기계적 배치를 가리킨다. 이 두 번째 범주의 크기는 날아다니는 곤충과 박쥐에서 조류, 달리고 헤엄치는 포유류를 거쳐 전기모터와 피스톤과 제트엔진에 이르기까지 10차수에 걸쳐 있지만, 이 모든 모터의 최대출력은 거의 완벽한 등척 비($M^{1.0}$)로 증감한다. 전기 회전모터와 박쥐는 지수가 1.08, 조류와 항공기 터빈은 0.96, 달리는 동물은 0.95다! 등척 스케일링은 배수를 단순화한다. 모터가 새의 근육이든 박쥐의 근육이든 왕복엔진이든 커다란 터보팬이든, 최대출력을 2배 늘리려면 모터 무게를 2배 늘려야 한다. 최대 이륙 추력推力이 2배에 달하는 제트엔진을 원한다면, 적어도 2배 무겁게 만들어야 한다. 1970년 프랫 앤드 휘트니Pratt & Whitney JT9D 터보팬

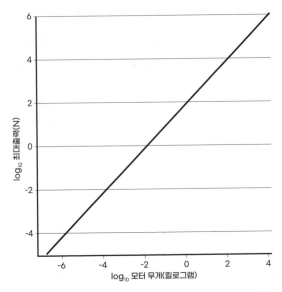

이 모든 크기와 최대출력 범위에 걸쳐 최대출력은 무게와 거의 완벽하게 일대일로 대응한다.

엔진 4대는 최초의 초대형 광동체wide-body 항공기인 보잉 747의 첫 상업 운항에 쓰였다. 각 엔진은 최대 250킬로뉴턴의 추력을 낼 수 있었고 무게가 4,044킬로그램이었다. 1996년 이래로 GE의 GE 90은 세계에서 가장 강력한 터보팬이었고, 개량한 110B는 JT9보다 최대 이륙 추력(512.9킬로뉴턴)이 2.05배 더 높다. 그리고 무게도 8,762킬로그램으로 2.16배 더 나간다.[36]

따라서 더 큰 엔진의 추력/무게 비(킬로그램당 58.5뉴턴)는 반세기 전에 나온 터빈의 것(킬로그램당 61.8뉴턴)과 거의 동일하다. 일대일 스케일링을 고려할 때, 이런 출력의 높은 유사성은 이 거대한 범주에 속한 모터 집합 전체에서 찾아볼 수 있다. 체중의 범위가 대단히 넓고, 모습이 놀라울 만큼 다양하고, 이동 양상이 매우 다양함에도 곤충, 조류, 박쥐, 어류, 포유류, 전기모터, 피스톤엔진과 제트엔진은 한 가지 공통적인 핵심 속성을 지닌다. '모터' 무게 1킬로그램당 출력이 대체로 43~71뉴턴이고, 평균값은 57뉴턴으로 단위 무게당 순출력이 놀라울 만큼 불변성을 띤다는 것이다(세계 최대의 GE 90 터보팬제트엔진조차도 이 평균에 아주 가깝다). 여기에 크기의 한계가 있다는 점은 분명하다. 에어버스 A380보다 2배 큰 항공기는 거의 2,000명을 태울 수 있겠지만, 추력과 무게도 2배에 달하는 엔진을 4대 달아야 할 것이다. 그러면 무게가 거의 5만 4,000톤 늘어난다. 즉, 연료를 꽉 채우고 좌석도 꽉 찬 보잉 737-600의 이륙 중량과 맞먹는 무게가 추가된다.

나중에 파란 하늘을 수놓는 높이 나는 제트기의 하얀 비행운과 함께 우연히 그보다 약 11킬로미터 아래쪽에서 날개를 치며 날아가는 기러기나 갈매기를 본다면, 생물과 인공물 사이의 이 엄청난 차이점과 희귀한 유사성이 놀랍게도 공존한다는 사실을 떠올릴지도 모르겠다. 새와 기계가 서로 놀라울 만큼 다른 '모터'를 쓰면서도 단위 무게당 거의 동일한 출력을 낸다는 것 말이다. 물론 공통분모가 있다는 점은 분명하다. 양쪽 다 딸려 있는 몸의 무게와 관성을 극복할 수준의 출력을 내야 한다는 것이다. 그러나 최대 비출력maximum specific forces 범위가 비교적 좁다는 것(평균값에서 겨우 약 ±25퍼센트)은 여전히 놀라운 결과다.

그런데 개인 차원을 넘어설 때, 대사 스케일링은 어떻게 작동할까? 도시는 세계 에너지 사용량에서 불균형적으로 많은 몫을 차지하고 있으므로, 가장 먼저 조사할 만한 실체라고 할 수 있다. 도시는 세계 인구의 55퍼센트를 점유하지만 모든 에너지의 거의 70퍼센트를 소비하며 온실가스의 70퍼센트 이상을 생성한다.[37] 도시대사학urban metabolism이라는 새로운 분야는 도시의 에너지와 물질의 흐름을 연구해왔으며, 이산화탄소 배출량은 대사 효율을 알려주는 지표라고 볼 수 있다. 인체에서 음식물 소화를 통해 나오는 이산화탄소와 마찬가지다. 도시 에너지 사용량에도 예상된 규모의 경제가 나타날까? 미국 대도시권의 1999~2008년 배출량 연구 결과는 예상과 정반대로 이산화탄소 배출량이 도시 크기에 비례하며, 큰 도시라고 해서 작은 도시보다 대사 효율이 더 높아지는 것이 아님을 보여주었다.[38] 스케일링 계수는 1.0보다 겨우 7퍼센트 작았다. 즉, 인구가 1퍼센트 증가할 때 배출량은 0.93퍼센트 증가했다.

대사를 동물의 먹이 요구량처럼 협소하게 정의하든, 움직이는 대상의 모든 에너지 변환을 가리킨다고 더 폭넓게 정의하든, 근본적인 기능 측면에서 어떤 공통점이 있음이 드러난다. 예를 들어, 날 수 있는 생물이나 기계는 단위 무게당 아주 비슷한 출력을 내야 한다. 동시에 동물들의 체중이 같아도 대사율은 상당히 다른 것처럼 예상된 '규칙들'에서 벗어나는 사례도 많다. 이는 서로 다른 생활 조건과 환경 적응 양상을 반영한다. 또 생물학자들의 오랜 격언도 재확인해준다. 생명의 복잡성은 물리학자들이 내놓는 수학적으로 정확한 포괄적 규칙으로 환원하기가 불가능하다는 것이다. 이처럼 크기와 대사의 스케일링이 어느 하나의 불변 규칙에 들어맞지 않는다면, 크기(생물과 인공물 또는 그 특정 부위)의 분포는 어떨까? 예측 가능하고 쉽게 정량화할 수 있는 형태를 보일까? 그 의문은 이어지는 두 장에서 살펴보기로 하자.

7장

평균 중심의
대칭

모든 것의 크기라는 흥미로운 경관을 이리저리 헤치고 나아가는 (다소 체계적인) 내 탐구는 지각과 착시에서 비례와 설계까지, 단순한 측정에서 몸과 기관과 인공물의 스케일링까지, 더 나아가 아직 논쟁거리인 크기의 함수로 살펴본 대사에까지 이르렀다. 그렇다면 이제 뭐가 남았을까? 지금까지 나는 자연과 인공물에서 다양한 크기가 출현하는 빈도의 이야기는 전혀 하지 않았다. 남은 문제는 이것이다. 많은 차수에 걸쳐 있으면서 자연세계와 인공 세계 양쪽에 속한 온갖 것들의 엄청난 크기 다양성은 어떻게 분포해 있을까?

　한 종의 새끼든 성체든 개체들의 크기가 서로 아주 비슷하지 않다면, 얼마나 다를까? 그리고 가장 흔한 값처럼 보이는 것에서 벗어나는 데도 어떤 규칙성이 있을까? 예컨대 아마존 잠자리들의 날개폭, 도쿄 7세 아동들의 키, 캘리포니아에서 일어나는 지진들의 세기, 프랑스 도시들의 인구, 개인들의 재산 규모(풍요로운 국가에 있든 세계에서 가장 가난한 지역에 있든)는, 예측과 지침을 제공하는 모델 역할을 할 수 있는 어떤 규칙적이고 무작위적이지 않은 분포, 따라서 예측 가능한 분포를 보여줄까? 보여준다면, 우리는 성장의 결과를 예측하거나 비정상적 발달을 알아차릴 수 있는 강력한 도구를 지닌 셈이다.

가장 흔한 가능성은 설명하기도 보여주기도 쉽다. 크기는 평균을 중심으로 완벽하게 대칭을 이루면서 양쪽 끝으로 갈수록 점점 빈도가 줄어들고 동떨어진 이상값이 전혀 없는 양상으로 분포해 있을 수 있다. 이때는 중앙값(데이터 집합을 절반으로 나눴을 때 중간의 값)과 최빈값(가장 출현 빈도가 높은 값)도 같다. 또 왼쪽이나 오른쪽으로 치우친 비대칭적 분포를 보일 수도 있다(이럴 때 평균값, 중앙값, 최빈값은 일치하지 않는다). 또 빈도가 2개의 봉우리를 이루는 쌍봉 분포를 보일 수 있다. 또는 두 극단적 형태를 취할 수도 있다. 평균에서 멀리 벗어나는 크기가 전혀 없이 다소 균일한 양상을 보이거나, 가장 작은 크기들이 대부분이고 가장 큰 크기는 아주 드물어서 극도로 한쪽으로 치우친 분포가 그렇다.

따라서 첫 번째 가능성이 얼마나 흔한지(즉, 평균을 중심으로 대칭을 이루는 자연현상과 특성이 얼마나 많은지) 알아보고, 통계학 강의를 들어본 적도 없고 크기 분포를 기술하는 데 쓰이는 잘 정의된 용어를 접한 적도 없는 사람들의 잠재의식 속에 널리 퍼진 이 속성이 어떻게 받아들여지고 있는지 살펴보는 일은 흥미로울 것이다. 도시의 복잡한 길을 걷거나, 수업이 끝나고 교실에서 몰려나오는 아이들을 보거나, 한여름에 노란 꽃이 가득한 해바라기밭을 차로 지나가기만 해도, 값들이 평균 가까이에 몰려 있고 극단값은 드문 크기 분포 양상이 펼쳐진다는 사실을 알아차릴 수 있다.

인구밀도가 높은 현대의 어느 도시를 걷든 같은 경험을 쉽게

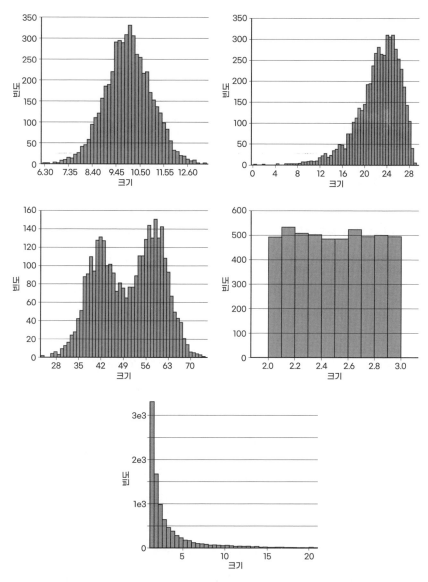

평균 중심의 대칭분포(왼쪽 위), 평균이 오른쪽으로 치우친 비대칭분포(오른쪽 위), 빈도가 두 봉우리를 이루는 쌍봉 분포(왼쪽 아래), 고도로 균일한 분포(오른쪽 아래), 작은 크기 쪽으로 극도로 치우친 분포(맨 아래).

할 수 있다. 밀라노에서든 마닐라에서든 길을 걷고 있노라면, 성인 남성의 키가 주로 유럽에서는 약 175~180센티미터, 동아시아에서는 그보다 약 10센티미터 작은 범위에 있음을 즉시 알아차릴 것이다.[1] 마찬가지로 교실에서 나오는 아이들을 볼 때나 노란 꽃이 만발한 해바라기밭을 지날 때에도, 아이들이나 해바라기들의 키가 매우 비슷함을 알아차린다. 대부분은 키가 거의 같을 것이다.

같은 반 아이들 중에서 전형적인 듯한 키보다 머리 하나만큼 더 크거나 작은 아이는 아주 드물 것이다. 마찬가지로 주변의 개체들보다 훨씬 높이 자란 해바라기나, 전형적인 키보다 훨씬 작은 해바라기도 마찬가지로 드물 것이다.[2] 키 차이는 분명히 있겠지만, 비교적 좁은 범위를 벗어나는 사례는 드물다는 뜻이다. 아주 많은 3학년 학생이나 해바라기의 키를 잰다면, 대다수는 평균에서 아주 조금 벗어날 뿐이고, 평균 양쪽에 꽤 대칭적인 양상으로 모여 있음을 알아차릴 것이다. 좀 더 크거나 작은 아이나 해바라기도 있겠지만, 깜짝 놀랄 만큼 키가 확연히 다른 아이나 해바라기는 없을 테고, 어느 한쪽 극단으로 키들이 치우쳐 있지도 않을 것이다. 여기에는 중요한 단서가 하나 따라붙는다. 바로 집단의 크기가 중요하다는 점이다. 높은 신뢰 수준과 낮은 오차 범위로 결론을 제시하려면, 작은 집단에서는 모든 구성원을 측정해야 하고 큰 집단에서는 충분한 수의 표본을 재야 한다(밭에 있는 해바라기의 키를 전부 다 잰다는 것은 너무 지루할 뿐 아니라 불필요한 일이다).

주의 깊은 사람은 소수의 개체만을 측정하면 아주 편향된 결과가 나올 수 있다는 사실을 잘 알 텐데, 그렇다면 신뢰할 만한 값을 얻으려면 얼마나 많이 재야 할까? 표본의 크기가 어느 정도여야 의미가 있는지를 판단하는 정량적인 방법은 많이 있으며, 표본 크기 계산기는 온라인에서도 쉽게 찾을 수 있다. 대체로 100개체 미만의 소집단에서는 모든 구성원을 재야만 가장 신뢰할 수 있는 결과를 얻는 반면, 100만 개체에 달하는 집단은 400개체 미만만 재도 충분하다.

올바로 측정한 정규분포는 다양한 모양의 '종형' 곡선을 이룰 것이다(앞쪽 그림 중 첫 번째 그래프는 무수한 종형 곡선의 한 사례다). 이런 분포는 자주 접하면서 우리 잠재의식에 새겨지며, 흔하기 때문에 으레 나타날 것이라고 예상된다. 따라서 어디에서나 보이는 것이 정상normal인 듯하다. 그래서 통계학자들은 이를 정규분포normal distribution라고 부른다. 게다가 정규분포를 이렇게 잠재의식 수준에서 받아들이므로 거의 본 적 없는 속성들에까지 으레 적용하곤 한다. 예를 들어, 몇몇 조류학자나 탐조가만이 북아메리카 파랑어치의 평균 날개폭을 기억하고 있을 뿐이지만, 이 멋진 새를 잠깐씩이라도 여러 번 접한 사람은 어떤 파랑어치의 날개폭이 정상의 2배에 달한다면 대부분 이를 곧바로 알아차릴 것이다.[3]

궁극적으로 자연과 사회에서 어떤 크기가 규칙적인 분포를 보인다는 확고한 결론을 내리려면 엄밀한 정량분석을 해야 하지만, 기초적인 수학 능력을 지닌 사람이라면 누구나 이 주제의 근본적인 내용을 간파할 수 있다. 대칭적 크기 분포의 놀라운 규칙성 덕분에 신생아 의학과 열대 생태학 등 다양한 분야에서 보편적이거나 적어도 대체로 타당한 결론과 예측을 내놓는 것이 가능하다. 또 의류업체에 특정한 시장에 내놓을 셔츠나 바지의 상대적 크기 분포도 알려줄 수 있다. 그리고 마찬가지로 놀라운 점은 이러한 이해로 나아가는 길이 몇 세기 전에 멀리 떨어진 천체를 관측하면서 열리기 시작했다는 사실이다.

정상은 어떻게
정규가 되었을까

대칭적인 연속 확률분포를 보여주는 완벽하고 매끈한 종 모양 곡선의 우아한 궤적은 모든 과학 분야에 걸쳐 무수한 교과서와 저술에 등장한다. 그런 한편으로 정규분포를 계산하는 데 공식에 완벽하게 들어맞는 여러 곡선이 전부 다 종형은 아니라는 점도 지적할 필요가 있다. 훨씬 더 좁고 촘촘한 것도 있으며(혀 모양이라고 말할 수도 있다), 높이가 훨씬 낮아서 종이라기보다는 완만한 언덕에 더 가까운 것도 있다.

'정규'라는 수식어는 값들이 평균 주변에 몰려 있는 이 질서 있는 배치 이외의 다른 분포가 비정상이라거나 특이하다거나 예외적이라는 의미로 비칠 수 있지만, 그렇지 않다. 앞서 말했듯 많은 크기는 비대칭적 분포를 보이며, 그 결과 분포의 곡선 또는 분포를 로그 단위로 바꾸었을 때 생기는 직선이 '비정규'라고 불리는 것은 아니다! 오해를 불러일으키는 이 용어는 어떻게 채택되었고, 왜 계속 쓰이고 있는 것일까? 이와 관련된 천문학·수학·통계학의 역사를 짧게 살펴보면, 정상이 어떻게 정규가 되었는지 설명할 수 있다. 매끄럽게 솟아올라서 정점에 이르렀다가 매끄럽게 떨어지는 이 곡선은 역사적으로 거의 300년 전에 출현했다. 처음엔 망원경에 의존하는 관측의 정확성을 개

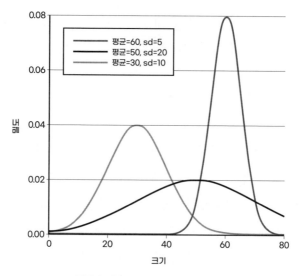

평균과 표준편차가 서로 다른 정규곡선들.

선하기 위한 잠정적인 조사로 시작되어 초기의 수학 공식을 정
립하는 방향으로 나아갔다. 이어서 명확한 정의definition 단계를
거쳐 원래의 응용 사례를 훨씬 넘어서 많은 생물과 현상을 측정
하는 데까지 나아갔다.[4]

　이렇게 명확히 정의된 분포를 탐구하는 분야는 크기를 분류
하는 일이 아니라, 확률을 계산하고 천체 관측의 오류를 이해하
려는 노력에서 시작되었다. 망원경을 이용하는 천문학 시대에
들어선 초기 몇 세대 동안, 그런 오류는 관측자의 능력 한계에서
비롯되었다. 또 완벽하지 못한 조건에서 쓰이는 기기들의 온갖
미흡한 측면들 때문이기도 했다. 1600년에 이르기 직전 덴마크
천문학자 튀코 브라헤(1546~1601)는 천체의 실제 위치의 정확

도를 개선하기 위해 동일 현상을 반복해서 관측하고 거기서 나온 값들을 조합하는 일을 처음으로 시도했다. 행성이나 별의 위치를 측정할 때 쓰는 동서 방향의 좌표인 (지구의 경도에 해당하는) 적경赤經을 재면서 으레 그렇게 했다.[5]

그러나 이 문제를 처음으로 명확히 요약해서 발표한 사람은 "그래도 지구는 돈다"라는 불후의 말을 남겼으며, 5장에서 몸의 스케일링을 이야기할 때 이미 언급한 바 있는 갈릴레이(1564~1642)였다. 그는 관측자나 기기 때문에 모든 관측에는 오차가 있다고 했다. 큰 오차보다 작은 오차가 더 흔하다. 그리고 관측 오차는 대칭적으로 분포해 있다. 그러나 그는 이 문제를 수학적으로 다루는 법을 제시하지는 않았다.[6] 여기서 선택할 수 있는 방안은 명백히 두 가지다. 평균(관측한 값들의 합을 관측 횟수로 나눈 값) 또는 중앙값(더 큰 관측값들의 개수와 더 작은 관측값들의 개수를 동일하게 나눴을 때 중간의 값)을 취하는 것이다. 관측 오차를 정량화하는 방법을 처음 체계적으로 조사한 사람은 프랑스 수학자 아브라함 드무아브르Abraham de Moivre(1667~1754)였다. 그는 다년간 연구한 끝에 1733년 "실험에 부여할 동의 수준Degree of Assent을 추정하는 몇몇 실용적인 규칙들"을 추론하는 방법에 대한 논문을 발표했다.[7]

이 연구는 나중에 정규곡선이 등장한 최초의 문헌이라는 인정을 받았다. 그러나 드무아브르의 연구는 오차의 대칭분포와 동의어가 된 이름을 지닌 두 수학자의 업적에 가려지고 말았다. 바로 수학과 통계학뿐 아니라 공학과 철학 방면에도 기여한

피에르시몽 라플라스Pierre-Simon Laplace(1749~1827)와 아마도 역사상 가장 위대한 수학자일 카를 프리드리히 가우스Carl Friedrich Gauss(1777~1855)다. 그래서 통계학을 비롯한 많은 과학 문헌에 가우스 분포 또는 가우스-라플라스(프랑스에서는 라플라스 또는 라플라스-가우스) 분포라는 용어가 쓰이게 되었다.

이 분포는 라플라스가 먼저 1774년에 그 공식을 내놓았지만, 가우스가 1809년에 그 특성을 논의한 뒤에야 비로소 널리 알려졌다. 가우스는 이 분포를 수학적으로 증명할 때 노르말리스normalis(수직, 직각이라는 뜻)라는 라틴어를 썼는데, 나중에 그 용어가 통상 '정상적인' 분포라는 의미로 잘못 해석되기에 이르렀다. 또 그 직후에 라플라스는 이 오차 분포를 분석하기에 더 좋은 수학적 토대를 제시했다.[8]

그다음 단계는 평균에서 멀어질수록 대칭적으로 빈도가 줄어드는 양상도 지구의 많은 자연 변수에서 관찰되는 통계적 특성인지를 확인하는 것이었다. 벨기에의 통계학자이자 수학자이자 천문학자 아돌프 케틀레(1796~1874)가 천문학에서 관측 오차를 파악하기 위해 쓰던 분포를 (정량적 사회과학이라는 신생 분야 덕분에 점점 더 많이 이용할 수 있게 된) 대규모 인체측정학 자료에 적용함으로써 가장 먼저 그 일에 뛰어들었다.

케틀레는 1835년에 내놓은 '사회물리학'을 다룬 책(1842년에 나온 영어판 제목은 《인간과 그 능력의 발달에 관하여, 또는 사회물리학에 관한 소론》이다)에서 몇몇 서유럽 집단의 여러 신체적 및 정신적 특징을 조사해 평균적 인간average man이라는 개념을 내놓았다.[9]

11년 뒤 작센코부르크고타Sachsen-Coburg und Gotha의 젊은 대공들에게(케틀레는 그들을 가르친 바 있다) 보낸 편지에서, 그는 많은 측정값을 토대로 정규분포를 보인다는 걸 알아낸 인간의 속성 두 가지를 처음으로 제시했다.[10] 첫 번째 자료는 1817년 〈에든버러 내·외과학 저널〉에 실린, 스코틀랜드 군인 5,738명의 가슴둘레를 잰 값이었다. 케틀레는 이 측정값들이 정규분포를 보인다고, 즉 평균을 중심으로 좌우대칭을 보인다고 주장했다. 사실 빈도의 막대그래프를 보면 완벽한 대칭과는 거리가 멀지만, 케틀레에게 탐구를 계속하도록 자극할 만큼은 가까웠다.

그가 두 번째로 살펴본 것은 1817년에 징집된 프랑스 군인 10만 명의 키였다. 가장 작은 등급(1.57미터 미만)에 속한 이들이 좀 많고, 그다음 등급(1.6미터까지)에 속한 이들이 없다는 점은 정규분포에 들어맞지 않았다. 하지만 케틀레는 자신이 염두에 둔 이상적인 분포가 나타난다는 걸 확인하고 싶었다. 그래서 가장 작은 등급에 속한 이들은 병역이 면제되므로, 이 범주에 속한 이들이 지나치게 많은 것은 입영 대상자들이 키를 속였다는 증거라는 말로 이 어긋난 부분을 설명하려 했다.

케틀레는 크기의 대칭분포를 보여주는 빈도 양상이 자연에서 나타난다는 사실에 깊은 인상을 받았다. 비록 그 뒤에 다양한 자료 집합을 정규곡선에 끼워 맞추려고 할 때마다 혼란스러운 결과를 얻었지만, 그의 연구는 통계 모형을 활용해 대규모 자료 집합의 분포를 정리하고 평가하고 설명하려는 새로운 분야를 탄생시켰다. 이윽고 드무아브르-라플라스-가우스 오차 곡

피에르시몽 라플라스(위)와 카를 프리드리히 가우스(아래 왼쪽)는 정규분포의 이론적 토대를 마련했다. 아돌프 케틀레(아래 오른쪽)는 공익과 관련한 일련의 자료에 이 통계학을 처음으로 적용했다.

선은 지금 흔히 쓰이는 '정규분포'라는 이름을 얻었다. 세 과학자, 곧 미국의 퍼스C. S. Peirce(1873), 독일의 빌헬름 렉시스Wilhelm Lexis(1879), 영국의 프랜시스 골턴Francis Galton(1879)도 각자 독자적으로 그 용어를 제시했다.

몇몇 과학 분야에서 활동했고 유전학 연구로 잘 알려진 (그리고 자신이 창안한 용어인 우생학을 옹호함으로써 악명을 얻은) 프랜시스 골턴(1822~1911)은 이 곡선의 활용을 가장 적극적으로 장려한 인물인데, 그가 열렬하게 찬미한 말은 인용할 만한 가치가 있다. 그가 어떤 경이로움을 느꼈는지 고스란히 드러내고 있기 때문이다.

나는 '오차의 빈도 법칙Law of Frequency of Error'으로 표현되는 경이로운 형태의 우주 질서보다 우리의 상상력을 사로잡는 것은 거의 없으리라고 본다. 고대 그리스인이 그 법칙을 알았다면, 아마 인격화하고 신격화했을 것이다. 이 법칙은 난무하는 혼란 속에서 평온함과 완벽한 몰아의 위세를 떨친다. 군중이 더 클수록, 겉으로 보이는 무정부 상태가 더 심할수록, 더 완벽한 통제력을 행사한다. 무질서를 관장하는 최고의 법칙이다. 혼란스러운 원소들의 많은 표본을 취해서 크기별로 정렬할 때마다, 예상치 않았던 그리고 가장 아름다운 형태의 규칙성이 언제나 잠복하고 있었음이 드러난다. 정렬한 빈도들의 꼭대기를 이으면 불변의 비례를 보여주는 매끈한 곡선이 형성된다. 각 원소는 분류되어, 말하자면 미리 예정된 자리에 들

어가면서, 곡선에 정확히 들어맞는다.[11]

더 나아가 골턴은 "편차가 의존하는 조건들을 아주 정확히" 모방한 "분산의 오차 법칙Law of Error of Dispersion의 원리를 보여주는 장치"까지 고안했다. 그는 티슬리 앤드 스필러Tisley & Spiller 회사에 의뢰해 이 유리 모형 장치를 제작했다.[12] 이 퀸컹크스quincunx 장치(골턴은 주사위의 5점 면과 똑같은 기하학적 무늬로 핀을 배치했기에 5점이라는 뜻을 지닌 이 단어를 붙였다)는 작은 홈을 통해 떨어진 구슬이 단계적으로 배열된 핀에 부딪쳐 왼쪽이나 오른쪽으로 방향을 틀면서 계속 내려가, 이윽고 맨 아래에 있는 홈 중 하나에 들어가도록 되어 있었다. 구슬을 떨어뜨리는 "실험을 얼마나 반복하든" 홈들에 들어간 구슬은 정규곡선을 그렸다. 공개 시연을 위해 퀸컹크스 장치(골턴 보드Galton board 또는 빈 머신bean machine이라고도 한다)를 더 크게 만든 모형도 제작되었으며(보스턴 과학박물관에 하나가 전시되어 있다), 더 멋진 현대적 디자인을 보여주는 소형 장치도 있다.[13] 판자나 마분지에 못을 박고 작은 구슬이나 공을 써서 직접 만들거나 기성 제품 구입이 가능하며, 몇 시간만 들이면 명확히 정규분포를 재현할 수 있다.

20세기 전반기에 로버트 채독Robert E. Chaddock과 레이먼드 펄Raymond Pearl을 비롯한 당대의 손꼽히는 통계학자 상당수가 널리 쓰이는 자신들의 교과서를 통해, 특히 생명과학 분야에서 이 분포의 중요성을 강조함에 따라, 대칭분포는 전형적이고 질서 있고 예상된 배치 양상을 보여주는 것으로서 확고히 자리를 잡

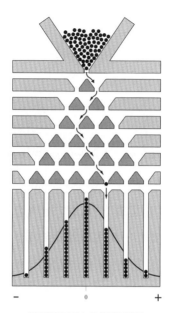

골턴의 퀸컹크스 장치 작동 방식.

왔다.[14] 그리고 비록 모든 사람이 '정규'라는 용어를 쓴 것은 아니었지만, 이 분포는 대체로 정상을 나타낸다는 식으로 여겨졌다. 거의 자연법칙의 범주로 승격된 것이다. 그러나 이 규칙성이 인상적이긴 해도, 실제로 그래프에 점을 찍어서 크기 분포를 그리면 퀸컹크스의 이상적인 분산을 통해 나온 매혹적이고 완벽한 형태가 아니라 일그러진 모습이 종종 나타나곤 한다.

정규분포,
거대한 나무, IQ, 농구

언덕이나 종 모양을 이루는 막대그래프(불연속적인 변수들로 이루어진 다이어그램)나 히스토그램(수들을 범위로 묶어서 막대로 표시한 그래프) 등 많은 크기 분포가 이 유명한 대칭 모양을 그리는 정규곡선에 아주 가까울 수 있음은 분명히 사실이지만, 계산한 곡선상에 놓이거나 그 가까이에 없는 값들도 아주 흔히 나타난다. 앞서 말했듯 군인과 신병을 측정한 자료로 케틀레가 시도한 분석은 완벽한 정규분포와 거리가 먼 사례들이 흔하다는 것을 보여주었다. 그렇다면 완벽한 것은 어떤 모습이고, 그 안의 값들은 어떻게 분포해 있으며, 현실 세계에서는 어떤 유형의 편차를 만나게 될까?

수학을 잘 모르는 사람이라면 정규곡선을 계산하는 공식이 매우 어렵게 느껴지겠지만, 이 곡선을 결정하는 요인과 곡선의 특성은 쉽게 이해할 수 있다. 이 곡선은 2개의 매개변수만으로 완벽하게 정의할 수 있다. 평균(대개 그리스 문자 μ로 나타낸다)과 분산(자료가 평균 주위로 어떻게 퍼져 있는지를 알려준다)이 그것이다. 표준편차(그리스 문자 σ)는 곡선의 변동 폭을 측정한다. 이런 지표들은 계산하기가 어렵지 않다. 평균은 대강하든 정확히 하든 측정한 모든 값(자료점)의 합을 측정 횟수로 나눈 것이다. 표준편차는 조금 더 복잡하다. 분산의 제곱근인데, 분산은 각각의 측정값에서 평균을 뺀 값을 제곱한 다음 모두 더한 뒤, 그 합을 측정 횟수로 나눈다.

모든 정규분포의 평균은 중앙값(값들을 죽 순서대로 나열할 때 중앙에 놓이는 수)과 함께 가장 흔히 언급되는 수다. 평균값이 더 크면(조나골드 품종이 가득한 커다란 바구니의 사과는 평균 무게가 200그램을 넘는다. 조녀선이나 갈라 품종이 가득한 바구니의 사과는 평균 무게가 150그램에 못 미친다), 곡선은 가로축을 따라 더 오른쪽으로 이동할 것이다. 그러나 곡선의 모양은 바뀔 수도 있고 바뀌지 않을 수도 있다. 표준편차는 분포가 가로 방향으로 얼마나 퍼져 있는지(폭)를 나타내며, 따라서 곡선의 모양을 바꾼다. 표준편차가 더 작은 정규곡선은 높이 뾰족하게 솟은 모양으로, 표준편차가 큰 곡선보다 덜 퍼져 있을 것이다. 표준편차가 더 큰 곡선은 종 모양보다는 언덕 모양에 더 가까울 것이다.

진정으로 대표적인 분포를 구하려면, 충분히 큰 자료 표본을 조사해야 한다. 표본이 얼마나 커야 할지는 우리가 얻고 싶은 정확성이 어느 수준인지에 달려 있으며, 그런 매개변수를 설정하는 엄밀한 방법이 있다. 최소 한계에 관한 지침을 하나의 수로 환원한다는 게 의아할 수도 있지만, 그런 일은 반복해서 이루어져왔으며, 이는 적어도 20개 값, 더 흔하게는 30개 값이 받아들일 수 있는 문턱임을 시사한다. 완전한 자료 집합(특정한 해에 한 나라에서 태어나는 모든 신생아, 대도시의 모든 성인)을 연구하는 편이 가장 이상적이다. 완벽한 조건에서 표준편차가 1일 때 평균 양

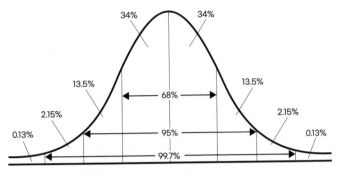

정규곡선, 각 표준편차 내에 들어가는 관측값의 비율.

쪽으로 그 범위에 속한 면적에는 모든 관찰값의 68.27퍼센트가 들어 있다. 표준편차가 2라면, 측정한 집합의 95.45퍼센트가 포함된다. 3이라면 측정한 집단의 대부분인 99.74퍼센트가 포함된다. 0.26퍼센트만이, 즉 3,850번 측정했을 때 단 한 번만이 이 범위를 벗어나는 극단값에 들어간다.

이 68-95-99.7 규칙은 뒤집어서 모든 관찰값 중 50퍼센트가 표준편차 0.674, 95퍼센트는 1.96, 99퍼센트는 2.576 안에 들어간다고 말할 수도 있다. 예전에 통계학자들은 인쇄된 표준편차 표를 하나하나 뒤적거려서 필요한 계산을 해야 했다. 지금은 웹에서 정규 표준편차를 내려받거나 필요할 때 그냥 검색하면 나온다.[15] 이런 표는 z값을 쓴다. 각 관찰값에서 평균을 뺀 다음 표준편차로 나눈 값으로, 각 자료점이 평균에서 표준편차로 얼마만큼 떨어져 있는지를 알려준다(평균의 z값은 0이다).

누적 정규곡선 표를 실은 많은 웹사이트에는 대개 상호작용하는 그래프도 있다. 즉, 화살표로 특정한 지점을 찍으면 평균과

z 사이, 특정한 z값까지, 또는 특정한 z값 이상의 확률분포를 곧바로 알 수 있다는 뜻이다.[16] 예를 들어, 의욕적인 젊은 테니스 선수의 키가 성인 여성 평균보다 표준편차 1.5 위쪽에 있다면 (키가 더 큰 선수는 경기장에서 여러 이점이 있다), 모든 성인 여성의 93.32퍼센트(해당 z까지의 총합)보다 크고 6.68퍼센트(알려진 z값 이상)보다 작다.

표준편차를 이해하면 우리가 접하는 크기가 얼마나 평범한지, 또는 얼마나 예외적인지를 평가할 탁월한 도구를 갖추게 된다. 일상생활에서 우리는 평균을 선호하는 경향을 보이며, 극단값은 환영하거나 싫어할 수 있다. 이런 것을 기대하는 사례는 많다. 우리는 지속적인 가뭄이나 홍수를 일으키곤 하는 폭우보다 강수가 정상적이고 평균적이길 바란다. 또 혈압에서 혈중 콜레스테롤 농도에 이르기까지 모든 의학 검사 결과가 좁은 정상 범위 안에 있길 바란다. 예를 들어 고밀도 지방단백질, 즉 '좋은' 콜레스테롤이 1데시리터에 40~60밀리그램 내에 있길 바란다. 평균 키인 사람은 체구가 6XL인 사람보다 옷과 신발을 살 때 (또는 더 뒤에서 설명하겠지만 체구가 비슷한 배우자를 고를 때) 선택의 여지가 훨씬 더 많다.

서구 정치인들은 호소력을 최대화하기 위해 평균 유권자를 염두에 두고 공약을 내놓는다. 즉, 모두 예외 없이 평균 크기의 집에 살면서 평균 크기의 소득을 올리는 (정의하기 쉽지 않은) 중산층을 겨냥한다. 부모는 아기가 너무 일찍, 이를테면 임신 28주째에 아주 저체중으로 태어나길 바라지 않는다. 현대 의학 수준을 생각할 때, 그런 아기도 생존 가능성이 매우 높지만 달을 꽉 채우고(39~40주) 평균 체중으로 태어난 아기보다 나중에 발달이 늦어질 수 있다.[17] 그리고 우리는 평균보다 키가 훨씬 더 작기를 원하는 사람이 거의 없으리라는 것도 안다.

놀랄 일도 아니지만, 분포 스펙트럼의 양쪽 끝에 있는 상대적으로 희귀한 이상값은 유달리 큰 주목 또는 보상을 받거나 우려를 낳곤 한다. 자연에서, 우리는 세계 최고 높이의 나무를 보며 감탄한다. 더글러스전나무는 110미터까지 자라고, 호주의 유칼립투스 레그난스는 125미터까지 치솟는다.[18] 사슴 사냥꾼들은 갈라진 뿔 끝의 수가 제일 많으면서 가장 큰 사슴을 잡기 위해 서로 경쟁하며, 미국인 사업가 요제프 페니쾨비Josef Feénykoövi는 1955년 앙골라에서 가장 큰 코끼리를 사냥해 스미스소니언 박물관에 기증했다. 이 코끼리는 박제되어 1959년부터 죽 국립자연사박물관의 중앙 홀에 서 있다.[19] 자연의 크기 스펙트럼 반대쪽 끝에서 우리는 가장 작은 벌새인 칼립테 안나의 작은 날개폭에 감탄한다. 쿠바에 사는 이 새는 체중이 5그램도 안 되며, 가장 작은 동물 목록에 으레 등장한다(그 반대편에 놓인 체중 200톤에 달하는 대왕고래와 함께).[20]

사람도 예전엔 왕궁에서 가장 작은 어린이, 청소년, 성인의 경우 특별 대우를 받곤 했다. 1626년 버킹엄 공작 부부는 키가 겨우 45센티미터(오늘날 갓 태어난 남아의 평균 키보다 작다)인 일곱 살짜리 제프리 허드슨Jeffrey Hudson에게 작은 갑옷을 입혀 커다란 파이 안에 숨긴 뒤, 헨리에타 마리아Henrietta Maria 왕비에게 선물했다. 그

안토니 반 다이크가 그린 '헨리에타 마리아 왕비와 제프리 허드슨 경'(1633).

뒤로 거인 한 명과 다른 소인 몇 명을 포함해 극단적인 몸을 지 닌 이들이 왕실에 더 헌납되었다.[21] 궁전에 소인들이 아주 흔해 져서 대가의 미술 작품에 등장하는 사례도 많았다. 벨라스케스 는 그중 5명(후안 카라바차스, 프란시스코 레츠카노, 돈 안토니오 엘 잉 글레스, 돈 디에고 데 아체도, 세바스티안 데 모라)의 초상화를 그렸고, 1656년에 완성한 가장 유명한 그림 '시녀들'에도 2명(마리아 바르 볼라와 니콜라 페르투사토)을 그려 넣었다.[22]

17~18세기에는 유럽 전역에서 극단적인 크기의 사람들을 공

개 전시하는 일이 빈번했다. 또 19세기에서 1920년대까지는 '기인 쇼freak show'라는 잔혹한 이름의 흥행업이 대서양 양편에서 흔한 형태의 오락거리가 되었다. 빅토리아시대 잉글랜드와 미국에서 특히 그랬다. 빅토리아 여왕은 1844년 키 62센티미터에 여섯 살인 찰스 스트래튼Charles Stratton(바넘P. T. Barnum은 '엄지 장군 톰General Tom Thumb'이라고 광고했다)의 개인 공연을 보면서 매우 즐거워했다. 스트래튼은 바넘이 가르친 대로 궁정 예복 차림으로 나폴레옹을 흉내 냈고, 방을 나갈 때 작은 지팡이를 짚고 절뚝거리면서 여왕의 푸들에 공격을 받은 척했다. 여왕은 너무나 감동을 받아서 일기에 이렇게 썼다. "저녁 만찬 후에 우리는 내게, 아니 사실상 모두에게 지금까지 본 것 중 가장 신기한 광경을 보았다. 작은 난쟁이였다." [23]

19세기와 20세기 초에는 유달리 키가 큰 (그리고 상대적으로 단명한) 이들도 그런 쇼에 등장하곤 했다. 앵거스 맥어스킬(2.36미터), 에두아르 보프레(2.41미터), 조지 오거(2.50미터) 등이 그들이다. [24] 바넘 앤드 베일리Barnum and Bailey 순회 서커스('지상 최대의 쇼'라고도 불린)는 2017년에 문을 닫았지만, 그 쇼는 키가 아니라 체중에 초점을 맞추어서, 그리고 순회공연 대신 케이블 TV를 통해 이어지고 있다. 크기 스펙트럼의 극단에 속한 몸을 지닌 사람들이 등장하는 최근의 미국 TV 쇼들은 통상적인 비만을 넘어서 병적인 수준까지 나아갔으며, 〈Heavy〉〈Huge〉〈My 600-Lb Life〉〈My Big Fat Fabulous Life〉〈The Biggest Loser〉 같은 프로그램이 대표적이다.

그리고 사람의 지능 크기를 자랑하는 일은 세월이 아무리 흘러도 계속 유행할 것이다. 무언가에 대해 세계에서 가장 영리한 사람이라고 여겨지는 등급에 끼기를 열망하는 사람들은 약간의 응시료를 내고 시험을 봄으로써 그렇게 할 수 있다. 1946년 영국에서 설립된 멘사 인터내셔널Mensa International은 여러 나라에 지부가 있으며, 지능이 뛰어나다는 화려한 인증서를 벽에 걸려면 (더 나아가 인증서를 들고 있는 사진을 웹에 올리려면) 그 단체의 시험을 통과해야 한다. 평균 100점에 표준편차 15가 되도록 설계한 공인된 표준 IQ 검사에서 백분위수가 98 이상이어야 한다(정규분포일 때, IQ가 적어도 131이어야 백분위수 98에 놓인다).[25]

실제로 응시료를 내고 검사받는 사람은 극소수이며, 이렇게 지원자가 알아서 걸러지므로 회원 수도 적게 유지된다(전 세계에 15만 명 미만). 그 결과 멘사가 유달리 배타적인 곳이라는 잘못된 인식이 생겨났다. 그러나 인간 지능(더 정확히 말해 "그 새끼 고양이들이 잃어버린 장갑의 수에 미국의 투표 연령을 곱하면 답은 얼마인가?" 같은 문항들로 측정하는 것)의 정규분포는 미국인 전부를 검사할 경우 600만 명 넘게 멘사 회원이 될 자격이 있다는 뜻이며, 세계 전체로는 그 수가 1억 5,000만 명을 넘을 것이라는 뜻이다. 이는 러시아 인구보다는 조금 많고, 세계 8위의 방글라데시 인구보다는 조금 적은 수치다.

정규분포의 특성을 가장 잘 보여주는 적용 사례 중 하나는 성공 가능성(〈포천〉 500대 기업의 CEO가 되거나, 잘 빠진 슈퍼모델과 결혼하거나, 헝가리에서 멘사 회원이 되거나), 요컨대 눈에 띄는 성취를 이룰 능력이 얼마나 되는지 판단하기 위해 (또는 실패할 게 거의 확실할 때 마음의 준비를 하도록 돕기 위해) 특정한 정규곡선에서 개인이 어디에 위치하는지를 파악하는 것이다. 유감스럽게도 우리는 그런 위치를 찾도록 해줄 만한 분포 자체를 아예 모를 때가 너무나 많다. 중국 우한의 한 우표 수집가가 자신의 소장품이 중국에서 상위 10퍼센트에 든다고 자랑할 수 있을 가능성은 낮다 (그러려면 중국 전체에서 수집가들이 소장한 우표의 규모를 알아야 할 것이다).

반면, 미국에서 뛰고 싶어 하는 콜롬비아의 젊은 농구 선수라면, 자신의 키를 갖고 미국에 진출할 가능성이 어느 정도인지 인터넷으로 알아보기만 하면 된다. 농구 경기는 대중의 엄청난 관심을 받고 있으며 보상도 많다. 따라서 키의 분포가 아주 정확히 알려져 있는 (그리고 꾸준히 갱신되고 있는) 극소수 사례에 속한다는 것도 놀랍지 않다. 농구 선수들의 키 분포는 아마추어인 전미대학경기협회NCAA와 NBA에서 찾아볼 수 있다.[26] 통계분석을 하면 예상에 들어맞는 결과가 나온다. 요컨대 키가 농구 팀의 성적에 중요한 요소라는 것이다.[27] 대학 농구 선수들은 키의 정규분포에서 확연히 오른쪽에 놓인다. 선수가 많다는 점을 생각할 때(NCAA 1부에는 남자 팀 353개에 5,500명 넘는 선수가 있다), 이 특정한 인구 부분집합의 키 분포가 동년배의 모든 미국 남성 평균보다 상당히 더 오른쪽으로 치우친 평균을 지닌 종형 곡선에 매우 가까운 것은 당연하다.

당연히 NCAA 선수의 평균 키(195.6센티미터에 약간 못 미친다)

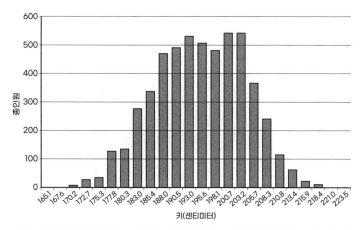

2016~2017년 시즌에 뛴 NCAA 1부 선수들의 키 분포. 200.7센티미터와 203.2센티미터인 선수들의 비율이 정규곡선보다 더 높다.

는 일반 집단의 평균보다 한참 크지만(최빈값은 더욱 큰 200.7센티 미터다), 분포(165.1~228.6센티미터)는 180.3센티미터인 사람이 좀 적고 200.7센티미터와 203.2센티미터인 선수가 좀 더 많다는 걸 제외하면 거의 완벽한 정규곡선을 이룬다.[28] 또 외국인 선수 들(약 15퍼센트를 차지한다)이 205.7센티미터를 넘는 선수들 중에 서 차지하는 비율이 유달리 높고 213.4센티미터를 넘는 선수들 만 따지면 거의 절반에 달한다는 것도 놀랄 일이 아니다.

또 NBA 선수들의 키 분포가 NCAA만큼 정규곡선을 이루지 않는다고 해도 놀랄 일은 아니다.[29] NBA 선수는 수가 훨씬 적 으며(NCAA 1부 선수들의 1/10에도 못 미친다), 2022년 평균 연봉이 850만 달러(그러나 중앙값은 '겨우' 437만 달러다)로 야구, 축구, 하키 리그의 선수들보다 월등하게 높으므로 그에 걸맞게 훨씬 더 엄

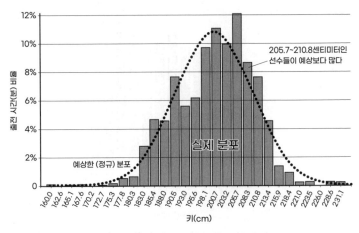

205.7~210.8센티미터인
선수들이 예상보다 많다

실제 분포

예상한 (정규) 분포

출전 시간(분) 비율

키(cm)

2010년대에는 키 205.7센티미터인 선수들이 더 크거나 작은 선수들보다 더 많은 시간을 출전
했다.

격한 선발 과정을 거친다. 이런 제약 조건을 고려할 때, 1950년대
초부터의 자료에 기반한 NBA의 키 분포가 정규곡선을 그릴 것
이라고 예상할 수는 없다. 그러나 종형 곡선에서 벗어나는 정도는
그런 순진한 기대에 들어맞지 않는다. NBA에는 213.4센티미터를
넘는 선수들이 가득하지도 않으며(2020년에 겨우 8명), 182.9센티미
터보다 작은 선수들이 없는 것도 아니다(2020년에 7명).

우리는 개인의 키가 경기 결과에 얼마나 기여했는지를 말해
주는 1950년부터의 자료를 갖고 있다. 1950년대 10년 동안의
평균을 내면, 선수들의 키 분포는 꽤 정규곡선을 그린다. 최빈값
은 188센티미터이고, (전체 경기 시간의 약 10퍼센트를 차지해) 가장
많이 출전한 선수들의 키도 188센티미터였다. 그보다 작은 선수
들은 11.4퍼센트, 213.4센티미터를 넘는 선수들은 겨우 0.8퍼센

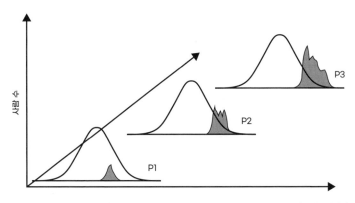

1949년(P1)까지 미국 미식축구 선수들은 그저 좀 더 무거운 사람들이었다. 그 뒤로 30년이 흐르는 동안 선수들은 확연히 더 육중해졌다. 2011년(P3)에는 일반 집단의 평균과 멀리 떨어진 집단이 되었고, 오펜시브 라인맨offensive lineman의 체중은 145킬로그램에 가까웠다. 1950년보다약 45퍼센트, 미국 성인 남성의 평균보다는 60퍼센트 더 무거워졌다.

트를 차지했다. 그 뒤로 평균 키는 커졌지만, 정점에 달한 것은 1987년이었다. 한편, 평균 체중은 2011년까지 계속 증가했다.[30] 1950년대에는 188센티미터인 선수들이 가장 많은 경기 시간을 차지했는데(10.2퍼센트), 2010년대에 그 비율은 거의 변하지 않았지만(10.4퍼센트) 키 205.7센티미터인 선수들로 바뀌었다.

크기 분포의 이동은 미국프로미식축구리그NFL 선수들의 체중을 통해 더 인상적으로 드러난다.[31] 1920~1949년에 이들의 평균 체중은 예상한 대로 일반 집단의 평균보다 더 오른쪽에 놓였지만, 분포는 정규곡선에 꽤 잘 들어맞았다. 체중이 평균보다 무거운 다양한 선수들이 경기에 뛸 수 있었다는 의미다. 1950~1979년에 선수들의 체중 분포는 오른쪽으로 더 멀리 이동했고, 더 이상 정규곡선에 들어맞지 않았다. 90킬로그램, 105킬로그램, 115킬로그램에서 비슷한 봉우리 3개가 삐죽 솟아 있는 들쭉날쭉한 곡선이 그려졌다. 그리고 1980~2011년의 분포는 더욱더 오른쪽으로 이동했다. 일반 집단 정규분포의 가장 극단적인 범위와 겹치고 뚜렷이 한쪽으로 치우쳤다. 최빈값은 95킬로그램이며 이어 110, 120, 140킬로그램에서 봉우리가 생겼다. 일반 집단 평균에서 점점 더 멀어져 체중 분포의 폭이 훨씬 더 넓어지고, 최빈값과 평균은 한층 더 높아졌다.

정규곡선:
사슴뿔에서 품질관리까지

특정한 관찰값들로 이루어진 대규모 집합의 실제 평균과 표준편차를 알면, 우리는 꽤 높은 수준의 확신을 갖고서 많은 질문에 답할 수 있다. 개인의 성장, 아이의 건강, 부모의 걱정과 관련한 답은 가장 중요한 축에 든다. 정규분포는 극단에 초점을 맞출 때 정말로 유용하다.

신생아가 아주 작다면 바람직하지 않다. 저체중(2.5킬로그램 미만) 신생아는 정상 체중(3.5~4킬로그램) 신생아보다 출생 전후기(출생 직전부터 출생 후 4주까지) 사망률과 병에 걸릴 확률이 더 높다. 또 저체중 신생아는 성인이 되었을 때 심혈관 질환, 당뇨병, 천식, 청각과 시각 장애 등 여러 질환을 앓을 확률이 더 높다.[32] 전국 규모에서 측정한 출생체중 분포는 거의 완벽한 정규곡선을 이룬다. 아래쪽 꼬리가 조금 어긋날 뿐인데(전체의 2~5퍼센트), 이는 조산早産으로 거의 완벽하게 설명할 수 있다. 그러나 일반적 분포의 평균과 표준편차는 유아사망률의 절대적 지표가 아니다.

멕시코계 미국인 아기들의 체중이 두드러진 사례다. 그들의 분포는 미국 전체 평균보다 더 왼쪽으로 이동해 있지만(즉, 평균이 더 작다), 생후 첫해 동안 전체 생존율은 더 높다(즉, 유아사망률이 더 낮다).[33] 미국 유행병학자 앨런 윌콕스Allen Wilcox는 장기분석을 통해 도출한 또 다른 놀라운 발견을 강조했다. 미국의 평균 출생체중이 최적 체중(가장 낮은 사망률과 연관이 있는 체중)보다 여러 집단과 시대에 걸쳐 몇백 그램 더 낮은 상태를 유지해왔다는 것이다. 이는 평균 출생체중이 증가해왔으므로 최적 체중도 증가했음을 의미한다. 그리고 다른 모든 조건에 변함이 없을 때, 이 같은 이동은 유아사망률에 전체적으로 아무런 영향도 미치지 않았다. 게다가 출생 전후기 사망률을 국제적으로 비교했더니, 출생체중에 상관없이 파키스탄 신생아가 노르웨이 신생아보다 사망률이 더 높았고, 베트남 신생아는 사망률이 가장 낮으면서 평균 출생체중도 가장 작았다. 따라서 평균 출생체중은 출생 전후기 사망률의 좋은 예측 지표가 아닌 듯하며, 그 지표에만 의지하는 것은 출생 전후기 생존 가능성을 높이고자 노력할 때 최선의 접근법이 아닐 수도 있다.[34]

신생아의 체중과 키 분포는 촘촘하게 모여 있는 양상을 보이며, 아기가 자랄수록 자연히 크기의 차이가 커진다. 막 태어난 딸의 키가 50.5센티미터일 때 평균(49.1센티미터)보다 겨우 조금 클 뿐이라고 생각한다면, 비현실적으로 예상하고 있는 것이다. 아니, 더 정확히 말하면 신생아 키의 정규분포가 촘촘하다는 점을 제대로 이해하지 못한 것이다. 50.5센티미터는 신생 여아의 약 70퍼센트보다 크며, 신생 여아 양쪽 극단(백분위수 5와 95)의 키 차이는 약 7센티미터에 불과하다. 이러한 차이는 두 살 생일을 맞이할 때 12센티미터가량 벌어지고, 18세가 될 즈음에는 거

의 20센티미터로 늘어난다.[35]

유아 연구가 상세히 이루어진 덕분에, 우리는 3개월 된 딸의 체중이 겨우 5킬로그램으로 친구 딸보다 1킬로그램이 적다고 걱정하는 프랑스 엄마를 안심시킬 수 있다. 의사는 아이의 체중이 또래 집단에서 75퍼센트에 못 미치긴 하지만, 평균과 그렇게 차이가 난다고 해서 걱정할 이유는 전혀 없다고 설명할 수 있다. 반면, 정상적인 성장 과정을 잘 이해하고 있는 의사는 15세인 딸의 체중이 겨우 40킬로그램이라면 심각한 상황임을 부모에게 알려야 한다. 그 나이에 기대되는 평균보다 표준편차 2를 넘는 수준이므로 식욕부진이라는 (정신이 바짝 들게 하는) 진단을 내려야 할 가능성이 높다.[36]

한편, 몇몇 구조적 한계는 과거에 믿었던 것보다 다소 편차가 더 크다는 사실이 꼼꼼한 연구를 통해 드러났다. 건강한 신생아의 머리둘레는 평균인 35센티미터보다 월등하게 더 커질 수 없다. 그러나 5개 대륙의 자료를 모아서 분석한 새로운 연구는 이른바 출산의 딜레마(출산길의 크기가 이동의 효율성을 높이려면 골반이 좁아져야 하는 반면, 출산을 하려면 골반이 충분히 넓어야 한다는 양쪽 조건 사이의 긴밀한 타협)에서 도출된 표준적인 가정이 틀렸으며, 출산길의 기하학적 형태가 놀라울 만큼 다양하다는 것을 보여주었다. 사하라 이남 아프리카와 아시아의 여성들은 북아프리카, 유럽, 아메리카의 여성들보다 다양성이 더 컸다.[37] 그러나 이 다양성에는 한계가 있기 마련이다. 미국의 한 최근 연구에서는 머리둘레가 백분위수 95 이상인 유아들의 약 60퍼센트를 질 분만으로 출산하긴 하지만, 계획에 없던 제왕절개와 기구 분만이 출생체중보다는 머리 크기와 더 강한 연관성이 있다는 게 드러났다.[38]

이렇게 학술 연구 쪽에서 중요하다고 여기는 사례들도 있지만, 정규분포는 자존감 증진에서 현실과의 타협에 이르기까지 일상생활의 다양한 문제에 적용할 수 있다. 보는 사람에 따라 다를 수 있는 아름다움과 달리 키는 쉽게 측정하고 비교할 수 있으며 정규성, 평균, 표준편차에 관한 지식은 개인이 특정한 키 범주에 속할 가능성이 어느 정도인지를 파악하고 신생아가 대체로 어떠할 것이라고 예상하게 해줄 강력한 도구를 제공한다. 따라서 몇 가지 기본적인 인체측정학적 확률분포를 살펴보면 유용하거나 깜짝 놀라거나 실망하거나 안도할 수도 있다.

헤이그에서 태어난 남성에게 키 180센티미터는 전국 평균에 살짝 못 미친다. 네덜란드 남성은 세계에서 평균 키가 가장 크고, 그중 11퍼센트는 190센티미터를 넘는다. 대조적으로 필리핀 남성(평균 키 161.9센티미터)은 99.992퍼센트가 190센티미터 미만이고, 성인 남성 1만 3,116명 중 1명만이 그보다 클 것이다.[39] 남성이 여성보다 평균 키가 더 크다는 것은 누구나 알지만, 미국 성인 여성 중 약 2퍼센트만이 미국 성인 남성의 평균 키(약 176센티미터)보다 더 크다는 사실을 아는 사람은 그리 많지 않을 것이다. 또 미국 남성의 약 4퍼센트는 여성의 평균 키(약 162센티미터)보다 더 작다. 키를 기준으로 짝을 고르는 일은 어려울 수도 있다. 자신이 포르투갈 남성이고 180센티미터라면, 포르투갈의 성인 남성 중 약 4/5보다 크다. 그런데 키가 비슷한 여성과 혼인 하겠다고 고집하면, 짝이 될 만한 사람의 범위는 아주 좁아진다. 포르투갈 여성 265명 중 1명만이 그 키에 해당하기 때문이다. 요컨대 선택의 폭이 상당히 줄어든다.

또 할로윈 때 쓰기 위해 텃밭에 키우는 호박을 자랑하고 싶은 독자라면, 민망한 상황을 겪지 않도록 먼저 호박 크기의 정규분 포를 살펴볼지도 모르겠다(물론 관련 통계를 찾아보았을 법한 사람은 결코 본 적이 없겠지만). 거대해 보이는 호박이더라도 가을 호박들 중에서 거의 중간 크기에 불과한 것일 수 있다. 자신이 잡은 커 다란 물고기(백분위수 40, 즉 평균보다 조금 작은 것에 불과할 수 있다) 도, 자신이 사냥한 사슴도 그럴 수 있다. 사슴은 가장 긴 뿔의 길 이, 양쪽 폭, 둘레를 재서 더하고, 비정상적으로 자란 부분이 있 으면 그만큼 점수를 깎아서 총길이를 점수로 매긴다. 동물 사냥 에 열광하고 머리를 박제해서 벽에 걸어놓는, 즉 크기를 자랑하 는 이들에게는 그런 점수가 중요하다.

미국 흰꼬리사슴의 최고 기록은 762센티미터를 넘지만, 그런 동물은 아주 드물다.[40] 사우스텍사스의 한 민간 사냥터에서 10년 동안 조사했더니, 총점이 정규분포를 보인다는 게 확인되었다. 수 사슴의 뿔은 대부분 평균에 가깝고, 아주 작거나 정말로 큰 뿔은 드물었다. 먹이를 따로 공급하지 않은 상태에서 평균 점수는 약 330센티미터로 작았다. 표준편차 1 구간(68퍼센트)은 292~384센 티미터였다. 표준편차 2 구간은 246~429센티미터였다.[41] 이러한 점을 알면 예상되는 사냥감의 크기를 더 현실적으로 전망할 수 있고, 사냥터에 점수가 483센티미터인 수컷이 한 마리 있다면 입장료를 아주 비싸게 매길 수 있다.

그러나 사슴의 뿔 점수를 매기는 것보다 훨씬 더 실용적인 분야에 정규분포를 사용하는 사례도 많다. 표준편차는 고품질과 매우 높은 신뢰성을 갖춘 바람직한 방향으로 현대 산업 생산을 이끄는 데 대단히 기여했다. 현대의 대량 소비사회에서 벨 그룹Bel Group이 5대 대륙의 100여 개국에 판매하는 작은 쐐기 모양의 래핑 카우Laughing Cow 가공 치즈든, 전 세계의 노트북에서 작동하고 있는 인텔 마이크로칩이든, 해마다 거의 똑같은 상품을 수백만 개, 수십억 개씩 내놓아야 하는 현대 산업 생산 과정에서 오차를 없애는 것보다 더욱 중요한 목표는 없을 것이다.

이 거의 완벽한 균일성을 달성하려면, 아주 정밀한 공정이 필요하다. 기계 가공, 주물, 3D 인쇄 부품의 길이, 두께, 지름 등을 특정한 크기로 가공할 때 불량품의 분포 양상은 대개 설계된 평균을 중심으로 종형 곡선 형태를 보이곤 한다. 이때 표준편차 3을 훨씬 넘어서는 구간까지 불량품이 없도록 해야 하는 사례가 흔하다. 사실 가장 바람직한 공정 수준은 이런 대량생산 상품의 상당량을 설계자가 정한 사양의 표준편차 6(6σ, 즉 6시그마) 이내로 유지하는 것이다. 6σ 성취 목표는 1980년대 말 모토롤라가 도입했으며(모토롤라는 1993년 이 '6시그마Six Sigma'에 특허를 받았다), 현재 전 세계의 많은 주요 기업에서 널리 받아들이고 있다. 설령 실제 목표를 충족시키지는 못한다고 해도, 적어도 추구해야 하는 하나의 목표로서 말이다.[42]

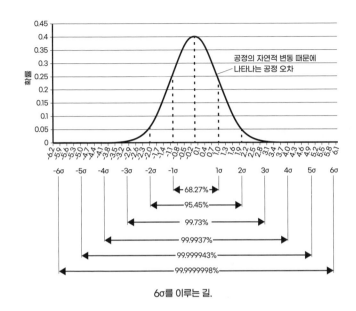

6σ를 이루는 길.

6σ 성취 목표를 달성한다는 것은 생산물 '100만 개당 불량품defects per million opportunities(DPMO)'이 겨우 0.002개의 확률로 나온다는 뜻이다(10억 개당 2개). 놀랄 일도 아니지만 그런 정밀도(불량률 0.0000002퍼센트)를 달성하기란 쉽지 않으며, 실제 공정은 유동적이기 마련이므로 장기적으로 이를 유지하기란 더욱더 어렵다. 따라서 공정의 예상되는 (그리고 때로 불가피한) 저하까지 고려하는 것이 장기 불량률을 대하는 현실적 접근법이다. 많은 문헌이 실제 장기 불량률을 1.5σ 낮은 4.5σ로 설정하고, (잘 모르는 사람들한테는 혼란스럽게도) 그에 대응하는 DPMO 3.4(0.00034퍼센트)가 이 1.5σ 이동을 포함하는 성취 수준을 가리킨다는 사실을 명확히 밝히지 않은 채 그냥 그것을 6σ 성취 목표라고 제시하

는 듯하다. 그 수준을 유지한다는 것은 대량 생산품 제조업체가 99.99966퍼센트의 상품 수율을 달성해야 한다는 뜻이다. 또는 기업이 동일하게 거의 완벽한 수준까지 귀한 재료의 손실 규모를 줄이고, 오염된 표본을 줄이고, 위생 법규의 위반 사례를 줄인다는 뜻이다.

해마다 수십억 단위의 상품을 생산하는 기업으로서는 DPMO를 최소화하는 일이 분명 중요하다. 2020년 코카콜라는 음료 약 19억 개를 팔았다.[43] 가열 식품, 유제품, 포장육, 달걀, 과자, 초콜릿도 연간 기가 단위(10억 개 이상)로 팔리는 가공식품이다. 생산 공정이 점점 복잡해지고 있으므로 문제가 생길 여지도 그만큼 늘어날 수 있다. 가령 재료의 부적절한 배합, 장비의 청소 불량, 불완전한 멸균 또는 실수로 금속이나 플라스틱 조각이 섞여드는 걸 막기 위해 식품 가공은 지속적인 품질관리를 통해 특히 더 높은 수준으로 감시해야 한다.

소비자가 받아들일 만한 높은 수준을 유지하려면, 다른 분야에서는 인상적일 (고정적인) 3σ 수준도 미흡할 것이다. 불량률이 0.2699퍼센트라는 말은 하루에 생산하는 100만 개의 청량음료 캔 중 불량이 약 2,700개, 크림치즈 제품에서 제대로 멸균되지 않은 것이 2,700개, 막대 아이스크림에서 먹을 수 없는 (또는 치아를 망가뜨릴 수도 있는) 물질이 들어간 제품이 2,700개 섞여 나온다는 뜻이다. 경쟁이라는 관점에서 보면, 유동적인 6σ(즉, 현실적으로 4.5σ)로 연간 휴대전화 1억 대를 생산하는 기업은 불량품이 연간 겨우 340대만 나올 것이다. 반면, 현실적으로 3σ를 달성한 경쟁사는 해마다 26만 9,900대를 폐기해야 한다.

대부분의 사람은 정규분포와 그 결과가 주변에 만연해 있다는 사실을 모른 채 살아간다. 그러나 우리 삶은 우리(그리고 우리가 만드는 생산물)가 이런 곡선의 어디에 놓이느냐에 영향을 받으며, 때로는 놀라울 만큼 크게 영향을 받는다. 우리의 키를 평균보다 더 작게 또는 더 크게 배정하는 유전적 룰렛 돌리기에서(우리는 평생토록 큰 영향을 미치는 것을 비롯해 아주 많은 것이 정규곡선에서의 위치와 상관관계가 있음을 목도하곤 한다) 현대 대량생산 공장의 100만 개당 불량률에 이르기까지(아주 꼼꼼하게 줄인 불량률은 손해와 이익 또는 괜찮은 수준의 이익과 놀라운 수준의 이익이라는 차이를 빚어낸다) 말이다. 크기는 중요하며, 크기의 분포 또한 그렇다.

물론 예외적인 사례도 있다. 20세기 초 영국인들이 온갖 인체측정학적 상관관계를 찾아내는 일에 몰두했을 때 그랬듯이, 자료를 이용할 수 있게 되자 순수한 호기심을 충족시키는 별난 발견이 이루어지기도 했다. 런던 경찰국 중앙측정과Central Metric Office는 잉글랜드와 웨일스의 주요 교도소에 복역 중인 상습범과 약간 덜 심각한 범죄를 저지른 남성 죄수의 신체 측정 자료를 보관하고 있었는데, 초기 생물측정학 분야에서 손꼽히는 학자였던 맥도널W. R. Macdonell이 이를 활용해 범죄자들의 두 가지 크기(머리 폭과 키)가 정규곡선에 아주 잘 들어맞는 분포를 보인다는 걸 발견했다.[44] 몇 년 뒤 화학자이자 통계학자이자 기네스 맥주 양조장 관리인이기도 한 윌리엄 실리 고셋William Sealy Gosset은 이 경찰국 자료를 표본 조사해서 (스튜던트Student라는 필명으로)

잉글랜드와 웨일스 범죄자들의 왼쪽 가운뎃손가락 크기도 정규분포를 이룬다고 보고했다.[45]

　매우 실용적이고 큰 이익을 안겨주는 사례부터 특이하고 별나고 좀 쓸모없는 사례에 이르기까지 정규분포는 그 모든 것에 들어맞는다.

8장

대칭이
지배할 때

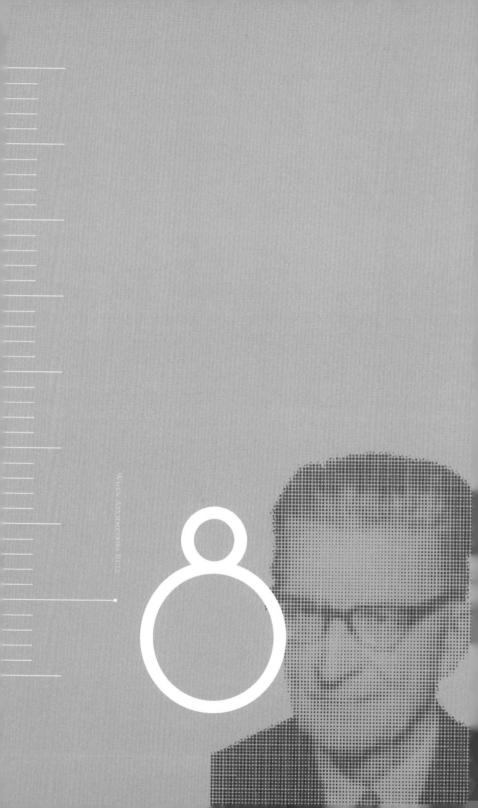

8

모든 대칭분포에서 평균은 최빈값과 일치하며, 평균(예를 들어 10세 스위스 소년들의 평균 키가 140센티미터에 조금 못 미친다는 것)을 알면 여러 현실적 이유로 아주 유용할 수 있다. 잘 맞는 옷을 디자인하거나 충분한 영양 지침을 마련하는 것부터 그렇다. 반면, 평균이나 전형적인 값으로 특징지을 수 없는 크기 분포도 결코 적지 않다. 매우 비대칭적인 크기 분포는 단 한 번의 관찰에 한정적인 하나의 극단값에서 다수 존재하는 다른 극단값에 이르기까지 넓은, 심지어 엄청난 범위에 걸쳐 있곤 한다. 일본의 주거 양상은 완벽한 사례다. 한쪽 끝에는 도쿄가 다른 도시들과 훨씬 떨어진 곳에 홀로 놓여 있다. 인구 4,000만 명에 달하는 세계 최대의 거대도시다. 반대편 끝에는 인구가 줄어들면서 작은 은 거지처럼 된 산골 마을들이 여기저기 흩어져 있다.

소득분포도 비슷하게 한쪽으로 치우쳐 있다. 따라서 소득 불평등이 극심한 열대 섬에 사는 1만 11명의 경우, 연평균 소득을 계산해봤자 별다른 쓸모가 없으리라는 점은 분명하다. 1만 명은 연간 겨우 1,000달러를 벌면서 비슷비슷하게 가난한 상태로 살고 있는 반면, 섬의 경제를 거의 다 장악하고 있는 10명은 연평균 소득이 100만 달러에 달한다. 그리고 (섬에서 가장 큰 곳을 구입해 멋진 전망이 펼쳐지는 유리창, 민물과 바닷물 수영장, 헬기장까지 갖춘 대저택을 지은) 외국인 한 명은 연간 10억 달러를 벌고 있다. 그러면 섬 인구 전체의 평균 소득은 연간 10만 달러 남짓인데, 어느 누구도 실제로 그만큼 벌고 있지는 않다. 섬 주민 99.89퍼센트가 버는 1,000달러라는 훨씬 더 많은 정보를 제공하는 최빈값 소득보다도 무려 두 차수(100배) 더 높은 소득이다.

그러나 굳이 이런 가상의 섬을 상정하지 않더라도 우리는 그런 극단적 사례를 만날 수 있다. 하루 뉴스를 읽거나 시청하기만 해도 계속 접한다. 8,000미터 넘는 세계 모든 봉우리를 오른 열정적인 등반가 소식을 듣거나(지금은 언론의 주목을 확실히 받으려면 믿어지지 않을 만큼 단기간에 그 일을 해내야 한다!)[1] 아마존강을 다룬 TV 프로그램을 시청할 때처럼 말이다. 지구상에 해발 8,848미터의 산은 초모랑마Qomolangma(에베레스트산의 티베트 이름) 하나밖에 없으며, 8,200미터를 넘는 산은 겨우 5개뿐이다. 8,000미터 넘는 봉우리는 14개이고, 7,200미터 넘는 것은 100개 남짓이다. 그러나 세계 거의 모든 산악 지역에서 볼 수 있듯 주변 지역보다 어느 정도 솟아오른 낮은 산은 아주 많으며, 평탄한 지형에서는 주변보다 조금 솟아오른 언덕이 부지기수다. 우리의 시선을 끄는 것은 흔한 사례가 아니라 극단적 사례다. 사람들은 이름 없는 언덕에 오르려고 줄을 서는 게 아니다. 많은 비용과 죽음의 위험까지 무릅써가며 세계에서 가장 높이 솟은 (얼음과 눈으로 뒤덮인) 봉우리를 정복하기 위해 셰르파와 함께 줄을 서서 올라간다.

게다가 세계에서 가장 많은 물이 흐르는 장엄한 강은 아마존 강 하나뿐이다. 엄청나게 많은 작은 골짜기와 개울이 모여 지류를 만들고 그 지류들이 모여 형성된 이 거대한 강에 비교할 만한 것은 미국에는 딱 하나 미시지비Misi-Ziibi(미시시피강, 북미 토착 원주민 아니시나베족Anishinaabe 말로 '거대한 강'이라는 뜻)뿐이다.[2] 그와 비슷하게 면적이 200만 제곱킬로미터 넘는 섬은 그린란드 하나뿐이다. 50만 제곱미터 넘는 섬은 4개 더 있으며, 작은 무인도는 수천 개가 있고, 썰물 때 일시적으로 드러나는 작은 바위나 모래 더미로 이루어진 소형 또는 초소형 섬도 부지기수다. 그런데 이런 독특한 비정규분포는 현대 통계학 창시자들에게 왜 더욱 큰 영향을 미치지 않았을까? 왜 그들은 그 대신 정규분포에 푹 빠져들었을까? (앞 장에서 상세히 설명했듯) 천문 관측이 통계 이론의 출발점이었고, 우주에서 가장 뚜렷한 대상인 별들의 분명한 크기가 매우 비대칭적 양상으로 분포해 있다는 사실을 생각하면 더욱 의아하다. 게다가 비대칭분포는 대칭 곡선보다 훨씬 더 단순한 공식에 들어맞는다. 그렇다면 이를 어떻게 이해해야 할까?

크기 분포의
이중성

체코의 통계학자이자 인구통계학자로 카를로바대학에서 나를 가르친 야로미르 코르차크Jaromír Korčák 교수는 제2차 세계대전이 일어나기 직전 '통계 분포의 두 가지 기본 유형'(원문은 프랑스어: deux types fondamentaux de distribution statistique)을 다룬 논문에서 중앙에 매우 집중된 크기 분포와 심하게 한쪽으로 치우친 분포는 크게 다르다고 일반화했다.[3] 앞서 말했듯 평균을 중심으로 몰려 있는 분포는 자연(식물, 동물, 인간) 어디에나 있으며, 생물이나 그 기관과 부위의 크기뿐 아니라 기능(임팔라영양의 뇌, 튀르키예에서 수확한 밀의 낟알, 엘리트 운동선수의 심박수)에서도 볼 수 있다. 대조적으로 자연의 비대칭분포는 물리적 힘이 지배하는 곳(지각판, 지형, 대기)에 흔하다.

분포의 자연적 이분법은 분명 널리 퍼져 있고 많은 결과를 낳으며 다방면으로 연관되어 있다. 협소한 통계적 관점에서뿐 아니라 명백히 더 폭넓은 의미를 지닌 문제로서도 그렇다. 이런 인식은 자연 세계 전체는 물론 우리의 지적, 경제적, 사회적, 예술적 추구의 산물을 이해하는 데도 유용하다. 거의 모든 매혹적인 원대한 이론이 그렇듯 통계 분포의 이중성(대칭적 대 비대칭적)도 더 자세히 들여다보면, 생명 속성의 대칭분포와 물리 세계의 특

야로미르 코르차크는 통계 분포의 이중성, 자연과 인간 세상에 존재하는 대칭과 비대칭을 공식화했다(1938).

징 및 그 과정의 비대칭분포라는 단순한 이분법보다 훨씬 더 모호한 양상을 띤다는 게 드러난다.

코르차크는 심하게 비대칭적인 크기 분포를 외부 요인 때문이라고 보았으며, 대칭분포는 내부 효과 때문이라고 했다. 1960년대 초 그의 강의에서 이 분류법을 처음 접했을 때, 나는 그 단순성과 보편성에 깊은 인상을 받았다. 코르차크가 강조했듯 지구에서 관찰 가능한 특징들의 크기는 거의 예외 없이 극도로 비대칭적인 방식으로 분포한다. 그는 유럽의 섬·호수·수계의 크기, 또 강의 길이와 호수의 깊이에 관한 자료를 제시함으로써 이런 편재성을 보여주었다. 앞서 말했듯 세계적으로 볼 때 강줄기의 크기는 가장 쉽게 이해할 수 있는 사례에 속한다. 많은 사람이 아마존강이 대서양으로 엄청난 물을 쏟아내고 있다는 걸 알기 때문이다.

아마존강 어귀에서 대서양으로 흘러드는 물의 양은 콩고강에서 흘러나오는 양의 5배이며, 콩고강 수준에 근접한 강은 2개(갠지스강과 오리노코강)뿐이다. 그러나 큰 강을 작은 강과, 작은 강을 개천과, 개천을 시내와 어떻게 구분하느냐에 따라서 하천은 수십만 개나 수백만 개, 수억 개에 이른다.[4] 지표면의 역동적인 지각판 활동(지진, 화산 분출, 지진해일로 갑자기 격렬하게 에너지가 방출되는 양상)뿐 아니라 태양 플레어flare(태양 표면에서 일어나는 폭발 현상―옮긴이)의 세기와 지구에 충돌하는 천체의 크기 같은 우주 현상에도 동일한 극단적 크기 비대칭이 적용된다.

20세기에 리히터 규모 9보다 큰 지진은 겨우 두 번 일어났지만(1960년 규모 9.4~9.6의 칠레 발디비아Valdivia 지진과 1964년 규모 9.2의 알래스카 지진), 더 작은 규모의 많은 지진은 환태평양 '불의 고리'에 있는 해안 지역 모든 주민을 끊임없이 위협하고 있다. 일본과 캘리포니아의 주민들은 수없이 일어나는 작은 지진(지진계에는 확실히 기록되지만 지진 활성 지역 사람들은 거의 알아차리지 못하는 지진)에 대체로 단련되어 있으며, 진짜 재앙을 일으키는 경우는 비교적 드물다는 인식을 갖고 있다. 1900년 이후 일본이 겪은 도쿄 지진(1923), 고베 지진(1995), 일본 북부에서 엄청난 해일을 일으킨 지진(2011)이 그렇게 강력한 것에 속한다.

캘리포니아에서는 해마다 약 1만 번 지진이 일어나지만, 대부분은 약해서(규모 1과 2) 주민들이 감지하지 못한다.[5] 규모 3의 지진은 약 100번 일어나는데, 느껴지긴 하지만 피해가 전혀 또는 거의 없는 수준이다. 그리고 2010년 이후로 사람들을 동요시키거나 두렵게 만들고 (비록 국지적일 때가 많지만) 인구 밀집 지역에 상당한 피해를 입히는 수준의 에너지를 방출하는 규모 5 이상의 지진은 6번 일어났을 뿐이다(2019년 7월 5일에 일어난 규모 7.1의 리지크레스트Ridgecrest 지진이 가장 컸다). 여기서 규모는 실제 세기의 로그값이며, 이는 규모 7.1의 리지크레스트 지진이 규모 5의 지진보다 1.42배가 아니라 약 130배 더 강력하다는 뜻이다.[6] 그리고 지난 500년 동안 1815년 인도네시아 숨바와Sumbawa섬에 있는 탐보라Tambora 화산과 비슷한 양의 분출물(공중으로 흩뿌려진 파편)을 뿜어낸 화산은 전혀 없었다. 탐보라 화산은 적어도 30세제곱킬로미터, 아마 최대 50세제곱킬로미터까지 분출물을 뿜어냈을 것이다.[7]

비대칭분포는 자연과 인간 세상 양쪽에서 흔하다. 일단 크기, 기관, 기능이 정규분포를 나타내곤 하는 개별 종에서 복잡한 생태계로 넘어가면 많은 비대칭을 볼 수 있다. 크기(100미터 넘는 나무는 아주 드물다. 식물 줄기의 키 분포에서는 키가 몇 센티미터인 짧은 풀잎이 우세하다)와 기능 모두 그렇다. 최상위 육식동물은 작은 초식동물보다 훨씬 더 넓은 면적을 돌아다닌다(사자 대 땃쥐, 독수리 대 참새). 인간 세상을 보면, 우리 몸과 뇌의 크기(그리고 실제로 측정하는 것이 무엇이든 IQ)는 정규분포를 나타낸다. 그러나 특정 연령과 성별 집단 내에서 이런 고도로 대칭적인 분포를 알게 된 뒤, 인류가 만들고 축적하고 즐기는 것들도 비슷한 대칭분포를 보인다고 예상할 존재는 다른 은하에서 온 (우리에 대해 전혀 모르는) 외계인뿐일 것이다. 인간 세상의 모든 부문은 널려 있는 평균이 아니라 극단이 지배한다.

통계학을 전혀 배운 적 없어도 관찰력 있는 지구인이라면 누구나 잠재의식적으로 명백하게 이 사실을 안다. 인간 세상에는 주된 평균을 중심으로 거울상 대칭이 이루어지는 분포가 거의 없다. 비대칭은 연소득의 크기에서 축적된 순재산(많은 경우 빚 때문에 사실상 음의 값)에 이르기까지, 국가 경제의 규모(미국과 중국이 다른 나라들보다 훨씬 크다)에서 기업(석유 생산 기업 중에는 엑손이나 BP만 한 규모의 기업이 그리 많지 않다. 가구 소매업 부문에서는 이케아 규모의 경쟁 업체가 수십 곳도 안 된다)과 도시(인구가 거의 캐나다만 한 도시는 도쿄 한 곳뿐이다) 순위에 이르기까지 모든 것을 지배한다.[8] 그리고 고도로 비대칭적인 크기 분포 이야기를 들어본 적 없는 이들도 최신 억만장자 순위 기사를 읽을 때마다 그 점을 인식한다. 그런 사람은 총인구 중에서 극도로 적은 비율을 차지하기 때문이다.[9]

직관적으로 이해한 이런 두 가지 빈도 분포(주된 평균을 중심으로 한 '정규' 대칭과 심하게 치우친 크기 빈도를 보이는 뚜렷한 비대칭)는 현재 상세한 분석과 통계 연구의 대상이며, 우리는 많은 유용한 결론을 내리도록 해줄 탄탄한 정량적 증거를 다수 갖고 있지만 그 신뢰도는 제각각이다. 풍부한 인체측정학 자료가 있는 집단

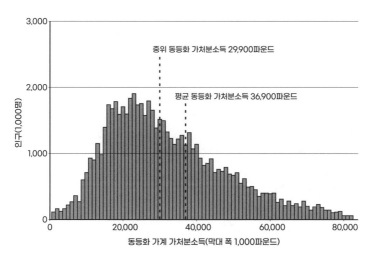

중위 동등화 가처분소득 29,900파운드

평균 동등화 가처분소득 36,900파운드

인구(1,000명)

동등화 가계 가처분소득(막대 폭 1,000파운드)

2020년 영국 평균 가처분소득의 기울어진 분포.

에서는 건강한 엄마가 정상적인 임신 기간을 거쳐 낳은 신생아의 체중이 얼마일 가능성이 가장 높은지를 아주 확실하게 말할 수 있다. 반면, 코로나19 대유행이 잘 보여주었듯 우리는 다음번 대규모 바이러스 감염이 유행할 때 그 규모가 어느 정도일지 그렇게 확실히는 말할 수 없다. 연례적인 독감(2009년 독감이 유행했을 당시 사망자는 15만~57만 5,000명으로 추정되었다)보다 조금 심할까, 아니면 제1차 세계대전 말에 퍼져 적어도 5,000만 명의 목숨을 앗아간 현대 역사상 최악의 세계적 유행병보다 훨씬 더 심각할까?[10]

역거듭제곱 법칙:
희소와 풍요 사이

19세기 말에 정규분포를 가치 있는 분석 도구로 채택하자마자, 그것이 널리 퍼져 있다는 견해에 의문을 품는 이들도 나타나기 시작했다. 골턴이 심취한 것과 정반대로, 우주는 '정규'곡선을 그리는 식으로 정렬되어 있지 않으며, 혼란스러운 요소들의 대규모 표본을 조사하니 (비대칭적이면서 아마도 대칭분포 못지않게 아름다운) 다른 분포에 들어맞는다는 것이 드러났다. 골턴도 그걸 잘 알고 있었다. 사실 그는 정규분포의 규칙성과 힘을 찬탄하면서도, 정규분포에 잘 들어맞지 않거나 아예 들어맞지 않는 사례도 있다고 지적했다. "산술평균에 토대를 둔 통상적인 오차 빈도 법칙은 생물 현상과 사회 현상에서 관찰한 사실들에 분명하게 아주 잘 들어맞아 통계학자에게 매우 유용하다. 하지만 통계학자가 원하는 바를 다 충족시키기에는 부족하며, 큰 일탈 사례에 적용했다가는 터무니없는 결과로 이어질 수도 있다."[11]

지구에서 이런 큰 일탈 사례를 못 보고 지나치기는 쉽지 않은데, 가장 근본적인 (그리고 진정으로 근원적인!) 것은 대륙의 고도차이다. 해수면부터 히말라야의 가장 높은 봉우리에 이르기까지 범위가 거의 9킬로미터에 달한다. 대륙 고도의 세계적 분포는 침식의 세기를 결정하는 지각판의 움직임과 기후변화가 일

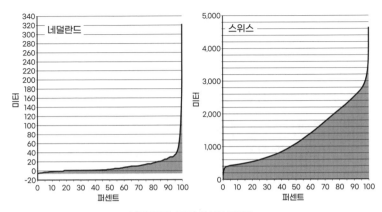

네덜란드와 스위스의 고도 그래프.

으키는 조산운동(융기), 물·바람의 침식(풍화) 과정의 산물이다. 이런 과정들은 지질학적 시간 규모에서 펼쳐진다. 대륙의 표면은 대부분 고도가 낮기 때문에 이 분포는 매우 비대칭적이다.[12]

네덜란드는 국토의 절반이 해발 1미터도 안 된다(그리고 26퍼센트는 해수면보다 낮다). 폴란드는 평균 고도(대부분이 북유럽 평원)가 겨우 150미터다. 반면, 스위스는 국토의 절반이 1,100미터를 넘는다. 스위스와 네팔(또는 티베트와 미국의 와이오밍주)은 예외 사례다. 대륙의 표면은 대부분 단조롭고 낮은 평원을 이루기 때문이다. 지구의 마른 표면 중 70퍼센트 남짓은 해발 1킬로미터보다 낮다. 거의 85퍼센트는 2킬로미터 아래에 있다. 히말라야를 비롯한 거대한 산맥은 평균 고도를 아시아 750미터, 북아메리카 500미터, 아프리카 513미터까지 높인다(아프리카에는 상대적으로 고도가 높은 사하라 고원이 있다).

대륙 고도를 관장하는 고도로 비대칭적인 분포는 국가의 번영에 지대한 영향을 미쳐왔다. 아마 아시아 내륙 유목 집단들의 반복적인 유럽 침략이야말로 가장 대표적인 사례일 것이다. 몽골 서부의 알타이산맥 그리고 우크라이나와 루마니아의 카르파티아산맥 사이에는 5,000킬로미터에 걸쳐 초원이 죽 펼쳐져 있어 기마민족들의 서쪽 침략에 완벽한 통로 역할을 했다. 넓게 펼쳐진 이런 저지대가 없었다면 유라시아의 역사는 완전히 달라졌을 것이다. 5세기 중반에는 훈족이 침략했다. 899~955년에는 침략을 거듭하던 마자르족이 카르파티아산맥을 넘어 헝가리 분지에 정착했다. 그리고 13세기 초부터 시작된 몽골의 침략은 유럽에 가장 심각한 위협을 가했다.[13]

그리고 유라시아의 드넓은 평원은 결코 예외적인 것이 아니다. 인류가 거주하는 모든 대륙은 대부분 저지대로 이루어져 있다. 북아메리카에는 멕시코만에서 북극해까지 4,000킬로미터 넘는 거리에 가로로 놓인 산맥이 전혀 없다. 그리고 대평원이라는 딱 맞는 이름을 지닌 저지대(더 북쪽에는 캐나다 초원)와 애팔래치아산맥 서쪽의 완만하게 굽은 미시시피 분지가 대륙의 중앙을 차지하고 있다. 그래서 경작 기회가 엄청나게 열려 있지만, 마찬가지로 극단적인 날씨도 찾아오곤 한다. 공기 덩어리가 남북으로 방해받지 않은 채 오갈 수 있기 때문이다.

지구의 이 모든 변화하는 물리적 특징(호수부터 싱크홀까지, 해안선부터 하천까지), 또 지진과 태풍 같은 역동적 현상의 분포는 겉으로 드러난 다양성 아래 놓인 어떤 근원적인 질서를 찾으려는

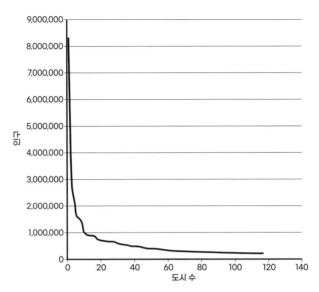

비대칭은 도시 인구의 크기를 비롯해 많은 인위적인 현상의 분포를 지배한다. 선형 척도를 사용한 이 그래프는 2019년 인구가 20만 명 넘는 미국 도시들을 나타낸다.

(우리가 늘 그렇게 하듯이) 분석의 영역을 풍부하게 제공한다. 물론 우리는 거주, 소득, 부 등 쉽게 관찰할 수 있는 많은 차이에 관해서도 분석해왔다. 그 결과, 좌표 그래프에서 고도로 비대칭적인 분포는 급격하게 낮아지면서 오른쪽으로 길게 꼬리를 뻗는 독특한 곡선을 그린다.

큰 나라의 각 도시 인구를 세로축, 도시의 수를 가로축으로 삼으면 오른쪽으로 갈수록 빈도가 급격히 떨어지는 그래프가 나온다. 위 그래프는 2019년 인구 20만 명 넘는 미국 도시들의 실제 분포 모습이다. 인구가 뉴욕만 한 도시는 달리 없는 반면 20만~30만 명인 도시는 50곳이고, 5만 명(그래프에는 나와 있지 않다) 넘는 도시는 거의 700곳이다.[14] 이런 분포는 분명 평균이나 최빈값으로는 잘 표현할 수 없다. 아울러 한쪽 끝에 파리와 도쿄가 우뚝 솟아 있고(파리 인구는 프랑스 인구의 거의 20퍼센트, 도쿄는 일본 인구의 30퍼센트) 반대쪽 끝에 인구가 줄어드는 수많은 소도시와 마을이 죽 늘어서 있는 프랑스와 일본의 거주 지역 평균 크기를 이야기하는 것은 별 의미가 없다.

이 모든 사례에서 커다란 크기(재앙 수준인 규모 8과 9의 지진, 인구 2,000만 명의 도시, 수백억 달러에 달하는 개인 재산)는 아주 드문 반면, 작은 크기(느끼지 못하는 진동, 아주 작은 농촌, 빈곤선에도 못 미치는 가난한 수억 명)는 아주 흔하며, 이런 비대칭분포를 포착하는 가장 쉬운(설령 최선은 아닐지라도) 방법은 거듭제곱 함수를 쓰는 것이다. 이 분포의 기본 방정식은 정규분포를 정의하는 것보다 훨씬 더 어려워 보이며, 역거듭제곱 분포도 앞 장에서 설명한 양(+)의 거듭제곱 스케일링과 똑같은 흥미로운 특성을 지닌다. 값들을 선형 축이 아니라 로그 축에 나타내면, 왼쪽에서 오른쪽으로 갈수록 올라가는 대신 내려가는 직선이 그려진다.

5장에서 동물 신체 기관의 스케일링을 체중의 함수($y = cM^b$, c는 상수이고 b는 지수)로 다루면서 거듭제곱 함수의 기본 내용을 살펴본 바 있다. 역거듭제곱 함수는 그 관계를 일반화하고(M 대신 x를 독립변수로 삼음으로써) 지수를 음수로 바꾸기만 하면 된다. 그러면 $y = cx^{-b}$이 나온다. 여기서 다시 역거듭제곱 함수를 로그 축에 표시하면 직선이 그려지며, 신체 기관과 대사 스케일링의 로그-로그 그래프에서는 직선이 위로 향한 반면, 이 역거듭제곱

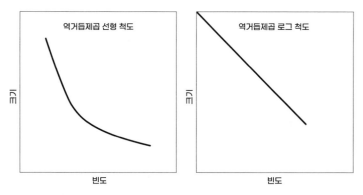

역거듭제곱 함수를 로그-로그 척도로 표시하면 가파르게 낮아지는 곡선이 직선으로 바뀐다.

함수의 그래프는 아래로 향한다. 위 그래프는 겨우 5개의 값을 선형 축과 로그 축에 표시할 때 완벽한 역거듭제곱 분포를 보이는 사례다. 두 번째 그래프에서는 기울기가 −1인 직선이 그려진다.

처음으로 문헌에 실린 역거듭제곱의 관찰 사례는 도시 크기의 순위나 개인 재산의 분포가 아니라, 더 세부적인 사항에 주의를 기울임으로써 나왔다. 1881년 캐나다 태생의 미국 천문학자이자 수학자 사이먼 뉴컴Simon Newcomb은 복잡한 계산을 할 때 으레 쓰곤 하던 로그표 책자(자그마한 공학용 전자계산기가 나온 것은 거의 한 세기 뒤였다)의 처음 몇 쪽이 마지막 몇 쪽보다 훨씬 더 많이 닳았다는 걸 알아차렸다. 그는 "첫 번째 유효 숫자는 다른 숫자들보다 1일 때가 더 많으며, 출현 빈도는 9로 갈수록 줄어든다"고 결론지었다.[15] 그로부터 거의 60년 뒤 GE의 물리학자 프랭크 벤퍼드Frank Benford는 관찰된 많은 수를 분석한 끝에 1이

30.6퍼센트, 2가 18.5퍼센트, 9는 겨우 4.7퍼센트의 빈도로 나타난다는 것을 알아냈다.[16] 따라서 치우친 분포의 실제 역사를 돌이켜볼 때 뉴컴-벤퍼드 법칙이 더 우선권을 가져야 마땅하지만, 아마 가장 널리 알려진 거듭제곱 분포는 15년 뒤 뉴컴이 내놓은 것일 듯하다.

1890년대에 이탈리아의 경제학자이자 사회학자 빌프레도 파레토Vilfredo Pareto는 정치경제학을 폭넓게 탐구하면서 영국, 프로이센, 작센, 파리, 바젤, 이탈리아의 몇몇 도시, 페루의 세금과 부富 분포를 주요 주제 중 하나로 삼아 살펴보았다. 그의 자료들은 모두 상당한 소득 불평등이 있음을 보여주었지만, 지역에 따라서 그 정도는 상당히 달랐다. 요컨대 소득 불평등은 그가 확보한 17개 자료 집합의 평균값에서 ±20퍼센트 범위에 걸쳐 있었다. 파레토가 이 불평등의 어느 한 측정값을 제시하는 대신 조심스럽게 다음과 같이 결론 내린 것도 바로 그 때문이다. "이 결과는 아주 놀랍다. 우연만으로 이런 결과가 나오기란 절대적으로 불가능하다. 소득이 특정한 곡선에 따라 배치되도록 하는 경향을 빚어내는 원인이 확실히 있다. 이 곡선의 형태가 해당 국가들의 경제 조건 차이에 의존하는 정도는 미미한 수준이다."[17]

1913년 독일 물리학자 펠릭스 아우어바흐Felix Auerbach는 인구의 비대칭적 집중을 최초로 언급했고, 1916년 프랑스 속기사 장 바티스트 에스투프Jean-Baptiste Estoup는 문헌에 쓰이는 프랑스 단어의 빈도를 분석했다.[18] 1925년 영국 통계학자 우드니 율Udny Yule은 콩과科 식물과 하늘소과科 및 잎벌레과科 곤충의 크기 분포가 거듭제곱 함수에 아주 잘 들어맞는다는 것을 알아냈고, 그로부터 1년 뒤 미국 수학자 앨프리드 로트카Alfred Lotka는 거듭제곱 법칙을 특정 분야의 과학 출판물 빈도에 적용했다.[19]

앞서 말한 코르차크의 통계 분포 이중성 연구(그는 호수의 넓이와 깊이, 섬의 크기, 수계의 면적, 강의 길이를 분석했다)[20]와 미국·일본의 지진 규모 분석은 제2차 세계대전 이전과 1940년대 초에 거듭제곱 함수를 적용한 사례에 속한다. 1930년대 초 지구과학자 와다티 키유和達清夫는 지진의 에너지가 거듭제곱 분포를 띤다는 걸 처음으로 알아냈다. 1939년 이시모토 미시오石本巳四雄와 이이다 마사히로飯田昌弘는 미동계에 기록된 지진의 진폭 분포에 거듭제곱 함수를 적용했다. 그 직후 베노 구텐베르크Beno Gutenberg와 찰스 리히터Charles Richter는 지진 횟수를 규모와 연관 지었다.[21] 제2차 세계대전 이후 루이스 프라이 리처드슨은 치명적인 갈등의 빈도와 규모 사이에 거듭제곱 관계가 있다고 주장했다.[22] 그러나 가장 큰 영향을 미친 것은 1940년대에 조지 킹슬리 지프George Kingsley Zipf가 수행한 연구였다.

이 미국 언어학자는 에스투프의 관찰을 토대로 삼았다. 1930년대 초 그는 영어 단어의 사용 횟수가 빈도표에 나온 순위에 거의 완전히 반비례한다는 걸 발견했다. 가장 흔한 단어인 'the'는 총 출현 빈도의 약 7퍼센트를 차지하는데, 그다음 단어인 'of'(모든 단어의 약 3.5퍼센트를 차지)보다 출현 빈도가 약 2배 높은 식으로 이어진다는 것이다. 이 규칙은 1,000단어가 지난 뒤에 깨진다.[23] 규칙적 분포라고 여겨지는 것에 빈도의 불규칙성이 존재한다는

걸 명확히 시사한 최초의 연구 결과 중 하나였다. 지프의 이름
은 그가 1949년《인간 행동과 최소 노력의 원리Human Behavior and
the Principle of Least Effort》라는 책을 낸 뒤에야 비로소 유명해졌다.[24]
지프는 10년 단위의 인구조사 자료를 분석해 가장 큰 도시가 두
번째로 큰 도시보다 인구가 거의 2배이고, 세 번째로 큰 도시보
다는 약 3배라는 것을 알아냈다. 즉, $x = r^{-1}$이다(x는 도시의 크기,
r는 도시 순위).

　이 순위는 지프의 법칙으로 널리 알려져 있다. 그러나 일반 개
념(비대칭 크기 분포의 거듭제곱)을 정립한 공적을 인정한다면, 벤
퍼드의 법칙이라고도 부를 수 있을 것이다. 또는 파레토의 법칙,
아우어바흐의 법칙, 율의 법칙, 로트카의 법칙, 코르차크의 법
칙, 이시모토의 법칙, 구텐베르크의 법칙, 리처드슨의 법칙이라
고도 할 수 있다. 이들은 모두 동일한 접근법을 활용해 분석하고
설명했다. 1950년대 이래로 거듭제곱 법칙(더 정확히 말하면 거듭
제곱 유사 확률분포)은 많은 자연현상과 인공 현상의 크기를 연구
하는 데 널리 쓰여왔다. 지구과학자들은 거듭제곱 법칙을 호수,
강, 지진의 크기뿐 아니라 단층, 퇴적층, 원유 매장량, 싱크홀, 낙
석, 화산 분출의 크기를 연구하는 데도 활용해왔다.[25]

　이 법칙을 써서 대기학자는 비구름이 쏟아내는 강수량과 열
대 사이클론의 에너지 분산을 연구했다. 환경학자는 산불의 크
기(불에 탄 면적)를 조사했다. 천문학자는 대기에서 (충돌 에너지
로 측정한) 불타는 별똥별의 크기와 태양 플레어의 크기를 살펴
보았다.[26] 이런 크기 분포에서 도출된 음(-)의 지숫값은 아주 다

양하다.

지프에 이어 도시의 크기를 가장 제한적인 행정구역과, 대도시권 및 광역도시권 양쪽에서 살펴본 연구가 많이 나왔다.[27] 경제학자들은 국가 및 세계 규모에서 기업의 크기, 제철소의 크기, 직업 자료(특정 직업을 지닌 사람들의 수), 여행 거리, 소득과 부의 분포도 분석했다.[28]

그러나 제2차 세계대전 이후 꼼꼼한 관찰에 기초해 나온 파레토의 충고("물론 순수한 경험 법칙을 다룰 때는 신중에 신중을 또 기해도 지나치지 않다")는 무시되었고, 비대칭분포가 널리 퍼져 있다는 사실은 오해를 불러일으키기 쉬운 단순화한 방식을 통해 대중에게 소개되었다. 미국의 공학자이자 손꼽히는 품질관리 전문가 조지프 주란Joseph Juran은 제품 품질에 관한 모든 문제 중 80퍼센트가량은 약 20퍼센트의 불량품에서 나온다는 것을 알아냈다. 그래서 그는 부와 세금의 불균등 분포에 관한 파레토의 관찰(소수가 부의 대부분을 갖고 있다)을 80/20 법칙(또는 그 반대 또는 파레토 법칙)이라는 눈에 쏙 들어오는 표현으로 일반화했다.[29] 1997년 영국 경영 컨설턴트 리처드 코치Richard Koch가 쓴 《80/20 법칙: 적게 일하고 크게 얻는 사람들의 불변의 진리The 80/20 Principle: The Secret of Achieving More with Less》가 베스트셀러가 되면서(2002~2020년에 걸쳐 다섯 권의 후속작을 냈다), 80/20 법칙은 아주 다양한 사건에 관한 수십 가지 주장을 통해 뒷받침되는 보편적 사실로 널리 받아들여졌다.[30]

여기에는 매출 규모(상품의 80퍼센트는 소비자의 20퍼센트가 구매

한다)와 도둑질(도둑맞은 물품의 80퍼센트는 도둑의 20퍼센트가 훔친다)
도 포함되었다. 나는 도둑 비율 법칙을 과연 어떻게 검증해야 할
지 잘 모르겠지만(훔친 모든 물품의 크기를 다 재서 정체를 숨기는 범
죄자별로 할당할까?), 80/20 법칙이 적용되지 않는 (또는 종종 유지
되지 않곤 하는) 매출 사례도 많다. 에런버그배스 연구소Ehrenberg-
Bass Institute의 연구진은 한 브랜드의 연간 상위 20퍼센트 소비자
(다량 구매자)가 총매출의 평균 59퍼센트를 차지하며, 그 비율은
44퍼센트(헤어 컨디셔너)에서 68퍼센트(개 사료)에 이르기까지 다
양하다는 걸 처음으로 밝혔다. 연구진은 나중에 다른 15가지 자
료를 추가해 상위 20퍼센트의 매출 몫이 평균 57퍼센트이고, 그
비율은 40퍼센트에서 79퍼센트까지 다양하다고 보고했다.[31] 즉,
어떤 법칙 같은 패턴이 있고 매출 규모가 치우쳐 있는 것은 맞
지만, 파레토 법칙이 말하는 만큼은 아니다. 그 비율은 80/20이
아니라 60/20에 더 가깝다. 요컨대 소비자의 20퍼센트가 매출
의 60퍼센트를 차지하며, 하위 80퍼센트가 총수익의 40퍼센트
를 담당한다. 무시할 수 없는 비율이다!

대규모 통신 시대에 거듭제곱 법칙이 인터넷 트래픽을 분석
하는 데 쓰이는 것은 당연하다. 이를테면 URL 문서에 연결된
링크 수나 전자우편 주소록의 크기 같은 지표를 살펴보는 데 쓰
이고 있다.[32] 덜 흔하긴 하지만 인류 역사에서 벌어진 전쟁의 규
모(사망자 수로 측정), 현대의 테러 공격 수준, 포유류속屬 종의 수
분석에도 쓰인다.[33] 역거듭제곱 법칙에 들어맞는다고 여겨지는
크기와 빈도를 지닌 현상의 범위를 생각할 때, 그런 현상이 정말

로 법칙에 얼마나 잘 들어맞는가 하는 질문도 필연적으로 나오기 마련이다. 과연 비대칭분포의 방대한 세계를 하나의 단순한 수학 함수로 환원시킬 수 있을까?

질서 정연한 비대칭일까,
바라는 마음이 빚어낸 착각일까

단순한 역거듭제곱 방정식이 현실 세계의 자료 대부분을 완벽하게 아우를 것이라고는 기대할 수 없다. 거듭제곱이 현실 세계 자료를 감싸는 능력은 한정적이며, 미국 통계학자 리처드 펄린Richard Perline이 '강한 역거듭제곱 법칙'이라고 부르는 것에 해당하는 사례는 극소수에 불과하다.[34] 대부분의 사례에서는 역거듭제곱 법칙이 약하게 들어맞거나 들어맞는 양 착각을 일으킬 뿐이며, 예상된 분포(이중 로그 그래프에서 직선)는 자료 집합 전체 중 일부에만 들어맞을 뿐이다. 그런 사례에서는 전체 분포 중 특정 구간에만 특정한 거듭제곱 함수를 적용 가능하거나, 아예 다른 수학 함수가 더 적합할 수 있다.

도시 순위는 아마도 가장 자주 연구 목록에 오른 거듭제곱 분포일 것이다. 주거지 크기에 들어맞는 이 분포는 세계 수준에서 가장 잘 적용될 수도 있다. 야간 인공위성 사진에 찍힌 인공조명의 세기를 통해 인구밀도가 높은 지역을 잘 구별할 수 있기 때문이다.[35] 인공위성 사진으로 파악한 인구 밀집 지역은 약 3만 곳에 달하며, 그 세계적 순위는 거듭제곱 법칙에 놀라울 만큼 가깝게 들어맞는 듯하다. 반면, 세계 수준에서도 인구를 기준으로 정한 대도시권 순위는 가장 위쪽부터 역거듭제곱 법칙을 따르

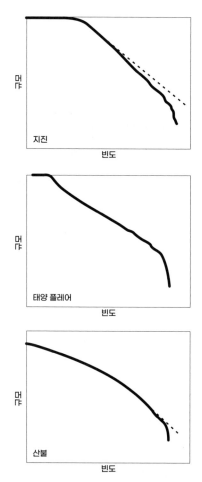

지진, 태양 플레어, 산불의 크기 분포는 일부 (절단된) 구간에서만 역거듭제곱 법칙에 들어맞는 다. 직선이 휘어지기 때문이다. 분포의 양쪽 끝에서 그럴 경우가 많다.

지 않는다. 도쿄 대도시권은 인구가 3,700만 명을 넘지만, 2위는 2,000만 명 미만이고, 3위는 약 1,300만 명이다. 그러나 2022년 에 2,000만 명 넘는 도시는 8곳이었다(아시아에 5곳).

현재는 지진의 규모에서 유성체流星體의 크기에 이르기까지, 종교 교파의 크기에서 개인 재산의 규모에 이르기까지 수십 가지 자료를 살펴봄으로써 거듭제곱 가설을 정량적으로 검증한 방대한 경험적 연구 결과가 나와 있다.[36] 이 모든 분포를 기술할 수 있는 단 하나의 함수 같은 것은 없으며, 그런 분포 중 소수만이 (미국 정전 사태의 규모, 운석, 캘리포니아 지진을 포함한) 거듭제곱 분포에 가깝다. 이것이 바로 과학이 나아가는 방식이다. 현실 세계의 복잡성을 관찰하고, (이 경우에서는 크기와 빈도를) 가능한 한 잘 측정한 다음, 분포가 어떤 이상적 패턴에 들어맞는지 알아내려 시도하는 것이다.

이는 아돌프 케틀레가 프랑스와 독일 수학자들(드무아브르, 라플라스, 가우스)의 연구를 토대로 정규분포 개념을 도입한 방식이기도 하다. 그 개념은 이윽고 기본 통계 모형의 하나로 받아들여졌고, 크기 분포에 두루 적용되었다. 정규분포처럼 보이는 것들이 모두 완벽한 대칭의 통계 검사를 통과하는 것은 아니지만, 적당히 잘 들어맞는 수준이라 해도 꽤 정확한 결론을 이끌어내고 괜찮은 추론을 하는 데 유용한 도구를 제공한다. 아동 성장의 예상 단계를 설정하거나 불량 없는 제조 공정의 성취 가능한 목표를 설정할 때도 그렇다.

그리고 크기가 심한 비대칭분포를 보일 때도 마찬가지다. 소득과 재산의 크기에 관한 빌프레도 파레토의 법칙, 지진의 규모에 관한 찰스 리히터와 베노 구텐베르크의 법칙, 도시 크기에 관한 조지 킹슬리 지프의 법칙은 각각 경제학, 지진학, 도시

연구를 가리키는 별칭이 되었다. 더 자세히 살펴보면, 이중 로그 그래프에서 완벽한 직선을 그리는 거듭제곱 법칙의 마법 같은 특성이란 현실 세계의 분포에서 온전히 마주칠 일이 거의 없는 수학적 이상임에도 그렇다. 미국 물리학자 마크 뷰캐넌Mark Buchanan은 거듭제곱 법칙을 개괄한 글에서 이렇게 주장했다. "관련된 추론이 지극히 타당한 것처럼 보인다는 점의 도움을 받아서 희망적 사고는 쉽게 스며들 수 있고 …… 인간의 마음은 쉽사리 잘못된 결론으로 빠져들 수 있다."[37]

그렇긴 해도 비대칭 크기 분포가 만연한 더 폭넓은 현실을 토대로 많은 유용한 깨달음을 얻으려는 노력은 계속되고 있다. 어떤 함수(거듭제곱, 로그 정규log normal, 늘어진 지수stretched exponential) 또는 함수들의 조합이 전체 경로를 가장 잘 포착하든 말이다. 비대칭 분포가 현실에 널리 퍼져 있다는 점을 인식할 때, 우리는 유달리 거대한 화산 분출이 일어날 확률 같은 복잡한 현실과 개인 및 가구가 축적한 재산 같은 사회구조의 핵심 결정 요소를 근본적으로 올바르게 이해할 수 있다. 그럼으로써 모든 인류 사회의 특징인 분열과 세계화한 문명이 처한 위험에 관한 강력한 깨달음도 얻을 수 있다.

많은 현상의 크기가 정규분포를 이루지 않는다는 사실은 인류 사회의 안정성과 물질적 생존에 엄청난 의미를 지닌다. 정규분포를 이루는 크기의 극단 구간을 다루는 일이 때로 어려울 수 있지만 걱정할 필요는 거의 없다. 가장 작은 성인은 그저 아동만 할 뿐이며, 연골무형성증(왜소증의 가장 흔한 원인으로 작용하는 장애)은 키를 덜 자라게 할 뿐 대개 지능이나 예상 수명에는 지장을 주지 않는다.[38] 키가 가장 큰 성인은 문 높이에 신경을 써야겠지만 농구 선수라는 직업을 가질 수도 있다. 어느 쪽이든 그들에게 식품·옷·기구·의료를 제공하는 데 아무런 문제가 없다. 병적인 비만 환자의 몸집(성인 평균 체중의 2배)은 구급차와 병원에 도전 과제를 안겨주며, 그래서 이런 극단적 몸집을 다룰 수 있는 특수한 이송 장비, 교통수단, 대처 방법 등이 나와 있다.

반면, 고도로 비대칭적인 크기 분포에서 극단 구간은 대개 한 차수 이상 차이가 난다. 그리고 돈과 관련한 일부 사례에서는 값이 0 밑으로 떨어져 차수 비교 자체가 불가능해진다. 2020년 세계의 부富 구조를 보면, 거의 30억 명(세계 성인의 55퍼센트)은 재산이 1만 달러도 안 되었다. 그다음 구간인 1만~10만 달러에는 세계 성인 인구의 1/3인 17억 명이 속했고, 이어서 100만 달러까지의 구간에는 약 11퍼센트가 속했고, 100만 달러 넘는 사람은 겨우 5,600만 명(모든 성인의 1.1퍼센트)이었다. 이런 비대칭은 성인의 1.1퍼센트가 세계 부의 약 45퍼센트를 차지하는 반면, 하위 55퍼센트는 겨우 1.3퍼센트를 차지한다고 설명하면 더욱 선명하게 드러난다.[39]

국가별 차이도 상당하다. 2019년 하위 10퍼센트와 상위 10퍼센트의 평균 차이는 프랑스에서는 거의 7배였고, 미국에서는 12배를 넘었다.[40] 미국에서 가장 부자인 극소수의 재산은 수천억(10^{11}) 달러에 달한다. 즉, 약 12만 2,000(10^5) 달러인 평균보다 6차수(100만 배) 더 많다. 가장 경악할 만한 결과는 미국에서 가

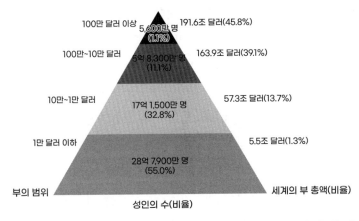

100만 달러 이상 5,600만 명 (1.1%) 191.6조 달러(45.8%)

100만~10만 달러 3억 8,300만 명 (11.1%) 163.9조 달러(39.1%)

10만~1만 달러 17억 1,500만 명 (32.8%) 57.3조 달러(13.7%)

1만 달러 이하 5.5조 달러(1.3%)

28억 7,900만 명 (55.0%)

부의 범위 세계의 부 총액(비율)

성인의 수(비율)

극도의 비대칭: 모든 성인 중 55퍼센트는 세계 부의 겨우 1.3퍼센트를 소유한 반면, 다른 약 1퍼센트가 거의 절반을 소유한다.

난한 인구 절반이 미국 부의 겨우 1퍼센트를 소유할 뿐이며, 그 집단에서 빚이 더 많아 순재산이 아예 없는 이들도 상당 비율을 차지한다는 것이다. 부의 양쪽 극단 차이가 상상도 할 수 없을 만큼 크다.[41]

파레토는 이런 현실을 접해도 놀라지 않았을 것이다. 그의 역사관은 암울하고 비관적이었으니 말이다. 그는 《정치경제학 강의Cours d'économie politique》에서 이렇게 강조했다. "우리는 빈자가 바닥에 놓이고 부자가 꼭대기에 놓이는 사회 피라미드를 종종 이야기한다. 사실 그것은 피라미드가 아니라 …… 화살촉 모양이다. 아니, 회전하는 팽이 모양이라고 말할 수도 있다."[42] 분명 그 팽이는 계속 돌고 있다. 어디에서나 가장 뾰족한 부위를 똑바로 세운 채 말이다. 공산주의 중국의 경제 불평등과 미국의 억만장자는 이런 실상을 보여주는 완벽한 사례다.

1949년 이래로 공산당이 통치해온 중국은 이른바 탐욕스러운 미국 자본주의와 정반대되는 평등한 사회주의 경제의 모범 사례라고 자칭하지만, 미국 못지않게 소득이 불평등 분포를 보인다. 지니계수는 경제적 불평등의 가장 흔한 척도로, 그 범위가 0에서 1까지인데 0.5에 가까우면 바람직하지 않은 수준이라고 할 수 있다. 중국의 지니계수는 2008년 0.49에서 2019년 0.47로 약간 감소했지만 미국의 최근 값(2020년 0.469)보다 결코 낮지 않으며, EU의 가처분소득 불평등 범위(겨우 0.3)보다 훨씬 높다.[43]

또 다른 놀라운 현실은 세계의 두 최대 경제국 모두에서 이 지수가 대폭 줄어드는 일이 일어나지 않았다는 것이다. 미국의 경제적 불평등은 1970년 이후 꾸준히 악화해왔다. 당시에는 지니계수가 0.36으로 낮았고 가장 부자인 20퍼센트가 모든 소득의 41.5퍼센트를 차지했다. 그런데 2020년에는 이 수치가 50.8퍼센트로 늘었다.[44] 중국의 지니계수는 1980년 0.25~0.3이었는데 그 뒤로 높아졌다. 당시의 수치는 부를 더 평등하게 분배하고 기본 생활수준이 상대적으로 더 평등했음을 반영하는 게 아니라(비슷한 범위에 있는 현재의 EU와 달리), 마오쩌둥식 경제(1949~1979)의 식량 배급, 소비재 부족, 사회 이동성 제약에서 비롯된 비참한 상황 때문에 나타난 결과다.[45] 그리고 미국의 사례는 불평등이 가장 부유한 계층의 정점에 이르기까지 어떻게 지속되는지를 잘 보여준다. 미국의 개인 재산을 분석해보니, 2020년 가장 부자인 50명 중 상위 10명(20퍼센트)이 그 집단의 부 중 52퍼센

트를 차지했다. 그리고 가장 부자인 그 10명 중에서 고작 2명이 부의 35퍼센트를 차지했다.[46]

불평등은 도시가 출현하기 훨씬 이전부터 있었다. 두드러진 사례 하나만 인용하자면, 철기시대 유럽에서 말이 끄는 전차, 마구, 무기와 함께 매장된 인물의 수가 적었다.[47] 그러나 도시는 다양하면서 임금이 괜찮은 직장과 변화를 가져오는 기술 혁신의 주된 원천인 동시에 과시와 탐닉의 기회를 제공하는 소비 중심지이기도 했다. 즉, 경제적 불평등의 발생기generator이자 그 산물이었다. 그 결과 도시화는 멈출 수 없는 세계적 추세가 되었고, 출현한 모든 곳에서 도시의 부와 도시 크기의 비대칭이 뚜렷이 나타났다. 여기서도 중국은 완벽한 사례를 제공한다. 식량 배급표를 영구 거주지에서만 쓸 수 있도록 한 마오쩌둥식 정책은 도시화의 정상적 진행 과정을 심각하게 제약했고, 1980년에 인구 9억 8,700만 명 중 도시 거주자는 겨우 19퍼센트(1억 8,700만 명)에 불과했다.[48]

덩샤오핑의 경제 개혁은 역사상 세계에서 가장 드넓은 영역에 걸쳐 가장 빠르게 도시화의 물결을 일으킴으로써, 30년 동안 억제되었던 진행 과정을 따라잡았다. 2020년에 중국 인구 14억 1,000만 명 중 64퍼센트(9억 명 남짓)가 도시에 살았다. 상하이는 세계 3위의 거대도시이며, 베이징은 8위다.[49] 도시의 성장을 되돌릴 타당한 이유는 많지만(거대도시의 팽창은 더욱더 그렇다), 국가 인구가 증가하는 한 정상적인 사회에서는 그런 역행을 이루기가 불가능하다. 지독히도 끔찍한 독재 체제에서만 가능할지 모른다. 1970년대 말 캄보디아에서 크메르 루즈가 살육을 저지르며 탈도시화를 시도한 비극적 사례가 있다. 그 지도자들은 인구를 도시 밖으로 내몰았고, 많은 이들이 시골에서 죽어갔다.[50]

경제 불평등의 최악의 사례 중 일부는 간섭주의적인 정부가 세제와 보조금을 통해 완화할 수 있다.[51] 이처럼 자연재해의 비대칭적 크기 분포는 재앙 규모에 따라서 대처 방식이 달라야 함을 말해준다. 화산의 대규모 분출, 1,000년에 한 번 일어날 법한 홍수, 거대한 소행성과의 예기치 않은 충돌을 예방할 방법이 없다는 것은 분명하다. 우리가 할 수 있는 일은 그저 과거의 경험을 토대로 이런 극단적 재해의 확률을 추정하는 것이다. 하지만 이런 활동은 우리가 특정 자연재해의 역사를 얼마나 멀리까지 거슬러 올라가느냐에 따라 서로 다른 답을 내놓기 때문에 별 도움이 안 된다. 2020년까지 100년 동안을 살펴보면, 지구 기후에 뚜렷한 영향을 미칠 정도로 세계 최대 규모의 분출을 일으킨 것은 1991년 피나투보Pinatubo 화산이다. 하지만 그 분화 때 뿜어진 화산 분출물의 양은 약 5세제곱킬로미터에 불과했다. 1883년 크라카타우Krakatau 화산은 20세제곱킬로미터를 뿜어냈다. 크레이터레이크Crater Lake 화산(7,600년 전)은 150세제곱킬로미터, 토바Toba 화산(7만 4,000년 전)은 약 2,800세제곱킬로미터를 뿜어냈다.[52] 앞으로 100년 안에 일어날 화산의 분출 규모는 어느 범주에 속할까?

최근 코로나19의 세계적 유행은 기본적으로 훨씬 더 많이 이해하고 있는 분야에서조차 우리가 그런 질문에 얼마나 제대로 답할 수 없는지를 잘 보여주었다. 우리는 세계적 유행병이 닥칠 것임을 확실히 알고 있었다. 유행병학자들은 거기에 대비해야 한다고 호소하는 글을 계속 발표했고, 나도 2007년에 집필해 2008년에 낸 책에서 다음번 세계적 유행병이 2021년 이전에 번질 것이며, "확률적으로 말해서 고위험 구간에 들어갈 가능성이 매우 높다"고 예측했다.[53] 또 우리는 비교적 잘 연구된 20세기의 세계적 유행병(1968, 1957~1958, 1918~1920)을 토대로 예상 사망률과 사회·경제적 피해가 어느 정도일지, 따라서 어느 수준으로 대비해야 할지도 알고 있었다.[54]

그리고 실제로 우리가 아주 잘 대비하고 있다고 말한 이들도 있었다. 그러나 우리는 그렇지 않았고, 코로나19 대유행은 여러 면에서 여느 세계적 유행병과 전혀 다른 놀라운 양상을 띠고 있음이 드러났다.[55] 아울러 앞으로 일어날 크라카타우 같은 화산 분출이나 우리의 전자·전기 장치를 설령 파괴까지는 아니라해도 크게 교란할 유례없는 수준의 코로나 질량 분출coronal mass ejection(태양에서 예측할 수 없는 시기에 예측할 수 없는 세기로 일어나는 플라스마의 대규모 방출)에도 같은 말을 적용할 수 있다.[56] 우리는 장차 벌어질 법한 일의 어떤 기본적 윤곽은 알고 있지만, 그런 사건이 실제로 언제 일어나고, 어떤 구체적 특징을 지니고, 어떤 결과를 가져올지는 알지 못한다. 최근의 세계적 유행병 때 보여주었듯 비대칭 크기 분포의 극단 구간에서 출현하는 그런 재해 사건에 우리가 충분히 대비할 가능성은 매우 낮다.

우리는 질서를 선호하고, 알아볼 수 있는 패턴을 지지하고, 현실 세계의 다양성과 복잡성 속에서 근원적 공통점과 상대적 단순성을 찾아내며 즐거워한다. 대칭적 정규분포는 우리의 이런 취향을 만족시키며, 무수한 자연현상 속에서 그런 질서를 접할 때 흡족할 만한 수준의 안정성과 예측 가능성을 제공한다. 반면, 비대칭분포를 예측 가능하며 질서 있는 패턴에 끼워 맞추고, 자연재해와 재난 사건의 규모가 정량화할 수 있는 패턴의 빈도에 얼마나 들어맞는지 신뢰할 만한 수준으로 추론하기란 훨씬 더 어렵다. 그래도 그런 추론을 통해 확실하게 얻는 보상이 하나 있다. 요컨대 이 파악하기 힘든 질서를 탐구함으로써 배운 교훈은, 우리 은하의 별다른 특징 없는 항성계 중 하나에 있는 작은 행성에서 진화한 것으로 추정되는 지적 문명으로서, 우리 존재의 본질이 얼마나 허약한지를 더 잘 이해할 수 있게끔 해준다는 것이다.

9장

전자 시대에
걸맞은 요약

9 SIZE

크기에 관한 지혜를 단 몇 가지 결론으로 압축해서 전달할 야심 찬 종합을 기대한 독자라면 좀 실망할지도 모르겠다. 크기(물질세계와 추상 세계 양쪽의 근본적 특성)는 그런 식으로 다룰 수 없기 때문이다. 지금까지 살펴보았듯 명백한 공통점과 놀라운 법칙을 제외할 때, 크기의 보편성 자체는 여러 독특하고 유별나고 예상 밖의 결과와 영향을 빚어낸다. 완벽하고 산뜻하고 모든 걸 아우르는 묘사 같은 것은 있을 수 없으며, 몇 개의 수학 공식으로 현실을 다 담아낼 방법도 전혀 없다. 이 모든 개념을 협소하게 미리 상정한 규칙에 끼워 넣는 방식은 아예 먹히지 않는다.

그 대신 나는 적어도 이 책의 몇몇 핵심적인 발견을 전자 시대에 적합하게끔 짧게 요약하는 도전 과제에 흥미를 느낀다. 나는 크기를 한 차수씩 줄여가면서 그렇게 요약해보고자 한다. 1,000단어, 100단어, 10단어, 1단어로 말이다. 그 도전의 결과는 다음과 같다.

1,000

우리는 언제나 크기를 의식한다. 크기를 평가하고, 비교한다. 크기를 재빨리 인지하고, 잠재의식적으로 행동의 지침으로 삼는다. 기쁨, 만족, 두려움, 질투의 감정을 품고서 곱씹곤 하는 크기도 있다. 우리는 크기의 유사점과 차이점도 알아차린다. 많은 표준 크기에 익숙해 있어 어떤 크기가 기대한 표준에서 벗어날 때는 뭔가 잘못되었음을 깨닫곤 한다. 우리는 작은 것과 큰 것 사이에 있는 많은 크기 범위도 날카롭게 인식한다. 작은 쪽을 선호하는 것들도 있고, 더욱더 큰 쪽을 선호하는 것들도 있다. 대체로 우리는 큰 쪽으로 상상하는 경향이 있다. 대개 큰 크기(물론 바이러스도 있긴 하지만)는 위험하다는 의미를 함축하며, 이는 우리 두려움의 가장 큰 원천이기도 하다. 반면, 개인과 집단의 성취 목표이기도 하다. 우리의 열망은 점점 더 큰 크기를 향하도록 진화했다.

우리의 크기 지각에는 모든 감각이 관여하지만, 시각이 주된 역할을 하는 것은 분명하다. 우리는 예상 가능한 많은 크기 규범 및 크기 선입견을 획득하며, 미술가는 예기치 않은 해석을 내놓음으로써 우리를 놀라게 하는 식으로 이런 상황을 이용해왔다. 우리는 표준적인 관점에 따라 눈앞에 무엇이 펼쳐질지 예상하지만, 가장 오래된 문명도 크기 규범과 관점을 놓고 이런저런 실험을 했다. 현대사회는 화면, 건물, 기계의 크기가 점점 확대되는 양상을 보여왔다. 그런 한편으로 전자 기기는 점점 축소되는 양상이 나타났다. 또한 우리는 실제로는 없는 크기도 여전히 보곤 한다. 이는 목격자 증언에 심각한 문제를 초래하며, 신체 추형 장애가 있는 사람은 몸의 실제 크기를 제대로 알아보지 못한다. 측정은 모든 크기를 바로잡아야 마땅하지만, 그러지 못할 때도 많다.

크기는 언제나 상대적 관점에서 보이며, (미적 선호나 기능적 요구 조건에 따르는) 비례는 시각적 매력을 결정하고 성능 한계를 설정한다. 사회는 크기 비례로 표현되는 몇몇 핵심 크기 선호 양상을 채택해왔다. 회화와 조각은 이런 이상을 반영하며, 대칭에 주의를 기울인다. 대칭은 어디에나 있다. 자연의 설계와 인류 최초의 도구에도 있고, 가장 유명한 기념 건축물에도 있다. 대칭은 우리 몸과 얼굴의 크기에서도 선호된다. 현대 미술가들은 비대칭적인 크기를 담은 작품을 흔히 내놓으며, 그런 작품은 감탄을 자아내곤 한다. 황금비(약 1.618)는 종종 미학적으로 우월한 비대칭 분할로 여겨지곤 한다. 사실 그것은 비라기보다는 무리수이며, 거기에 본질적으로 우월한 무언가가 있는 것은 결코 아니다. 자세히 살펴보면 황금비가 어디에나 나타나는 것도 아니다.

기념 건축물을 제외할 때, 1800년 이후 우리가 유례없는 크기의 사업 계획을 세우고 기계를 만들기 시작하기 전까지, 자연적인 것은 인간이 설계한 것보다 훨씬 더 컸다. 그 뒤로 크기, 용량, 개수는 단순히 몇 배가 아니라 몇 차수 높은 수준에서 측정해야 할 만큼 증가했다. 그렇지만 크기의 성장에는 여러 한계가 있으며, 성장은 S자 곡선을 그리곤 한다. 현대 전자공학에는 이런 한계가 없는 듯하다. 무어의 법칙에 따라 마이크로프로세서에 집적되는 부품의 수는 계속 늘어나고 있다. 이러한 성장도 느려지고 크기의 축소 또한 물리적 한계에 가까워지고 있긴 하지만 말이다. 옷과 가구처럼 가장 가까이에서 접하는 것들은 여전히 개인의 요구 사항에 맞추어 설계가 이루어진다. 편안하고 사용하기 편리하게 설계하는 것이야말로 인체공학의 목표다. 점점 더 장시간 앉아서 생활하는 것이 현대사회의 특징임을 감안할 때, 의자의 설계는 특히 중요하다. 비행기 좌석은 더욱더 그렇다.

크기는 많은 중요한 물리적 의미를 함축한다. 무엇보다도 중력, 체열 손실, 이동성, 활동 수준, 에너지 요구량, 식사 빈도와 관련한 것들이 그렇다. 체중이 늘어날 때, 장기는 (체중과 같은 속도로) 등성장하거나, (1보다 빠른 성장률로) 고상대성장하거나, (1보다 느린 성장률로) 저상대성장한다. 허파의 무게와 혈액량은 등성장한다. 고상대성장 스케일링은 드물다(뼈대가 여기에 해당한다). 저상대성장 스케일링은 가장 흔하다. 뇌, 심장, 간, 콩팥, 소화관의 총무게, 창자의 무게는 체중이 증가할수록 체중에서 차지하는 비율은 점점 줄어든다.

대사 스케일링(휴식할 때의 에너지 요구량)은 처음에는 체중의 2/3제곱으로 증감한다고 여겨졌지만, 1930년대 들어 3/4제곱으로 수정되었다. 이 스케일링을 가장 근본적인 차원에서 설명하는, 모든 장기에 자원을 배분하고 노폐물을 수거하는 데 필요한 관tube 네트워크의 특성과 행동에 토대를 둔 이론은 설득력 있어 보인다. 하지만 많은 장기의 실제 성장률을 측정하면 증감 양쪽 방향으로 그 값에서 상당히 벗어나는 사례가 많다는 게 드러난다. 대사 스케일링은 일정한 지수 범위를 갖지만, 체중의 범위가 엄청나게 넓다는 걸 생각할 때(세균에서 고래에 이르기까지 20차수가 넘는다) 생물별로 보면 차이가 놀라울 만큼 작다. 모든 유형의 '모터'(작은 곤충의 근육에서 제트엔진에 이르기까지 10차수가 넘는다) 최대출력은 무게에 따라 등성장한다.

개별 종의 몸 크기뿐 아니라 그 신체 부위의 크기는 정규분포를 보인다. 즉, 그래프로 나타내면 크기가 평균을 중심으로 몰려 있는 종 모양의 분포를 보인다. 모든 정규분포는 평균과 표준편차(시그마)로 측정한 분산의 두 값으로 특징을 완전히 파악할 수 있다. 표준편차는 값들이 중앙값에서 얼마나 벗어나 있는지를 나타낸다. 정규분포에서는 평균이 최빈값과 일치하며, 모든 값의 약 68퍼센트는 표준편차 1 이내에 들어가며, 95퍼센트 남짓은 2 이내에 들어간다. 이 값들을 알고 나면 신생아의 키든 농구 선수의 키든 IQ의 크기든 혈중 콜레스테롤 수치든, 정규분포를 보이는 많은 변수에 놓고 유용한 추론을 하는 것이 가능해진다.

자연 세계에는 크기 분포의 대칭뿐 아니라 비대칭도 있다. 대륙의 해발고도, 산의 높이, 호수나 강의 크기, 지진이나 화산 분출의 규모가 그렇다. 비대칭은 도시, 기업, 가처분소득의 크기부터 축적된 가계 재산의 크기에 이르기까지 사회적·경제적 삶도 지배한다. 이런 분포는 특정한 역거듭제곱 법칙에 들어맞는 듯하지만, 더 자세히 살펴보면 완벽하게 들어맞는 사례는 소수에 불과하다는 것이 드러난다. 도시 크기의 비대칭분포는 많은 국내 및 지역 차이를 해소하려는 노력에 훨씬 더 큰 어려움을 안겨준다. 소득과 부가 비대칭분포를 보이는 보편적 경향 때문에 지속되는 경제적 불평등을 완화하기가 쉽지 않다. 그리고 자연재해의 비대칭 크기 분포는 그 발생 시기의 예측 불가능성과 결합하면서, 우리가 다음에 닥칠 대규모 지진이나 세계적 유행병에 결코 제대로 대비할 수 없을 것임을 시사한다.

100

크기는 근본적으로 하나의 물리적 속성이다. 우리의 크기 판단은 일정하다. 즉, 크기 예상과 착시 현상은 흔하다. 또한 크기를 정확히 판단하려면 측정을 해야 한다. 그리고 키가 크면 유리한 점이 있다. 우리가 특정한 비례를 선호하므로 특정한 크기는 더 매력적으로 보이며, 대칭은 대체로 높은 평가를 받는다. 현대는 전반적으로 더욱 큰 크기를 선호하는 경향을 보여왔다. 인체 공학적 크기 설계는 모든 곳에 적용되어야 한다. 신체 기관을 비롯한 크기의 상대성장 스케일링은 그 범위가 한정되어 있지만 복잡하다. 생물의 대사 크기 스케일링은 어느 한 가지 지수로 통일시킬 수 없다. 어느 종 내에서 생물과 그 신체 부위의 크기는 평균을 중심으로 모인 정규분포를 보인다. 그러나 자연과 사회 모두에는 비대칭적으로 분포한 크기도 많다.

10

크기는 스칼라의 일종이며, 세상 어디에서나 볼 수 있는 만물의 척도다.

1

크기 Size.

감사의 말

이 책에서 언급하고 인용한 문헌과 작품을 내놓은 수백 명의 과학자와 예술가, 그리고 내게 도움을 준 몇몇 분, 곧 에바와 데이비드, 펭귄랜덤하우스의 4인조(코너 브라운, 그레그 클로스, 젬마 웨인, 내털리 월), 마지막으로 지난 14년 동안 가장 꾸준히 내 책을 읽고 서평을 해준 빌 게이츠께 감사드린다.

늘 접하면서도 막상 이야기하라고 하면 막연함부터 느끼는 단어들이 있다. 이 책에서 다루는 크기라는 말도 그렇다. 추상적인 단어도 아니고 이해하기 어려운 개념도 아닌데, 딱히 무슨 말부터 해야 할지 애매하다. 그러다가 사람의 키 같은 어떤 사례를 꺼내면 말문이 트이긴 하지만, 그 사례를 꺼내는 순간 왠지 이야기 자체도 그 크기 범위에서 머물곤 한다. 우리가 상상하는 크기에도 한계가 있다. 지구 전체도 아니고 유라시아 대륙 중에서도 자그마한 한 귀퉁이를 차지했을 뿐인데 세계의 대부분을 정복했다고 여긴 로마인이나, 신화 속 거인이 돌팔매질을 하면 쩽하고 부딪칠 듯 가까운 덮개까지가 우주의 크기라고 본 중세 서양인이 그러했다.

그러다가 과학기술의 발전으로 세상을 더 깊이 이해하게 되면서 우리가 관찰하는 크기의 범위도 늘어났고, 그에 따라 상상하는 범위도 늘어났다. 대장균이 불어나듯이 한없이 갈라지면서 무한히 증식하는 우주들까지 상상하고 있으니까. 이 책은 인류가 생각하고 상상하고 접하고 다루는 모든 크기를 이야기한다. 그리고 인류가 관찰할 수 있는 모든 크기 범위가 나와 있다. 원자보다 작은 크기에서부터 계속 팽창하고 있는 우주의 크기까지다. 바츨라프 스밀은 과학기술의 발전이 이 범위를 얼마나 늘렸는지 살펴본다. 또 가장 높이 솟은 건물, 가장 큰 항공기와 선박, 가장 큰 도시 등 인류가 만든 것들의 크기 범위도 다양한 사례를 들어 흥미롭게 풀어낸다. 그러면서 인류가 어떤 크기를 선호하고, 어떤 크기를 기준으로 삼고, 어떤 크기에 감명을 받는 지도 놓치지 않는다. 자연의 현상들, 자연물과 인공물의 크기가 어떤 분포를 보이는지도 살펴보고, 황금비와 크기 변화에 따른 비례 등에서 우리가 흔히 착각하는 사례들도 말해준다. 특히 걸리버의 여행을 예로 들어 우리가 잘못 알고 있던 오류들을 파헤치는 부분은 아주 흥미진진하다.

생물의 상대성장 이야기는 생물학 교과서에 잠깐 언급될 뿐이지만 이 책에서는 꽤나 상세하다. 생물마다 크기가 다르지만 그 크기 차이에는 나름의 법칙이 있으며, 생물이 자라며 각 신체 부위의 크기가 변화할 때도 그 나름의 법칙이 적용된다는 내용이다. 기후에 따라 생물의 신체 비율이 달라진다는 이야기에도 눈길이 간다. 돌이켜보면 예전에는 이런 크기와 비례와 비율 이야기를 그저 흥밋거리로 생각한 적도 있다. 게다가 법칙이 나왔으면 다 확정된 것이 아닌가. 그러나 스밀이 걸리버를 통해 말하듯이, 생물의 법칙에는 물리법칙과 어긋나는 예외가 가득하다. 그 법칙이 일부 생물에게만 적용되는 때도 많다. 이 책은 그런 이야기를 다각도로 풀어나간다.

바츨라프 스밀은 이 책에 크기에 관한 거의 모든 것을 담았다. 수십 년의 연구를 압축했다고나 할까. 우리가 크기를 말하고자

할 때 떠올릴 법한 이야기는 대부분 이 책 어딘가에 적혀 있을 것이다. 번역하면서 저자가 다루지 않은 크기가 있을까 살피다 보니, 왠지 이제는 과학기술이 우리의 크기 상상을 제약하고 있다는 생각도 든다. 마리아나해구보다 더 깊은 바다가 있다고 상상하고 싶을 때도 있는데 말이다.

이한음

1장 크기, 만물의 척도

1 J. M. van Ophuijsen, et al., *Protagoras of Abdera: The Man, His Measure* (Leiden: Brill, 2013).

2 J. Locke, *An Essay Concerning Human Understanding* (London: Thomas Bassett, 1690), Book III, Chap. VI, § 29.

3 A. Douglas, "'In a glass darkly': Swift, Gulliver and the human shape," in F. Boulaire and D. Carey (eds), *Les Voyages de Gulliver* (Caen: Presses universitaires de Caen, 2002), pp. 125-138. 철학에서의 형상 논의에 대해 더 자세히 알고 싶으면, 아리스토텔레스나 로크 또는 현대의 존재론적 논쟁에 관한 문헌들을 읽기 바란다.

4 공사장에서 흔히 쓰이는 레이저 거리 측정기는 오차가 1.5밀리미터로 작다.

5 B. Mandelbrot, "How long is the coast of Britain?: Statistical selfsimilarity and fractional dimension," *Science* 156 (1967), pp. 636-638.

6 M. Mandelbrot, *Fractals: Form, Chance, and Dimension* (San Francisco: W. H. Freeman, 1977).

7 이런 문제는 측정 변수의 정의에서 시작될 때가 많다. 문해력이나 장기 실업을 어떻게 정의해야 할까?

8 그림자 경제는 세계적으로 번창하는 현상이다. L. Medina and F. Schneider, *Shadow Economies Around the World: What Did We Learn Over the Last 20 Years?* (Washington, DC: International Monetary Fund, 2018).

9 세계적 유행병이 야기한 일시적 결핍으로 부유한 경제에서 물물교환이 재등장하기도 했지만, 이런 경제체제의 규모를 생각할 때 물물교환의 기여도는 한정적일 수밖에 없을 것이다.

10 M. P. Taylor, *Purchasing Power Parity and Real Exchange Rates* (London:

Routledge, 2016).

11   나라마다 전압과 플러그가 다르다는 점은 아마 전자 기기에 의존하는 세계가 표준화에 실패했음을 보여주는 가장 명백한 사례일 것이다. V. Smil, "Voltages, plugs and frequencies," *Spectrum IEEE* (July 2021), pp. 20-21.

12   US Department of Labor, Occupational Safety and Health Administration, "Fixed Stairways," https://www.osha.gov/laws-regs/regulations/standardnumber/1917/1917.120.

13   L. W. Smith and L. W. Wood, *History of Yard Lumber Size Standards* (Madison, WI: Forest Products Laboratory, 1964).

14   Online Labels, "What's the difference between US letter and A4 paper sheets?," updated 18 June 2020, https://uk.onlinelabels.com/articles/difference-between-us-letter-a4-paper-sheets.

15   J.-C. Croizé, *Politique et configuration du logement en France* (1900-1980) (Paris: Sciences de l'Homme et Société, Université Paris Nanterre, 2009); US Census Bureau, "Characteristics of new housing," 2021, https://www.census.gov/construction/chars/highlights.html.

16   W. L. N. Tickell, *Albatrosses* (New Haven, CT: Yale University Press, 2000).

17   ExpertAfrica, "The great wildebeest migration," https://www.expertafrica.com/tanzania/info/serengeti-wildebeest-migration; CompaniesMarketCap. com, "Market capitalization of Alphabet (Google) (GOOG)," https://companiesmarketcap.com/alphabet-google/marketcap [accessed 2022].

18   예를 들어, 지난 10만 년 사이에 분화한 화산 중 가장 큰 토바는 화산 폭발 지수Volcanic Explosivity Index가 8.8이었고, 탐보라(1815)는 7, 크라카타우(1883)는 6이었다. 그 분화는 주변 지역 주민의 생존을 위협했지만, 아프리카에 있던 인류는 영향을 훨씬 덜 받았다. E. I. Smith et al., "Humans thrived in South Africa through the Toba eruption about 74,000 years ago," *Nature* 555 (2018), p. 7697.

19   사람의 뇌는 10만~3만 5,000년 전에 현재의 크기에 이르렀다. S. Neubauer et al., "The evolution of modern human brain shape," *Science Advances* 4/1

(January 2018).

20   Box Office Mojo, "Godzilla vs Kong," https://www.boxofficemojo.
     com/release/rl1383892481/.

21   N. K. Sandars, trans., *The Epic of Gilgamesh*, https://archive.org/stream/
     TheEpicofGilgamesh_201606/eog_djvu.txt.

22   Penguin e-edition, Fagles (2002); Alexander Pope's classic translation
     of the *Odyssey*는 여기서 볼 수 있다. https://www.gutenberg.org/files/
     3160/3160-h/3160-h.htm.

23   D. E. Donnelly and P. J. Morrison, "Hereditary gigantism—the biblical
     giant Goliath and his brothers," *Ulster Medical Journal* 83 (2014), pp. 86-88.

24   J. Grimm and W. Grimm, *Kinder-und Haus-Märchen* (Berlin: Realschulbuchhandlung,
     1812). 영어 번역본은 온라인에서 볼 수 있다.

25   J. Swift, *Gulliver's Travels, or Travels into Several Remote Nations of the World.
     In Four Parts. By Lemuel Gulliver, First a Surgeon, and then a Captain of
     Several Ships* (London: Benjamin Motte, 1726); L. Carroll, *Alice's Adventures in
     Wonderland* (London: Macmillan, 1865).

26   C. W. Lippman, "Certain hallucinations peculiar to migraine," *Journal
     of Nervous and Mental Disorders* 116(1952), pp. 346-351; J. Todd, "The
     syndrome of Alice in Wonderland," *Canadian Medical Association Journal*
     72(1955) pp. 701-704; P. O'Toole and E. J. Modestino, Alice in
     Wonderland Syndrome: A real life version of Lewis Carroll's novel,
     Brain Development 6(22017), pp. 470-474.

27   English Heritage, "Building Stonehenge," https://www.english-
     heritage.org.uk/visit/places/stonehenge/history-and-stories/building-
     stonehenge [accessed 2022]; Centre des Monuments Nationaux, "Site
     des Mégalithes de Locmariaquer," https://www.site-megalithique-
     locmariaquer.fr/en/ [accessed 2021].

28   기자의 피라미드, 바빌론의 공중 정원, 올림피아의 제우스상, 에페소스
     의 아르테미스 신전, 아우구스투스의 영묘, 로도스의 거대 석상, 알렉산
     드리아의 등대가 이러한 경이에 속한다. P. A. Clayton and M. Price, *The*

Seven Wonders of the Ancient World (London: Routledge, 1990). 분명히 링컨 대성당의 첨탑은 피라미드보다 조금 높았다. 또 그 고대 건축물의 부피 (260만 세제곱미터)보다 현대 콘크리트 댐의 부피가 더 크다. 콜로라도의 후버댐(1936년 완공)에는 콘크리트 333만 세제곱미터가 들어갔으며 아메리카, 아시아, 아프리카에는 1,000만 세제곱미터 넘는 댐도 많다. Global Dam Watch, "Global Reservoir and Dam Database (GRanD)," http://globaldamwatch.org/grand/ [accessed 2022].

29 K. Treister, *Maya Architecture: Temples in the Sky* (Gainesville, FL: University of Florida Press, 2013); J.-P. Protzen, *Inca Architecture and Construction at Ollantaytambo* (Oxford: Oxford University Press, 1992).

30 브루넬레스키가 설계한 독특한 둥근 지붕의 크기는 지금도 매혹적이며, 그 업적을 다룬 책들도 나와 있다. F. D. Prager and G. Scaglia, *Brunelleschi: Studies of His Technology and Inventions* (Cambridge, MA: MIT Press, 1970); G. Fanelli and M. Fanelli, *Brunelleschi's Cupola: Past and Present of an Architectural Masterpiece* (Florence: Mandragora, 2004).

31 Storia dell'arte, "Tempietto San Pietro in Montorio," https://www.progettostoriadellarte.it/2020/05/02/tempietto-san-pietro-in-montorio/ [accessed 2022].

32 N. H. Freeman, "Do children draw men with arms coming out of the head?" *Nature* 24 (1975), pp. 416-417; E. Burkitt et al., "The effect of affective characterizations on the size of children's drawings, *British Journal of Developmental Psychology* 21 (2003), pp. 565-584.

33 S. Toselli et al., "Growth of Chinese Italian infants in the first 2 years of life," *Annals of Human Biology* 32 (2005), pp. 15-29.

34 C. Alacevich and A. Tarozzi, "Child height and intergenerational transmission of health: Evidence from ethnic Indians in England," *Economics and Human Biology* 25 (2017), pp. 65-84.

35 Euromonitor International, *World Market for Luxury Goods* (London: Euromonitor International, 2022).

36 Madurodam, "Moet je meemaken," https://www.madurodam.nl [accessed

2022]; Fake Food Japan, "Small size replicas," https://fakefoodjapan.com/collections/small-size-replicas [accessed 2022].

37 가상 여행도 가능하다. https://www.louvre.fr/en/online-tours [accessed 2022] and https://www.museodelprado.es/en/whats-on/multimedia/visual-guide-to-the-prado-museum/4621ae59-3080-43bb-892b-34721f47ca96 [accessed 2021].

38 Guinness Book of World Records, "Most popular," https://www.guinnessworldrecords.com/records/showcase/most-popular [accessed 2022].

39 가장 무시무시한 토네이도 폭풍 구름의 모습을 보려면, 'supercell'을 웹에서 검색해보라.

40 2020년 한국의 삼성중공업이 건조한 에버 에이스Ever ACE는 세계 최대 컨테이너선이었다. Marine Insight, "Top 10 world's largest container ships in 2022" June 11, 2021, https://www.marineinsight.com/know-more/top-10-worlds-largest-container-ships-in-2019/#1_Ever_Ace.

41 식별 가능한 최소 크기는 개인의 시력뿐 아니라 빛, 대비, 패턴, 색깔에도 달려 있다.

42 쌘비구름의 꼭대기는 해발 20킬로미터 넘게 올라갈 수도 있다.

43 FRED, "Real gross domestic product," https://fred.stlouisfed.org/series/CDPCi; "Real gross domestic product per capita," https://fred.stlouisfed.org/series/A939RXoQo48SBEA [accessed 2022].

44 D. W. Hone and M. J. Benton, "The evolution of large size: How does Cope's Rule work?" *Trends in Ecology and Evolution* 20 (2005), pp. 4-6.

45 N. A. Heim et al., "Cope's rule in the evolution of marine animals," *Science* 347 (2015), pp. 867-870.

46 F. A. Smith et al., "Body size evolution across the Geozoic," *Annual Review of Earth and Planetary Sciences* 44 (2046), pp. 523-533.

47 M. Monroe and F. Bokma, "Little evidence for Cope's Rule from Bayesian phylogenetic analysis of extant mammals," *Journal of Evolutionary Biology* 23 (2010), pp. 2017-2021.

48 C. Pedrós-Alió and S. Manrubia, "The vast unknown microbial biosphere," *Proceedings of the National Academy of Sciences* 113 (2016), pp. 6585-6587.

49 V. Smil, *Energy and Civilization: A History* (Cambridge, MA: MIT Press, 2017); V. Smil, *Making the Modern World: Materials and Dematerialization* (Chichester: John Wiley & Sons, 2013).

50 V. Smil, *Grand Transitions: How the Modern World Was Made* (New York: Oxford University Press, 2021).

51 1900년에는 연간 증가율이 약 1.5퍼센트였다. 정점에 달했던 1960년대 말에는 연간 약 2.1퍼센트였다. V. Smil, *Growth: From Microorganisms to Megacities* (Cambridge, MA: MIT Press, 2019), p. 315.

52 Smil, *Prime Movers of Globalization*.

53 Power Technology, "Three Gorges Dam Hydro Electric Power Plant, China," https://www.power-technology.com/projects/gorges [accessed 2021].

54 V. Smil, *Still the Iron Age: Iron and Steel in the Modern World* (Amsterdam: Elsevier, 2016).

55 Burj Khalifa, "Facts & Figures," https://www.burjkhalifa.ae/en/thetower/facts-figures/ [accessed 2022].

56 이 크기는 도쿄 대도시권, 즉 수도권을 말한다. 기능적 또는 행정적 경계를 고려한 다른 기준을 적용하면 총인구는 더 적어진다.

57 FRED. "Real gross domestic product," https://fred.stlouisfed.org/series/GDPC1 [accessed 2021].

58 Library of Congress, "The Library of Congress, 1800-1992," Jefferson's Legacy [website], https://www.loc.gov/loc/legacy/loc.html; M. Raymond, "How 'big' is the Library of Congress?" Library of Congress [blog], February 11, 2009, https://blogs.loc.gov/loc/2009/02/how-big-is-the-library-of-congress.

59 M. Lesk, "How much information is there in the world?" (1997), https://lesk.com/mlesk/ksg97/ksg.html.

60 V. Smil, *Transforming the Twentieth Century: Technical Innovations and Their*

Consequence (New York: Oxford University Press, 2006).

61 N. Hoffmann, *Mergers and Acquisitions Strategy for Consolidations: Roll Up, Roll Out and Innovate for Superior Growth and Returns* (New York: McGraw Hill Education, 2012).

62 Institute of Mergers, Acquisitions and Alliances, "M&A Statistics," https://imaa-institute.org/mergers-and-acquisitions-statistics/ [accessed 2022].

63 Statista Research Department, "Global market share—statistics & facts," August 5, 2022, https://www.statista.com/topics/898/global-market-share/.

64 R. H. Casey, *The Model T: A Centennial History* (Baltimore, MD: Johns Hopkins University Press, 2008).

65 Autobytel, "Ten of the biggest SUVs," https://www.autobytel.com/luxury-sport-utility-vehicles/car-buying-guides/10-of-the-biggest-suvs-114176/ [accessed 2022].

66 가장 가벼운 모델 T는 무게가 540킬로그램이었다. 가장 무거운 유콘은 2,642킬로그램이다.

67 L. Cozzi and A. Petropoulos, "Growing preference for SUVs challenges emissions reductions in passenger car market," October 15, 2019, https://www.iea.org/commentaries/growing-preference-for-suvs-challenges-emissions-reductions-in-passenger-car-market.

68 US Census Bureau, "Historical household tables," November 2021, https://www.census.gov/data/tables/time-series/demo/families/households.html.

69 R. Dietz, "New single-family home size trends lower," National Association of Home Builders, August 16, 2017, https://eyeonhousing.org/2017/08/new-single-family-home-size-trends-lower/.

70 아주 넓은 부지에 온갖 그럴듯한 설계로 여기저기 과시하듯 지어놓은 대저택인 이른바 맥맨션McMansion도 여기에 포함된다.

71 그러나 이런 측정값에는 문제가 있다. 부피를 거의 1/3 과대평가하는 사

레도 있다. D. Wroclawski, "Why refrigerator capacity claims don't add up," March 1, 2018, https://www.consumerreports.org/refrigerators/why-refrigerator-capacityclaims-dont-add-up/.

72 Sony Corporation, "Trinitron Color Video Monitor PVM-4300 Operating Manual," 1989, https://www.manualslib.com/manual/756743/Sony-Trinitron-Pvm-4300.html.

73 RTINGS.com., "TV size to distance calculator and science," March 12, 2021, https://www.rtings.com/tv/reviews/by-size/size-to-distance-relationship.

74 D. Moore, "Why aren't Americans happier than they were in the '70s?" Clearer Thinking, April 25, 2017, https://www.clearerthinking.org/post/2017/04/25/why-arent-americans-happier-than-they-were-in-the-70s.

75 M. Di Cesare et al., "The epidemiological burden of obesity in childhood: A worldwide epidemic requiring urgent action," *BMC Medicine* 17 (2019), p. 212.

76 미국의 징병제는 1973년 6월까지 유지되었다. 키가 152.4센티미터 미만이거나 203.2센티미터를 초과한 사람은 병역을 면제받았다. 베트남 전쟁(1964~1975)은 징병제로 모집한 병사들이 싸운 마지막 전쟁이었다. 미국의 사망자는 4만 7,434명, 부상자는 15만 3,303명이었다. Department of Veterans Aairs, "America's Wars," 2020, https://www.va.gov/opa/publications/factsheets/fs_americas_wars.pdf.

77 국가별 불평등 추정값(지니계수). World Bank, "Gini index (World Bank Estimate)," https://data.worldbank.org/indicator/SI.POV.GINI [accessed 2021].

78 으레 그렇듯 예외도 있다. 일부 작은 나라(또는 지역)는 역사적으로 계속 불안정하고 갈등을 겪으면서 그 한정된 영역의 훨씬 바깥에까지 파장을 미친다. 이스라엘, 레바논, 카슈미르, 대만이 그렇다.

79 R. K. Kopparapu et al., "Habitable zones around main sequence stars: Dependence on planetary mass," *Astrophysical Journal Letters* 787 (2014), L29.

80   C. Ptolemaus, *Claudii Ptolemaei Opera quae Exstant Omnia* (Leipzig: Teubner, 1893, 1952).

81   A. van Helden, *Measuring the Universe: Cosmic Dimensions from Aristarchus to Halley* (Chicago: Chicago University Press, 1985).

82   M. Bucciantini et al., *Galileo's Telescope: A European Story* (Cambridge, MA: Harvard University Press, 2015).

83   J. Kepler, *Epitome Astronomiae Copernicanae* (Linz: Johannes Plancus, 1618).

84   D. W. Hughes, "Six stages in the history of the astronomical unit," *Journal of Astronomical History and Heritage* 4 (2001), pp. 15–28. 정확한 거리는 국제천문연맹이 1964년 처음 정했다가 1976년에 수정했다. 1천문단위는 지구 반지름의 2만 3,454.78배다. 따라서 지구에서 태양의 거리는 약 1억 5,000만 킬로미터다.

85   M. J. Reid and K. M. Menten, "The first stellar parallaxes revisited" (September 2020), https://arxiv.org/abs/2009.11913; J. D. Fernie, "The historical search for stellar parallax," *Journal of the Royal Astronomical Society of Canada* 69 (1975), pp. 153–161.

86   H. Shapley and H. D. Curtis, "The scale of the universe," *Bulletin of the National Research Council* 2/169 (1921), pp. 171–217; E. P. Hubble, "A spiral nebula as a stellar system, Messier 31," *Astrophysical Journal* 69 (1929), p. 103.

87   D. N. Page, "Ab initio estimates of the size of the observable universe," *Journal of Cosmology and Astroparticle Physics* (2011).

88   B. Amos, "Lessons from the history of light microscopy," *Nature Cell Biology* 2 (2000), E151–152.

89   D. Bardell, "The invention of the microscope," *Bios* 75 (2004), pp. 78–84.

90   R. Hooke, *Micrographia* (London: Jo. Martyn and Ja. Allestry, Printers to the Royal Society, 1665).

91   I. Lawson, "Crafting the microworld: How Robert Hooke constructed knowledge about small things," *Notes and Records of the Royal Society* 70 (2016), pp. 23–44.

92   A. Leewenhoeck, "Observation, communicated to the publisher by Mr. Antony van Leewenhoeck, in a Dutch letter of the 9 October 1676 here English'd: concerning little animals by him observed in rain-well-sea and snow water; as also in water wherein pepper had lain infused," *Philosophical Transactions* 12 (1677), pp. 821-831; N. Lane, "The unseen world: Reflections on Leeuwenhoek (1677) 'Concerning little animals,'" *Philosophical Transactions of the Royal Society B* 370 (2015).

93   B. Ford, *The Leeuwenhoek Legacy* (Bristol: Biopress and Farand, 1991).

94   Cell Biology by the Numbers, "How big are viruses?" http://book. bionumbers.org/how-big-are-viruses/ [accessed 2022].

95   E. Ruska, "The development of the electron microscope and of electron microscopy," Nobel lecture, December 8, 1986, https://www. nobelprize.org/uploads/2018/06/ruska-lecture.pdf.

96   J. Kuo (ed.), *Electron Microscopy: Methods and Protocols* (Berlin: Springer, 2014).

97   R. E. Gordon, "Electron microscopy: A brief history and review of current clinical applications," *Methods in Molecular Biology* 1180 (2014), pp. 119-315.

2장 지각, 착시, 측정

1   M. Merleau-Ponty, Phénoménologie de la perception (Paris: Gallimard, 1945) [*Phenomenology of Perception*, trans. D. Landes (London: Routledge, 2012)]; L. R. Harris et al., "How our body influences our perception of the world," *Frontiers in Psychology* 6 (2015), pp. 819.

2   L. F. Jacobs et al., "Olfactory orientation and navigation in humans," *PLos ONE* 16/6 (June 2015).

3   Y. Tuan, *Space and Place: The Perspective of Experience* (Minneapolis: University of Minnesota Press, 1977), pp. 36, 44-45.

4   I. Gallagher, "Philosophical conceptions of the self: Implications for cognitive science," *Trends in Cognitive Science* 4 (2000), pp. 14-21.

5   J. Willis and A. Todorov, "First impressions: making up your mind after a 100-ms exposure to a face," *Psychological Science* 17 (2006), pp. 592-598.

6   F. F. Alsulaimani and W. Batwa, "Incisors' proportions in smile esthetics," *Journal of Orthodontic Science* 2 (2013), pp. 109-112.

7   안타깝게도 미국에서 비만은 더 흔해지는 동시에 더 심각해지고 있다. 1988~1994년에 모든 성인의 약 23퍼센트가 비만이었고 2.8퍼센트는 고도 비만(BMI > 40)이었다. 2017~2018년에는 이 수치가 각각 42퍼센트와 9퍼센트 남짓으로 치솟았다. C. D. Fryar et al., "Prevalence of overweight, obesity, and severe obesity among adults aged 20 and over: United States, 1960-1962 through 2017-2018," NCHS Health E-Stats, January 29, 2021, https://www.cdc.gov/nchs/data/hestat/obesity-adult-17-18/obesity-adult.htm.

8   이 차이는 주로 전통적인 이탈리아 식단이 커다란 그릇에 고기를 잔뜩 넣은 파스타를 산더미처럼 쌓아서 내놓는 많은 미국 식당과 달리 안티파스토(전채), 프리모(첫 접시), 세콘도(두 번째 접시), 콘토르노(곁들이는 요리)를 상대적으로 조금씩 차례로 내놓는 방식에서 비롯된다.

9   1990년대 말 미국의 호텔 방은 면적이 평균 30제곱미터를 조금 넘었다. 신축 호텔은 방이 훨씬 작아서 대개 20제곱미터에 못 미친다. 그래도 면적이 13~15제곱미터인 일본의 비즈니스호텔 방보다는 훨씬 넓다. Queviv, "Hotel rooms 20 years ago were twice as large as some of today's offerings," *USA Today*, November 4, 2015, https://www.usatoday.com/story/travel/roadwarriorvoices/2015/11/04/hotel-rooms-20-years-ago-were-twice-as-large-as-some-of-todays-offerings/83847338/.

10 C. Coosje van Bruggen, *Frank O. Gehry: Guggenheim Museum Bilbao* (New York: Solomon R Guggenheim Museum, 1997).

11 Guggenheim Bilbao, "Puppy: Jeff Koons," https://www.guggenheimbilbao.eus/en/the-collection/works/puppy [accessed 2021].

12 달리의 해체되는 시계 그림은 가장 많이 복제된 미술 작품에 속한다. 마그리트에 관한 내용은 X. Cannone, *René Magritte: The Revealing Image* (Brussels: Ludion, 2017)를 참고.

13   S. E. Palmer et al., "Canonical perspective and the perception of objects," in J. Longand and A.Baddeley (eds), *Attention and Performance IX* (Hillsdale, NJ: Erlbaum, 1981), pp. 135–151.

14   D. I. Perrett et al., "Use of preferential inspection to define the viewing sphere and characteristic views of an arbitrary machined tool part," *Perception* 21 (1992), pp. 497–515.

15   V. Blanz et al., "What object attributes determine canonical views?" *Perception* 28 (1999), pp. 575–599.

16   E. Mezuman and Y. Weiss, "Learning about canonical views from internet image collections," *NIPS' 12: Proceedings of the 25th International Conference on Neural Information Processing Systems* 1 (2012), pp. 1719–1772.

17   T. Konkle and A. Oliva, "Canonical visual size for real–world objects," *Journal of Experimental Psychology: Human Perception and Performance* 37 (2011), pp. 23–37.

18   Musei Capitolini, "Colossal head of Constantine," http://capitolini.info/scu00757/?lang=en [accessed 2021].

19   Rhodes Guide, "The Colossus of Rhodes, a wonder of the ancient world," https://www.rhodesguide.com/travelguide/colossus_rhodes.php [accessed 2021].

20   Città di Firenze, "Palazzo Vecchio, Salone dei Cinquecento," https://www.comune.fi.it/pagina/sale-monumentali/palazzo-vecchio [accessed 2021].

21   B. Chardère, Les images des Lumière (Paris: Gallimard, 1995).

22   E. Huhtamo, "Gulliver in figurine land," *Mediamatic* 4 (1990), pp. 101–105.

23   화면에 대한 다학제적 관점은 D. Chateau and J. Moure (eds), *Screens: From Materiality to Spectatorship—A Historical and Theoretical Reassessment* (Amsterdam: Amsterdam University Press, 2016)를 참고.

24   E. Lampert-Greaux, "Obscura projects on the Empire State Building," LiveDesign, April 19, 2017, https://www.livedesignonline.com/installations/

obscura-projects-empire-state-building.

25   J. Verne, "In the year 2889," Forum 6 (1889), pp. 662-677; E. Huhtamo, "The sky is (not) the limit: Envisioning the ultimate public media display," *Journal of Visual Culture* 8 (2010), pp. 329-348.

26   2019년 미국에서 가장 인기 있는 TV는 165센티미터(65인치)짜리였다. J. Porter, "65-inch TVs are now the most popular choice for North American households: report," The Verge, July 5, 2019, https://www.theverge.com/2019/7/5/20682913/most-popular-tv-size-65-inch-55-preference-market-research; D. Pogue, "A brief history of aspect ratios, aka screen proportions," *Scientific American*, February 20, 2018, https://www.scientificamerican.com/article/a-brief-history-of-aspect-ratios-aka-screen-proportions/.

27   J. Shi et al., "Understanding the lives of problem gamers: The meaning, purpose, and influences of video gaming," *Computers in Human Behavior* 97 (2019), pp. 291-303; M. Zastrow, "Is video game addiction really an addiction?" *Proceedings of the National Academy of Sciences* 114 (2017), pp. 4268-4272.

28   G. Lissak, "Adverse physiological and psychological effects of screen time on children and adolescents: Literature review and case study," *Environmental Research* 164 (2018), pp. 149-157; T. J. Saunders et al., "Screen time and health indicators among children and youth: Current evidence, limitations and future directions," *Applied Health Economics and Health Policy* 15 (2017), pp. 323-331.

29   F. C. Müller-Lyer, "Optische Urteilstäuschunge," *Archiv für Physiologie Suppl.* (1889), pp. 263-270; H. Ebbinghaus, *Grundzüge der Psychologie* (Leipzig: Veit & Co., 1902). 착시의 위상학을 체계적으로 분석한 문헌도 있다. D. Todorovic, "What are visual illusions?" *Perception* 49 (2020), pp. 1128-1199.

30   C.-C. Carbon, "The folded paper size illusion: Evidence of inability to perceptually integrate more than one geometrical dimension," *i-Perception*

(July – August 2016), pp. 1-5.

31   T. Leibovich et al., "Itsy bitsy spider? Valence and self-relevance predict size estimation," *Biological Psychology* 121 (2016), pp. 138-145; M. W. Vasey, "It was as big as my head, I swear! Biased spider size estimation in spider phobia," *Journal of Anxiety Disorders* 26 (2012), pp. 20-24; Y. Shibana, "Treatment eect on biases in size estimation in spider phobia," *Biological Psychology* 121 (2016), pp. 146-152.

32   B. A. Teachman, "A new mode of fear expression: Perceptual bias in height fear," *Emotion* 8 (2008), pp. 296-301; J. K. Stefanucci and D. R. Prott, "The roles of altitude and fear in the perception of height," *Journal of Experimental Psychology: Human Perception and Performance* 35 (2009), pp. 424-438.

33   J. S. Bruner and C. C. Goodman, "Value and need as organizing factors in perception," *Journal of Abnormal and Social Psychology* 42 (1949), pp. 33-44; D. Dubois et al., "The accentuation bias: Money literally looms larger (and sometimes smaller) to the powerless," *Social Psychological and Personality Science* 1/3 (2010), pp. 199-205.

34   T. A. Salthouse et al., "An illusion of ingestion," *Perception & Psychophysics* 27 (1980), pp. 564-568.

35   R. Weidner et al., "The Moon Illusion and size – distance scaling: Evidence for shared neural patterns," *Journal of Cognitive Neuroscience* 26 (2014), pp. 1871-1882.

36   L. R. Harris and C. Mander, "Perceived distance depends on the orientation of both the body and the visual environment," *Journal of Vision* 14 (2014), pp. 1-8.

37   G. A. Radvansky and L. A. Carlson-Radvansky, "Uncertainty in estimating distances from memory," *Memory & Cognition* 23 (1995), pp. 596-606.

38   R. Volcic et al., "Visuomotor adaptation changes stereoscopic depth perception and tactile discrimination," *The Journal of Neuroscience* 33 (2014), pp. 17081-17088.

39 G. Clément et al., "Distance and size perception in astronauts during long-duration spaceflight," *Life* 3 (2013), pp. 524–537.

40 R. W. Baird and S. M. Burkhart, "Bias and variability in distance estimation on the water: Implications for the management of whale watching," IWC Meeting Document SC/52/WW1 (2000).

41 C. Button et al., "Distance perception in an open water environment: Analysis of individual differences," *Attention, Perception & Psychophysics* 78 (2016), pp. 915–922.

42 C. A. Meissner et al., "Person Descriptions as Eyewitness Evidence," in R. C. L. Lindsay et al. (eds), *The Handbook of Eyewitness Psychology, Vol. 2. Memory for People* (Mahwah, NJ: Lawrence Erlbaum Associates Publishers, 2007), pp. 3–34; T. D. Albright, "Why eyewitnesses fail," *Proceedings of the National Academy of Sciences* 114 (2017), pp. 7758–7764.

43 R. H. Flin and J. W. Shepherd, "Tall stories: Eyewitnesses' ability to estimate height and weight characteristics," *Human Learning* 5 (1986), pp. 29–38.

44 R. C. L. Lindsay et al., "How variations in distance affect eyewitness reports and identification accuracy," *Law and Human Behavior* 32 (2008), pp. 526–535.

45 A. Tajadura-Jiménez et al., "Embodiment in a child-like talking virtual body influences object size perception, self-identification, and subsequent real speaking," *Scientific Reports* 7 (2017), article no: 9637; D. Banakou et al., "Illusory ownership of a virtual child body causes overestimation of object sizes and implicit attitude changes," *Proceedings of the National Academy of Sciences* 110 (2013), pp. 12846–12851; B. van der Hoort et al., "Being Barbie: The size of one's own body determines the perceived size of the world," *PLoS ONE* 6/5 (2011), 6:e20195.

46 S. A. Linkenauger et al., "Welcome to Wonderland: The influence of the size and shape of a virtual hand on the perceived size and shape of virtual objects," *PLoS ONE* 8/7 (2013), e68594; N. Ogawa et al., "Distortion in perceived size and body-based scaling in virtual environments," *8th Augmented Human International Conference* (2017).

47   K. Opichka and C. Smith, "Accuracy of self-reported heights and weights in a predominately low-income, diverse population living in the USA," *American Journal of Human Biology* 30/6 (2018), e23184.

48   C. O. Chigbu et al., "Impact of perceptions of body size on obesity and weight management behaviour: A large representative population study in an African setting," *Journal of Public Health* 43 (2019), e54-e61.

49   A. W. Y. Chan et al., "Misalignment between perceptual boundaries and weight categories reflects a new normal for body size perception," *Scientific Reports* 11 (2021), p. 10442.

50   J. Allen and G. C. Prkachin, "Parental awareness and perception of their children's body size," *Open Journal of Medical Psychology* 2 (2013), pp. 77-80.

51   M. J. Tovée et al., "Healthy body equals beautiful body? Changing perceptions of health and attractiveness with shifting socio-economic status," in V. Swami and A. Furnham (eds), *Body Beautiful: Evolutionary and Sociocultural Perspectives* (Basingstoke, UK: Palgrave Macmillan, 2007), pp. 108-128; S. Grabe et al., "The role of the media in body image concerns among women: A meta-analysis of experimental and correlational studies," *Psychological Bulletin* 134 (2008), pp. 460-476.

52   C. Winkler and G. Rhodes, "Perceptual adaptation affects attractiveness of female bodies," *British Journal of Psychology* 96 (2005), pp. 141-154.

53   S. K. Madsen et al., "Visual processing in anorexia nervosa and body dysmorphic disorder: Similarities, differences, and future research directions," *Journal of Psychiatric Research* 47 (2013), 143e1491.

54   R. Zopf et al., "Body distortions in anorexia nervosa: Evidence for changed processing of multisensory bodily signals," *Psychiatry Research* 245 (2016), pp. 473-481; H. W. Hoek, "Incidence, prevalence and mortality of anorexia nervosa and other eating disorders," *Current Opinions in Psychiatry* 19 (2006), pp. 389-394.

55   T. Brockmeyer et al., "Advances in the treatment of anorexia nervosa: A review of established and emerging interventions," *Psychological Medicine*

48 (2018), pp. 1228-1256.

56   A. S. Bjornsson, "Body dysmorphic disorder," *Dialogues in Clinical Neuroscience* 12 (2010), pp. 221-232.

57   N. A. Vashi, "Obsession with perfection: Body dysmorphia," *Clinics in Dermatology* 34 (2016), pp. 788-791.

58   G. M. van Koningsbruggen, "Through the eyes of dieters: Biased size perception of food following tempting food primes," *Journal of Experimental Social Psychology* 47 (2011), pp. 293-299.

59   M. Condrasky, "Chefs' opinions of restaurant portion sizes," *Obesity* 15 (2007), pp. 2086-2094.

60   R. Klara, "Table the issue," *Restaurant Business* 103 (2004), pp. 14-15.

61   B. Wansink and K. van Ittersum, "Portion size me: Plate-size induced consumption norms and win-win solutions for reducing food intake," *Journal Exp Psychol App* 19/4 (2013), pp. 320-332. 앞서 같은 연구진은 유리컵에서도 비슷한 효과가 나타난다는 것을 발견했다. 아이와 어른에게 좁고 높은 유리컵보다 넓고 낮은 유리컵을 주었을 때, 주스를 더 많이 따랐다. 그런데 그들은 정반대로 지각했다! "Bottoms up! The influence of elongation on pouring and consumption volume," *Journal of Consumer Research* 30 (2003), pp. 450-463.

62   S. Nicolas, "Joseph Delboeuf on visual illusions: A historical sketch," *The American Journal of Psychology* 108 (1995), pp. 563-574.

63   E. Libotte et al., "The influence of plate size on meal composition: Literature review and experiment," *Appetite* 82 (2014), pp. 91-96.

64   J. H. Williams, Defining and Measuring Nature (San Rafael, CA: Morgan & Claypool Publishers, 2014).

65   K. Spence, "Ancient Egyptian chronology and the astronomical orientation of pyramids," *Nature* 408 (2000), pp. 321-324.

66   E. Hadingham, "Unlocking mysteries of the Parthenon," *Smithsonian Magazine* (February 2008), https://www.smithsonianmag.com/history/unlocking-mysteries-of-the-parthenon-16621015/.

67 로마제국은 위세가 정점에 달했을 때, 그들이 사람이 사는 구대륙이라고 여긴 면적의 약 15퍼센트를 통치했지만, 그 대륙 표면 전체로 보면 겨우 3퍼센트에 불과했다. V. Smil, *Why America Is Not a New Rome* (Cambridge, MA: MIT Press, 2010).

68 미터법을 공식 채택하지 않은 나라는 겨우 두 곳이 더 있을 뿐이다. 라이베리아와 미얀마다. 놀랄 일도 아니지만, 오늘날에는 대대로 미터법에 저항한 것이 자유에 대한 미국의 사랑을 보여주는 또 다른 사례로 여겨지고 있다.

69 A. T. Steegmann, "18th century British military stature: Growth cessation, selective recruiting, secular trends, nutrition at birth, cold and occupation," *Human Biology* 57 (1985), pp. 77-95.

70 G.-L. L. de Buffon, *Histoire naturelle: Supplement: Tome quatrieme* (Paris: Imprimerie Royale, 1753).

71 L. R. Villermé, "Mémoire sur la taille de l'homme en France," *Annales d'HygiènePublique et de Médicine Légale* 1 (1829); K. Staub et al., "Edouard Mallet's early and almost forgotten study of the average height of Genevan conscripts in 1835," *Economics & Human Biology* 9 (2011), pp. 438-442; A. Quetelet, *Sur l'homme et le développement de ses facultés*, vol. 2 (Paris: Bachelier, 1835).

72 H. P. Bowditch, "The Growth of Children Studied by Galton's Percentile Grades," in *22nd Annual Report of the State Board of Health of Massachusetts* (Boston: Wright & Potter, 1891), pp. 479-525; J. M. A. Tanner, "Concise history of growth studies from Buffon to Boas," in F. Falkner and J. M. A. Tanner (eds), *Human Growth, Volume 3, Neurobiology and Nutrition* (Berlin: Springer Verlag, 1979), pp. 515-593.

73 WHO, *Child Growth Standards* (Geneva: WHO, 2006); CDC "Growth charts," 2010, https://www.cdc.gov/growthcharts/.

74 T. Cuff, "Historical Anthropometrics," EH.net, https://eh.net/encyclopedia/historical-anthropometrics/; J. Komlos, "Anthropometric history: An overview of a quarter century of research," *Anthropologischer*

Anzeiger 67 (2009), pp. 341–356.

75 R. Floud et al., *The Changing Body: Health, Nutrition, and Human Development in the Western World since 1700* (Cambridge: Cambridge University Press, 2011); R. W. Fogel, *Explaining Long-Term Trends in Health and Longevity* (Cambridge: Cambridge University Press, 2012).

76 R. H. Steckel, "New light on the 'Dark Ages': The remarkably tall stature of northern European men during the medieval era," *Social Science History* 28 (2004), pp. 211–229.

77 N. Koepke and J. Baten, "The biological standard of living in Europe during the last two millennia," *European Review of Economic History* 9 (2005), pp. 61–95; G. Kron, "Anthropometry, physical anthropology, and the reconstruction of ancient health, nutrition, and living standards," *Historia* 54 (2005), pp. 68–83.

78 T. J. Hatton and B. E. Bray, "Long run trends in the heights of European men, 19th –20th centuries," *Economics & Human Biology* 8 (2010), pp. 405–413.

79 H. de Beer, "Observations on the history of Dutch physical stature from the late–Middle Ages to the present," *Economics and Human Biology* 2 (2003), pp. 45–55.

80 NCD Risk Factor Collaboration (NCD-RisC), "A century of trends in adult human height," *eLife* 5 (2016), e13410.

81 M. Hermanussen et al., "Height and skeletal morphology in relation to modern life style," *Journal of Physiological Anthropology* 34 (2015), p. 41.

82 C. Ji and T. Chen, "Secular changes in stature and body mass index for Chinese youth in sixteen major cities, 1950s –2005s," *American Journal of Human Biology* 20 (2008), pp. 530–537.

83 World Population Review, "Average height by country," https://worldpopulationreview.com/country-rankings/average-height-by-country [accessed 2011]; P. Grasgruber et al., "The coast of giants: An anthropometric survey of high schoolers on the Adriatic coast of Croatia," *PeerJ* 7 (2019), e6598.

84   R. H. Steckel, "Heights and human welfare: Recent developments and new directions," *Explorations in Economic History* 46 (2009), pp. 1-23.

85   P. M. Visscher et al., "From Galton to GWAS: Quantitative genetics of human height," *Genetic Research* 92 (2010), pp. 371-379; E. A. Boyle et al., "An expanded view of complex traits: From polygenic to omnigenic," *Cell* 169 (2017), pp. 1177-1186.

86   R. H. Steckel, "Heights and human welfare: Recent developments and new directions," *Explorations in Economic History* 46 (2009), pp. 1-23; A. Singh-Manoux, "Trends in the association between height and socioeconomic indicators in France, 1970-2003," *Economics and Human Biology* 8 (2010), pp. 396-404; R. W. Fogel, *Explaining Long-Term Trends in Health and Longevity* (Cambridge: Cambridge University Press, 2012).

87   P. K. Bird et al., "Income inequality and social gradients in children's height: A comparison of cohort studies from five high-income countries." *British Medical Journal Paediatrics Open* 3 (2019), e000568.

88   A. Case and C. Paxson, "Stature and status: Height, ability, and labor market outcomes," *Journal of Political Economy* 116 (2008), pp. 499-532.

89   S. Reynolds et al., "Disparities in children's vocabulary and height in relation to household wealth and parental schooling: A longitudinal study in four low-and iddle-income countries," *SSM – Population Health* 3 (2017), pp. 767-786.

90   F. Cinnirella et al., "Why does height matter for educational attainment? Evidence from German children," *Economics and Human Biology* 9 (2011), pp. 407-418.

91   J. M. Sundet et al., "Resolving the genetic and environmental sources of the correlation between height and intelligence: A study of nearly 2,600 Norwegian male twin pairs," *Twin Research and Human Genetics* 8 (2005), pp. 307-311; M. C. Keller et al., "The genetic correlation between height and IQ: Shared genes or assortative mating?" *PLoS Genetics* 9/4 (2013), e1003451.

92 E. B. Gowin, *The Executive and His Control of Men* (New York: Macmillan, 1915).

93 A. Croppenstedt and C. Muller, "The impact of farmers' health and nutritional status on their productivity and eciency: Evidence from Ethiopia," *Economic Development and Cultural Change* 48 (2000), pp. 475–502; S. Dinda et al., "Height, weight and earnings among coalminers in India," *Economics and Human Biology* 4 (2006), pp. 342–350; G. Heineck, "Up in the skies?: The relationship between body height and earnings in Germany," *Labour* 19 (2005), pp. 469–489; M. Kortt and A. Leigh, "Does size matter in Australia?" *Economic Record* 86 (2010), pp. 71–83; K. Sohn, "The value of male height in the marriage market," *Economics and Human Biology* 18 (2015), pp. 110–124; W. Gao and R. Smyth, "Health human capital, height and wages in China," *Journal of Development Studies* 46 (2009), pp. 466–484; E. Yamamura et al., "Decomposing the effect of height on income in China: The role of market and political channels," *Economics and Human Biology* 19 (2015), pp. 62–74; D. LaFavea and D. Thomas, "Height and cognition at work: Labor market productivity in a low income setting," *Economics and Human Biology* 25 (2017), pp. 52–64.

94 A. Schick and R. H. Steckel, "Height, human capital, and earnings: The contributions of cognitive and noncognitive ability," *Journal of Human Capital* 9 (2015), pp. 94–115.

95 C. Auld, "Global country-level estimates of associations between adult height and the distribution of income," *American Journal of Human Biology* 30 (2018), e23152.

96 R. Adams et al., *Are CEOs Born Leaders?: Lessons from Traits of a Million Individuals* (Helsinki: Aalto School of Business, 2016).

97 E. Yamamura et al., "Decomposing the effect of height on income in China: The role of market and political channels," *Economics and Human Biology* 19 (2015), pp. 62–74.

98 J. Wang et al., "What is creating the height premium? New evidence

from a Mendelian randomization analysis in China," *PLoS ONE* 15/4 (2020), e0230555.

99　2016년 NCD-RisC 보고서는 이런 문장으로 시작했다. "더 큰 키는 수명 증가, 임신 관련 문제와 심혈관 및 호흡기 질환 위험 감소, 몇몇 암의 위험 증가와 관련이 있다." NCD Risk Factor Collaboration (NCD-RisC), "A century of trends in adult human height," *eLife* 5 (2016), e13410. 위의 첫 번째 주장(수명 증가)은 취소해야 마땅하다.

100　T. T. Samaras and L. H. Storm, "Impact of height and weight on life span," *Bulletin of the World Health Organization* 70 (1992); T. T. Samaras, "How height is related to our health and longevity: A review," *Nutrition and Health* 21 (2012), pp. 247-261.

101　S. Lemez et al., "Do 'big guys' really die younger? An examination of height and lifespan in former professional basketball players," *PLoS ONE* 12/10 (2017), e0185617.

102　J. Green et al., "Height and cancer incidence in the Million Women Study: Prospective cohort, and meta-analysis of prospective studies of height and total cancer risk," *Lancet Oncology* 12 (2011), pp. 785-794; E. Benyi et al., "Adult height is associated with risk of cancer and mortality in 5.5 million Swedish women and men," *Journal of Epidemiology & Community Health* 73 (2019), pp. 730-736; Y. J. Choi et al., "Adult height in relation to risk of cancer in a cohort of 22,809,722 Korean adults," *British Journal of Cancer* 120 (2019), pp. 668-674; E. Giovanucci, "A growing link—what is the role of height in cancer risk?" *British Journal of Cancer* 120 (2019), pp. 575-576.

103　L. Nunney, "Size matters: Height, cell number and a person's risk of cancer," *Proceedings of the Royal Society B* 285 (2018), article 20181743.

104　J. Ayuk and M. C. Sheppard, "Does acromegaly enhance mortality?" *Review of Endocrinology and Metabolic Disorders* 9 (2008), pp. 33-39.

105　D. I. Silverman et al., "Life expectancy in the Marfan syndrome," *American Journal of Cardiology* 15 (1995), article 1571060.

1   〈내셔널 지오그래픽〉은 270킬로그램의 문어가 몸 형태를 변형시켜 지름이 겨우 24.26밀리미터에 불과한 통로를 꿈틀거리며 빠져나가는 동영상을 올렸다! National Geographic, "Octopus Escape" [video], https://www.youtube.com/watch?v=SCAIedFgdY0.

2   K. Cracknell et al., "Pentaradial eukaryote suggests expansion of suspension feeding in White Sea-aged Ediacaran communities," *Scientific Reports Sci Rep* 11 (2021), article 4121.

3   이 운하를 지나는 가장 큰 크루즈선은 높이가 거의 67미터다. 그에 비해 산마르코의 둥근 지붕은 높이가 43미터이고 종탑은 98.6미터다. 이 가라앉는 도시를 배경으로 이런 거대한 선박이 운하를 비집고 들어오는 광경만큼 크기를 잘 대비시킨 멋진 이미지는 찾기 어렵다.

4   뒤러의 연구를 도판을 곁들여 폭넓게 논평한 문헌은 *Gallucci's Commentary on Dürer's Four Books on Human Proportion*, trans. James Hutson, https://www.openbookpublishers.com/books/10.11647/obp.0198을 참고.

5   Merriam-Webster, "Proportion," https://www.merriam-webster.com/dictionary/proportion.

6   W. L. Jungers et al., "The evolution of body size and shape in the human career," *Philosophical Transactions of the Royal Society B* 371 (2016), article 20150247.

7   W. Wang and R. H. Crompton, "The role of load-carrying in the evolution of modern body proportions," *Journal of Anatomy* 204 (2004), pp. 417–430.

8   W. L. Jungers et al., "The evolution of body size and shape in the human career," *Philosophical Transactions of the Royal Society B* 371 (2016), article 20150247.

9   M. Will et al., "Long-term patterns of body mass and stature evolution within the hominin lineage," *Royal Society Open Science* 4 (2017), article 171339.

10 C. Bergmann, "Ueber die Verhältnisse der Wärmoekonomie der Thiere

zu ihrer Grösse," *Göttinger Studien* 3 (1847), pp. 595–708; J. A. Allen, "The influence of physical conditions in the genesis of species," *Radical Review* 1 (1877), pp. 108–140.

11 M. J. Tilkens et al., "The effects of body proportions on thermoregulation: An experimental assessment of Allen's rule," *Journal of Human Evolution* 53 (2007), article 286e291.

12 가장 두드러진 사례는 남수단의 딩카족Dinka과 케냐의 마사이족Maasai이다. 양쪽 다 고단백 소 기반(우유, 피, 고기) 식단의 수혜자이기도 하다.

13 E. Pomeroy et al., "Population history and ecology, in addition to climate, influence human stature and body proportions," *Scientific Reports* 11 (2021), p. 274.

14 M. A. Little, "Evolutionary strategies for body size," *Frontiers of Endocrinology* 11 (2020), p. 107.

15 M. Yokoya and Y. Higuchi, "Day length may make geographical difference in body size and proportions: An ecological analysis of Japanese children and adolescents," *PLoS ONE* 14/1 (2019), e0210265.

16 이 사라진 규범을 재건하려고 애쓴 가장 상세한 시도는 R. Tobin, "The Canon of Polykleitos," *American Journal of Archaeology* 79 (1975), pp. 307–321에 실려 있다.

17 LeonardodaVinci.Net, "The Vitruvian Man—by Leonardo da Vinci," https://www.leonardodavinci.net/the-vitruvian-man.jsp.

18 Vitruvius Pollio, Chapter I: "On Symmetry: In Temples and In the Human Body," *The Ten Books on Architecture*, ed. M. H. Morgan, Book III, http://www.perseus.tufts.edu/hopper/text?doc=Vitr.%203.1&lang=original.

19 P. Sorokowski and B. Pawłowski, "Adaptive preferences for leg length in a potential partner," *Evolution and Human Behavior* 29/2 (2007).

20 J. C. K. Wells et al., "Associations of stunting at years with body composition and blood pressure at 8 years of age: Longitudinal cohort analysis from lowland Nepal," *European Journal of Clinical Nutrition* 73 (2019), pp. 302–310.

21   P. Sorokowski et al., "Attractiveness of leg length: Report from 27 nations," *Journal of Cross-Cultural Psychology* 42 (2011), pp. 131–139.

22   T. M. M. Versluys et al., "The influence of leg-to-body ratio, arm-to-body ratio and intra-limb ratio on male human attractiveness," *Royal Society Open Science* 5 (2018), article 171790; S. Kiire, "Effect of leg-to-body ratio on body shape attractiveness," *Archives of Sex Behavior* 45 (2016), pp. 901–910.

23   V. Svami, "The leg-to-body ratio as a human aesthetic criterion," *Body Image* 3 (2006), pp. 317–323; V. Svami et al., "Cultural significance of leg-to-body ratio preferences? Evidence from Britain and rural Malaysia," *Asian Journal of Social Psychology* 10 (2007), pp. 265–269.

24   B. Bogin and M. I. Varela-Silva, "Leg length, body proportion, and health: A review with a note on beauty," *International Journal of Environmental Research and Public Health* 7 (2010), pp. 1047–1075.

25   M. H. McIntyre, "Adult stature, body proportions and age at menarche in the United States National Health and Nutrition Examination Survey (NHANES) III," *Annals of Human Biology* 38 (2011), pp. 716–720.

26   L. Welters and A. Lillethun, *Fashion History: A Global View* (London: Bloomsbury Academic, 2018).

27   World Obesity, "Global Obesity Observatory," https://data.worldobesity.org [accessed 2021].

28   WHO, *Waist Circumference and Waist-hip Ratio: Report of a WHO Expert Consultation* (2008), meeting report, 16 May 2011, https://www.who.int/publications/i/item/9789241501491.

29   P. Srikanthan et al., "Waist-hip-ratio as a predictor of all-cause mortality in high-functioning older adults," *Annals of Epidemiology* 19 (2009), pp. 724–731.

30   A. Lehmann et al., "Temporal trends, regional variation and socio-economic differences in height, BMI and body proportions among German conscripts, 1956–2010" *Public Health Nutrition* 20 (2016), pp. 391–403.

31 G. Heineck, "Height and weight in Germany, evidence from the German Socio-Economic Panel," *Economics and Human Biology* 4 (2006), pp. 359–382.

32 J. T. Manning et al., "The ratio of nd to th digit length: A predictor of sperm numbers and concentrations of testosterone, luteinizing hormone and oestrogen," *Human Reproduction* 13 (1998), pp. 3000–3004.

33 National Library of Medicine, "2D:4D," PubMed.gov, https://pubmed. ncbi.nlm.nih.gov/?term=2D%3A4D [accessed 2021].

34 다음은 최근의 세 가지 사례만 고른 것으로 그 비를 조현병, 암, 올림픽 성적과 연관 지어서 살펴본다. Y. Han et al., "Association between the 2D:4D ratio and schizophrenia," *Journal of Internal Medicine* 48 (2020), article 300060520929148; A. Bunevicius, "The association of digit ratio (2D:4D) with cancer: A systematic review and meta-analysis," *Disease Markers* (2018), article 7698193; E. Eklund et al., "Digit ratio (2D:4D) and physical performance in female Olympic athletes," *Frontiers of Endocrinology* (May 2020).

35 L. Mitch, "Talk to the hand. Scientists try to debunk idea that finger length can reveal personality and health," *Science* (June 6, 2019), https:// www.science.org/content/article/talk-hand-scientists-try-debunk-idea-finger-length-can-reveal-personality-and-health.

36 L. Kratochvíl and J. Flegr, "Differences in the 2nd to 4th digit length ratio in humans reflect shifts along the common allometric line," *Biology Letters* 5/5 (2009).

37 S. E. Huber et al., "Prenatal androgen-receptor activity has organizational morphological effects in mice," *PLoS ONE* 12/11 (2017), e0188752.

38 놀랄 일도 아니지만 코로나19와의 관계도 또 다른 2D:4D의 주제가 되었는데, 아무런 연관이 없다고 나왔다. J. A. L. Jaeger et al., "No credible evidence for links between 2D:4D and COVID-19 outcomes: A probabilistic perspective on digit ratio, ACE variants, and national case fatalities," *Early Human Development* 152 (2021), article 105272.

39 J. de Vries, "Luxury in the Dutch Golden Age in Theory and Practice,"

in M. Berg and E. Eger (eds), *Luxury in the Eighteenth Century* (London: Palgrave Macmillan, 2003), pp. 41-56.

40   N. Ireson and S. Fraquelli (eds), *Modigliani* (New York: Rizzoli, 2017).

41   A. Giusti, *Inganni ad arte: Meraviglie del trompe-l'oeil dall'antichità al contemporaneo* (Florence: Mandragora, 2009).

42   K. K. Butler et al., *Georges Braque and the Cubist Still Life, 1928-1945* (Munich: Prestel, 2013).

43   에밀 카르동은 인상파 화가들의 첫 전시회를 본 사람들 다수가 어떤 견해를 보였는지 〈라 프레스〉에 이렇게 썼다. "이 학파는 두 가지를 없앤다. 생물이든 무생물이든 어떤 형태도 재현할 수 없는 선線, 그리고 형태에 현실감을 부여하는 색깔이다. …… 전시된 작품들을 살펴보면서 …… 관람객은 이들 작품이 대중에게 몹시 거슬리는 어떤 신비화 과정의 산물인지, 아니면 나중에 후회할 수밖에 없는 정신착란의 결과인지 궁금해진다." E. Cardon, "The exhibition of the Revoltes," *La Presse* (April 29, 1874), http://www.artchive.com/galleries/1874/74critic.htm#chesneau.

44   V. Goaux, "Fixed or flexible? Orientation preference in identity and gaze processing in humans," *PLoS ONE* 14/1 (2019), e0210503.

45   X. Deng et al., "A 'wide' variety: Effects of horizontal versus vertical display on assortment processing, perceived variety, and choice," *Journal of Marketing Research* 53/5 (2016), pp. 682-698.

46   B. Lee et al., "Dissecting landscape art history with information theory," *Proceedings of the National Academy of Sciences* 117 (2020), pp. 26580-26590.

47   G. Mather, "Aesthetic judgement of orientation in modern art," *Perception* 3 (2012), pp. 18-24.

48   수천 점의 그림을 볼 수 있는 사이트들이 있다. WikiArt: Visual Art Encyclopedia (https://www.wikiart.org); Web Gallery of Art (https://www.wga.hu/). 책 한 권을 더 선호한다면(비록 논란이 분분하지만) S. Farthing, *1001 Paintings You Must See Before You Die* (New York: Universe Publishing, 2011)가 가장 적당할 것이다.

49   마드리드의 국립 소피아 왕비 예술센터에 있는 피카소의 '게르니

카'(7.77×3.49미터)는 가로 길이가 가장 긴 캔버스에 속하며, 비가 2.22다. 프라도 미술관에 있는 보스Bosch의 '세속적인 쾌락의 정원'(3.89×2.2미터의 세 폭 제단화)은 비가 1.76이다. 우피치 미술관에 있는 보티첼리의 '비너스의 탄생'(1.72×2.78미터)은 비가 1.61이다. 그리고 시카고 아트 인스티튜트에 있는 쇠라의 '그랑자트섬의 오후Afternoon on Grand Jatte'(3.08×2.08미터)는 비가 1.48이다.

50 Vitruvius Pollio, "On Symmetry."

51 V. Trimble, "Astrophysical symmetries," *Proceedings of the National Academy of Sciences USA* 93 (1996), pp. 14221-14224; T. M. Dame and P. Thaddeus, "A molecular spiral arm in the far outer galaxy," *Astrophysical Journals Letters* 734 (2011), L24.

52 M. E. Kellman, "Symmetry in chemistry from the hydrogen atom to proteins," *Proceedings of the National Academy of Sciences USA* 93 (1996), pp. 14287-14294; P. A. van der Hel, "The influence of perception on the distribution of multiple symmetries in nature and art," *Symmetry* 3 (2011), pp. 54-71.

53 에른스트 헤켈의 고전이야말로 도판을 곁들인 최고의 방산충 안내서다. Die Radiolarien (Rhizopoda radiaria) (Berlin: Georg Reimer, 1862). 다음은 손으로 그린 이 절묘한 도판들을 내려받을 수 있는 사이트다. https://www.biodiversitylibrary.org/item/20590#page/4/mode/1up.

54 이슬람 장식에 대해서는 D. Clevenot, *Ornament and Decoration in Islamic Architecture* (London: Thames Hudson, 2017), 중국 격자무늬에 대해서는 D. S. Dye, *A Grammar of Chinese Lattice* (Cambridge, MA: Harvard University Press, 1937)를 참고.

55 헤르만 바일Hermann Weyl이 탁월하면서도 짧게 다룬 책은 내 애독서로 남아 있다. *Symmetry* (Princeton, NJ: Princeton University Press, 1952). 이 매혹적인 범주에 속하는 다른 문헌들로는 H. Genz, *Symmetrie, Bauplan der Natur* (Munich: Piper, 1987); A. V. Voloshinov, "Symmetry as a superprinciple of science and art," *Leonardo* 29 (1996), pp. 109-113가 있다. 대칭을 다룬 다음의 책들도 주목할 만하다. R. Joseph, *Symmetry*

in Science (Berlin: Springer, 1995); I. Hargittai and M. Hargittai, *Symmetry: A Unifying Concept* (New York: Random House, 1996); M. du Sautoy, *Symmetry* (New York: Harper, 2008); M. Hargittai and I. Hargittai, *Visual Symmetry* (Singapore: World Scientific Publishing, 2009).

56   I. Hargittai, "Response to Peter van Sommers," *Leonardo* 29 (1996), p. 149.

57   N. van Melick et al., "How to determine leg dominance: The agreement between self-reported and observed performance in healthy adults," *PLoS ONE* 12/12 (2017), e0189876.

58   M. Y. Mommaerts and B. A. M. M. L. Moerenhout, "Ideal proportions in full face front view, contemporary versus antique," *Journal of Cranio-Maxillo-Facial Surgery* 39 (2011), 107e110.

59   A. Iglesias-Linares et al., "Common standards in facial esthetics: Craniofacial analysis of most attractive black and white subjects according to *People* Magazine during previous 10 years," *Journal of Oral and Maxillofacial Surgery* 69 (2011), e216-e224.

60   G. Rhodes et al., "Facial symmetry and the perception of beauty," *Psychonomic Bulletin & Review* 5 (1998), pp. 659-669; D. I. Perrett et al., "Symmetry and human facial attractiveness," *Evolution and Human Behavior* 20 (1999), pp. 295-307; B. Fink et al., "Facial symmetry and judgements of attractiveness, health and personality," *Personality and Individual Differences* 41 (2006), pp. 491-499; L. W. Simmons et al., "Are human preferences for facial symmetry focused on signals of developmental instability?" *Behavioral Ecology* 15 (2004), pp. 864-871.

61   Z. Lewandowski and A. Pisula-Lewandowska, "The influence of change in the size of face elements on the perception of a woman's portrait," *Homo* 59 (2008), pp. 253-260.

62   M. Ibáñez-Berganza et al., "Subjectivity and complexity of facial attractiveness," *Scientific Reports* 9 (2019), article 8364.

63   T. Valentine et al., "Why are average faces attractive? The effect of view and averageness on the attractiveness of female faces," *Psychonomic*

Bulletin & Review 11 (2004), pp. 482-487.

64   D. W. Zaidel and M. Hessamian, "Asymmetry and symmetry in the beauty of human faces," *Symmetry* 2 (2010), pp. 136-149.

65   D. Hodgson, "The first appearance of symmetry in the human lineage: Where perception meets art," *Symmetry* 3 (2011), pp. 37-53.

66   설계 대칭 연구에 쓰이는, 풍부한 이미지를 곁들인 현대의 최고 건축사 관련 책은 F. D. K.Ching et al., *A Global History of Architecture* (Hoboken, NJ: John Wiley & Sons, 2011)이다. 비례를 다룬 최고의 짧은 고전도 있다(지 금도 여전히 팔린다). N. C. Curtis, *The Secrets of Architectural Composition* (Cleveland, OH: J. J. Jansen, 1923).

67   A. Thalal et al., "Symmetry in art and architecture of the Western Islamic world," *Crystallography Reviews* 24 (2018), pp. 102-130.

68   U. Schober, *Castles and Palaces of Europe* (Lisse: Rebo International, 2005).

69   L. Trevisan, *Andrea Palladio: The Villas* (Leguzzano: Sassi Editore, 2008); J. Morrissey, *The Genius in the Design: Bernini, Borromini, and the Rivalry That Transformed Rome* (New York: William Morrow, 2005).

70   R. Zerbst, *Gaudí: The Complete Buildings* (Cologne: Taschen, 2005); A. von Vegesack, *Czech Cubism: Architecture, Furniture, and Decorative Arts, 1910-1925* (Princeton, NJ: Princeton Architectural Press, 1992); A. Tilch, *Bauhaus Architecture: 1919-1933* (Munich: Prestel, 2018); W. A. Storer, *The Architecture of Frank Lloyd Wright* (Chicago: Chicago University Press, 2017).

71   P. Goldberger, *Building Art: The Life and Work of Frank Gehry* (New York: Knopf, 2015); Zaha Hadid Architects, *Zaha Hadid Architects: Design as Second Nature* (Mexico City: RM/MUAC, 2019).

72   L. Marsili et al., "Unraveling the asymmetry of Mona Lisa smile," *Cortex* 120 (2019), pp. 607-610.

73   A. Vcherashniaja, "Dürer: Evolution of artistic self in 13 self-portraits," Arthive, February 11, 2021, https://arthive.com/publications/2426~Drer_evolution_of_artistic_self_in_13_selfportraits.

74   P. White, "Differences over time in head orientation in European

portrait paintings," *Laterality* 24 (2019), pp. 525–537.

75 Euclid, *Elements*, Book VI, definition 3, https://mathcs.clarku.edu/~djoyce/java/elements/bookVI/defVI3.html.

76 C. Budd, "Myths of math: The Golden Ratio," Plus [website], February 23, 2020, https://plus.maths.org/content/myths-maths-goldenratio.

77 A. S. Posamenter and I. Lehmann, *The Glorious Golden Ratio* (Amherst, NY: Prometheus Books, 2012)는 온갖 위장된 형태의 이 비를 훨씬 더 포괄적이면서 엄밀하게 수학적으로 논의한다.

78 G. Harary and A. Tal, "The natural 3D spiral," *Eurographics* 30 (2011); U. Mukhopadhyay, "Logarithmic spiral–a splendid curve," *Resonance* 9 (2010), pp. 39–45.

79 D. W. Thompson, *On Growth and Form* (Cambridge: Cambridge University Press, 1942), p. 757.

80 정확한 크기는 85.6×53.98밀리미터.

81 그러나 세계에서 가장 찬탄받는 (비례를 다룬 절에서 나열한) 걸작들 중에서 보티첼리의 '비너스의 탄생'만이 황금비 직사각형의 캔버스에 그려졌다.

82 V. Gendelman, "How to use the Golden Ratio to create gorgeous graphic designs," Company Folders [blog], September 15, 2015, https://www.companyfolders.com/blog/golden-ratio-design-examples; J. Brownlee, "The Golden Ratio: Design's biggest myth," *Fast Company*, April 13, 2015, https://www.fastcompany.com/3044877/the-golden-ratio-designs-biggest-myth.

83 G. Markowsky, "Misconceptions about the Golden Ratio," *The College Mathematics Journal* 23 (1992), pp. 2–19.

84 K. Devlin, "The myth that will not go away," Devlin's Angle [website], May 2007, https://www.maa.org/external_archive/devlin/devlin_05_07.html.

85 L. Pacioli, *Divina proportione* (Venice: A. Paganius Paganinus, 1509), https://archive.org/details/divinaproportion00paci.

86 M. Ohm, *Die reine Elementar-Mathematik* (Berlin: Jonas Verlag, 1815).

87   A. Zeising, *Neue Lehre von den Proportionen des menschlichen Körpers* (Leipzig: Rudolph Weigel, 1854).

88   G. T. Fechner, "Ueber die Frage des goldenen Schnittes," *Archiv für die zeichnende Künste* 11 (1865), pp. 100-112.

89   독일인들은 여전히 '신비한' 그리고 만물의 보편적 열쇠라고 여기는 것을 계속 옹호하고 있다. O. Götze and L. Kugler (eds), *Divine Golden Ingenious: The Golden Ratio as a Theory of Everything?* (Munich: Hirmer Publishers, 2016).

90   C. D. Green, "All that glitters: A review of psychological research on the aesthetics of the g section," *Perception* 24 (1995), pp. 937-968.

91   여기서는 그 놀라운 주장들에 대해 세 가지(강화 콘크리트, 정자, 특수상대성)만 언급한다. A. P. Fantilli and B. Chiaia, "Golden ratio in the crack pattern of reinforced concrete structure," *Journal of Engineering Mechanics* 139 (2010), pp. 1178-1184; W. E. Roudebush et al., "The golden ratio and an aesthetically pleasing sperm: Towards an objective assessment of sperm head morphology," *Fertility and Sterility* 86 (2006), pp. 59-68; L. di G. Sigalotti and A. Mejias, "The golden ratio and special relativity," *Chaso, Solitons and Fractals* 30 (2006), pp. 521-524.

92   C. D. Green, "All that glitters: A review of psychological research on the aesthetics of the g section," *Perception* 24 (1995), pp. 937-968.

93   M. K. Alam et al., "Multiracial facial golden ratio and evaluation of facial appearance," *PLoS ONE* 10/11 (2015), e0142914.

94   S. Polat et al., "The face shape and golden ratio classification in Turkish healthy population," *Journal of Evolution of Medical and Dental Sciences* 9/1 (2020), pp. 111-115; K. S. Jang et al., "A three-dimensional photogrammetric analysis of the facial esthetics of the Miss Korea pageant contestants," *The Korean Journal of Orthodontics* 47 (2017), pp. 87-99.

95   C. Burusapat and P. Lekdaeng, "What is the most beautiful facial proportion in the 21st century? Comparative study among Miss Universe, Miss Universe Thailand, neoclassical canons, and facial golden

ratios," *Plastic and Reconstructive Surgery—Global Open* 7/2 (2019), e2044.

96 R. Fischler, "On the application of the golden ratio in the visual arts," *Leonardo* 14 (1981), pp. 31-32; R. Herz-Fischler, "An examination of claims concerning Seurat and 'The Golden Number,'" *Gazette des Beaux Arts* 125 (1983), pp. 109-112.

97 Government of Dubai, "Dubai Frame," https://www.dubaiframe. ae/en/about-us [accessed 2021]; Visit Dubai Frame, https://www. visitdubaiframe.com/.

4장 크기 설계: 좋은 것, 나쁜 것, 이상한 것

1 M. E. Snodgrass, *World Clothing and Fashion: An Encyclopedia of History, Culture, and Social Influence* (London: Routledge, 2019); J. Morley, *History of Furniture: Twenty-Five Centuries of Style and Design in the Western Tradition* (Boston: Bulfinch Press, 1999).

2 A. Muzquiz, "Flipping through the history of the flip-flop," Heddels [website], April 18, 2018, https://www.heddels.com/2018/04/history-flip-flop/.

3 T. Chenet et al., "Lower limb muscle co-contraction and joint loading of flip-flops walking in male wearers," *PLoS ONE* 13/3 (2018), e0193653; M. Laliberte, "reasons why you should never wear flip-flops," The Healthy, April 21, 2021, https://www.thehealthy.com/foot-care/flip-flops-bad-for-feet.

4 지금은 인체공학 교양서가 넘쳐난다. 다음은 최근의 주목할 만한 책들이다. P. M. Bus, *Ergonomics: Foundational Principles, Applications and Technologies* (Boca Raton, FL: CRC Press, 2012); R. Bridger, *Introduction to Human Factors and Ergonomics* (Boca Raton, FL: CRC Press, 2017); A. Bhattacharya and J. D. McGlothlin (eds), *Occupational Ergonomics: Theory and Applications* (Boca Raton, FL: CRC Press, 2019). 인체공학 좌석에 관해서는 R. Lueder and K. Noro (eds), *Hard Facts About Soft Machines: The*

Ergonomics of Seating (London: Taylor & Francis, 1994) 참고.

5   "Who walked the Camino in 2020?" Follow the Camino [website], January 8, 2021, https://followthecamino.com/en/blog/statistics-who-walked-the-camino-in-2020/.

6   Aeroaffaires, "Europe's 20 biggest airports," https://aeroaffaires.com/europes-20-biggest-airports/ [accessed 2021].

7   US Census Bureau, "Census bureau estimates show average one-way travel time to work rises to all-time high," Press release, March 18, 2021, https://www.census.gov/newsroom/press-releases/2021/one-way-travel-time-to-work-rises.html.

8   인공물과 인공 시스템의 성장 역사를 체계적으로 살펴본 책으로는 Smil, *Growth*가 있다.

9   N. Goren-Inbar and S. Gonen, *Axe Age: Acheulian Tool-making from Quarry to Discard* (London: Routledge, 2006).

10 Doug Engelbart Institute, "Historic Firsts: 'Father of the Mouse,'" https://www.dougengelbart.org/content/view/162/000/ [accessed 2021].

11 자동차 이용이 한 세기 동안 이어진 지금은 분명히 따르기 쉬운 격언이 아니다. 그래도 가능한 접근법을 제시한 책이 있다. J. Speck, *Walkable City* (New York: North Point Press, 2013).

12 L. Appolloni et al., "Walkable urban environments: An ergonomic approach of evaluation," *Sustainability* 12 (2020).

13 World Bank, "Urban population (% of total population)," https://data.worldbank.org/indicator/SP.URB.TOTL.IN.ZS [accessed 2021].

14 뉴욕 센트럴파크는 탁월한 선견지명을 보여주는 계획의 대표적 사례로 남아 있다. R. Rosenzweig and E. Blackmar, *The Park and the People: A History of Central Park* (Ithaca, NY: Cornell University Press, 1998). 도시에 흔히 심는 나무의 수관 크기와 필요 공간을 다룬 논문으로는 H. Pretzsch et al., "Crown size and growing space requirement of common tree species in urban centres, parks, and forests," *Urban Forestry & Urban*

Greening 14 (2015), pp. 466–479이 있다.

15   Hong Kong Housing Authority, "Public housing development in Hong
      Kong," https://www.housingauthority.gov.hk/en/about-us/photos-
      and-videos/videos/public-housing-development-in-hongkong/index.
      html [accessed 2020].

16   가장 흔히 쓰이는 실내 문의 크기는 미국 203.2×91.4센티미터, 영국
      198.1×76.2센티미터다.

17   J. Shea, *Stone Tools in Human Evolution: Behavioral Differences among
      Technological Primates* (Cambridge: Cambridge University Press, 2016).

18   동물용 기구의 역사는 Smil, *Energy and Civilization*, pp. 66–76, 100–103을
      참고.

19   1914년 이전까지는 러시아의 부유한 가족들이 상트페테르부르크와 모
      스크바에서 프랑스와 이탈리아로 이주하곤 한 것이 가장 먼 장거리 열
      차 여행이었다.

20   W. Jastrzebowski, "Rys Ergonomii czyli Nauki o Pracy opartej na
      naukach zaczerpnietych z Nauki Przyrody," *Przyroda I Przemysl* (1857),
      pp. 29–32.

21   F. W. Taylor, *The Principles of Scientific Management* (New York: Harper &
      Brothers, 1911).

22   C. Barlow et al., "Association between sitting time and cardiometabolic
      risk factors after adjustment for cardiorespiratory fitness, Cooper
      Center Longitudinal Study, 2010–2013," *CME ACTIVITY* 13 (December
      2016), https://www.cdc.gov/pcd/issues/2016/16_0263.htm.

23   P. Vink et al., "Possibilities to improve the aircraft interior comfort
      experience," *Applied Ergonomics* 43 (2012), article 354e359.

24   F. L. Smith and B. Cox, "Airline deregulation," Econlib, 2002, https://
      www.econlib.org/library/Enc/AirlineDeregulation.html.

25   G. Brundrett, "Comfort and health in commercial aircraft: A literature
      review," *The Journal of the Royal Society for the Promotion of Health* 121
      (2001), pp. 29–37.

26   International Civil Aviation Organization, "The World Air Transport in 2019," Annual report (2019), https://www.icao.int/annual-report-2019/Pages/the-world-of-air-transport-in-2019.aspx.

27   Smith and Cox, "Airline deregulation."

28   Seat Guru, "Short-haul economy class comparison chart," https://www.seatguru.com/charts/shorthaul_economy.php [accessed 2021].

29   J. Molenbroek et al., "Thirty years of anthropometric changes relevant to the width and depth of transportation seating spaces, present and future," *Applied Ergonomics: Human Factors in Technology and Society* 65 (2017), pp. 130-138.

30   Seat Guru, "Short-haul economy class comparison chart."

31   Trust for America's Health, *The State of Obesity: 2020* (Washington, DC: Trust for America's Health, 2020).

32   Center for Engineering & Occupational Safety and Health, *Bariatric Safe Patient Handling and Mobility Guidebook: A Resource Guide for Care of Persons of Size* (St. Louis, MI: CEOSH, 2015).

33   Preferred Health Choice, "Bariatric lift equipment," https://www.phc-online.com/Bariatric_Patient_Lifts_s/49.htm [accessed 2022].

34   World Health Organization, "Obesity and overweight," https://www.who.int/news-room/fact-sheets/detail/obesity-and-overweight [accessed 2021]; Global Obesity Observatory.

35   J. Porta et al., "The ergonomics of airplane seats: The problem with economy class," *International Journal of Industrial Ergonomics* 69 (2019), pp. 90-95.

36   Seat Guru, "Find your seat map," https://www.seatguru.com [accessed 2021].

37   K. Paul, "FAA declines to put a stop to the 'incredible shrinking airline seat,'" Market Watch, July 9, 2018, https://www.marketwatch.com/story/faa-declines-to-put-a-stop-to-the-incredible-shrinking-airline-seat-2018-07-09.

38   B. Guering, "Seating device comprising a forward-foldable backrest," US Patent application, June 12, 2014, https://loyaltylobby.com/wpcontent/uploads/2014/07/Airbus-Seat-Patent-Application.pdf.

39   M. Lane, "Are standing seats a standing joke?" BBC News, July 2, 2010, http://news.bbc.co.uk/2/hi/8779388.stm.

40   N. Hitti, "Layer's smart Move seating for Airbus adapts to the passengers' needs," *dezeen*, February 18, 2019, https://www.dezeen.com/2019/02/18/layer-move-smart-seating-airbus-economy-technology/.

41   United Nations, *Growth of the World's Urban and Rural Population, 1920-2000* (New York: UN, 1969).

42   G. Alfani and C. Ó Gráda (eds), *Famine in European History* (Cambridge: Cambridge University Press, 2017); A. B. Jannetta, "Famine mortality in nineteenth-century Japan: The evidence from a temple death register," *Population Studies* 46 (1992), pp. 427-343.

43   R. Houston, "Literacy and society in the West, 1500-1850," *Social History* 8 (1983), pp. 269-293.

44   Smil, *Growth*, p. 445.

45   Smil, *Grand Transitions*, p. 154.

46   Smil, *Energy and Civilization*, p. 185.

47   V. Smil, *Creating the Twentieth Century* (New York: Oxford University Press, 2005).

48   싱어가 낸 여러 권짜리 고전부터 웨이가 짧게 요약한 문헌에 이르기까지 이 방대한 주제를 포괄적으로 살펴본 문헌은 많다. C. Singer et al. (eds), *A History of Technology*, 5 volumes (Oxford: Oxford University Press, 1954-1958); B. H. Bunch and A. Hellemans, *The Timetables of Technology: A Chronology of the Most Important People and Events in the History of Technology* (New York: Simon & Schuster, 1993); M. Finniston et al., *Oxford Illustrated Encyclopedia of Invention and Technology* (Oxford: Oxford University Press, 1992); J. Wei, *Great Inventions That Changed the World* (Hoboken, NJ:

John Wiley, 2012).

49   Smil, *Energy and Civilization*, pp. 146-157.

50   현대 차량들의 기술 사양을 전부 다 모아놓은 데이터베이스가 있다.
      https://www.ultimatespecs.com.

51   디젤기관과 휘발유 기관의 진화 과정을 상세히 다룬 책으로는 Smil,
      *Prime Movers of Globalization*이 있다.

52   L. S. Langston, "Bright future," *Mechanical Engineering* 143/4 (2021), pp.
      146-151.

53   S. Lebergott, "Labor Force and Employment, 1800-1960," in D. S.
      Brady (ed.), *Output, Employment, and Productivity in the United States
      After 1800* (Cambridge, MA: NBER, 1966), pp. 7-204; FRED, "Current
      employment statistics (establishment survey)," https://fred.stlouisfed.org/
      categories/11 [accessed 2022].

54   John Deere, "Tractors," https://www.deere.com/en/tractors/ [accessed
      2021].

55   Smil, *Still the Iron Age*.

56   V. Smil, *Enriching the Earth: Fritz Haber, Carl Bosch and the Transformation
      of World Food Production* (Cambridge, MA: MIT Press, 2001); thyssenkrupp
      Industrial Solutions, "Making the world's largest ammonia plant even
      larger," 2019, https://insights.thyssenkrupp-industrial-solutions.com/
      story/making-the-worlds-largest-ammonia-plant-even-larger/.

57   다음은 식량 소비량의 장기적 변화를 다룬 자료다. Food and Agriculture
      Organization of the United Nations, FAOSTAT Food Balances, http://
      www.fao.org/faostat/en/#data [accessed 2021].

58   C. Ingraham, "The absurdity of women's clothing sizes, in one chart,"
      Washington Post, August 11, 2015, https://www.washingtonpost.com/
      news/wonk/wp/2015/08/11/the-absurdity-of-womens-clothing-
      sizes-in-one-chart/.

59   US Census Bureau, *Historical Statistics of the United States: Colonial
      Times to 1970* (Washington, DC: USBC, 1975).

60 M. Wallis, *Route 66* (New York: St. Martin's Griffin, 2001).

61 S. Watanabe, "China to expand highway network nearly 50% by 2035," Nikkei Asia, March 16, 2021, https://asia.nikkei.com/Economy/China-to-expand-highway-network-nearly-50-by-2035.

62 성장 전반에 관심 있는 독자들에게 알맞은 문헌은 다시 웬트워스 톰프슨의 고전 《성장과 형태에 관하여》(1917년에 초판, 1942년에 증보 개정판이 나와 지금까지 팔리고 있다)부터 동물의 성장을 상세히 살펴본 새뮤얼 브로디의 책(1945), 성장 현상을 체계적으로 살펴본 로버트 뱅크스의 책(1994), 스케일링의 보편적 법칙을 설명한 제프리 웨스트의 책, 생물과 인공물의 성장을 폭넓게 분석한 내 저서에 이르기까지 많다. D. W. Thompson, *On Growth and Form* (Cambridge: Cambridge University Press, 1917); S. Brody, *Bioenergetics and Growth* (New York: Reinhold, 1945); R. B. Banks, *Growth and Diffusion Phenomena: Mathematical Frameworks and Applications* (Berlin: Springer, 1994); Smil, *Growth*.

63 L. Casson, *Ships and Seamanship in the Ancient World* (Baltimore: Johns Hopkins University Press, 1995).

64 Evergreen Aviation & Space Museum, "Spruce Goose," https://www.evergreenmuseum.org/the-spruce-goose [accessed 2021].

65 G. M. Simons, *The Airbus A380: A History* (Barnsley: Pen and Sword, 2014).

66 M. Bowman, *Boeing 747: A History: Delivering the Dream* (Oxford: Casemate, 2021); W. Scheller, *Ford F-Series: America's Pickup Truck* (New York: Universe, 2008); M. Boas and S. Chaim, *Big Mac: The Unauthorized Story of McDonald's* (New York: Dutton, 1976).

67 W. Yang et al., "On the tear resistance of skin," *Nature Communications* 6 (2015), p. 6649.

68 C. J. Williams et al., "Helically arranged cross struts in azhdarchid pterosaur cervical vertebrae and their biomechanical implications," *iScience* (2021), 102338.

69 M. P. Witton, "Titans of the skies: Azhdarchid pterosaurs," *Geology Today* 23 (2007), pp. 33–38.

70   A. Carder, *Forest Giants of the World: Past and Present* (Markham, ON: Fitzhenry & Whiteside, 1995).

71   K. J. Niklas, "Maximum plant height and the biophysical factors that limit it," *Tree Physiology* 27 (2007), pp. 433-440.

72   G. Galilei, *Discorsi e dimostrazioni matematiche intorno a due nuove scienze* (Leiden: Elsevier, 1638), 영어 번역본(원문 도판도 수록), http://galileoandeinstein.physics.virginia.edu/tns_draft/index.htm.

73   Engineering Toolbox, "Young's modulus—tensile and yield strength for common materials," 2003, https://www.engineeringtoolbox.com/young-modulus-d_417.html.

74   N. Berg, "Is there a limit to how tall buildings can get?" Bloomberg, August 19, 2012, https://www.bloomberg.com/news/articles/2012-08-16/is-there-a-limit-to-how-tall-buildings-can-get.

75   British Petroleum, *Statistical Review of World Energy* (London: BP, 2021).

76   Vessel Tracking, "Seawise Giant—the biggest ship ever built," https://www.vesseltracking.net/article/seawise-giant [accessed 2021].

77   Raunek, "The ultimate guide to ship sizes," Marine Insight, February 1, 2021, https://www.marineinsight.com/types-of-ships/the-ultimate-guide-to-ship-sizes/.

78   S. Mambra, "The complete story of the EXXON Valdez oil spill,", Marine Insight, March 23, 2022, https://www.marineinsight.com/maritime-history/the-complete-story-of-the-exxon-valdez-oil-spill/.

79   Raunek, "Alang, Gujarat: The world's biggest ship breaking yard & a dangerous environmental time bomb," Marine Insight, March 11, 2021, https://www.marineinsight.com/environment/alang-gujarat-the-world's-biggest-ship-breaking-yard-a-dangerous-environmental-time-bomb/.

80   Zeymarine, "Largest oil tankers ever built," November 17, 2020, https://zeymarine.com/largest-oil-tankers-ever-built/.

81   GE Renewable Energy, "Haliade-X offshore wind turbine," 2021,

https://www.ge.com/renewableenergy/wind-energy/offshore-wind/ haliade-x-offshore-turbine.

82 E. Loth et al., "Downwind pre-aligned rotors for extreme-scale wind turbines," *Wind Energy* 20 (2017), pp. 1241-1259.

83 G. Moore, "Cramming more components onto integrated circuits," *Electronics* 38/8 (1965), pp. 114-117.

84 M. Roser and H. Ritchie, "Moore's Law: The number of transistors on microchips doubles every two years," Our World in Data, 2021 (revised March 2022), https://ourworldindata.org/technological-change.

85 자동차 제조는 2017~2021년에 마이크로칩 수요가 가장 빠르게 증가한 시장일 것이다. A. Lawrence and J. VerWey, "The automotive semiconductor market—key determinants of U.S. firm competitiveness," Executive briefing on trade, May 2019, https://www.usitc.gov/publications/332/executive_briefings/ebot_amanda_lawrence_john_verwey_the_automotive_semiconductor_market_pdf.pdf.

86 M. Feldman, "Dennard scaling demise puts permanent dent in supercomputing," The Next Platform, June 18, 2019, https://www.nextplatform.com/2019/06/18/dennard-scaling-demise-puts-permanent-dent-in-supercomputing/.

87 R. H. Dennard et al., "Design of ion-implanted MOSFET's with very small physical dimensions," *IEEE Journal of Solid-State Circuits* 9 (1974), pp. 256-268.

88 National Research Council, *The Future of Computing Performance* (Washington, DC: The National Academies Press, 2011).

89 D. Black, "10nm, 7nm, 5nm··· Should the chip nanometer metric be replaced?" HPC Wire, June 1, 2020, https://www.hpcwire.com/2020/06/01/10nm-7nm-5nm-should-the-chip-nanometer-metric-be-replaced/.

90 L. Dormehl, "Computers can't keep shrinking, but they'll keep getting better," Digital Trends, March 17, 2018, https://www.digitaltrends.com/

computing/end-moores-law-end-of-computers/.

91   R. Johnson, "GlobalFoundries stops development of its 7-nm LP node," Tech Report, August 27, 2018, https://techreport.com/news/34033/globalfoundries-stops-development-of-its-7-nm-lp-node.

5장 크기와 스케일링

1   사자에 관해 알고 싶은 모든 것은 크레이그 패커의 논문에 실린 문헌들에 다 요약되어 있다. C. Packer, "The African lion: A long history of interdisciplinary research," *Frontiers in Ecology and Evolution* 7 (2019), p. 259.

2   스위프트의 《걸리버 여행기》 전자책은 온라인에서 쉽게 구할 수 있다. https://www.fulltextarchive.com/page/Gulliver-s-Travels/.

3   J. Boswell, *The Life of Johnson* (Oxford: Oxford University Press, 1969), p. 595.

4   스위프트는 알렉산더 포프Alexander Pope에게 보낸 1725년 9월 29일자 편지에서 그 책의 의도를 이렇게 적었다. "내가 이렇게 수고스럽게 책을 쓴 주된 목적은 세상을 즐겁게 하기 위해서가 아니라 짜증나게 하기 위해서네." T. Sheridan et al. (eds), *The Works of the Rev. Jonathan Swift*, vol. 14 (London: J. Johnson, 1803), p. 37.

5   G. Galofré-Vilà et al., "Heights Across the Last 2000 Years in England," Oxford Economic and Social History Working Papers, University of Oxford, Department of Economics (2017).

6   CDC, "Adult BMI calculator," https://www.cdc.gov/healthyweight/assessing/bmi/adult_bmi/metric_bmi_calculator/bmi_calculator.html [accessed 2021].

7   F. Moog, "Gulliver was a bad biologist," *Scientific American* 18/5 (1948), pp. 52-56. 스위프트의 오류를 바로잡은, 눈에 띄는 논문이 두 편 더 있다. L. R. Moreira de Carvalho, "Gulliver, os liliputianos e a física," *Revista Brasileira de Ensino de Física* 36 (2014); T. Kuroki, "Physiological essay on *Gulliver's Travels*: a correction after three centuries," *The Journal of*

Physiological Sciences 69 (2019), pp. 421-424. 쿠로키는 무그 또는 모레이라 드 카르발류의 논문을 몰랐던 듯하다.

8   A. Quetelet, *Sur l'homme et sur le développement de ses facultés: Essai de physique sociale* (Paris: Bachelier, 1853), p. 52.

9   "Lilliput and Blefescu," The Science of Gulliver's Travels [website], http://thescienceofgulliverstravels.weebly.com/lilliput-and-blefescu.html.

10   A. Keys et al., "Indices of relative weight and obesity," *Journal of Chronic Diseases* 25 (1972), pp. 329-343.

11   New England Primate Conservancy, "Cotton-top tamarin," https://neprimateconservancy.org/cotton-top-tamarin/ [accessed 2021].

12   멸종한 기간토피테쿠스*Gigantopithecus*의 가장 극단적인 (그리고 매우 불확실한) 키 추정값도 3미터를 넘지 않았다.

13   스위프트가 스텔라Stella라고 알려진 에스터 존슨Esther Johnson에게 보낸 마지막 생일 축하 시는 1727년 3월 13일에 쓴 것이다(그녀는 그로부터 1년도 지나지 않아서 사망했다). "가장 경건한 신학자에게서 나오지 않았다고 해도/진지한 구절을 일단 받아들이기를."

14   G. Galilei, *Discorsi e dimostrazioni matematiche intorno a due nuove scienze* (Leiden: Elsevier, 1638). 원본 삽화가 실린 영어 번역본. http://galileoandeinstein.physics.virginia.edu/tns_draft/index.htm.

15   P. Morrison, "Scaling—the physics of Lilliput," 1968, https://lru.praxis.dk/Lru/microsites/hvadermatematik/hem1download/kap5_Projekt_5.9_Scaling_the_Physics_of_Lilliput.pdf.

16   National Museum of Natural History, "African bush elephant," https://naturalhistory.si.edu/exhibits/african-bush-elephant [accessed 2021].

17   뼈대 화석이 매우 적어서 그것을 토대로 추정한 가장 큰 용각류의 체중 값들은 모두 불확실하다. 가장 최근에 나온 아르겐티노사우루스의 체중 추정 범위는 65~75톤이다. G. Paul, "Determining the largest known land animal: A critical comparison of differing methods for restoring the volume and mass of extinct animals," *Annals of Carnegie Museum* 85 (2019), pp. 335-358.

18   J. B. S. Haldane, "On Being the Right Size," in *Possible World and Other Essays* (London: Chatto and Windus, 1926), pp. 18-27.

19   The Marine Mammal Center, "Blue whale," https://www.marinemammalcenter. org/animal-care/learn-about-marine-mammals/cetaceans/blue-whale [accessed 2021].

20   T. A. Lumpkin, "How a Gene from Japan Revolutionized the World of Wheat: CIMMYT's Quest for Combining Genes to Mitigate Threats to Global Food Security," in Y. Ogihara et al. (eds), *Advances in Wheat Genetics: From Genome to Field* (Berlin: Springer-Verlag, 2015), pp. 13-20; T. Würschum, "A modern Green Revolution gene for reduced height in wheat," *The Plant Journal* 92 (2017), pp. 892-903.

21   C. M. Donald and J. Hamblin, "The biological yield and harvest index of cereals as agronomic and plant breeding criteria," *Advances in Agronomy* 28 (1976), pp. 361-405.

22   Iowa Corn, "Corn FAQs," https://www.iowacorn.org/education/faqs [accessed 2022].

23   North Dakota State University, "Optimal seeding rates," https://www.ag. ndsu.edu/crops/spring-wheat-articles/optimal-seeding-rates [accessed 2021].

24   Guadua Bamboo, "How to plant bamboo," https://www.guaduabamboo. com/blog/how-to-plant-bamboo [accessed 2022].

25   K. Meeh, "Oberflächenmessungen des menschlichen Körpers," *Zeitschrift für Biologie* 15 (1879), pp. 425-428.

26   D. DuBois and E. F. DuBois, "The measurement of the surface area of man," *Archives of Internal Medicine* 16 (1915), pp. 868-881.

27   O. Snell, "Die Abhängigkeit des Hirngewichts von dem Körpergewicht und den geistigen Fähigkeiten," *Archiv für Psychiatrie und Nervenkrankenheiten* 23 (1891), pp. 436-446.

28   E. Dubois, "Sur le rapport de l'encéphale avec la grandeur du corps chez les Mammifères," *Bulletin Société d'Anthropologie Paris*, 4e série, 8

(1897), pp. 337-374.

29 L. Lapicque, "Tableau général des poids somatiques et encéphaliques dans les espèces animales," *Bulletin Société d'Anthropologie Paris*, 5e série, 9 (1907), pp. 248-269.

30 J. S. Huxley, "Constant differential growth-ratios and their significance," *Nature* 114 (1924), pp. 895-896.

31 J. S. Huxley, *Problems of Relative Growth* (London: Methuen & Company, 1932).

32 J. S. Huxley and G. Teissier, "Terminology of relative growth rates," *Nature* 137 (1936), pp. 780-781.

33 J. Needham and I. M. Lerner, "Terminology of relative growth," *Nature* 146 (1940), p. 618.

34 M. Kleiber, "Body size and metabolism," *Hilgardia* 6/11 (1932), pp. 315-353.

35 G. Redlarski et al., "Body surface area formulae: an alarming ambiguity," *Anaesthesia* 58 (2003), pp. 50-83.

36 E. Font et al., "Rethinking the effects of body size on the study of brain size evolution," *Brain, Behavior and Evolution* 93 (2019), pp. 182-195.

37 다음은 뇌를 전문으로 다루는 학술지 목록이다. 이 외에도 신경과학, 신경학, 생리학, 유전학, 의학 분야의 학술지에 실리는 논문까지 고려하면 훨씬 더 많다. *Brain; Brain and Behavior; Brain, Behavior and Evolution; Brain, Behavior and Immunity; Brain and Cognition; Brain Injury; Brain Pathology; Brain Research; Brain Research Bulletin; Brain Stimulation; Brain Structure and Function; Human Brain Mapping.*

38 D. K. Molina et al., "Normal organ weights in men: Part II—the brain, lungs, liver, spleen and kidneys," *American Journal of Forensic Medical Pathology* 33 (2012), pp. 362-367.

39 F. A. Azevedo et al., "Equal numbers of neuronal and nonneuronal cells make the human brain an isometrically scaled-up primate brain," *Journal of Comparative Neurology* 513 (2009), pp. 532-534.

40 M. Henneberg, "Evolution of the human brain: Is bigger better?" *Clinical*

and Experimental Pharmacology and Physiology 25 (2007), pp. 745-749.

41 부적절하게 스케일링한 릴리퍼트인의 뇌 시냅스 수는 인간 뇌의 겨우 0.06퍼센트에 불과할 것이다.

42 S. L. Lindstedt and P. J. Schaeer, "Use of allometry in predicting anatomical and physiological parameters of mammals," *Laboratory Animals* 36 (2002), pp. 1-19.

43 E. P. Snelling et al., "Scaling of morphology and ultrastructure of hearts among wild African antelope," *Journal of Experimental Biology* 221 (2018), jeb184713.

44 T. H. Dawson, "Allometric relations and scaling laws for the cardiovascular system of mammals," *Systems* 2 (2014), pp. 168-185.

45 A. R. Casha et al., "Physiological rules for the heart, lungs and other pressure-based organs," *Journal of Thoracic Diseases* 9 (2017), pp. 3793-3801.

46 B. Günther and E. Morgado, "Allometric scaling of biological rhythms in mammals," *Biological Research* 38 (2005), pp. 207-212; T. H. Dawson, "Allometric relations and scaling laws for the cardiovascular system of mammals," *Systems* 2 (2014), pp. 168-185.

47 S. Ikeda, "The cardiac surgery training using pig hearts and small pumps," *Journal of Surgical Techniques and Procedures*, 2/1 (2018), p. 1015.

48 R. M. Reed et al., "Cardiac size and sex matching in heart transplantation: Size matters in matters of sex and the heart," *JACC Heart Failure* 2/1 (2014), pp. 73-83.

49 A. Antoł and J. Kozłowski, "Scaling of organ masses in mammals and birds: Phylogenetic signal and implications for metabolic rate scaling," *ZooKeys* 982 (2020), pp. 149-159.

50 H. D. Prange et al., "Scaling of skeletal mass to body mass in birds and mammals," *The American Naturalist* 113 (1979), pp. 103-122.

51 M. N. Muchlinski et al., "Muscle mass scaling in primates: An energetic and ecological perspective," *American Journal of Primatology* 74 (2012),

pp. 395-407.

52 I. Janssen et al., "Skeletal muscle mass and distribution in 468 men and women aged 18-88 yrs," *Journal of Applied Physiology* 89 (2012), pp. 81-88.

53 H. C. Howland et al., "The allometry and scaling of the size of vertebrate eyes," *Vision Research* 44 (2004), pp. 2043-2065.

54 R. A. Powell and M.S. Mitchell, "What is a home range?" *Journal of Mammalogy* 93 (2012), pp. 948-958.

55 N. Tamburello et al., "Range scale energy and the scaling of animal space use," *The American Naturalist* 186 (2015), pp. 196-211.

56 R. L. Nudds et al., "Evidence for a mass dependent step-change in the scaling of eciency in terrestrial locomotion," *PLoS ONE* 4/9 (2009), e6927.

6장 대사 스케일링

1 스위프트의 서신 상대, 특히 알렉산더 포프와 헨리 세인트 존Henry St. John(볼링브로크 자작Viscount Bolingbroke)은 과학자가 아니라 시인과 정치가였지만, 그들은 분명 최고의 영국(그리고 프랑스) 도서관을 드나들었다.

2 F. Sarrus and J. Rameaux, "Rapport sur une mémoire adressée à l'Académie royale de Médecine," *Bulletin Académie Royale de Médecine Paris* 3 (1838), pp. 1094-1100.

3 M. Rubner, "Über den Einfluss der Körpergrösse auf Stoff-und Kraft-wechsel," *Zeitschrift für Biologie* 19 (1883), pp. 536-562.

4 E. Voit, "Über die Grösse des Energiebedarfs der Tiere im Hungerzustande," *Zeitschrift für Biologie* 41 (1901), pp. 113-154.

5 클라이버는 1947년 원래의 분석(5장 주 34 참조)을 더 확장했다. M. Kleiber, "Body size and metabolic rate," *Physiological Reviews* 27 (1947), pp. 511-541. 1961년에는 책을 펴냈다. *The Fire of Life: An Introduction to Animal Energetics* (New York: Wiley, 1961).

6 Mathbits, "Line of best fit," https://mathbits.com/MathBits/TISection/Statistics/LineFit.htm [accessed 2021].

7   FAO/WHO/UNU, *Human Energy Requirements: Report of a Joint FAO/WHO/UNU Expert Consultation* (Rome: FAO, 2004).

8   G. B. West et al., "A general model for the origin of allometric scaling laws in biology," *Science* 276 (1997), pp. 122-126. 다른 많은 출판물에 이어 마침내 포괄적인 책 한 권이 나왔다. G. West, *Scale* (New York: Penguin, 2017).

9   S. E. Rampal et al., "Demystifying the West, Brown & Enquist model of the allometry of metabolism," *Functional Ecology* 20 (2006), pp. 394-399.

10   C.-A. Darveau et al., "Darveau et al. reply," *Nature* 421 (2003), p. 714.

11   H. Li et al., "Lack of evidence for 3/4 scaling of metabolism in terrestrial plants," *Journal of Integrative Plant Biology* 47 (2005), pp. 1173-1183.

12   C. R. White and R. S. Seymour, "Mammalian basal metabolic rate is proportional to body mass 2/3," *Proceedings of the National Academy of Sciences* 100 (2003), pp. 4046-4049.

13   I. Capellini et al., "Phylogeny and metabolic scaling in mammals," *Ecology* 91 (2010), pp. 2783-2793.

14   K. R. Westerterp, "Doubly labelled water assessment of energy expenditure: Principle, practice, and promise," *European Journal of Applied Physiology* 117 (2017), pp. 1277-1285.

15   K. A. Nagy, "Field metabolic rate and body size," *The Journal of Experimental Biology* 208 (2005), pp. 1621-1625.

16   화이트와 시모어(위의 주 12 참조)의 자료를 활용해 계산했다.

17   C. R. White et al., "The scaling and temperature dependence of vertebrate metabolism," *Biological Letters* 2/1 (2005), pp. 125-127.

18   C. R. White et al., "Allometric exponents do not support a universal metabolic allometry," *Ecology* 88/2 (2007), pp. 315-323.

19   A. M. Makarieva et al., "Mean mass-specific metabolic rates are strikingly similar across life's major domains: Evidence for life's metabolic optimum," *Proceedings of the National Academy of Sciences* 105 (2008), pp. 16994-16999.

20 S. L. Chown et al., "Scaling of insect metabolic rate is inconsistent with the nutrient supply network model," *Functional Ecology* 21 (2007), pp. 282–290; A. J. Riveros and B. J. Enquist, "Metabolic scaling in insects supports the predictions of the WBE model," *Journal of Insect Physiology* 57 (2011), pp. 688–693.

21 A. I. Bruce and M. Burd, "Allometric scaling of foraging rate with trail dimensions in leaf-cutting ants," *Proceedings of the Royal Society B* 279 (2012), pp. 2442–2447.

22 FAO/WHO/UNU, *Human Energy Requirements*.

23 E. M. Widdowson, "How much food does man require?" in J. Mauron (ed.), Nutritional Adequacy, *Nutrient Availability and Needs* (Basel: Birkhäuser Verlag, 1983), pp. 11–25.

24 N. G. Norgan et al., "The energy and nutrient intake and the energy expenditure of 204 New Guinean adults," *Philosophical Transactions of the Royal Society of London: Series B, Biological Sciences* 268 (1974), pp. 309–348.

25 A. M. Prentice, "Adaptations to long-term low energy intake," in *Energy Intake and Activity*, ed. E. Pollitt and P. Amante (New York: Alan R. Liss, 1984), pp. 3–31.

26 C. J. K. Henry and D. C. Rees, "New predictive equations for the estimation of basal metabolic rate in tropical peoples," *European Journal of Clinical Nutrition* 45 (1991), pp. 177–185; L. S. Piers and P. S. Shetty, "Basal metabolic rates of Indian women," *European Journal of Clinical Nutrition* 47 (1993), pp. 586–591.

27 EatPeru, "Eating cuy: Peruvian Guinea pig delicacy," https://www.eatperu.com/eating-cuy-guinea-pig-peruvian-delicacy/ [accessed 2021].

28 Smil, *Prime Movers of Globalization*.

29 S. Takahashi et al., "Development of micro cogeneration system with a porous catalyst microcombustor," *Journal of Physics: Conference Series* 557 (2014); Wärtsilä, "The world's most powerful engine enters service," Press release, 12 September 2006, https://www.wartsila.com/media/news/12-

09-2006-the-world%27s-most-powerful-engine-enters-service.

30   V. Smil, "Electric container ships are a hard sail," *IEEE Spectrum* (March 2019), p. 22.

31   DVB Bank SE, *An Overview of Commercial Aircraft 2018-2019* (December 2017), https://www.dvbbank.com/~/media/Files/D/dvbbank-corp/ aviation/dvb-overview-of-commercial-aircraft-2018-2019.pdf.

32   T. McMahon and J. T. Bonner, *On Size and Life* (New York: Scientific American Library, 1985).

33   S. Brown et al., "Investigation of scaling laws for combustion engine performance," Oregon State University (2017), https://sites01.1su.edu/ faculty/smenon/wp-content/uploads/sites/133/2017/02/WSSCI_ Provo_v5.pdf.

34   R. D. Lorenz, "Flight power scaling of airplanes, airships, and helicopters: Application to planetary exploration," *Journal of Flight* 38 (2001), pp. 208-214.

35   J. H. Marden and L. R. Allen, "Molecules, muscles, and machines: Universal performance characteristics of motors," *Proceedings of the National Academy of Sciences* 99 (2002), pp. 4161-4166.

36   Pratt & Whitney, "JT9D engine," https://prattwhitney.com/ productsand-services/products/commercial-engines/jt9d [accessed 2021]; GE Aviation, "GE90 Commercial Aircraft Engine," https:// www.geaviation.com/propulsion/commercial/ge90 [accessed 2021].

37   United Nations, "Cities: A 'cause of and solution to' climate change," UN News, September 18, 2019, https://news.un.org/en/story/2019/09/ 1046662.

38   M. Fragkias et al., "Does size matter? Scaling of CO_2 emissions and U.S. urban areas," *PLoS ONE* 8/6 (2013), e64727.

1   Tall Life, "Height percentile calculator, by age or country," https://tall.
    life/height-percentile-calculator-age-country/ [accessed 2022]; NCD
    Risk Factor Collaboration, "A century of trends in adult human height,"
    eLife 5 (2016), e13410.

2   아마 일본이야말로 아동의 키를 가장 전국적으로 조사하고, 그 결과가
    균일하게 나오는 나라일 것이다. 유럽연합과 북아메리카에는 해바라기
    밭이 예전보다 줄어들고 유채류(카놀라유의 원료)를 대규모 경작하는 곳
    으로 바뀌었다. 우크라이나, 러시아, 아르헨티나, 중국에서는 여전히 해
    바라기를 대량 경작한다.

3   파랑어치의 몸길이(부리 끝에서 꽁지깃 끝까지)는 최대 30센티미터이
    고, 날개폭은 34~43센티미터다. 이 날개폭의 2배라면 매와 비슷해진
    다. Canadian Wildlife Federation, "Blue jay," https://www.hww.ca/en/
    wildlife/birds/blue-jay.html [accessed 2021].

4   A. M. Stigler, The History of Statistics (Cambridge, MA: Belknap Press, 1986).

5   S. Stahl, "The evolution of the normal distribution," *Mathematics
    Magazine* 79 (2006), pp. 96-113.

6   A. Hald, "Galileo's statistical analysis of astronomical observations,"
    International Statistical Review 54 (1984), pp. 211-221.

7   A. de Moivre, *Approximatio ad Summam Terminorum Binomii (a+b)n in
    Seriem Expansi* (Printed for private circulation, 1733).

8   P.-S. Laplace, "Mémoire sur la probabilité des causes par les évènements,"
    Mémoires de l'Academie royale des sciences presentés par divers savans 6 (1774),
    pp. 621-656; P.-S. Laplace, *Théorie Analytique des Probabilités* (Paris:
    Courcier, 1812); C. F. Gauss, *Theoria Motus Corporum Celestium* (Hamburg:
    Perthes et Besser, 1809). [Translated by C. H. Davis as: *Theory of Motion of
    the Heavenly Bodies Moving about the Sun in Conic Sections* (Boston: Little,
    Brown 1857)].

9   A. Quetelet, *Sur l'homme et le Développement de ses Facultés, ou Essai de*

Physique Social (Paris: Bacheller, 1835).

10 A. Quetelet, *Letters Addressed to H.R.H. the Grand Duke of Saxe Coburg and Gotha, on the Theory of Probabilities as Applied to the Moral and Political Sciences* (London: Charles & Edwin Layton, 1842).

11 F. Galton, *Natural Inheritance* (London and New York: Macmillan, 1889), p. 66.

12 이 모형은 방금 인용한 골턴의 책에 실려 있다.

13 퀸컹크스, 골턴 보드, 비노스탯 확률 설명 게임기Binostat Probability Demonstrator Game라는 세 가지 이름으로 팔린다.

14 R. Pear, *Introduction to Medical Biometry and Statistics* (Philadelphia, PA: W. B. Saunders, 1923); R. E. Chaddock, *Principles and Methods of Statistics* (Boston: Houghton Mifflin, 1925).

15 여기에서는 두 가지만 제시한다. "Standard normal distribution table," https://www.soa.org/globalassets/assets/Files/Edu/2018/examsrm-tables.pdf; Engineering Statistics Handbook, "Cumulative distribution function of the standard normal distribution," https://www.itl.nist.gov/div898/handbook/eda/section3/eda3671.htm [accessed 2022].

16 https://www.mathsisfun.com/data/standard-normal-distribution-table.html.

17 A. Dance, "Survival of the littlest: The long-term impacts of being born extremely early," *Nature* 582(2020), pp. 20–23.

18 A. Carder, *Forest Giants of the World: Past and Present* (Markham, ON: Fitzhenry & Whiteside, 1995).

19 National Museum of Natural History, "African Bush Elephant: Meet Henry," https://naturalhistory.si.edu/exhibits/african-bush-elephant [accessed 2021].

20 Audubon Guide to North American Birds, "Anna's hummingbird," https://www.audubon.org/field-guide/bird/annas-hummingbird [accessed 2021].

21 N. Page, *Lord Minimus: The Extraordinary Life of Britain's Smallest Man* (New York: St. Martin's Press, 2002).

22　E. Ragusa (ed.), *Velázquez* (New York: Rizzoli, 2004).

23　P. Carlson, "Rendezvous: P. T. Barnum Meets Queen Victoria," History Net, March 21, 2018, https://www.historynet.com/rendezvous-p-t-barnum-meets-queen-victoria/.

24　바넘의 생애를 더 폭넓은 문화적 관점에서 살펴본 문헌으로는 B. Adams, *E Pluribus Barnum: The Great Showman and the Making of U.S. Popular Culture* (Minneapolis: University of Minnesota Press, 1997)가 있다.

25　Mensa International, https://www.mensa.org [accessed 2021].

26　NCAA Men's D1 Basketball, https://www.ncaa.com/sports/basketballmen/d1; NBA, https://www.nba.com [accessed 2021].

27　I. Zaric et al., "Body height of elite basketball players: Do taller basketball teams rank better at the FIBA World Cup?" *International Journal of Environmental Research and Public Health* 17 (2020), p. 3141.

28　Scholarship Stats, "Basketball demographics: NCAA I basketball players by height," https://scholarshipstats.com/NCAA1basketball [accessed 2021].

29　D. Curcic, "69 Years of Height Evolution in the NBA [4,379 players analyzed]," Run Repeat, https://runrepeat.com/height-evolution-in-the-nba [accessed 2021].

30　2020년 NBA 평균 키는 198.1센티미터로 지난 40년 동안 가장 작았다.

31　A. Sedeaud et al., "Secular trend: Morphology and performance," *Journal of Sports Sciences* 32/12 (2014), pp. 1146-1154.

32　A. J. Wilcox, "On the importance—and the unimportance—of birthweight," *International Journal of Epidemiology* 30 (2001), pp. 1233-1241; R. Charnigo et al., "Thinking outside the curve, part I: modeling birthweight distribution," *BMC Pregnancy and Childbirth* 10 (2010), p. 37.

33　J. Jeon et al., "Optimal birth weight and term mortality risk differ among different ethnic groups in the U.S.," *Scientific Reports* 9 (2019), p. 1651.

34　S. Vangen et al., "The heavier the better? Birthweight and perinatal mortality in different ethnic groups," *International Journal of Epidemiology*

31 (2002), pp. 654-660.

35 CDC, "Birth to 36 months: Girls," May 30, 2000, https://www.cdc. gov/growthcharts/data/set1clinical/cj41l018.pdf; WHO, "Length/ height-for-age," https://www.who.int/tools/child-growth-standards/ standards/length-height-for-age [accessed 2021].

36 CDC, "2 to 20 years: Girls," May 30, 2000, https://www.cdc.gov/ growthcharts/data/set2clinical/cj41l072.pdf.

37 A. G. Warrener et al., "A wider pelvis does not increase locomotor cost in humans, with implications for the evolution of childbirth," *PLoS ONE* 10/3 (2015), e0118903; L. Betti and A. Manica, "Human variation in the shape of the birth canal is significant and geographically structured," *Proceedings of the Royal Society B* 285 (2018), article 20181807.

38 M. Lipschuetz et al., "A large head circumference is more strongly associated with unplanned cesarean or instrumental delivery and neonatal complications than high birthweight," A*merican Journal of Obstetrics & Gynecology* 213/6 (2015), 833.e1-e12.

39 성, 나이, 국가별 키 백분위수 계산기는 https://tall.life/height-percentile -calculator-age-country/에서 이용할 수 있다.

40 S. Bestul, "How to score a buck—the right way," Field and Stream, December 2, 2019, https://www.fieldandstream.com/story/hunting/ how-to-score-buck-antlers-the-right-way/.

41 S. W. Stedman, *The Bell Curve of Mature Buck Antler Scores: When You Manage a Buck Herd, You Manage a Bell Curve of Antler Scores* (Caesar Kleberg Wildlife Research Institute, 2016), https://www.ckwri.tamuk.edu/sites/ default/files/pdf-attachment/2016-05/bell_curve_series_part_i_final.pdf.

42 C. W. Adams et al., *Six Sigma Deployment* (Burlington, MA: Butterworth- Heinemann, 2003); "DPMO: Sigma Level Table," http://www.sixsigmadigest. com/support-files/DPMO-Sigma-Table.pdf.

43 Coca-Cola Great Britain, "How many drinks does The Coca-Cola Company sell worldwide each day?" October 1, 2020, https://www.

coca-cola.co.uk/our-business/faqs/how-many-cans-of-coca-cola-are-sold-worldwide-in-a-day.

44 W. R. MacDonell, "On criminal anthropometry and the identification of criminals," *Biometrika* 1 (1902), pp. 177-227.

45 Student, "The probable error of a mean," *Biometrika* 6 (1908), pp. 1-25.

8장 대칭이 지배할 때

1 이 기록은 현재 니르말 푸르자Nirmal Purja가 갖고 있다. 그는 겨우 6개월 6일 만에 14개 봉우리를 올랐다. J. Daley, "Nepalese mountaineer smashes speed record for climbing world's 14 tallest peaks," *Smithsonian*, October 30, 2019, https://www.smithsonianmag.com/smart-news/nepalese-mountaineer-smashes-speed-record-climbing-worlds-14-tallest-peaks-180973437/.

2 Misi-Ziibi in Anishinaabemowin (Ojibwe): The Decolonial Atlas, "Native names for the Mississippi River," January 5, 2015, https://decolonialatlas.wordpress.com/2015/01/05/native-names-for-the-mississippi-river/.

3 J. Korcák, "Deux types fondamentaux de distribution statistique," *Bulletin de l'Institut Internationale de Statistique* 3 (1938), pp. 295-299. 많이 확장된 체코어 버전도 있다. J. Korcák, "Prírodní dualita statistického rozložení," *Statistický Obzor* 22/5-6 (1938), pp. 171-222.

4 J. Hemming, *Tree of Rivers: The Story of the Amazon* (London: Thames & Hudson, 2008).

5 US Geological Survey, "Cool earthquake facts," https://www.usgs.gov/programs/earthquake-hazards/cool-earthquake-facts [accessed 2021].

6 US Geological Survey, "The 2019 Ridgecrest, California, earthquake sequence," https://earthquake.usgs.gov/storymap/index-ridgecrest.html [accessed 2020].

7 R. B. Stothers, "The Great Tambora eruption in 1815 and its aftermath," *Science* 224 (1984), pp. 1191-1198.

8   Office of National Statistics, "Average household income, UK: financial year 2020" January 21, 2021, https://www.ons.gov.uk/ peoplepopulationandcommunity/personalandhouseholdfinances/ incomeandwealth/bulletins/householddisposableincomeandinequality/ financialyear2020.

9   세계 억만장자의 수는 정확히 파악한 것이 아니라 대체로 최선의 추정값이며(〈포브스〉의 편집진은 상세한 집계 자료를 밝히지 않는다), 해마다 순위가 놀라울 만큼 크게 변하곤 한다.

10   CDC, "2009 H1N1 Pandemic (H1N1pdm09 virus)," https://www.cdc.gov/ flu/pandemic-resources/2009-h1n1-pandemic.html [accessed 2019]; J. M. Barry, *The Great Influenza* (New York: Penguin, 2005).

11   F. Galton, "The geometric mean, in vital and social sciences," *Proceedings of the Royal Society* 29-30 (1879), p. 367.

12   C. G. A. Harrison et al., "Continental hypsography," *Tectonics* 2 (1983), pp. 357-377; Wikimedia Commons, "Hypsometric curves," https:// commons.wikimedia.org/wiki/Category:Hypsometric_curves.

13   P. Jackson, *The Mongols and the West, 1221-1410* (London: Routledge, 2018).

14   US Census Bureau, "City and town population totals: 2010-2019," https://www.census.gov/data/tables/time-series/demo/popest/2010s- total-cities-and-towns.html [accessed 2019].

15   S. Newcomb, "Note on the frequency of use of the different digits in natural numbers," *American Journal of Mathematics* 4 (1881), pp. 39-40.

16   F. Benford, "The law of anomalous numbers," *Proceedings of the American Philosophical Society* 78 (1938), pp. 551-572.

17   V. Pareto, *Cours d'Économie Politique Professé a l'Université de Lausanne*, vol. II (Lausanne: Rouge, 1896), p. 312.

18   F. Auerbach, "Das Gesetz der Bevölkerungskonzentration," *Petermanns Geographische Mitteilungen* 59 (1913), pp. 73-76; J. Estoup, *Les Gammes Sténographiques* (Paris: Gauthier-Villars, 1916).

19   U. G. Yule, "A mathematical theory of evolution, based on the conclusions

of Dr. J. C. Willis, F. R. S.," *Philosophical Transactions of the Royal Society of London. Series B* 213 (1925), pp. 21-87; A. J. Lotka, "The frequency distribution of scientific productivity," *Journal of the Washington Academy of Sciences* 16 (1926), pp. 317-324.

20   이 모든 사례에서 코르차크는 가능한 한 다양한 측정값을 모으려고 애 썼지만, 대체로 유럽의 현상들에 국한되었다.

21   C. Frohlich, "Kiyo Wadati and early research on deep focus earthquakes," *Journal of Geophysical Research* 92 (1987), pp. 777-788; B. Gutenberg and C. F. Richter. "Frequency of earthquakes in California," *Bulletin of the Seismic Society of America* 34 (1944), pp. 185-188.

22   L. F. Richardson, "Variation of the frequency of fatal quarrels with magnitude," *Journal of the American Statistical Association* 43 (1948), pp. 523-546.

23   G. K. Zipf, *The Psycho-Biology of Language* (Cambridge, MA: Harvard University Press, 1935).

24   G. K. Zipf, *Human Behavior and the Principle of Least Effort* (Boston: Addison-Wesley Press, 1949).

25   D. A. Seekell and M. L. Pace, "Does the Pareto distribution adequately describe the size-distribution of lakes?" *Limnology and Oceanography* 56 (2011), pp. 350-356; D. Sornette et al., "Rank-ordering statistics of extreme events: Application to the distribution of large earthquakes," *Journal of Geographical Research* 101 (1996), pp. 13883-13893; F. Meng et al., "Power law relations in earthquakes from microscopic to macroscopic scales," *Scientific Reports* 9 (2019), 10705.

26   B. D. Malamud et al., "Characterizing wildfire regimes in the United States," *Proceedings of the National Academy of Sciences* 29 (2005), pp. 4694-4699; D. L. Turcotte and B. D. Malamud, "Landslides, forest fires and earthquakes: Examples of self-organized critical behavior," *Physica A* 340 (2004), pp. 580-589; C. Verbeeck et al., "Solar flare distributions: Log-normal instead of power law?" The *Astrophysical Journal* 884 (2019), p. 50.

27 H. D. Rosenfled et al., "The area and population of cities: New insights from a different perspective on cities," *American Economic Review* 101 (2011), pp. 2205-2225; K. Giesen and J. Suedekum, *The Size Distribution Across all "Cities": A Unifying Approach* (Hamburg: Institute for the Study of Labor, 2012); R. Gonzalez-Val et al., "Size distributions for all cities: Which one is best?" *Papers in Regional Science* 94 (2013).

28 몇 가지 뛰어난 분석만 꼽았다. M. Levy and S. Solomon, "New evidence for the power-law distribution of wealth," *Physica A* 242 (1997), pp. 90-94; K. Okuyama et al., "Zipf's law in income distribution of companies," (1999), pp. 125-131; R. L. Axtell, "Zipf distribution of U.S. firm sizes," *Science* 293 (2001), pp. 1818-1820; A. Ishikawa et al., "A new approach to personal income distribution," *Physica A* 334 (2002), pp. 255-266; Y. Fujiwara et al., "Growth and fluctuations of personal income," *Physica A* 321 (2003), pp. 598-604; S. Aoki, Pareto Distributions and the Evolution of Top Incomes in the U.S., MPRA Paper 47967 (Munich: University Library of Munich, 2013).

29 A. B. Godfrey and R. S. Kenett, "Joseph M. Juran, a perspective on past contributions and future impact," *Journal of Reliability Engineering International* 23 (2007), pp. 653-663.

30 R. Koch, *80/20 Principle: The Secret of Achieving More with Less* (New York: Currency, 1998); R. Koch, *Beyond the 80/20 Principle: The Science of Success from Game Theory to the Tipping Point* (London: Nicholas Brealey Publishing, 2020).

31 B. Sharp et al., *Marketing's 60/20 Pareto Law* (SSRN Elsevier, 2019), https://openresearch.lsbu.ac.uk/item/88vw1.

32 다음은 이 범주에서 일부만을 추린 것이다. L. A. Adamic and B. A. Huberman, "Power-law distribution of the World Wide Web," *Science* 287 (2000), p. 2115; L. A. Adamic and B. A. Huberman, "Zipf's law and the Internet," *Glottometrics* 3 (2002), pp. 143-150; H. Ebel et al., "Scale-free topology of e-mail networks," (2002), http://arxiv.org/pdf/cond-

mat/0201476.pdf.

33 A. Clauset et al., "On the frequency of severe terrorist events," *Journal of Conflict Resolution* 51 (2007), pp. 58-87; B. J. McGill et al., "Species abundance distributions: Moving beyond single prediction theories to integration within an ecological framework," *Ecology Letters* 10 (2007), pp. 995-1015.

34 R. Perline, "Strong, weak and false inverse power laws," *Statistical Science* 20 (2005), pp. 68-88.

35 T. Fluschnik et al., "The size distribution, scaling properties and spatial organization of urban clusters: A global and regional percolation perspective," *International Journal of Geo-Information* 5 (2016), p. 110.

36 A. Clauset et al., "Power-law distributions in empirical data," *SIAM Review* 51 (2009), pp. 661-703; L. Benguigui and M. Marinov, "A classification of the natural and social distributions: Part one: The descriptions," (2015), https://arxiv.org/abs/1507.03408; A. Corral and A. Gonzalez, "Power law size distributions in geosciences revisited," *Earth and Space Science* 6 (2019), pp. 673-697.

37 M. Buchanan, "Laws, power laws and statistics," *Nature Physics* 4 (2008), p. 339.

38 J. M. Legare, "Achondroplasia," *GeneReviews* (October 1998; updated 2022), https://www.ncbi.nlm.nih.gov/books/NBK/pdf/Bookshelf_NBK.pdf.

39 Crédit Suisse, *Global Wealth Report* 2021 (Zurich: Credit Suisse, 2021); Wealth-X, *Global HNW Analysis: The High Net Worth Handbook* (2019), https://www.wealthx.com/report/high-net-worth-handbook-2019/; Knight Frank, *The Wealth Report 2021*.

40 INSEE, "Niveau de vie moyen par décile," https://www.insee.fr/fr/statistiques/2417897 [accessed 2021]; E. A. Shrider et al., *Income and Poverty in the United States: 2020* (Washington, DC: US Census Bureau, 2021).

41 A. H. Kent and L. Ricketts, "Has wealth inequality in America changed over time? Here are key statistics," Federal Reserve Bank of St. Louis, December 2, 2020, https://www.stlouisfed.org/open-vault/2020/

december/has-wealth-inequality-changed-over-time-key-statistics.

42   V. Pareto, *Cours d'Économie Politique Professé a l'Université de Lausanne*, vol. II (Lausanne: Rouge, 1896), p. 312.

43   J. Han et al., "China's income inequality in the global context," *Perspectives in Science* 7 (2016), pp. 24–29; CEIC, "China's Gini Coecient," 2021; S. Zhou and A. Hu, *China: Surpassing the "Middle Income Trap"* (Palgrave Macmillan, 2021).

44   E. A. Shrider et al., *Income and Poverty in the United States: 2020* (Washington, DC: US Census Bureau, 2021).

45   A. Walder, *China Under Mao: A Revolution Derailed* (Cambridge, MA: Harvard University Press, 2017).

46   K. Dolan, "Forbes' 35th Annual World's Billionaires List: Facts and figures," *Forbes*, April 6, 2021, https://www.forbes.com/sites/kerryadolan/2021/04/06/forbes-35th-annual-worlds-billionaires-list-facts-and-figures-2021.

47   G. Anthoons, *Iron Age Chariot Burials in Britain and the Near Continent* (Oxford: British Archaeological Reports, 2021).

48   Y. Zheng et al. (eds), *China's Great Urbanization* (London: Routledge, 2018).

49   United Nations, *World Cities Report 2020: The Value of Sustainable Urbanization*, https://unhabitat.org/sites/default/files/2020/10/wcr_2020_report.pdf.

50   B. Kiernan, *The Pol Pot Regime: Race, Power, and Genocide in Cambodia under the Khmer Rouge, 1975-79* (New Haven, CT: Yale University Press, 2008).

51   최근의 가장 의미 있는 조치는 다국적기업이 어디에서 경영하든 '공정한' 비율로 세금을 내도록 국제 세법을 개정한 것이다.

52   US Geological Survey, "Comparison of materials emitted by notable volcanic eruptions," https://www.usgs.gov/media/images/comparison-materials-emitted-notable-volcanic-eruptions [accessed 2021].

53   V. Smil, *Global Catastrophes and Trends* (Cambridge, MA: MIT Press, 2008), p. 46.

54 CDC, "Past pandemics," https://www.cdc.gov/flu/pandemic-resources/ basics/past-pandemics.html [accessed 2021].

55 코로나19 세계적 대유행의 특이한 점 중 하나는 국가와 지역별로 감염률과 사망률이 놀라울 만큼 차이를 보였고, 이웃한 국가들 사이에서도 감염의 물결이 밀려든 횟수와 시기가 크게 달랐다는 것이다.

56 NASA, "Coronal mass ejections," https://www.swpc.noaa.gov/phenomena /coronal-mass-ejections [accessed 2021].

화보 목록

19쪽   Risers and treads, redrawn from Occupational Safety and Health Administration, United States Department of Labor

29쪽   Brunelleschi's dome of Santa Maria del Fiore in Florence and Bramante's dome of Tempietto in Rome © Vaclav Smil

51쪽   Large grey drone fly, from Robert Hooke, *Micrographia* (1665)

62쪽   Jeff Koons' Bilbao Puppy © Noebse

64쪽   Benvenuto Tisi's ceiling in Ferrara © DcoetzeeBot

65쪽   Wedgwood teacup © Vaclav Smil

68쪽   Systematic logarithmic relationship between the actual size of the object and the size ranks, redrawn from Konkle and Oliva (2011)

69쪽   Severed hand from Emperor Constantine's statue © Jastrow

75쪽   Müller-Lyer illusion © Vaclav Smil

76쪽   Size illusion, redrawn from *Carbon* (2016)

84쪽   Identical circle illusion © Vaclav Smil

87쪽   The Parthenon © ClassicalAssociation of Ireland – Teachers

90쪽   Length-for-age percentiles for girls from birth to two years of age, reproduced from WHO (2006)

105쪽 Bodies, from Albrecht Durer, *Vier Bücher von menschlicher Proportion* (1528)

111쪽 *The Vitruvian Man*, Leonardo da Vinci (1490)

119쪽 *St. Jerome as Scholar*, El Greco (1609) and *Madame Zborowska*, Amedeo Modigliani (1918)

124쪽 Radiolaria collected and drawn by Ernst Haeckel

132쪽 Rome's San Pietro and Prague's Church of Our Lady before Týn © Vaclav Smil

134쪽 Frank Gehry's Marqués de Riscal Hotel, from private collection

137쪽 Golden ratio © Vaclav Smil

138쪽 Golden rectangle © Vaclav Smil

139쪽 Golden subdivisions in golden rectangle © Vaclav Smil

143쪽 Golden skeleton from Adolf Zeising, *Neue Lehre von den Proportionen des menschlichen Körpers* (1854)

148쪽 Dubai Frame © Nick Fewings

158쪽 Douglas Engelbart's original 1963 wooden mouse with a button © Science Museum and 2020 Logitech mouse © Vaclav Smil

165쪽 Minimum airline seat pitches offered by American carriers, redrawn and simplified from EconLife

167쪽 Illustration from the US Patent application, reproduced from United States Patent, 9,399,517 B2

179쪽 The Spruce Goose, from private collection and Airbus 380 © Maarten Visser

184쪽 Growth of crude oil tanker capacity, 1889–1980 © Vaclav Smil

188쪽 Graph showing Moore's Law, from private collection

195쪽 Lemuel Gulliver from Jonathan Swift, *Gulliver's Travels* (1726)

197쪽 Coloured etching, James Gillray (1803)

205쪽 Salviati's bone comparison, Galilei (1638)

215쪽 Large male fiddler crab claw, from private collection

218쪽 Allometric scaling © Vaclav Smil

222쪽 Primate brain weights, redrawn and simplified from E. Font et al. (2019)

230쪽 Scaling home ranges of vertebrates, redrawn and simplified from Tamburello et al. (2015)

241쪽 Body weights and energy requirements, plotted from a table in Kleiber (1932)

249쪽 Three levels of branching, from aorta to capillaries, redrawn from Etienne et al. (2006)

252쪽 Field metabolic rates for terrestrial vertebrates, redrawn and simplified from Nagy (2005)

260쪽 Power of internal combustion engines, redrawn and simplified from McMahon and Bonner (1983)

262쪽 Maximum force and mass, redrawn and simplified from Marden and Allen (2002)

271쪽 Symmetrical clustering around the mean © Vaclav Smil

276쪽 Normal curves with different means and standard deviations © Vaclav Smil

280쪽 Pierre-Simon Laplace, Carl Friedrich Gauss, Adolphe Quetelet all © Private Collections

283쪽 How Galton's *Quincunx* works © Statistics How To

286쪽 Normal curve, and the shares fitting within specified standard deviations © Vaclav Smil

289쪽 *Queen Henrietta Maria with Sir Jeffrey Hudson*, Anthony van Dyck (1633), from Samuel H. Kress Collection

293쪽 Heights of NCAA basketball players in the 2016-17 season, redrawn from Scholarship Stats

294쪽 Height in feet and share of minutes played, redrawn from Run Repeat

295쪽 Weights of National Football League players, redrawn from Sedeaud et al. (2014)

303쪽 The road to six sigma, redrawn from Six Sigma Calculator

313쪽 Jaromír Korcák, from Encyclopaedia of Prague 2

317쪽 Skewed distribution of average disposable income in the UK in 2020, redrawn from Office for National Statistics

319쪽 Hypsographic curves for the Netherlands and Switzerland, redrawn from Pawel̷S

321쪽   US cities with populations of more than 200,000 in 2019, plotted from data at US Census Bureau

323쪽   Power-law functions plotted on log-log scales ⓒ Vaclav Smil

331쪽   Sizes of earthquakes, solar flares, and forest fires, redrawn and simplified from Clauset et al. (2009)

335쪽   Global wealth asymmetry, redrawn from Crédit Suisse (2021)

찾아보기

!쿵족 108

2D:4D(둘째손가락과 넷째손가락의 비) 112, 116~118

BMI(체질량 지수) 59, 81, 115, 165, 166, 200, 201

BMR(기초대사율) 239, 240, 243, 244, 246, 250, 253~255

FMR(야외 대사율) 235, 250~252

GDP(국내총생산) 17, 22, 35

IBM 141, 188~190

IQ 94, 291, 315, 347

LBR(다리와 몸의 비) 99, 112~114, 116

PAL(신체 활동 수준) 244, 253, 255

SUV 35, 42, 44, 172, 258

TEE(총에너지 소비량) 253

TSMC 190

TV 35, 37, 43, 44, 72, 194, 290, 310

WHR(허리와 엉덩이의 비) 112, 114~116

ㄱ

가구 17, 18, 60, 64, 130, 154, 157, 160, 162, 246, 316, 346

가우스, 카를 프리드리히 278~280, 332

간 194, 226, 227, 346

갈릴레오 갈릴레이 48, 50, 181, 203, 204, 235, 236, 277

감비아 255

갠지스강 314

거듭제곱 함수 213, 240, 322, 325, 330

거리 지각 78

거인 23~25, 72, 196, 199, 203, 204, 207, 245~247, 289

거인증 99

건강 81, 90, 93, 94, 97, 113~116, 128, 129, 144, 166, 193, 200, 254, 297, 299, 317

건물 28, 34, 35, 37, 39, 61, 71, 72, 77, 86, 124, 131, 133, 134, 141, 149, 156, 157, 159, 160, 181, 182, 197, 209, 345

걸리버 14, 25, 58, 194~203, 207, 209, 211, 220, 221, 223, 235~237, 239, 243~246

걸리버화 70~72

게리, 프랭크 61, 133, 134

경제 7, 17, 28, 34, 35, 37, 40, 41, 45, 76, 88, 93, 94, 156, 169, 170, 171, 182, 183, 232, 264, 309, 312, 316, 324, 327, 332, 335~339, 348

계단 18, 19, 131

곤충 32, 72, 125, 208, 253, 261, 263, 324, 347

골턴, 프랜시스 281~283, 318

공룡 37, 198, 202, 207, 211
과체중 44, 80~82, 114~116, 165, 166, 200
과테말라 92
관측 오차 277, 278
교육 93, 94, 170
구글 16, 22, 104
구름 33, 71, 326
구에노드 몽베야르, 필리베르 88
구텐베르크, 베노 325, 326, 332
그리스 13, 14, 47, 50, 86, 110, 123,
    126, 131, 132, 137, 138, 161, 284
그린, 크리스토퍼 145
그린란드 311
글로벌파운드리스 190
기대 수명 97, 99

ㄴ

냉장고 35, 39, 43, 44
네덜란드 15, 32, 50, 52, 83, 89, 91~93,
    118, 164, 171, 213, 300, 319
네팔 92, 319
노르웨이 298
농구 97, 292, 334, 347
농업 154, 174
뇌 23, 59, 77, 78, 82, 83, 194, 200,
    213, 214, 217, 220~224, 226, 227,
    231, 312, 315, 346
뇌졸중 26, 117
뉴기니 254
뉴욕 43, 70, 141, 163, 321

뉴컴, 사이먼 323, 234

ㄷ

단백질 54, 175, 177, 180, 206, 231,
    261, 287
달리, 살바도르 63, 134, 141
대만 95, 190
대사 10, 25, 108, 194, 199, 203, 211,
    216, 221, 223, 226, 231, 235, 236,
    238, 239, 242, 246, 249~253, 255,
    258, 263~265, 269, 322, 346, 347,
    349
대칭 9, 10, 20, 99, 123~135, 153, 157,
    270~272, 274, 275, 277~279, 282,
    284, 309, 311~313, 316, 318, 332,
    340, 345, 347, 349
데너드 스케일링 189
덴마크 92, 116, 193, 276
델뵈프 착시 84
도시화 159, 337, 338
도쿄 39, 182, 269, 309, 314, 316, 322,
    331
독일 15, 24, 53, 94, 104, 107, 115, 116,
    133, 142, 161, 212, 213, 239, 281,
    324, 332
동티모르 92
두바이 133, 149
뒤러, 알브레히트 104, 105, 112, 135
뒤부아, 외젠 213, 214
드무아브르, 아브라함 277, 279, 332

ㄹ

라오스 92
라플라스, 피에르시몽 278~280, 332
라피크, 루이 214, 217, 220
러시아 15, 22, 45, 99, 291
레오나르도 다빈치 110, 111, 121, 134, 135, 141, 142
렉시스, 빌헬름 281
렘브란트 122, 134
로그 나선 139
로마 28, 29, 69, 88, 110, 123, 131~133
로크, 존 13
로트카, 앨프리드 325, 326
루마니아 113, 320
루브너, 막스 239, 250
루스카, 에른스트 53
리처드슨, 루이스 프라이 16, 325, 326
리프선, 네이선 250
리프트 166
리히터, 찰스 325, 332

ㅁ

마그리트, 르네 63
마다가스카르 92
마드리드 133, 134
마르판증후군 99
마자르족 320
마차 161, 171
말단비대증 99

말라위 92
말레이시아 113, 146
망델브로, 브누아 16
매닝, 존 116
멘사 291
모딜리아니, 아메데오 119
목격자 증언 79, 345
몬테네그로 92
몽골 320
무그, 플로렌스 198
무어의 법칙 187, 346
뮐러리어, 프란츠 카를 74, 75
미국 18~20, 35, 40~45, 59, 64, 70, 71, 79~81, 83, 88, 94, 97, 99, 107, 113~115, 133, 155, 163~167, 169, 172, 174~176, 178, 190, 200, 210, 212, 248, 259, 264, 281, 288, 290~292, 295, 297~301, 311, 316, 319, 321, 323, 325, 327, 330, 332~336
미생물 10, 36, 37, 103
미시시피(강) 311, 320
미식축구 295
밀라노 133, 272

ㅂ

바레인 134
바이러스 53, 177, 317, 344
발바닥 근막염 154
방글라데시 92, 291

방산충 123, 124

배터리 259

베르크만, 카를 107

베이징 131, 133, 337

베트남 94, 298

벤퍼드, 프랭크 323, 324, 326

벨기에 42, 45, 120, 199, 278

벨라스케스, 디에고 32, 122, 134, 289

변형시증 26

보르헤스, 호르헤 루이스 7, 8

보츠와나 108

보티첼리, 산드로 112, 121, 141

복합 확대 장치 50

볼베어링 129

부르즈 할리파 39, 181

분리주의 45

불평등 45, 309, 324, 335~338, 348

브라만테, 도나토 28, 29

브라질 22, 45

브라헤, 튀코 48, 276

브루넬레스키, 필리포 28, 29

비대칭 10, 99, 125, 127, 130, 131, 133,
　　135, 136, 270, 271, 275, 309, 311~316,
　　318~322, 324, 326, 327, 329, 332~
　　335, 337~340, 345, 347~349

비료 38

비만 44, 59, 81, 114~116, 165, 166,
　　200, 226, 254, 290, 324

비트루비우스 폴리오, 마르쿠스 110,
　　111, 123

빌바오 61, 62, 133

산불 326, 331

산업화 31, 90, 160, 172

삼성 41, 43, 190

상대성장 215~218, 226~229, 231,
　　241, 251, 346, 349

상하이 337

석유 38, 183, 316

설치류 72, 214, 228, 252

성별 81, 227, 253, 316

성형 수술 83

세균 36, 37, 52, 53, 177, 252, 347

세잔, 폴 119, 134

소득 17, 30, 93~96, 162, 170, 287,
　　309, 310, 316, 317, 321, 324, 327,
　　332, 336, 347, 348

소인 25, 195, 196, 203, 245, 289

손가락 24, 25, 33, 111, 112, 116, 306

스리랑카 45, 255

스웨덴 93, 95, 98

스위스 15, 166, 216, 309, 319

스위프트, 조너선 14, 25, 58, 72,
　　194~196, 198~203, 205, 209, 211,
　　225, 235~237, 244~247

스케일링 9, 10, 25, 181, 186, 189,
　　194~196, 201~203, 206, 207, 211,
　　212, 214~218, 220, 224~229, 231,
　　235~239, 242~244, 248~253,
　　256~265, 269, 277, 322, 346, 347,
　　349

스페인 61, 97, 113, 164, 170, 171
시각 57, 67~70, 78, 82~84, 87, 104,
　　120, 143, 147, 148, 161, 297, 344,
　　345
식단 83, 97, 223, 237
식물 14, 50, 52, 177, 181, 209, 210,
　　248~250, 312, 315, 324
식품 38, 41, 140, 304, 334
신경성 식욕부진 82
신체 추형 장애 82, 345
심장 9, 99, 114, 144, 145, 193, 194,
　　211, 217, 224~227, 231, 346

ㅇ

아동 30, 44, 83, 89, 93~95, 99, 114,
　　117, 166, 172, 212, 220, 221, 269,
　　332, 333
아마존(강) 67, 269, 310, 311, 314
아메리카 27, 91, 113, 127, 159, 166,
　　174, 273, 299, 319, 320
아시아 17, 42, 92, 95, 113, 127, 131,
　　166, 169, 190, 255, 272, 299, 319,
　　320, 331
아우어바흐, 펠릭스 324, 326
아프리카 17, 22, 23, 36, 81, 92, 95,
　　106~109, 113, 117, 169, 185, 202,
　　224, 255, 299, 319
안경 50, 60
안장 155, 167
암 98, 117, 220

암모니아 174
앨런, 조지프 애서프 107
야스트솅보프스키, 보이치에흐 161
언어 14, 15, 94, 325
에너지 7, 10, 15, 38, 46, 88, 108,
　　171~173, 183, 186, 187, 190, 226,
　　230~232, 235, 238~244, 246,
　　249~255, 257~259, 264, 314, 315,
　　325, 326, 346
에라토스테네스 47
에베레스트산 310
에빙하우스, 헤르만 74, 75
에스토니아 92
에스투프, 장바티스트 324, 325
에티오피아 94, 95
에페족 109
엔진 130, 171~173, 184, 258~263,
　　347
엘 그레코 119
엥겔바트, 더글러스 157, 158
연골무형성증 333
연료 38, 172, 183, 186, 231, 258, 259,
　　263
연체동물 37, 125, 139
열 손실 108, 205, 239, 346
열차 130, 155, 163, 258
영국 26, 30, 31, 58, 94, 95, 98, 99, 113,
　　117, 133, 166, 168~171, 175, 196,
　　209, 236, 246, 254, 255, 281, 291,
　　305, 317, 324, 327
영장류 105, 201, 202, 214, 221, 222,

227, 228
예멘 92
오리노코강 314
온실가스 42, 264
올리바, 오드 67
완싱크, B. 84
요르단 113
용광로 39, 174
우주 45~49, 54, 78, 124, 125, 143,
   177, 281, 311, 314, 318
우크라이나 15, 320
운석 332
운하 104, 184, 185
원동기 38, 172~174
원생동물 37, 52
유대류 251
유럽 18, 35, 42, 48, 88, 90, 91, 98,
   114, 127, 135, 142, 154, 155, 166,
   169~171, 207, 272, 278, 289, 299,
   313, 319, 320, 337
유전학 109, 207, 281
유조선 173, 183~186, 258
유행병 7, 298, 317, 339, 348
육식동물 156, 229, 230, 251, 315
율, 우드니 324
은하 46, 49, 123, 223, 316, 340
이누이트 108
이란 91, 183, 185
이산화탄소 251, 264
이상한 나라의 앨리스 증후군 26
이시모토 미시오 325, 326

이집트 28, 86, 110, 130
이탈리아 15, 20, 28, 30, 59, 64, 97,
   132, 170, 324
이테르쉼, K. 판 84
이형 발달 214
인구 7, 38, 39, 41, 83, 96, 115, 118,
   154, 165, 169, 174, 200, 244, 245,
   264, 269, 291, 292, 309, 310, 315,
   316, 317, 321, 322, 324, 326, 330,
   331, 334, 335, 337, 338
인구밀도 19, 159, 160, 182, 270, 330
인도 30, 31, 45, 94, 95, 131, 185, 255
인도네시아 95, 113, 315
인종 45, 97, 127
인체공학 9, 18, 154, 158, 159, 161,
   162, 169, 190, 346, 349
인체 설계 129
인터넷 292, 328
인텔 190, 302
일본 15, 20, 32, 42, 43, 59, 92, 109,
   113, 140, 155, 159, 170, 182, 184,
   309, 314, 322, 325
임신 36, 254, 255, 287, 317
잉글리시, 윌리엄 157

ㅈ

자동차 9, 35, 39, 41, 42, 67, 71, 72,
   159, 175, 176, 1787, 258, 259
자전거 42, 162, 167, 169
주란, 조지프 327

전기 38, 39, 142, 171, 173, 186, 187, 231, 258, 259, 261, 263, 339

전자공학 32, 34, 40, 72, 346

전쟁 45, 48, 160, 161, 185, 254, 328

절지동물 37, 125

정보 7, 8, 17, 40, 65~67, 69, 78, 89, 120, 174, 217, 223, 250, 310

조류(새) 21, 213, 228, 229, 243, 250~252, 261, 263, 273

좌석 9, 97, 130, 153, 155, 161~169, 263, 346

주택 19, 20, 30, 35, 39, 41, 43, 133, 155, 158, 160

중국 15, 30, 31, 45, 84, 92, 95, 96, 115, 124, 131, 146, 170, 176, 257, 292, 316, 335~337

중력 46, 78, 186, 208, 346

지각 10, 13, 15, 26, 57~61, 63, 64, 69, 73~85, 93, 99, 103, 113, 117, 126, 127, 269, 344

지구 둘레 47

지진 23, 70, 182, 269, 314, 315, 320, 322, 325, 326, 331, 332, 347, 348

지프, 조지 킹슬리 325~327, 332

지하 경제 17

직업 22, 95, 327, 334

진화 22, 31, 35~37, 85, 104~107, 118, 128, 129, 157, 177, 179~181, 222, 223, 231, 248, 340, 344

차이징, 아돌프 142~144

착시 25, 63, 74~77, 84, 269, 349

찻잔 64, 65

채독, 로버트 E. 282

천문학(자) 48, 50, 275, 276, 278, 323, 326

체중 9, 10, 20, 30, 31, 36, 59, 79~82, 84, 89, 95, 107, 108, 115, 116, 129, 157, 166, 193, 194, 197~203, 205~208, 211~214, 216~218, 220~227, 229~231, 235, 236, 238~257, 259, 262, 264, 287, 288, 290, 295~300, 317, 322, 324, 346, 347

체첸 45

초식동물 22, 214, 229, 230, 251, 315

출산 299, 300

침팬지 36, 221~223

칩 32, 41, 187~190, 302

ㅋ

카르본, 에밀 76

카울족 255

캄보디아 328

캐나다 45, 113, 133, 145, 194, 238, 249, 316, 320, 323

캐럴, 루이스 25

캘리포니아 97, 216, 269, 314, 315, 332

컨테이너선 33, 39, 173, 258

컴퓨터 23, 40, 71~73, 78, 127, 157, 189

케틀레, 아돌프 199, 200, 202, 206, 278~208, 274, 284, 332

케플러, 요하네스 48

코로나 질량 분출 339

코로나19 41, 104, 163, 167, 178, 259, 317, 338, 339

코르차크, 야로미르 312, 313, 325, 326

코카콜라 304

코페르니쿠스, 니콜라우스 47, 48

콜레스테롤 114, 200, 287, 347

콩고 109

콩고강 314

콩클, 탤리아 67

콩팥 194, 226, 227, 346

쿠바 97, 288

쿠알라룸푸르 133

쿤스, 제프 62

퀸컹크스 장치 282, 283

크로아티아 15, 92, 113

크루즈선 28, 35, 104

클라이버, 막스 216, 239~243, 256

클림트, 구스타프 121

키프로스 45

ㅌ

타지마할 131

태국 146, 164

태양(계) 7, 46~49, 314, 339

태양 플레어 314, 326, 331

태풍 320

터빈 9, 34, 38, 171~173, 186, 187, 258, 259, 261, 262

트랙터 162, 174

트랜지스터 34, 188~190

트롱프뢰유 63, 64, 119

티시, 벤베누토 64

ㅍ

파레토, 빌프레도 324, 326~328, 332, 335

파리 28, 70, 133, 155, 322, 324

파충류 36, 228, 243, 251, 252

파키스탄 298

파머, 스티븐 64, 66

퍼스, C. S. 281

필, 레이먼드 282

평균 18, 20~22, 30, 31, 33, 37, 43, 44, 46, 53, 76, 77, 79, 80, 82, 89~93, 95~97, 104, 109, 112, 113, 116, 117, 128, 129, 146, 164, 166, 171, 172, 186, 193, 196~198, 201, 210, 222, 225, 226, 236, 238, 252, 254, 263, 270~273, 275~279, 284~288, 291~302, 305, 309, 310, 312, 316~319, 322, 324, 328, 334, 347, 349

폐활량 217

포르투갈 164, 171, 300, 301

포이트, 카를 폰 239

폭포 33, 63

폴란드 15, 97, 161, 319

표준 시점 65~68

표준편차(시그마) 276, 284~287, 291,
    297, 299~304, 347

표준화 17, 18, 88

품질관리 304, 327

프랑스 15, 19, 27, 88, 161, 166, 167,
    171, 186, 214, 269, 277~279, 299,
    312, 322, 324, 332, 334

프로타고라스 13

프톨레마이오스 46, 47

플라스틱 40, 129, 162, 304

피라미드 27, 28, 86, 130, 139, 141, 335

피부 52, 129, 180, 193, 194, 208, 212,
    218, 220, 221, 226, 227, 231

피카소, 파블로 121

필리핀 92, 238, 300

헤켈, 에른스트 124

현미경 50~53

혈액량 193, 194, 217, 346

호르몬 109, 116~118, 248

호흡 194, 239

홀데인, J. B. S. 207~209

홍콩 160

화면 16, 34, 37, 43, 44, 69~73, 78,
    121, 140, 155, 345

화산 314, 315, 326, 333, 338, 339, 347

화폐 17, 35, 39, 170

황금비 9, 100, 136~142, 144~149,
    153, 247, 345

회화 112, 120, 134, 141, 345

후각 57

훅, 로버트 50, 51

훈족 320

휴대전화 32, 39, 41, 187, 304

ㅎ

한국 91, 98, 146, 190

항공 여행 40, 163, 164, 178

항공기 9, 34, 35, 97, 130, 162~166,
    168, 169, 173, 178, 259~263

행동권 229, 230

허블, 에드윈 49

허파 50, 52, 193, 194, 209, 346

헉슬리, 줄리언 214~216